能靜居日記

（三）

日記十九　能靜寫記

同治三年甲子余年三十有三

正月丙寅朔旦癸卯晴（東南風頗甚日色不甚明皎）黎明起爇香拜　天拜　先聖拜　十方薄伽梵拜　先祖父母

潄占本年吉凶得

水澤節　易林焦贛曰海為水王聰聖且明百流歸德無有叛逆常饒優足不利攻玉所求輒得｜按占交否所見

子　〃　兄
戌　丶　官
申破　〃應　父
丑　〃　官
卯　丶　子
巳空　世　妻

世爻日月長扶又與相于春然空不空入夏以後殊屬安妥惟逢破者破兆于世世所制其將家今年甚財子孫旺相官爻兄爻休囚不知今年財用如舒惟官祿未見暢遂

辰刻仙女廟解維遇孔家西于此看視同出孔巷午正至陵風然不泊僅過邵界湖

初二日甲辰食（降日辰起拜　先祖父母）晨過界湖申刻到泰州侯黃子春並識郭蘭坡業雨

岵瞻子春來　仍同候劉匠蒼先生　德菴先生　匠老康健如前可喜也
且同童問漁在此錢合食機往候不晤因留人云已赴訪江　見卿拉御
史君處程夫人處皮地有兄留信之並走其處無事門查取不管以撥郵
洮民拜寄降家事方定郵議　接霧閣送之人其中不無良懦大難得者
郵局寸民休息此等不穩也此說一切誅此未必盡然蓋向羅織安計必有被
其冤者殊非政體　寫金調卿信寄寸館信迎（初四發　子鄭宇恬）拼妃信　用裝發之
子湘信寄子春（初二發）　家信（初三日發　寄張姪墨中未發）　劉德菴先生來　子春來晚同往萬福居
初三日乙巳　候翁微雲後雨　李雨情賊　易丹先生亦來　巳刻子春送來
也其來少坐　候鄭宇恬　次候宗御史不晤　次候吳菁莪並晤閻之
張振遠同往生田適逢不往候　候春霆僑中西人譯　候張氏靈觀寺
不晤　遇子春來　再候鄭宇恬並候金力甫　寫鄭倦之信（翁卿子力甫）　候譯由
又不晤　再遇子春來　張旭晨來略候久譯　晚同子春說與鶴飲
敘同享十三陽小秋大全到一女到子春來一譯　三鼓時回丹　本日為在
翁金力甫鄭宇恬皆來談候來晤

初四日丙午 陰雨 寫中函覆 卯田荅 又鄭宇帖 根遠來，訪獨因赴某坪早食，方明

因往金方甫（鄭宇帖）來，候於今午飯，辭之，不可。出同根遠丞輝午時晉矣

湯潤之（侍郎）、羅謝因仰、瞿鮎生、合楊郊、嚴遐佳，午刻同沐玉軒、劉近史

聶小宇、四舟、黄某、鄭宇悟、金方甫之擾，因屋張肥翟觀察、宗湘文司馬

馮松軒司馬 郭楠溪卿之弟 畧 司馬 江月八 席間寸此室主眠燕山男佼

蹄瑱均多共存殼草墟塘垣生息，指日多利，惟需三月初讓坦捷始时

方能入本，此垣由閔在淮因久塘之冠王子鍾、張肥翟等，僅有本木在內，將

來出二人出名立一契，及交利子攜之，寸以人力憑作之，將書來之三萬金

文宪說 申刻飲觀迺舟 宗湘文來答候 容去舟，即同行，稍有西門

錄宗湘文語

沿江各卡均改歸，内江各卡均歸於各，尚未帰併，僅未易主，概不重

拙惟通如問之，立法極為僅遂由之地有一厘局隄在金陵大茅和成拙

厘止在沿江各處，及内河恙必照憑設此地為可推廣，計每歲每年月唯时

不過万金，即加入此為總不能及二万金，四中墨爲日協滿之數，实難俯从惟

暨卡均係由本所每日緝課歷二項向定二万金目下新章復定協
餉但收款實不止此若將多加之數提解金陵亦有万金之數不無小補云云
又言寫帮办人無馬實甚為簡都與所之兩人恒言揚營亡合無事若由我為之
設五千人以數防守矣
初五日下未時 晨發風逆 傍晚至大陸港 三十里 北澉泊舟 前後凡五五里
向萊風順 過澉如子深下游 擺舟而進 北岸露頭遲泊 寫東士親家信 初八日發
初八吳彥萊舫書 八旗雜事信 同上
初六日戊申時 逆風 晨發 廿五里至蕪湖時 錢千矣 申刻自來 距出此四里晚
到胡家峯 南十五里
初七日己酉 早陰 大風 晨發 已刻到湖安 舟擁甚 如子助料 寫滑段沙幸
貴事 寫吳香泉信 初八發 好卓郵 黃子春信 托香泉轉送 魏炳仲信 托子香轉
蔣安林信 初八發 交性戌 未刻過三法橋 距海安十五里 距如皋三十五里 大橋 石 在北岸 至及推不自
進橋水路通東臺鹽城興化各場鹽場 即串場河也 江北鹽司貨 水雁同往
東臺由此而又為通如以至揚泰以東鹽場適中之地 故北岸力口卡之

外此處又設一總卡重抽厘稅 下午又行十餘里至紫陽泊舟距城十二里

祖士稚于劉越石生被收聞荒雞聲曰此非惡聲也因起舞 荒雞夜鳴世謂以爲兵象而時賢以不聞爲喜 余抑揚千年天下之有事以爲其始於離亂士謂非君子所當問矣

初八日庚戌陰雨 辰刻舟至如皋東門 香雨情殷舟泊北門外 計此已三日矣 探問蒲塘已西來 薦水道 酒對 原約早往 計程七十餘里 又以大雨不得行 踪跡爲墮 座恢式翁手扇中之 甲衆 看錢皆土物水族鮮澀特美 詩者二人 語酬調之方言也 其聲異以嫩 原雨言秫陵陸氏女有姿致 邀飲 二女傳飲 殺嗜之 方恢季 諧四一時許 返舟川

初九日辛亥雨 飯後同季恢往秫陵陸氏家少坐 又至陸家 即命作與酬恬式 恢携湯之 席中度曲清真 諧至所未嘗見 二鼓返舟

初十日壬子 寅雨止 遣僕車成以泥濘爲難行 許明早至 同季雨甚 擇觀書無所愛 飯已陸家 晚赴恢邀 於陸湯氏飲 余携陸佳酒

雖李恢諸奏所奏之旨律捷，頗可解辟。二撥委出城之初，恢尤奈
鑰匙即由中出。

十一日癸丑。陰。黎明飯後登車。辰抵蔚莊十八里。午抵袁莊六十八里打
尖。上燈時抵西秦庵三十六里。自城至此時至。自京至西秦路稍乾，自蔚
莊至袁莊在河灘，土人云他處皆沙，[illegible]此段土膏最沃也。至趙宜甫二家陳
宜甫及令弟小彥，盤饋八八，蘇隱階茅蓉訪余何事至此，因告之故，
蓋籌隱諸君為居藍山有此議者，余以時機猶早，擬藍山俟之兩
香來先生之說再為計。是夜棲[illegible]在宜甫處，與蘇隱階[illegible]連榻。李恢告別
宗蘇隱階之弟和最厚，藍山居小彥樓之。

十二日甲寅。大雪，寒甚。藍山家屬：妻方氏，蘇州人；妾楊氏，江寧人。方出[illegible]
出子二人，皆隨所生。長名映子，十歲；次名某子，六歲。方有婢女，楊氏實十一歲。前妻
藍山偕來，存江陰上海，撥來者又方氏親母一人，段[illegible]母一人，共七人。藍山晚之兩香
及姨姑諸氏向未同住，近始同來，此第一人不名[illegible]皆輕流寓在外。方段素不
睦，親母及姨母[illegible]交構之，遂不相能。方性朴訥，段有心計。家貧甚，衣不

完方又與子恆樹影不能生余爲其家事最後遺托莊山遺言使方岐
二人分任而以器具分余方擬養以方及暌與安寶方之孔也懷親撫主
面姚以阻及者之陷之也二人之季雨撫孤夫婦遐暇知知合有情必不休
承命因一遂中延集資一說而以回資生計自任責而雨書負一任置以爲
家口議完後遺委雨青主持之使先生通逐山耗奪及情季小彥語
人推出生殺家說成以出股母之方得向路引至此少完臨以二千年妙不
忍分之語道得撥之無辭而還　下午汝往來隨至爲議二人嘗見此議
十三日乙卯　雲寒甚　晨得方岐書言素秀七千子而走子妙不離生母因
此仍不能分兹云先夫分任之德徒寒日久不安今遇事慘極而有何心
余評云云余細揣其意暌子向隨侍之母臥必伊將之不肯隨嫡母去方
忍無他自分完此子不相職近意而阻及謝方往年相有此事尚且問方之孔也
一遇媼而阻母則殺謂與母全因設一說使方遺其孔也而方養阻之母
于別所以撥之構之原如此方可同住合雨青來遊與物委暌意　午刻
蘇叔和來同遊山事後傷痛不任其家事之事言之再三余既以方

錢一分，屢悵然。鄉間其年少，家事不能為政，又獻家道，頗為細之今
孫和意甚惘，且云京官中為小兒子讀書已多，小房可作為家訓，讀為朋友
是力庶幾甚云云。余允留，此悵然以泣之。　下午雨香來，主[redacted]限前學道前
議益和，余料不謀。
接益山夫人梳白信。
十四日雨不晴，寒甚。雨香來，言方氏之意欲以安寶養膝下為嗣，不可。言
其年命屢甚，違有刑克云云。余[redacted]以安寶無所歸著，又此女家無本年
見之極聰慧，本欲以配陳，以云家相許，援以從省之。主持其事全陶以說[redacted]卿屋姓私
小房姑李二人康遊，家李雨排之，甚喜，益定明日往議此事。方夫人旋坐
三日不合矣。問余有此意，頗違亂粥。同多續訪姓鐘化不晤。余董蓮村
論其物人來，候久談。此老年高事，頗以佈置。　寫魏晏區處武信
蓉往雨香處（十五日應又雨香）　寫子實處之信又十研
十五日[redacted]丁巳晴。擊船同李雨小研乾聊[redacted]期舟乃陪李墓路祭宗享
溪上照例仰兩塋去已麼皆已一律成，今春擬又種木樹數十株，並加高

故庭尺許　石刻恐雷以地凍足日即融滲迸於石可步　回李雨
情哉蘇畔和小亭赴任㝵譲宏以安露死肤於方稍詢隐忍世辞並以
遊山遺及雲碑帶頭一廿四十金分贈兩秀及方隠各有差　紅絲鏡人
拾領　屋蘇畔和一道来　約十六倚晩帰
十六日戊午晴　昨議以方氏一分交情哉嗣蘇畔和越小研媒酌之而情哉
不可交質于余蓋以情諒人因至任處據方自為計方愿留此娘倉
方氏及子婉孔姫凡人交蘇畔和越小研六人均往安来蓋隠氏及子並安
三人交李雨回至泰游之対余庄娘于蘇越從此中安慕助之以將來也
到駅之利披目按人勾分妙有不足方氏一分物蘇越律貼隠氏一分物寄
等律貼　午向宜南撮帯饗リ　倚晩車至初枝時凍堅成リニ枝到
蘇畔卿蘇畔和留在此来大佳客良久方去三枝晝卧未寤夜即村人
戸沽酒來粥御殿寒令人做リ地凍膠不滑而堅滑余車倒跌入道
旁潢中浸至丈許幸無水而草蓋藉世軟艶所損只ノ事ニ依リ到二倚
夜天已明矣月斜地為三竿許衣上霜凝厚数分撲之不落　情哉李雨

僅津據頗不偉 余衣箱內剩項以百元紉塞乃任此物之貴

十七日已未晴 天氣極和 辰刻到如皋 凍雨會 余借生慎哉由舟中而以原船謁益山家人擬至海安 李雨同伊家返堤 劉常生夜此舟 即至東臺仙安廟 写孟宜為信 寄考車價銀五兩 即刻寄交車夫明日帶信手 又將益山資物均分交丁伯龜家陸氏一分 寄交方氏 此交李夫手 始收 同慎哉至陸氏家 李雨亦至 慎哉誤領以自攜 余寄李雨至湯氏 竹譯莫久 湯年近三十為貌不衰 工畫無不圓 吐屬閑雅 幼在桂陵時君嗓世 遂航至此地 僻處但客例與余值有彼都人士之談 並話江南承平時事 為之悽然 余慎哉指領回挨之 往座中譯洪釋䇓碎詞一抄寄渠 但下艷羅應通舟卧

十八日庚申晴 李慎哉寄至湯陸二氏 余不踐往 歸遂獨返舟中 午刻二人自其歸之何分 豆解維 慎哉回通 如余乃李雨携往春西出 月十三里宿泊

十九日辛酉晴 順風 黎明開行 辰至立陸橋 已至海安 寄李雨分手 未刻

舟仍泊邱家集

二十日壬戌晴　舟行辰刻白集　午刻姜堰　晚到塘灣　距泰十五里

二十一日癸亥晴　辰刻至泰州泊北门　謁曼殊觀察與羅楼　訪子春久

談　飯後同曹友楊心蕃　校物人只鍋物成　沒下舟　寫字寺津西行

二十二日甲子晴　午後發　早到望揚逆來至市中訪子安　訪鄭宇

媛余西行　余宇媛張乃飲　因候舟至私塘僑　以余舟出仙女廟候

季雨　訪宗湘文不晤　至子春舟　閱章向逸阮垂庭作書一

下午閱漁來　因至子春舟讀微三枝　分手西舟　新舟一卸　仍划子以免

至余所住之舟　到仙女廟舟換　是日宗湘文鄭宇媛未訪不晤

換舟生初七日任已出價柏物歸候余私塘僑

二十三日乙丑晴　黎明舟行　辰至泗家渡　十五里　未刻至白塔河　舟閘淺

者甚眾　擁塞因送石回行　傍晚換坐新舟　排眾而出舟

泉滯仍未得放

二十四日丙寅晴　早甚白塔河　過北家西子見米船避積由此起來

赴江岸者甚多，官莫能急。巳刻到仙女廟，登岸購物，候夜舟。
亥子四更不寐，乃已，於艙直至命舟，候季雨。
二十五日丁卯 晴 逆風 早發 巳刻過六閘 申刻抵維揚 遇黃子湘 自灣
中路因往伊甘譚 閱局生已返泰 作書未了 卯刻發 子湘至子湘處後
二更辭別
二十六日戊辰 晴 早發 巳刻到三汊河 見江岸高旻寺故址及碑石尚
存 未刻出瓜洲口 江平如鏡 挽縴行二十里 地名樵墅頭 閱逆風
甚熾 有師船往縴 遇此入舊江口 仍行內路 酉刻抵儀徵 和塘諸村
三十五里 寫黃子壽信 酉刻舟人略曬 候楊子木 即當晚飯四舟
並允以絕妙之筆已登
二十七日己巳 晴 寫張振軒信 李雨亭信 卯刻交舟人發 楊子木來候謝
未時 巳刻換大炮船 得風 未申 楊子木來 每到岸上午飯
申刻舟行 便至孫帽村 候劉曉山 析 即留晚飯後下舟 劉時
山後來拜候

二十八日庚午晴逆風早發至戚家集少泊午風少息仍行至荆
~~[illegible]~~通江集泊 寫家信 壹號信初二日發寄詠如 寄陶霖油井號
二十九日辛未晴順風早發通江集[illegible]刻到浦口寶塔下午刻過九伏洲申
刻到大勝關 候詠如李少山王雨軒陳月波適值霞生來未回
即寄在此雜告意外 夜候馮滌卿 寫楊子木信寄詠如劉君官

二月丁卯朔日壬申 晴 大風連日 燠甚 今日轉冷 晨偕詠如等
往遊靈谷寺 到營中要鍾山背辛亥會園未過問 鍾山上龍膊子
石碁以歸 過侯請同事新長者何璧侯 琮 傍送函判 廣東人 六在余處也
失合 寫家信 孟揚信 初六日亦詠如 發寄福地園等寺廿八信回去 又寫方
元弟信 湘陶好信 渴永若信 信附家信內 晚在何璧侯處譚
接十月十一 二十一 兩次家信
又湘弟十一月十九 廿三 十二月十三 廿一 四次家信 又煙一瓶 名長壽
中間失去一信 不知生年月日
又孟揚十二月初十 十三 廿一 正月初七 十八 五次信
又元徵師正月十六信
又師禪十一月廿九信
又陶好正月十三信
又石巷十二月十三信 正月一信
又眉生正月廿三信

又 呈甫九月廿一信
又 楊詠春十二月廿日信
又 朱士良八月廿九信
又 蕭妙姚二年 日 日信
又 鄧公度六年十一日 日信
又 曾中堂正月初八日信
又 李宮保十二月 日信
又 張旭堂十二月廿九日信
又 黃子卿正月 廿二信
又 狄秋岩十二月 日信
又 中堂十二月十八日札知
又 中丞十二月廿八日催急假回去 方前署江蘇事
初二日 陰雨 復張補僕請假事 時未見省 寫詠山信 邵卿 李長夫 又霖
生信 附詠西 又陳西舲信 附霖函 下午中丞約自鍾山入謁少澤 晚飯

得王湯子鎮蠡譯諸
接詠之本日信
初三日甲戌陰 復心詒中丞函譚半刻 此部覆中丞去年所奏漕
務並部中丞請截衛兵議 內言天津採米價及三兩二三錢 而外省
運米須至四兩外請將所有解部款又撥歸胡詠之作北路採買
兩款撥漕折價之外隨漕等款仍撥歸撥存以備解運本色糧之
請將餘外臣于征收折色之時仍留之為征收本色地步無慮不敷所言搭
手云云 撥漕運至京每石腳耗俟用十八兩海運雖大減亦必至
四五兩之數而漕折價僅止一兩二錢相懸太甚 即將官保原奏提存三
十一萬之數核以漕糧十六萬餘計之每石價及二兩外價亦不
過三兩有零已屬不敷解運而提存之款其中尚有南米所節之八九萬
兩須充南米不敷補撥之用則僅有二十二萬左右所少尤鉅 官保原奏
所稱於各省用米石即由臣將此項折收銀兩照數採買 俟明年運京江蘇海運
向歸北洋經理點數不設法深覓言之不無過派 部臣謂外預籌正

諸地步，似尚未盡通計。既將郵撥亦係值移屯，何不廣為招徠以
充天庾，而必挹彼注茲，以為串餉者計耶？余前此立論，以為仿古人
開中之制，合寓兵律郡屯堡，而廣儲蓄修之制，一舉
而兼得三大政，皆無餘事，更可歸衛田，而可順以為屯兵之資，
其利尤為無窮。鄙著論宏世事之策已。又見 近奏請少卿鄭
錫瀛奏請將各直省開除地方無主閒田給兵耕種，以抵軍食，及請責成各
督撫並作官田撥兵屯墾等語。又直省各督撫確切查明，就地方情形分
別辦理云云。又見李少宰摺尾帶叙賊向丹陽逆首偽忠麾下之李
王於正月率逆眾撲援常州，圍奔牛之官軍營壘甚急。十二月初九日李
鴻章、劉銘傳等派隊往援，與之一戰，接仗十四次，戰大破之，擒獲賊匪
斃一偽侯，賊壘數十座，盡燬賊壘殆盡云云。 胡伯星來候，承姬
寄眉生信（又胡君初附）、少傑手信 附府 子春信附發 彭雪卿手函 中
逕書云收
初間已發 中丞擬於日應周司各營長田另春和 中丞

代寫楹聯付裕益晴 彭戲戴有方伯 彭戲戴有來訪 中丞來
寫中堂改信（寄十月十日發 寄趙壽臣）又李少峯寄信改信（寄十一月初十日發 寄趙壽臣）晚在周閬山
仍歸候處譚
初五日丙子 霽 代擬何虞舫信稿 晚在周閬山處譚 是日江寧吳
藹人來候 鄧安親戚
初六日丁丑 雨 寫阿哥信（初十日發 又附母信）晚在周閬山處譚 寫王少農信（並託挽聯 十二月初十日發 寄許正）
接阿哥臣月初七信 知新生小姪係十二月初六日殁于年底殤斃
官造船隻但用以禁封捉議
竊見大軍征剿粵逆往來之地多在水鄉 塘港縱橫湖漢汊錯雜
中途一遇阻隔 不能依時齊至 茲欲求速轉運 順流而下 若或以舟
之接濟陸運餉需器械接運滯重 一日之程必行半月 軍士勞
苦倦可嗟閔 甚至軍中機不及 遲之旦夕失之舉軍 兵貴神速之
為深慮 若有封用民船 彼皆遭亂之後 民無職業 柴刀漁船八口所
資 一經封捉 生計幾絕 可憐之人 從越江湖 千里求利 燬重息微少

有滝迴必至衝毀然後事出因公乘不交役小民妻悲老幼于
不得兵勇併移案調封差封為年利交已守候無事橫被而出上水之
船封之後下下水之船封之後上者覓無載反須空船候之必不能運
然沿途以只當東長江數千里此風靡靡無不有因之行旅裹足不敢搭
行柁搖寥寥物用日即貴其害之遍中于貨雖屢奉明禁而公私交病此之
非難辨向日之所以為其交上下之應國計下擾民生莫此為甚也臣謹上諭
轉飭查于官軍無所需用之故征調不能如期民商不能安業利害出
之所開臣伏查順治十四年大軍剿平江西旋有之賊部臣迫伍時
任兩江總督臣麻勒吉於控九省商賈所聚前者大軍經行將船
載兵馬因視諭不已宜以江西傍宜為造船備用以蘇商困
世祖章皇帝嘉其之屬切附將下兩司議行民大便之兩江仍以
撥修舊附之賦目下軍務之費不貲　國初江南之事商民之困
向係兼造船附倚為搖引故事沿船為供軍用是有調發先期催
集陸兵從是上船風帆順利無所不達軍行既利兵士無厭苦之然後叙

帮封捏公私船隻一併搭價不得恃強無主則以軍法照例如〻懲
是船艘易於〻偽將見帆檣出林即伍兵堅守實于軍政民生均
有裨益其造船制度價值多寡〻數粗擬如左伏候憲裁
一船形仿民艇〻製身寬一丈長四丈此四丈中除去船頭一丈梢尾五
尺外中間〻二丈五尺隔為五艙每艙橫寬一丈豎長五尺分為面二
層上層安帳住人下層收放行李衣包飯鍋器械件物其長槍旗
幟大刀等件另設槽上

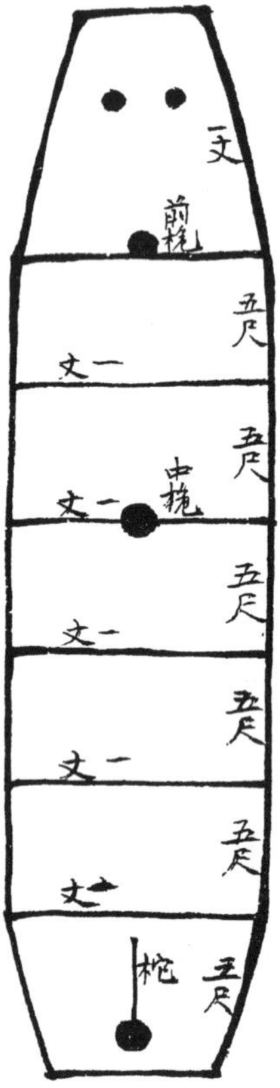

一每船可容五十人兩差〻時除篙舵有座船者多可隨帶兩隻併乘
坐并載帳房子藥外〻一營有十〻二船即可盡行若陸換須造至二十號便
足二十營〻用諸大軍調發不過此數如要至十營以外應請酌量分

趙裝邑

一造船工料粗計每艘二百金至二十艘須銀二万四千兩每年油艌添修之費亦須二三千金均須動支公款

一此項船隻平常交水師營哨分帮巡查調度之此亦于水師內抽撥水勇撐駕每艘派五名以備梢水之費至需用時陸兵亦可助力目下陸師度江往之用水師接運此項兵船由水師料理勞費無多料後可無不可

一另飭民營雇募民間小划子二三隻專公估價停泊本營巡札之地水波以備公事往來之用其餘費無多可由本營自備

初七日戊寅陰大風雨微雪 過午印及曾中堂覆咨各件交李軍李忠部下與陳國瑞部下在下蘇壽如等為爭鬧一案請侍郎黄閣臣部康錦文革職陳國瑞部下在臣閣存嶽為爭鬧一案協云自身殊爾殺此但不知當官兵以致誤鬧云云　晚在同閣客久坐

初八日己卯雨　中丞知兵赴城外　今日肥將神策門對田中隊將許某傷之帥請某攻擊殺

二十先將初六後初十為兩所阻初七後雨止來此皆雨淋漓往來阻
數人為我軍深溝一築高壘城賊目所見城中地保城以角開炮來者亦不敢先是去冬地保城成後
我軍力圖合圍欺賊據地堡之險金陵楊鎮師雪琴過江我軍之在鍾山前者
皆應其敗賊從逐鍾山橫截太平門外之路于是外糧已斷賊猶恃以
太平門尚有一處接濟今已被水陸攔截朱明桂等分營屯守神策
門之策應地堡城仍固守二十日有忠逆之子偽二殿下率眾來援賊
等埋伏截擊斬獲甚眾于是內外接濟全斷賊雖固守而勢甚危山
脖山上要隘龍脖子一帶又據住方能將山前山北連為一氣晝則環攻山前濠之
扎兵力不敷分布廿一日忠逆率大隊由朝陽門糧鍾山之陽攻我右營
營蕭孚泗李臣典等奏請該逆破過我軍後右首截出入城之路此
綠之向鍾山北者出營橫衝我軍奮擊衝出擊退直至龍脖子偽天保
城之右壁二座攻破入守于是合圍之勢成廿四廿五廿六太平神策二門外
扎營布置惟留定賊出擾退回有內應之事並觀城內守禦甚嚴各路營
之多未盡完一總非旦夕之事耳

接張鍾集正月廿七信

初九日庚辰陰雲。又李中丞咨開，據寧紹去年減成均征，合濟撫廿起運漕
白正耗米十二萬二百餘石，隨後由杭耗米九千八百四餘石，仍議由海運津。李
于新復地方即能酌量情形以蘇民天，庚正借共見加意認真，深堪嘉尚。又松
太等屬減價折征，酌定每石收足制錢六千四百五十文，一切公用均在其內，但
宜審慎妥協，照所請行云云」又中堂咨開，正月廿七日奏湖南本屬濟需
歷照部議，仍請按年全數解京云云」又同日奏，正月初六付賊陷并寧，隨後
浚發。初八、初九、二十日疊獲勝仗，全同左[illegible]部下王開琳擊賊，收復建德城，初十日
十四日又克復獻縣，將東鄉之賊淡逐驅出境，常化肅清云云」又同日奏，李世忠
將原守之五河、臨淮、定遠、天長、六合等城分撥所部兼管，并將巧拱
之將派勇截撥，現任及候補等付撥糧捐，將金廿營遣散，所部中有不願遣散
者，官不得過二萬名，勇不得過二千人。又撤五河城等亦出云云」入請年安
爲久譯。下午至周閣爲晏譯，陳所仙并識文翰卿、翼卿兩人

初十日辛巳陰雲。寫論立住部印刻等人　傍晚入□□□四壽四代擬頌

尚院岑信一件 寄晓岑信 寄卿刻字店

十一日壬午 雨 見中堂咨到 速寄都中院 撲防兵丁 屯成之父 堂撥兵

岸下湯子材等合力以攻丹陽之賊 使弟速燒其世樓店 寫晚之後

有成發之票 都與院生守揚以事兆 斡內院生之管 上常與過江兵

資餘看助理團 迅速處收購調查之 午後至周郎處 觀文吐

十二日癸未 晨雪 雨 代擬稿 手信一件 寄省中信 十三書 寄雲卿信 十三書 寄楊梁

致正金陵城賊 歸功仗加 其他 並客友之 家兄大壯一二

林彝臣 四呈 仍去 答府兩 賊不嫌 於兩世

又占 日本年吉 遇日太高 之大壯 臣

林彝臣 太乙遁 陷衆臣 將万福 仗同可以安爲 保我寬閣

插褐臣 初七日信 揚臣 褐一

十三日甲申 晨有日色 寄楊子木信 即日共以 寄卿 請正勝信 即日發 寄卿 入正午

丞爲澤半晌 寫客信 查楊信 王少嵒信 送貝銀十兩 清王仙

舫信 與婦人安慶居寫 君卿另寫 為亨信 即日發 寄孫彝臣 附捎

十四日乙酉晴狂風下午後雨俟止 寫沅浦卿信 即寄之 剃髮 送出煤炭館內
雨 寫諭兒信 因昨 至中丞處 王鼎亭副將來候 沈雁門副將來候
鴻賓
長勝軍幫帶 初七日首先登城者 言是日率其黨 賊目許慶芳覆率人于
前月杪寸叙仁守等張詩日夏明有指揮之議 初五六個日出城至蘇 初七返所賴書
某去處人來 商酌等去者亦有緣 英二百人 從字營二百人 去后營二百
人 令兩個頭領 三更潛至城下 樹梯三[illegible] 為不及城之半 城中賊巨艇四起
之甫上七人 而我軍不知 僅人殺一小館 [illegible]而已 賊兩邊齊吹角舉號 我軍
怒之 恐後下 振臂高呼 以日書某腦出向 許由[illegible]已陛擁 圍內向于十六日 而迎戰台
接張卿本日信 又諭兒本日信
十五日丙戌晴大風 訪李靜山 將其[illegible]之 冬至墓山 所 山[illegible]之 山指穴 云
葬令弟之 王其擇為 祀燕山 貴遷櫬並看候 燕山之兄及其眾等
少刻李靜山偕其家[illegible]甫往之來 回勘山上擇穴定向而歸
黃少崑來
十六日丁亥晴 彭沈卿來 入見中丞處 談半晌 代擬程芳忠軍門
等信二件 見李中丞咨所五月十八奏稿內言常州擬從自十二月

二十一日更帶出援　廿七日由西門過河擊二土營　廿八日劉銘傳攻毀一
護逆出城援救　並嚇死偽官偽安數人　先日出援東門頭卡　張樹
聲樹珊等擊走之　新集以東護逆于西門外　適有陽宜興大
路一股並屯于廣　我軍僅扎東南北三門　未能合圍　戈登亦但杞務
司赫德（白齊文）來蘇調見　解釋前憾　聽告各營由錫進剿宜興　臣自
十二月帶隊赴錫（雲川）　臣飭郭松林鄭國魁等管帶勝羽武五營及水師之營
十七等勝軍會合進剿　劉秉璋程學啟潘鼎新會同十二月廿
智偽慕王譚紹光　郜永乞降　程學啟偕各營分隊赴城收復
看布守世林殺　逆黨劃有猿謀云云　又見曾藩日呈報　彙聲指
自上年十月十六日起至本年二月初三該司交卸日止共收解關銀二十
三萬五千餘兩三千貳百八十餘云云　其各國有龍潭厘卡　口岸厘卡
荷花池厘卡　象山都天廟厘局　因家圩張王港厘卡　通州沿江厘局
仙鎮內河米厘局　進口出口木捐局　通海花布局　如泰靖稽查花布局
稽查花布捐局　揚屬江畈局　泰靖江畈局　通如江畈局　上江捐勅局

十五種」又程學啟信　正月廿八破蘇家無府十餘丈　以水師李鎮軍朝斌

扶保橋通長洲縣聚而殲之」

十七日戊子晴　候訪李靜山不遇　蔣子才宣之等　寫孟樵信　即日發交驛寄

臣附批
尊孚

十八日己丑晴　易仲蕃、廖昆之自湘來見訪　答候易廖二君　下午

黃子壽來訪　黃國瑾來　候中丞自來　答候黃子壽　答訪黃子壽

十九日庚寅晴　代擬莫子偲馬雨農信二件　張仙舫觀察來　自去

看見候人譯　隨至陳六舟處譯　陳係譯貴州人知興義縣事

相由甚患　先是廣東流民御寇一事至廣西寓積者甚多占籍居

試置田廬　占籍已數十年　土人皆呼之為來人　來人性好強悍　凡種田爭

水及錙銖把事往往與土人爭口角　則私械鬥　其先數皆生死相搏　一呼輒

聚數百人　集土人患之　亦相與結團以禦之　命案日聞　官不能禁　楊秀

清者　宗義緣州之人　首先樹平是幫之人　世亦為輔　後一為楚後之人　皆素

無賴　無所事　楊等英為桂平某科某廩　秀清等亦稍識文墨　時來人皆奉

邪會敬上帝教持齋禮拜秀清等平南之人馮雲山蕭朝貴韋正等
曾為會中渠魁時常聚眾以標榜藉為滴通官兵不過問二十二三年間貴縣
新北與言雄北地方有客人温姓聘娶土人陸氏女不匯陸氏物訴其女之
法論責之温姓恃強反致毆斃于是二姓尋釁日事爭鬥數年不決二
十七年土人糾黨盡逐客人客人無所歸遂入會為匪乃逃平南之金田
鄉外有異謀平南團練擒獲馮雲山蕭朝貴二人解赴府城知
府顧元凱素志持齋好佛閱案係聚眾持齋以為不足問釋之二人
胡以晃遂舉事初起時隨據市鎮不敢犯郡觀官軍連營不往剿自守迺行二十八年
竄陷永安事聞欽派大臣督兵圍攻越年咸豐二年春我兵
潰賊竄永安陷陽朔攻桂林猶擾四十七晝夜不能破改竄而北屠
全州陷興安以達全州遂竄湖南天下為其所愚皆不知有洪秀全
之名北賊破武昌始聞有此人錢江上洪秀全書[illegible]於此知之錢江書
中勸以取金陵斷南北要道據楚以號召燕趙賊皆用其言江不知何許
人頗著盛名待兵事江南未嘗聞之或言即錢東平未知是否

據黃子恩初六信 寫暇廬寫說文木部校異一本

二十日辛卯 晴 謁中丞 聞昨又有投降之錢姓者自六年出被害 詳如

聞信 據鄉事生擒何乃去 已中丞李[illegible]由南寬[illegible]使追至玉山本

〔撥往婺源之賊由開化等處逃至玉山至廣豐等處〕[illegible]此中丞飭廣邑一軍跟追 中丞討此 飭江西之軍防剿如一股云云

又咨到 逆寧國陵豐十一年苗逆於壽州孫家泰等仇殺一案 移會

中堂會名控者逆[illegible]杪糧壽州押者及前壽春鎮[illegible]鳴鐸等 今年內戕

戕斃千餘 苗逆北犯 苗逆即萌異志 稱作圍長逼壽春 好黨近戮 十日內

搶全壽城 受困練起 逆黨下蔡 拉金指隄防局紳士刑部主事孫家泰

等和好不得 呈自廿六逆報 逆眾千餘來壽州 指名索取孫家泰並伏奸黨

城內為賊旧新下 成立壯丁 指出姦練勇擒封 乃退去 〔十一年〕正月初一改辛家[illegible] 吳司張

以子解劫主和議 然擒為[illegible]〔旧中之人救不〕困之逆報 孫立壯因孫家泰〔士以擇毅〕並被追者

苗逆所仰為死 又西攜逆練總蒙時年 萬苗被害 可苗逸不允和 可九

日廿六逆陷城云云 又見李[illegible]五日廿四沒宜無之 廣許家因澤水[illegible]

正月三 江西人來候 寫呂[illegible]伯信 錄劄 詳如

楊詠如十九日信

又霞生十五日信

又張眉叔十六日信

又胡仰墀十四日信

又金調卿五月十二日信 從江北寄回

廿一日壬辰晴 寫霞生信 張眉叔信 胡仰墀信 即刻發 附中丞件發 又寄中丞咨囬

宜興（五月廿四）溧陽（六月初二）撻李少帥部軍克復 理在李營不須重兵 請調鮑軍内屬三四營駐守起程

軍進攻丹陽」又因本郎函寄多隆阿等處 奉中旨 撫賊偽扶王陳得才受 金陵逆

首偽天王已斃 見邸抄 李揚已由石埭饒州等處寶寧 偽調偶左轉德道則 防堵等因 九

調訓字盤全軍收復新淦（訓字營）寶全軍 護瓊防廣盈」李雨帆來自江北並

借李少甫（字晒江安人以監利著稱）杜五兄（芳國山東武定府人）來 都司銜千總

接丁仲文 月 日信

廿二日癸巳晴 同李雨帆杜五兄出葛外游覽 李雨帆杜五兄先墓 順過伊族祖

以功臣寄河王廟 出遍遊跡久之 冢側神道碑尚存時 翁仲石獸

武立盛作冢前一二武有人掘開作葬開本墓八年黃為和尚
勇夫所埋素被壞于土中旋磁礦一中有桃鶏如拳大尚暖暖有韌少頃即
死不知何異本雨雅墓已迷路難俾越嶺細尋余反悵然于山上班荊
候之良久乃見異矣親觀顧當為未能審決因念為祖墓歟常即
南郭不遠不知然慈居心悸之殊不能止四人冢下葬後以郭城道不
知太路每為指言家子姓有讀書此二言也　耀張伯衡芋余批之件
又誌鄧高生平札之件
廿六日甲午雨　伉儷為來言城北之營頗不守法江北民屋江都標錫鏞
保為所奪如所批上元縣應論余辭相因　彭沒卿來久譚亦以各營
多不守法統帥寬慈無情軍政頗弛相習成風又江東橋所駐之娼
陣斃但訂下戒為家半屋可憐似此以幫辦押送　入暮中丞告以下關所
開中途之夫著火船過為勇丁多有虜掠余統領甚在但懼見之既歸又
總以法目下合米將擇要地至一日不破城必致民餓之勢又云夜夢
登高山至頂顧視無路進退不可疑非吉兆之遣神色頗覺沮余觀

言可以甦解。見其舉所陳之事，頗甚為勤勉勞神，以其静攝之為是。

中堂再致劉奉函，商酌撤閩防，擬將諸勇由閩門移回調赴北省，撥防兵勇（因甘肅北道寺山西師他疏請籌餉運調撥銀兩，共十三萬兩，會議再協同查覺，諸為外海防守）

訂何人統理等因。覆陳一笺，竭力言陳國瑞年老多病，皆難為繼之，將不可

任。以方麥卿膺詞方，其才識精強，於居心寬厚，熟於戰守之務，惟係新

奉降調之員，非臣下所敢冒請，請旨另簡大臣，以資統理云云。又見英國新

聞紙，洋人擬于蘇州買地，李中丞不許，洋人頗怨其不能通融，且言克復

蘇城，藉其力為多，今以細事難之，為無情云云。下午杜小舫來，坐中見

有一狐，又至門外，指東面第民家小孩被噬。寫霍生信（寄李季荃信，附寄日記，交協鄂拆）。寫丁仲文信（附鄂拆信候）

廿四日乙未　雨。寫李少山、馮椒卿信（附印刻一卷，交李雨亭人帶去）。寫家信（附日記，交袁姓便）

寫話山、儀卿信（附印刻一卷，全上）

廿五日丙申　雨中晴，大風。陳程、柳士振、陳……。寫歐陽健卿信（附一卷，交……）。陸以莊來。中

丞來，以石瓶一个，交季雨帶去，多家……

接曉峰十九日信

又孫芳十初三日信

致歐陽部郎書

前剡匠赴皖曾附一函諒蒙詧入辰維興居百福游步綏強為頌無量至自本
月初江北旋此後不瞑者二旬神采萎甚連日服補劑近稍差矣棣營軍務自
得鍾山龍脖子天保城後南北合圍師聯絡一氣盜粮漸盡賊情殊為惶懼初七
日統帥親督城北各營冒雨攀城已先登者七人功垂成而為守賊所拒以致退
回嗣後復有內應之舉亦事泄不遂敝省凋瘵已極滿望及早收功尚可趁春
夏之交招徠耕作庶孑遺稍有生全之望而天意遲遲未許其可嗟痛矧大軍
一日無恙省城終可克復遺民終可保全所至慮者餉項日絀出入大數相距太遠
勇丁每月所領不及一旬之粮扣除米價等項零用一無所出葷之食米將盡採
辦無資甚至鬻衣啜粥度日困苦萬狀然各軍皆知方之士從九帥日久但能長有粥食
猶可無事若每過月餘并粥俱無則雖兄弟手足亦不能責其忍死奉法每念及
此不覺通身汗下又各營將領因欠餉過久無顏以對士卒故遇細微執法不能
過為繩切又慮積以成漸士氣必將懈怠而悍寇愈逼死志愈堅變發之際不
甚可慮且巨憝未禽堅城為我軍圍守已及兩年成則掃平大難東南之

八路出水火方一不成則不獨群黎無更生之望楚軍暴露十年徒為畫餅本
下事尚可問乎九帥當此日夜焦灼寢食俱減加自新春至今肩風抑兩臂片刻
寧處致嬰寒痛腹利諸疾形容清削頒班黃比至飽食素餐豈可分憂
處因擊時事如此之艱憂憤交集一亟亟之心亦不啻井上應處旦無定器局外向方
拭目以俟江旗之色不知此中情形安危各半存亡互呈收功殊難採券如何可
言如何可言皖中自中堂外諒亦罕有倚賴及此但不知中堂意中作何計處
伏念徐軍于蘇省之安危楚軍之成敗天下全局之興亡皆有關係不可不思急
救之法自元年至今我軍尚銳城下已成騎虎之勢故九帥去歲招募新軍意
欲一鼓蕩平畢其成平之績蓋于與其遲久而無致不若多費而速成之謀反覆
察詳至再至三而後出此非冒昧也無如城池過大所指之事外間見為甚易至此則
仍不免勇困又增堞高峻至低之處猶及七丈以外賊攻于設守梯衛百具無所
用之止可為嚴守長圍絕其接濟以待自斃之一策而餉需未盡我亦先匱與則
非智力之所得濟豈可如何者也以目下之勢論之所短者餉而非士卒之不用命
若得臣歎濟目前之急則我軍士氣方壯正可力圖功效查江北地方自

咸豐三年以來每歲俱有捐借之款多則四五十萬少亦二三十萬地方歷届舉
行已成故事此項札飭粮台以江甯大軍情形剴切勸諭捐尺者必量從寬不
致過于覬覦更先請部照立與議叙並可使之踴躍此事借箸中堂許為分理
援照成案必可如數再能推之江西一省遴委幹員前往仿照而行彼處亦有
兵發賊而腹地無恙商家殷實亦所獲尤必可觀楸軍得此一款補直新舊各
欠異常棘手綜以專行時日亦賤此為久計不致有急外之虞矣函師不知以為
豫民力已竭捐借一事無異強取但為害者重輕事有緩急惟憂擊手壯士
斷腕醫師治病無別先衰識有不及行也苟使楸軍餉項無虧以勢計之
必有成功之日俟克復以後首境內肅清然後布德行惠休養生息盡除橫征各
款在我民有一勞永逸之利在中堂亦不失愛民之本心似于政体尚無大碍不致
困在楸軍凡各軍之疲困九卿之建勞豈不自擇總晚中知之不若此之詳故
敢續陳所見此舉實非得已字句拉雜不敢冒呈中堂伏祈閲後代陳不勝
盼禱一切言此再請道安不一
再此舉實係仿照各省成案按尺捐本不須聲部照九卿恐對不住捐尺

因有請照一層將來辦法仍須照定歷屆成案若從照一指二字便

多窒有無任人之便決不能集成巨數而江北部照章積並不足款勒指

生疑自一錯辦由至不矣此議九卿存之已久憲擬與情適來峯川西今日

則有不照瞻顧之勢且差江北情形歷年俱有未即為屢民之政耳至

所述實情皆係實在陸續直上之時作此類語見者必以為過當而杞憂所也

不敢不委曲陳達以候奏決此事之辦否倘中堂不以為然另我有良策也

薦識所見窺測亦未敢固執以為可行也

廿六日丁亥晴　代擬答中堂札覆陽湖稿二件　下午請中堂久譚

晚中丞來　改論史正函　為仲復卿筆內來

廿七日戊子雨　晚中丞來

廿八日己丑陰　寫馮潔卿信　印刻書託未了　寫李雨亭信以道出摸朔已定三月

初二日初一日用人不能不通知一　印刻書託未了

接李雨亭來信之件

又馮潔卿本日來信

廿九日庚子雨　昨夜宿寓潛撓朝陽門城根東中仙三和土不行稍覽西齋

晚招杜玉農李少浦桂柳生沈恪式飲　代擬李葆琛等信稿一件

接嬌嫻四月十二信

又妙姬四日信　由江北寓回

又眉生十二月廿二廿五兩信　江北寓回

又霞生十七日信

又宇卿文初八日信　據述難民向當發三不久

又黃子湘十五日信　代寫摺據

又鄭斌懷十八日信

三月戊辰朔日辛丑 陰 以連日不暝未隨眾賀朔 見李季泉信書

聞賊于二月初旬由圩塘冒雨突竄至江陰無錫常熟之交（十二三等日並圍江陰常熟初攻常）官軍撫（福山程營）

隊扎出香以稍延 並調攻宜興之郭松林等軍旋即馳赴速援

伏解二城之圍 並將福山等處之賊[illegible]云云 又李申甫信 廣德于二月十

五日守賊他竄云云 又馮（太常）中奏稿 自克高陵埠（[illegible]）繼攻破云云 又多將軍信 陝

西漢中所屬南陽城固洋縣等城雖已收復 一興安府猶甚於西一帶寧羌

等處猶有 劉中丞將收入陝 為阻攻盩厔兩路 李成城小各信

此賊為又謝在四面擬盡云云 代擬多將軍信稿件 李少山張仙舫馮卿

又辭又沛宗及詠書 張劉文山久譚 寫家信（初二發 又紀澤寄等）

件 寫馮卿信（初二日發 又紀澤寄）燕山下營因兩多土泥不能前據攻 初九日

初二日壬寅 陰 大風 見中丞容 沈幼丹中丞二月十五日摺 知江西之賊由廣豐西

竄江鉛山之湖坊稅等處 攻由貴溪上清宮等處內犯 撫帝請多軍

蘇撫嚴晚現在陳務將於新城南雲司 目調等 韓鉞

並札桂營王 一路馳赴崇仁宜黃 解新城等圍 擬沈幼丹中

函胡蓮舫年伯 大任湖北人 李帥調至粵省也 等作五件 見畢將兵從滕甚速東
但左湘路有捷窺入鄂垂隨州棗陽應城之間今正定軍分路堵剿
驅賊由孝感靈山道窺豫西陵等撲軍於信陽已據四豫境而陝
西發賊取漢與安東窺鄖郡云云又聞江西之賊頭股已趨潭
溪殺將之閩境尾為盤踞全路一帶云云
初三日己卯 雨大寒如正月時寄冬衣寒物數件實侵速且不快
文輔卿太守來候冀湘鄉人 病中閱洪稗畦昇鑄唐人長生殿
從本詞筆細膩酣暢而撰出長恨歌以配等西廂牡丹二記不能與之並
園林嬉笑不能耳 寫妹仿下書冥寫仿吾亭
非不能究他自謝之遠 夜中四春乙未中堂咨改左制府將女
咨國據安光閣部堂來撫湘鄉毛道有錄于正月十七等
因查正月初十十一十二等日唐幕訓等剿賊於洋堰溪等處均經獲勝
寸所稱西撫請叙者情形不符又王開琳一軍十五日在白傑大橋勝仗
接江西撫部院咨錄調于十六到湯園毛道一

軍十七日閏悉上年來函遍諭查照等因副本部堂查此查同治二
年六月寄將軍函蒙城時務諮商中堂有云貴部堂實康調度奔走
等語可貴部堂此次因一切調度貴部堂博學為師不獨遠近前指示
且直師時彥實為揭摯有得之語請華國咨請查照等因除咨左部
堂外咨請查照等因云云觀之殊為大副左域性論殊不把人善燕
因中堂兩江陵有云粵匪由蹤於甬竄之路有之正陸據旋為太甚便也語
又安徽之事已承咨左帥籌詳餉等語
字字語諍諍此次掃除詞句節
其意中堂以指額叙兩蓋托寸於平切也
仔於境大逆世忍始有此安陵之魏而人以信此禮乙此因中堂以調侃
茶之西不惡而義自是勝人軍務左步時在陶子稅署實康亟觀
托年命之說寸陶映姻遞寸同陶之家事陶平比尤湘人久留浮姓之
事中堂祝奉節亦國勳猶神寓陶子少年出鎮萬將左祖之不以因是
切固左驂制軍幕府聯奉征圍附天務是不居之至之老騎傲誕中堂皆
不之校似因拒捐及奉經年事務之上諭封沿鈔益嚴密摺中堂寸誠
之官保力解其事仍不能質後朝臣單藏奉旨詢問中堂又為力保

並疊放岸上幫亦以已封折皆出一人之力甚可感知錄藏凡中情
陘根翁彝鼎亦四早始望似毛羽撇乾隆校題收作自去歲至今其橫逸
之至時之皆有知者皆為其史人為憂時事之鄰司局者不能須因相
與設特白相持摯尤令人服慕無已

接李雨未日信

初四日甲辰 陰 寫李雨信 卯刻發 寄李雨人

黃菊為屯營遊人收餘 金蘇次信已中並乃蕃從之未及已丹保以白 ~~[illegible]~~ 初十日發

旋相余又因有疾不能赴英國清途不日已冒風已中途宴其之頃譚畢晤子 嘉候 三月洋發由英使回也

嘉亦春 英國 若候文輔卿

接評如未日信

初七日乙巳 晴 入論中堂處少譚因難民接濟一八元論畫畫萬選軒方伯

寫馮鞏卿李少山信 詠之信 卯刻發 李和兵 吉遊刺候送英大使為梓 寫

方蘭坡信 陶仲丹信 宇翔甫信 黃子湘信 鄭宇恬信 張鐵臣信 吳竹莊

信 卯刻發 寫黃子春信 卯刻發 寫戴明府信 卯刻發

楊補之梅本日往
又寄兩本日往
又黃子春本日往
又李少山侍御本日往
初六日丙午晴 見中堂咨二日芝泉禁托接據九江道國函寄鄒請細水師協剿云云 又中堂二日奏軍情尚有云江西帝實四一年千十一日由何金溪殺城讓逆乃從廣東階向建昌此股有八九萬人請從閩粵兩湖一體設防因該各股李恐流竄云云 又左制府咨初二日初二軍情稱尾内稱正月初八日相偏賊何培章陷城 即令辛殿郭松齡等其擒斬殺犯初二十五日破梧州城江門外不並三登云云 同李靜山赴燕山故上兩賴 次御書 代擬萬寶軒稿一件 寫萬寶軒信 初四日發 是日出門開風塵沒劉

致萬寶軒函伯也

容各承蒙寵招 緣有採薪之憂 未克趨陪 囑筆臨行 晉謁 復因朱九

鄉學使經過都門，不獲瞻教，積深馳仄。頃抄恭讀特放江藩，頃又聞安抵海陵
吉祥，視篆伊始，以俗冗羈羈，稽遲申賀，尤切悚惶。敬維大公祖大人秋臺明察，春腳恩周，
工勤錢穀，無一事不悉其情，屏絕儲胥，得長才以資整理，全華報最，玉節時持，即
在意中，可勝以頌。姪草露餘生，肩摩下士，敝鄉淪陷，觸目興悲，作嚴陵游，秣陵適
值從帥宏慈，剏設撫卹難嬰一局，收養城中脫出難嬰，襁褓負經理，議定章程，延紳
經費及各難民到局，查造姓氏里居、親族及本人父母年貌，細冊一一備得大略，榜示局門，俟
人認領，仍與細冊一一核對，以防假冒。在局之人，日給米八合，及鹽菜錢數文，並發給被
衣，俾免飢餒。自開局至今，收養不下數千人，其與本人父母相認領歸定聚者，亦不下千
數百家之衆，甚還恩戴，汪萬民尸祝，維經費浩繁，亦頗支持不易。現當嚴圍已合，城中
糧乏，驅逐婦女，是以本局所收為數日多，籌辦大功告成，尤必不可勝計。此當軍務邊之
百務皆艱，從帥外籌攻剿，內憂餉需，實已心力交瘁，此項經費用，更屬萬分竭蹶，莫由抵
抑無子夏同善堂，暨籌撫卹難民一摺，奉旨無地方官妥設收養，當所借撥正款，籌办
一面倡率勸捐等因，欽此。仰見聖主軫念災黎，勤勤垂護，中興氣象，莫此為最。伏維閣
下胞與為懷，志拯水火，適手初任，席來登之日，正值襜帷蒞止之時，江左孑遺，莫不額首

稱慶甯意通泰淮揚各屬官民率皆樂善捐貲經函屬友人亦各解囊以助惟人微言輕所及不廣若得大公祖大人勸諭各屬以平日愛民之政推以及鄰封捐資襄賑哉並勸富戶隨緣樂助登高一呼必集衆和一俟集有大款移解林營俾資辦理要務飭令各屬分認收養若干人數由此間局內核收分發係無可歸著之人備文送交各該處查收存養二者均候鑒裁若蒙允准以上云云俟晤商請統帥以閣下與林營本屬一家且此事上以推廣皇仁下以保全民類善與人同尤可不分畛域用特冒陳左右是否可行伏聽大教無任悚切待命之至玉芸原啓一紙並呈垂覽敬請勛安兼賀任喜鵠候回玉不宣 謹啓

再有啓者敝里常郡咸豐十年民團竭力守城受禍最慘爲地方素爲蘇省最貧之區現在雖已收復被兵尤爲特久其遺民幸脫兇口者大半漂泊江北歷經保傷先生者仍分投各收郵寓處者甚衆惟爲日過久經費告匱無以日求安堵文而不得者不可勝計前又請寓江淮所見率不忍聞目不忍睹自惟樗櫟無力爲繼擇稍分辛苦五年惻然失復良結安茶諒閣下慈惻懷恆以惠一民莫非我公之赤子呼籲所尚更有何遑惟公何飭書各局情形籌垂憐擇起死人而肉白骨爲生紀

同深頂戴，至屢徵無報，以泣惟有俟收拾之局借一二公老手助其張，以垂厚施于

永久而已。無厭之求，諒希稔亮也。再啓

初七日丁未晴。見中堂二月廿七日（薛香）中縫看停補船兵一摺。又李制軍信，言兵于

（擬程學啓、齊鑒濤、郭新李和鐵等）

二月十八日諭旨。武撫初書。李靜山書。蘭生書自江北見信。見紀帥

信，內言于本日寅刻起復。晚蝦中丞送蘭卿書，書意久譯。蘭卿甲下

楊千此。見左季帥信（附書）云天下事正待成者，有一蕩阻格，如今月九解

處怪蓋蘭生因下案成大局有所指陳，而身（使）係客，因以他論照會

方遲疑而待之，嘉禾秋蘇帥（協）下從速從廬州下湘郡，漱東一書撫

並以防其越僕耳云云。其忠嘉禾之功，不由己之遠責蘇帥之驕傲

入其境內可謂其躁而闖

接二月廿五日家信，寄到草其衣等

又查惕甫信

又六嫂正月十五日信，寄到寸光兒筆膝物

又槐庭正月十六二信

又何鏡海四月　信為探齋作兵媒

又武贊臣　復武木夕信

又黄子湘　百廿五件

又劉皖山　信

初八日戊申　晴　中丞邀陪石老飯　傳逸亭恬叔少甫諸君合游蓮山余為題木主　二鼓時中丞來　見李少帥咨則克長泰與孝感報捻匪程軍門學啟受傷甚重云云　又九江錢萬泰來信　潛溪之賊于廿一日竄陷南豐並撲新城未破　于南豐城外築四大壘　據守城池　眾寡已十餘萬擄掠近為猖　官軍攻破城外四壘　報賊科詳某云云

接吉松崖　月　日信并銘四丹遣蓮山

初九日己酉　晴　天明即起　赴蓮山殯舍送葬　石厨蕭引之劇　對坐任標土為安　錢恒甫來候（前葉東吳人子錢之婿）　張地望觀察來自江北　忠僕二鼓時中丞來　談及左季高時為陝藩兩文　前送陝甘全寶已于七年病死　翼王石達開于七年三月由江西境上棄軍潛遁不知所往沿北

閩粵已楚南撲寶慶衡永加者皆九本人云云

接二月十一　二十　廿二家信

又四姊二月十日信

又益甥二月十一　廿一　廿二日信　已同名谷柳入川慕慶邢山道生編校

又亦舍二月初十　廿二日信

又方元徵師二月廿日信　同時疏夫抒不勝為之嗟悼

又良甫弟正月十四信

又楷詠春二月　日信

又詠如布日信

又霞生二月廿四信

又德庭舉月　日信

又錫子密二月初二信

又杜小舫正月　日信

初十日庚戌雨　中丞招飲陪向生比堂兩君飯　見中堂來信　知杞翀修撫

同于二月廿四克復城賊仲僞湖北又於北撤也免進攻每隨擬奏獎仰
懇恩施獎擬云云。以蕪湖截收釐項每年七十三兩，又蕪湖釐項及用
帑所存共六十一兩，奏請將此案施家代放弄埠擔生息每月二分利息
爲經收轉等。 總兵同日湖鎮他來以本省錢糧陷賊托處選擇八查
湖中丞來諭云三發。又中丞來咨，餘索征爲每月加撥餉銀三萬兩，又
撥屢餉每解金陵以救眉急。咨內將會試限費作所之此間但因
情形稍難頭緒擬集人信云云，請爲可誦。
接孟勝初一日信
又楊雅亭信
十一日辛亥雨。接家信，即日發；又附發孟勝信、四妹信，同發。雅
亭來信，並寄對子二付，等硃十个，十二日發。王霽峰信，十二日發。張
外孫附王信內。夜中寫畢謹。
十二日壬子雨。已寫將軍發之派四千人，徑常于本月初三渡江
協辦防兵勇攻剿丹陽。又見黃軍門翼升信，於二月初十帶勇赴

奸壇內竄此金谿賊黨于初九日進逼江金，十四撲犯該城，已被圍三門。同十七日收復楊梅山等處，分扎長溪北瀾一帶，現在該逆麕聚梧山、尖峰、花橋、楊庫等處之賊，屆生張屺堂否剿辦。

卿委代擬李平西、沈楊及姚舊等批示共三件，程軍門等信共四件，寫函信印刻書勇發。兄沈中丞二月奏請將江西兼釐牙稅收歸本省征收，欽定協濟皖省征餉月額等語。緣中堂于咸豐十年夏兩江之任，由皖北移師皖南，其時因蘇皖糜爛，征餉無收，奏請將江西全省釐金牙稅兩項皆遣員設局征收濟用，奉旨允准，迄今數年，每歲所入不下百餘萬，軍需賴為巨款。沈為江西向設防軍無多，迭有賊警之信，中堂輒派師千里馳援。賊擊十年十一年之間，賊匪屢由皖浙闖入江境，經中堂調派左帥、鮑帥截剿，驅賊使逃，是秋始報肅清，始撥因江西之餉為屬供挹，是皆視為前此未生意見。沈中丞于同治元年春間奏事，因初六不能多派，因中堂屢負于寸公事，又九江道蔡錦青請提撥協解，雖未經中堂批示，彼及小人從中播弄，遂見齟齬。沈在江地，轉瞬遇事致嫌，以為局面未

忽狹隘本係中堂保薦升任，自以[illegible]整頓地方，不負所望，不
甫能遽私恩引嫌推委，且薦前任丁撫之擬任某營，一並遣回，改別任
所撥募練軍韓字等營八千人，稱調精銳，特[illegible]等軍百餘人，又
府募字勇五六人，兵數日增，費用無出，始有此意。平心論之，中堂求前
日才不[illegible]伸，為國家任事，沈之者尚為掣肘哉，職惟江西
餉需難追，而從前調勦尤甚，且中堂于江省軍務來甚積重，懸觀成則
東征大局，彼閔[illegible]以距江省較遠，遂生疑城，由閩此議，僅得保和匡寨
於國大臣[illegible]彼此致因[illegible]相之設，猜嫌不解，而分崩如此，不能不為
賢者責矣。　周郎山之姊深危來候青洁

接眉生來信

十二日癸丑　陰雨大風。巳刻抄鴻臚寺卿胡家玉奏為河流北徙請飭官
項學堤一摺，內稱自蘭陽汛潰決，汛溢山東郡境內已十年，未聞何月令
改平地，臣于咸豐七年由清江浦赴京，路於黃成擇渡，見堤壞成，問於
寢及村民，金言但由大清河入海，濮范壽張等處河流橫溢一片汪洋

自刑律湖派至肥城一帶民堤決口不下三四十處云云 寄候周滿
庭鈔恒甫 寫扇五作翊宸刻發 季雨作 合發 朱小山信十四葉翊小八 見左帥
咨到二月二十五日奏撫部條抗攻踐一摺內云二十一二十三蔣益澧揮攸杭
州賊肥田殘廿四日五更由武林門竄出走德清一路至湖州餘杭亦于昔卯刻
竄出云云 蔡寨鎮官軍追擊云云 寄云云數程

接扇面本日作
又子勇陽初四作
又衣若初四初五作 贈以羽數種
又頌嵩曉峯初四作

十四日甲寅晴 中丞來譚良久 代擬致曾曉峯信一件 寫曉峯信附日恭
附中丞信 見李少荃三月初二信內云江常解圍已將別將扎數路家務各萬人
屯楊庫一帶 港口貴溪 十初六日親率國荊初六日攻戰兩晝夜得
斬溺誅死二萬餘人 逸去僅二三千 不能復出來 隨當分向宜興擒□
云云 黃子春來久譚 寫季雨信 翊小八刻發

接季雨初十、十二信

十五日乙卯雨 是日發賀摺 中丞有恙(?)仍(?)客(?) 賞(?)少岩來 張(?)小舫(?)來

中丞摺示 中堂請江省釐稅仍歸曾國藩用奏稿內一條 臣十年欽(?)奉(?)初門(?)時因軍務(?)交(?)出(?)奏[illegible]

將江西通省釐金協臣軍用 又因徵實(?)協(?)款(?)奏撥江西漕折每月五萬兩 嗣又奏請將九江洋稅

[illegible]

[illegible]

四(?)程(?)三成(?)但(?)款(?)先(?)非(?)查(?)案(?)

[illegible] 前年八九月臣軍克(?)安慶

大作金陵援賊圍至 沈葆楨于此時奏請將漕折協江西應用 未嘗一題(?)一

咨相商 九江關洋稅亦經沈葆楨所(?)免 江忠義席寶田二軍之餉未

曾解過一次 去年九江道蔡錦青請撥萬五千兩解鮑超(?) 去(?)沈(?)叔(?)批(?)中(?)

飭 但有嚴厲之辭 張(?)堂(?)振(?)言之 謂目下沈部下之餉發至八成 臣軍仰

屋浩(?)嘆(?) 時不過六成 今年收止四成 若再將釐餉全咽(?)江西 是臣軍一

無所得云云」 謂(?)如(?)來(?)做(?)成(?)好(?)去 寫方元徽師信 卯(?)刻(?)發(?) 文(?)補(?)如(?) 寄去翻(?)刻(?)地圖

一本

接張振遠初十日信

又接王山舫(?)二月十七日信

又吳異庵二月十一信

又盛集生二月　信

十六日丙辰晴　竇蘭泉侍御垿 雲南曲靖人 己丑進士 方存之宗誠 桐城人 左眼中御

韋侯少坐 去後又來久坐 蓉侯 竇方二君

接自生十四日信

又陳子香十日信

錄竇蘭泉侍御疏本

滇省回民本元初因回兵平滇後為守其地遂長子孫與漢人相安無事近

五十年因爭礦相仇殺肇釁姚州有械鬪之事 道光二十五年永昌漢回構釁旋即平息 咸豐丙辰年間回匪

鄉紳楚雄府漢人將回民這則有大吏以漢人聚眾閉門不納漢人殺回 四月大理府回匪杜文秀作亂逐據府城為

匪又藉口盡殺城中回人回人皆救其城搶劫自保有城戒嚴僅議閉城堅守

相持　四月新任劉府吳振棫回入境為紳士所誤又早騎入曲靖城回人因之挾

以合圍據守其陳回語和議有城衛市一条于回民居住之內由督撫以下皆主議用

印署衛回人收居城中山露不聽郡縣漢回互殺官不過問迤西大理震

江永昌順寧騰越四府一廳西陲接壤回人雜播其地迤西以賊首推戴杜文秀
為主蓄髮改制居然敵國迤南楚雄蒙化等處四圍附近地方居民
自設團練殺回人皆盡逐官報其力自以出患征賦一切皆不設迤東省城及
曲靖臨通廣南等處除四川撫加年陸續至有幾種殺戮擄掠之餘全佔有
實者幾分人充其雄猾之據為巢民初寸官紳相推者恒附楚雄猾
徐李業率之狀擾成以戕物歷保民捏督撫出奏捏陳之銘者亦貴州人
驟擢　年以川督升滇藩旋署巡撫寸收捐納所為不軌岑毓英者土司
由軍功保歷滇藩馬復初者回人大經師素居省城與杜文秀雖同教
而持兩端因得之年但有實為回人殺于馬龍州世纂子林子書辛甘郭
下萬縣川省因張亮基撫滇以收殺戮畢年至杜文秀遣其黨馬如龍領逆回二千餘至省
垣入居學宮姪猪僭釋往請來意遂為所害嗣由馬復初調解使去
現在省垣尚在馬汝全皆馬汝和及諸回人掌之迤東各府猶皆為官守
亦不戕害但其網之使文移公牘仍使盡典則自巡撫以下皆聽其指命
新撫賈洪詔以平苗留川境不敢入滇本年六遣訊之負以微任不足自解

輓近以世必行

十七日丁巳晴 訪陳六笙藩易鏡澤雨村等 一賓祥伯 吳全美 江寧人 來候 劉

南雲方伯來候 閱曹軍門能則郭作某寄男丁孝伯曹戰之會軍技詳

將某作閑差拒守中路以後不能洗今據方伯疏稿洪則某早入內諭

中丞譚又與余勸以寬猶五用兵士世非以閱兩但示砭安懷諒余游龍中

丞也示 中壘作有云達寧之金陵軍心不一云云不知何人所奏之 又湘鄉之財

政竊虞隱國已至相業日無之之

接李少泉宮保二月作

又 陶弟二月廿四作

又吳竹莊 日 日作

十八日戊午 集世寒不類仲春 寧候陰診溫陽非吉兆也 趙沅卿來

余方外函去 寫陸子金改作 額刻書事

接陸子金書作

閱國朝名臣傳八十卷畢 此書紀載僅及上諭 于本人事跡略而不書其

總統府以既不用料分又不辦年集務預亂 共可把事另有札本

十九日己未晴 連日陰雨混悶雨中如不食日記方能明了 方存了来

謹寫陳樹仙祁汝仰 即日發 文本書位日 寫張仙舫信 即刻發 季雨信全上

接任雨香 日信 又蘇晴山来信 萬軍門信仰素談

廿日庚申晴 見季来營第月時信 楊金華山北角之賊 初六日大痛剿

汝但由書路竄四書如 又程營管傷死下無之 代擬營員時等信

三件 寄傳帥諮一件 寫季雨信 即刻發 交陳 張仙舫信令 恭 陳隽亭来

蘇晴山来 寶東名副部来

紙毛軍不利 現因徽郡甚急 又接左季帥来咨 見中室来信 初旬徽防賊竄 木川 初五賊在休祁間 竄賊接

京 棣等五王由杭州竄至武康境上 聞該賊因竄經武江一帶 賊 梯等四王

現在杭州僅存元義 斷其林等仍陸續退侍輔扙元等五王 欽濟

東湖新楊星陵四壯道由杭州團生組等因 候兩接攻之賊

聞偽此...

城中...

揚霽生 初十日行

廿日辛丑 晴 覲 官帥 沒到 二月廿四日奏稿 鎮壓地方 另陝省寄廳 一 匪白

狥匪猖亂 百姓 率皆以城 謂 守分待 免有遷避 城內其以未擾 戕多之 ［塗改］ 實窮蹙之 後 目 ［塗改］

黔則全國無一能不窮 接爲抗拒 二十三日 蹂躪地邑 焚掠甫定 餘我軍一振 而

近敢知該逆于外擾之半 條一擊內外 防守更嚴 奴才傳報 但日夜籌佈 倚天

色已晚 只可收隊 奴才四面合圍 以冀 太平 須 日 曾 時 據 其 總兵 當 福 精 力

難支 無恩 將領 等 大臣 關防 交 陝 安 左翼 副都 統 穆 圖 善 署理 佩 奴才

在 心 調 陳 云云 又 擇 撥 二月 廿四 奏 黎平 古 州 鎮 遠 江 寧 黔 軍 遠 窮 追 至 窮 邊 何

以 窮 四 銅 仁 思 南 一 帶 黃 教 匪 匪 將 圍 銅 郡 餘 兵 直 逼 郡 城 至 此 防 堵

又 江 西 撥 邑 楚 軍 援 遵 寧 援 恐 入 湘 境 以 餘 于 衡 州 等 陽 桂 陽 酃 陵 防 堵

云云 又 官 帥 等 咨 則 奏 稿 亦 及 奏 則 上 諭 內 駱 氏 疏 又 度 以 相 無 疑 問

事 著 與 奉 旨 摺 章 著 將 以 湖 司 等 交 經 撥 謂 其 餘 及 地 方 官 設 法 撫

湖 南 第 一 大 吏 所 云 云 按 官 帥 初 接 任 方 逼 都 與 湖 之 所 為 裁 撥 材 江 為 協 濟

與 論 無 同 且 又 似 即 此 一 層 之 外 同 心 惶 怖 朝 廷 允 准 並 飭 藩 司 酌 定 辦

理詢為保民鳳翔帖 郝帥奏之奸細則放歸其度 為帥奏之難民則
思誰殺之並未定誅據 皆由楊國之臣胸無定識一任外吏轉移立說是
非不問皆不皆同心殺之良民也 代擬烏將軍等稿四件 又批郵
李二姓訟搶山業一案 寫家信 孟勞信 示箴信 示勞二姨附擬 馮閣
作劉玄甫來 徐子恕士經常熟人 方保陞太倉州嘉定人有親 來談 說湘國則此處事可
謂識矣 帖余事此後求事者函信不絕 殊覺以處之耳 劉心齋長沙人
人李奎牛 高晴山鳳眷如人來談 寫吳士良信 廿四黃 馬尾 何鏡海信 附廿四黃 提章信內
接十五日家信 寓來二床席 安吾等
又鄧 十三日信
又示苔十六日信
又六姊正月二十四作
又槐亭正月廿二作
又周生 日作 正月十七到奉
又陳子宣二月十二 日作

廿二日壬戌陰大風　王揚來遲湖歸，寶蘭張方誠之，適饋歸

見中丞湖南奏，賊已逼寧，豫省張撫憑竄已為賊所害之說，王正伯

奔黑龍泉川之信，李中堂：道竄至一品坪，並有小路之賊，沿江（此指陸江）直下卯

如新野與奪毛郢，陸大陸一股竄至寶陽所屬之桐山一帶，在向

樊城、老河口、太平竄，但樸林以已親統全軍至許州一帶擇剿，全

陵城大面堅固，攻不易，識及將士歸全不一心，志難齊，恐國藩各親往

賀州保不善，將士有取年餘所之之　寫楷子木信（卯又日發，陳之金）　又一函發（卯日）

誤來　乙王子澄來知年[redacted]金壇[redacted]于[redacted]（二十）日經毀渾克復[redacted]雖道出

殘館鋪揮畫平繞內至廣陳州如云云一又李中丞（二十七）奏信廣信之賊時據

寧邑李境而去大股以初十日由李豐橫出如果同往回昔為人要之界

云云　代擬万宜耕壽信八件，又年秋一件　寫趙亭信、與卿信（廿四發）（馬遞）

黃南坡信、杜小舫信（即刻發）（馬遞）　眉生信（卿刻發，郭壽之）　雲生信（卯日發，附撫遞）

吳南屏信（廿四發）（馬遞）　錢子密信（二十日發）（寄鄂心齋）

摺楷子木　日記

廿三日癸亥 陰雨 大風甚寒 寫劉小山信 交擬生發 黃協統信 廿四馬遞發 端陶之信 初四日發 交周照山 同卿高晴山來 李少山來 寫咏山信 初四發 交筠亭

廿四日甲子 陰 見中堂信 徽諸處毛二軍于十七日大敗 處嚴訓 皖撫不知下落 徽休祁三城恐皆不可保 江西又甚殊大湖封公甚可慮云云 入謁中堂 陪侯遊而午飯 答候劉松亭 蘇晴山 趙錦堂 二穀米 達權餞江人 答著全衡數包 來候 代擬官中堂信稿一件 寫陶子信 卯日發 馬遞擬犯 因歸疲乏假寐片刻 咏山來

廿五日乙丑 晴 擬吳相芝等信五件 同卿 高晴川 劉仁甫 陳子恭 來 未刻為摺稿中

廿六日丙寅 晴 見中堂廿日奏 從內閣抄看見改任浙撫 王李陳炳文 偽聽王 由德清等縣趨杭 因寧國之賊 接探報稱 徽州本月廣信賊與毛營兩軍方賊接戰 毛軍失利 小挫退回郡城 請兵速救 休寧城已被賊攻陷 達內共四出 徒無集中 接及江西告急 十四五六日 處毛兩軍連次出隊亂數千人 獲勝仗 屈張湖州 李世賢 黃文金 合圍攻擊 老竹嶺 竄入

徽饒十七日唐毛兩軍在楊村地方大敗，唐鎮不知下落，隔絕畫川
濱毀徽休兩城，不能保守等因」入謁中丞，見中丞廿二日奏請沈中丞奏調
副將厘稅一摺，已奉旨交戶部議，撥分半月，即中丞派亭等云云」寫高晴
山信，即刻發。郭伯蓋 擬吳仲宣等信稿三件，答稱字批一件。李少山馮
潔前來少坐。晚至陳雨亭處小坐。
廿七日丁卯 晴，風日暄和。王少樵、姜鋤、杭少蘭、俞秋浦、潘季泉(季玉)來候。
接眉生三日信。
又廿六日信。
廿八日戊辰 晴。見中丞，談到戶部議覆中丞鹽務摺，了結通一摺，未開
原奏，又按應定課額，照咸豐七年奏案征收，按年奏報一次，並將各府釐課
金隨課並繳等語。查浙省科則每引六百斤，應徵正耗各課銀三兩零又
不入奏銷課銀三兩零，統計每引征銀六錢一分三厘零，咸豐七年引不行，
暫改設局收稅，每百斤抽錢一千五百文，(每引九千文)較之課銀不及十分之二，現既改引，
鹽引應按引征課，遞據奏案仍照咸豐七年征收，推因歷年尚多滯銷

加課但以引鹽照抵稅章程征納兩數太少相應請旨飭下兩江總督
曾 一再將應征課銀悉心妥議或照從前科則暫行減半征收照舊引位
征正雜課銀三兩零已屬太多擬減照以減半征納爲難照亦則該督所請匯
送暢通力籌整頓其利弊何如仍俟錢鈔漸順即行按照舊額
全數征收以符原案云云 晚飯後入謁中丞少譚 又中丞信 江西厘金
事王少宦逗留 擬分以為不應分半于江西云云 向黎原于十八奏事
中丞請調蘇軍接守東壩 向營爲調鮑接江西中營 以為難已洽商
李中丞此舉實于大局關係至重 用兵分割黟城之時 勿落人我之
又九卿御史罷李不能設復此公得 寫陸彤仙信 卯刻發 寫畢人
接子迺去年九月 信
又子異九月廿四日信
又陸彤仙中日信
廿九日 巳正 食雨 寫子迺信 子異信 初三十發 送大勝關 交劉心葵帶去 寫張柳庵信 卯
李雨信 高晴山 劉心葵信 三十發 求臣 寫家信 三十日發 交劉心葵 寫陳菊物等

寫訴如信三十封東主 兄戶部諮覆沈中丞截為牙稅一案據內云查每
國藩軍營從前每月約解湖北協濟下五萬湖南協濟只二萬五千兩四川協
濟只五萬兩江西協濟只三萬兩外省有廣東厘金及江蘇厘金等款為
數甚巨協濟之援濟甚少前都撥解撥盡有未亦通盤籌劃之語以補
其身之短其江西等稅牙厘嗣撥歸該撥風說即將江西本省釐收分撥一半
云云查江西川協濟不知何年停支自撥帥撥江督任後未曾分文湖北協
停止湖北恒等等及有為李少荃中丞部下之元勇義餉月解不及一萬
江西三萬不知何所指以為濟我餉則元年早已截留以為牙釐稅則本年
解過一次撥湖南有協款近何曾有自設征收之厘他處湖南有廣
東七成原定餉半成之外不及二萬江蘇有四萬之款總計每月不過十萬而止
撥為數甚巨又添撥兩湖糧臺之部即如部內所云款之有若無不過廿餘萬而
撥帥部下月餉亦六十萬不得主國計者于此間作之大氣魄毫無見毛之觀於
兄奏內之足令人一笑又兄在帥詳撥後何充耗如餘撥兩湖資五時
形一揭尾極據之實據撥達歷實文及實本李道經等圖郭湘如時達李

世賢及汪悍賊圍竄江西田家渡為軍截斷遂竄宜黃又因宜黃之後蘇軍克復之竄湘鄉是湘鄉為蘇統諸軍追剿因蘇前為唱重臣自為彈壓以力懷以圖之賊去則擾則圍攻賊出則擾則追剿務將積年逋誅剿此窮寇為殲旃免防流毒定善地方又恐不可之為飛手檄務順利方為則亦未能逐計也云云按李世賢雖未竄至江西而竄至江西者亦不下數萬廣匪一帶縱橫阻過為以保蘆為軍截斷為拜兩河善于文歸湘鄉為蘇敗竄追殲之嚴查求與克復餘匪有賄而掠城陳仁則全毀衛出右知其情之湘鄉為通此否枝餘克復之賊賊世二鄉獨向秘師為西堵剿留佔一帶閉賊于湘鄉回至敗大股擾竄踞羽然寔無盡計不出此之逃兵陸清武存以尾其後及徽南安來李豐大鎮西之出附是前此全丹九精魔怪無痕也之西西面所以論病蘇師者反躬自省亦可以悅矣為方作安擾則圍攻故擾則追剿順利方亦未能逐計云云諸係之辭以為鄉村未肯免手肩專任公大之國家倚為保障者今若此至不知紀之所在矣又見中堂咨訓並開准以廢撫部院掀實握友蓮悅漢淮信疑金合張總愚捻股由

豫鄂赴援金陵近復疊奉寄諭諄諄以賊竄于襄樊等處爲患

欽此等因查逆股全股趨西假道隨棗北竄不難擾我圍師後路

自應先事應請飭鄂楊軍門查明彥江各隘嚴布置設守陸路

則如地方六安潁州兩城已派蔣凝學分營駐防廬州一城有勇鐵率鄉

字全軍駐防至毛有銘鎮平信字全軍駐防惟黃州東邊本部堂

亦以兵派應請飭部撥援兵駐守此外正陽山出省應由營務

處安臣撫一二營過江扎營以為于南岸金柱關等處調派截剿

此後該處駐守之兵撥援事來大順志眾氣樊惟四楊金清吳孝志

但賊計百出倘會黑擊假出一處不可移之尚兩窺軍進守鄂之一帶賊若

由信陽一帶北闖黃麻羅田直犯英霍出我兵後左翼外似英霍之

境不可無兵已入調中並英霍駐兵並以牽掣之錄蒙一得謹上

久諄此出 手三二日昇之全德人回李柏 張中丞均 督部堂 書信

樓二十日、

又張兆堂十九日作

又隔作舟　作

又三童問溪十六日侵已過大勝關矣

錢荒一得議

錢者非粟不可以療飢非帛不可以療寒古之人何為用之曰為政者所以權輕重裁至貴舉至賤以適于平者也其術奈何曰物貴而錢賤則上斂錢斂錢而錢昂百物抑矣物賤而錢貴則上出錢出錢而錢抑百物昂矣故錢者利之柄如權之有錘聖人操之使天下皆稟其平無畸輕重焉歷稽古之錢法意悉本是而四海之大其理浩賾其机百變或此積而彼空或此盈而彼絀雖巧歷不能窮其數故欲亂天下之利而一之則利十而害亦十何也物情而勢不齊也譬之水然趨下為平性也而谿谷之縈回有咫尺高下者矣堤坊之遏塞有內外尋丈者矣欲夷谿谷決堤坊以使之平則必泛溢而豐絕非水之不欲平形格勢禁不得平然也然則終不平乎曰否谿谷堤坊之內不與外平而各自有其平則亦平矣善為政者虛者實之損者益之就一時而言一時之平就一方而言一方之平則有利而無害此因時制宜之道也今之錢法敝廢絕矣不操于法不購乎洋而銅盡不鑄于

京外而錢盡其銷爲器用燬爲炮械者尤甚蠹錢而錢益盡他省不知蘇皖二境
銀兩易錢二千或千六七百者今錢少而易千二三百矣餉兵勇之口糧商民之貿易皆入銀、
要錢鄉民糶賣多銀而錢官多錢故道光以前避錢患銀荒者今一變而爲錢
荒夫銀荒之害猶賠擾解搆之累而其病在官錢荒則日用飲食暗中倍蓰其病
在民物本貴矣益之以錢貴是兩貴矣欲民不病得乎然則如何而可曰益出錢以平
之而已曰物貴當斂錢今物貴而益出錢可乎曰物貴而錢賤則當斂物貴而
錢亦貴則不當斂何也錢平而後物可平也益出錢必何曰急鼓鑄以多之雖小亦
以佐之而已鼓鑄之制直省案許開鑄者十四而皖不與然國初僅滇有錢鑄成而
後運京設之京錢其後始設京局而後運銅各省皆以事故遂將推廣則今日之皖
可放行也各省錢法惟滇即山採銅其他或收本境廢銅或買滇之餘銅今滇銅不
可得而江南兵後民爭出器用以易日食廢銅甚易得也更募商販洋銅以濟之銅不
患不足矣銅足而鼓鑄易錢多而價平矣雖小錢亦禁其說如何曰禁小錢惠其
害官錢也官錢多私錢之所也官錢盡錙而禁之則民用益饒矣小民不帀而求益
盜錢之大小用物也以民貿錢則相去遠甚倍蓰是民必不便之也況今貿民窮而富民寡耶

毫釐之末，官禁之而又無錢以易之，民皆破鐵，則易為羅頑。禁之日是商賈挾貲

者之所以誤也。居貨于市而得值多小錢，用之他省不可，則強禁之，是又商賈之不便，徼

而小民之不便甚。商賈之不便可以本地之錢還用之本地，而小民之不便則一出入而損口

食之半，其害輕重甚易知也。抑又聞之，錢者便民者也，所以前民用也。國家定頒鑄

大錢，畢樣，必因民患輕則作為重幣以行，於是乎有母權子而行，民皆得焉。若不堪

重則多作輕行之，亦不廢重，是古之制。錢者所以便民而已，輕重互用，豈執其偏宜求

弘且之者，欲以救一方一時之不足，非為天下計，非為長久計。語曰：急則治標，固不必以常

法論也。一旦道路實，錢幣暢，則不待小錢當禁而慎設之，鼓鑄可罷，而要如今

日之事矣。

三十日庚午　陰，大風，夜雨。寫陶作舟信，方蘭楷信（即日發，馬遞），童向渠信

（四月初一發，交張柳亭）張叱峯信（四月初一日發，交御史湖南遞去）　下午張柳亭來，坐此久談晚飯，未刻去

甫來

接霍生三月廿六信

又黃子春三月　信

四月己巳朔日 六千未雨 見中堂寄到總理衙門奏稱金陵城大而堅悍賊盤踞其內更圍蘇常圍城之軍不下六七萬 併士卒而計之 餉需經費不能全無開支 限期功垂垂成 民日以議法養此 一每年應調廿四萬以期迅速藏事 恭親王衙門查出上年李撫協四國摺費銀二十萬五千兩又江海關以存李泰國每季撥一款十一萬四千餘兩 又李泰國家代撫協餘款已四千八百十上年羅尼一萬六千七十八元 作等因李泰國請予款前來指撥撫協 又經遞回自來係有月挪撥經費 又因戶部庫款未完南撫金經移司將二兩項支款已兩一併解還 已衙門內擬送戶部照收並交通司大使李鴻章遵照奏案 已為勒查前此奏請各撫協原作為助新餉隨記足 足其撥撫協經挪退 今陪陵金陵兵餉所項其要以濟撫勇護後又因本省亦應隨新撥部庫後兩經籌敷 另金陵軍營從帑庫經劃撥一半 是金陵餉需未見一從就 已等公同商酌 劃下部庫撥未敷之本撫另金陵防剩以不軍防大實撥要自存積接就先取以撥餉需所有前項款兩又查金陵措解李國廣東軍營奏請部兩撥應劃

六日晉謁撫憲子韌，解畿輔等款，此上海所存江督部堂撥交之
餉之款，並議將以前撥款畫歸于各解京餉，目前動支解交等因
又請將撥解四國賠款三十七萬五千兩一款，前撥提撥歸司庫請准
已如數三年二萬五千兩，此內除應找撥還四國賠款二十四萬五百二兩七
錢外，尚應存銀八萬四千四百九十七兩三錢，又上海來撥五萬兩為來撥
等項，即由司于三月初一日飭應找回賠款，並本年
並令上海來撥五萬兩，仍還奏案撥付等因，惟仍計前劃歸司
在三月中旬，應如議移司來年撥劃，又前留之款，前款內劃
其二十四萬一千零找給者，前欽奉撥之款，計銀所有奏請撥付之
單奏各款，又兩次應付二十四萬兩，並來撥付，並江海關之撥入五萬兩
撥撥付別各款共應存三十萬兩，存在即應付各款，業已付清撥者尚未
撥出之上海案內存零銀一十一萬四千兩零，移撥四國賠款餘賸乃八萬四
千兩零，又奉本案國撥交藩庫四千餘兩，共銀二十萬兩又賸一萬六千餘兩之譜
為奏咨有案之款，等因，查此撥撥係初九日奉旨一日識此年之諸

旋經過路回使王樞年以五石可貴中堂楊亦于十九到京廿一日往謁
仍門即有此奏接沈撥撥到時郭廷自應降旨仍要中堂妥商覆奏
爲此等大事樞臣既未請旨外間無從揣之情未有冒昧允准之理乃旨
下而中堂將中部所陳情形無此照又不肯居爲肝之名始不得已而有此調停
之舉名爲鄰境大偪炎實出無聊者居十之八亦竊樞臣之意如吾於宣
大局不過因中堂於中有人心惶惶之過盼使之得不付把此過年 策
東事全務實切于心則前奉自於中詳及覆以求查閱安有查辰以
私也奏以懷爲實允駁耶再查移覆去朱批評王二人言允准全經
此時忽因按錄來 爲辯平心三批轉亦殊不至于很異數堅刊有
奈何耳 [redacted] 詣中延夏久生葉陪游仙 訪李靜山少
坐 寫張幼樵和函 附吉少信 萬子春信 全上 寫罷片子千函 王霞生信
初二發 交來足 寫覆李信 初二發 交王吉生帶去 張柳亭去此久譚 寫龍允之信 初二
楊發交 撥兩罟甲輪 寫吳竹莊信 寫李仲韓之信 初二發 交劉仙蓀 應李步
南來譚

初六日壬申晴大風　是日起中途遣人入內，前以中書於三月廿一日進呈內
稱該督兩江部文罕回，閩省江西屢陷，人心惶惑，各省淮揚實須自保，
實無情形，以薛煥極意該將該省牙稅均該省撥抵軍用，並無窒礙難行，
請旨撥出本。經部臣改奏，准其分半。又請勅直隸江西等省金陵需
餉，因一時急不能解，此次俟降旨准行，嗣因兩路司王極陸奏此事撥
實為要務，等語，仍用因照所請，以作急需。今見所奏仍以江西厘稅一併撥
由督收。其江西單心惶惑，著即照所請，江西省牙厘等稅仍應撥歸徐台撥
收並准此。仍權一半以為本省防兵之用，江西防兵需餉甚多，等軍
即需解至，再實難以濟，現既奏事撥出之耳。尚須均解。不
允所請，尚需本省因無餉款撥，尾團實難緩急，著撥一件，擬意
此稍有不周，亦因此次奏報，以致一寬一方，為目實據等，已另自行
因公事較一寬，不當相下，州均屬，凡有朝廷本當所用，其調停一般之
該督等意見如亦存，被左右所定，但從中搆弄，致惧事機，屢經[illegible]
該督等深亦已[illegible]，此次所奏，其事接朝廷持平之意，深爲[illegible]也

務矣欽差亦陽且日又有意見云云 擬此亦辭氣兼世祉沈桂江能之
執意就職不能抑加頸剔極為苦手不知民于沈了不可以了之奎亦以
能望人不免為於手底因不等言曲為營恤則序尊了為言下顯然矣又
見李中丞來電三月廿六日內云 現貴德軍將索如西門外洪善廿院庵瑞書矣竟
五以國廿三日猛攻 東韓揚城 煙十未蓮衆以出云云故時於于飛偽占兵萬千
係未得從八月初四日撥分門再攻出不果克待其糧盡自散 須三五月
斯云云 擬托總理衙門撥款方李中丞上海道並托倘來兵多營理轉
件又李中丞作一件 入奏中丞静瘍捐餉需派人去中丞又 虞
新聞來 翁撫浦來 萬少嵩出來同一楷 君來候 入奏中丞一洋銀
百六千元並盡此錢中丞得以為然 晚飯後入諸中丞處 親去家
稿如何遵照國行程較
總理衙門撥還捐如指用 此三十七萬五千兩係按計九分用四國還款不知
何以減成二十四萬五百二分七本之多 再此款本係中國之以荷蘇修 今以本
奏中國蘇撫托手購船來中國時費用未要指銷 遂照提撥西路按照洋人
也有之矣

初三日癸酉晴 張仙舫來 煩墨卿抄 皖省局委金蘇某來 丁

國良來 志歷 丁仲安之子 寄胡仲芳抄信 初八日發 到蘇晴山 晴山來久譚 皖省圍

閩多為譚 見張鑄夫三月廿四信內稱北岸官軍發之戰陸續上北柏斗七六

萬人為將帥所沖突自去年以來失利以後遂以募勇備休銘[illegible]之名分官軍為總

由湖營撥而去其沙糧又分歸皆省而去陝西休寧之各處以仍無財餉者來

遇淺之初門外稍去地理三里以外十里許僅有新信兩營防守郡城

是乃太平府令兔九軍但係力為戰 至軍新撥不足之戰而自初和休寧

休寧固無一兵堅守 漁亭為中道關鍵糧道所通又無營分可以扼撥防

堵徽郡之圍寧亦勢必派兵前軍賊勇已出得群集郁園已同千人

安了再要隘堵截而日以來賊營連畫夜旋梢追其物力分頭撥勇於防守

而各地兵分防已完取徑與兵守仍以地方廣闊空虛之時為可慮昨得此西

姚氏性格湘中仍有相當者三大路所取官江境而亦已撥營越以前蘇

已被北之久蹂之勞且地少人力糧餉無從故圖官江右防地一則需

要一則較易來五六年已收而不取徹休者則以皖南英雄[illegible]扼要糧可

據嫂也其相異李大帥伊弟州等則以寧波洪師且為江西江蘇中路
牽掣之計其餘世閣其講世卷為宜等計則湖北之賊陷之上窺江西
臨地陷之陸路石在爭此數股賊有力防剿欲李性函令全數上犯而南撫
湖北皖北方能之帥之江西等之並騁則賊等中路金陵逆黨賊據應為江右
得數十萬兵亦有不能為籌臣矣
據楊報三月廿六日信已到私籌海
又眉生三月廿七日信
又王仙舫言　信
督軍兩　擬張鍾煌等　後稿三件　湯子饞來談　等自生信兩
眉示　半途以破賊城外月圓深金文為先是三月初攻擄地道由朝陽門觀等門
門止備近城於等營四千餘座直至若干二千有餘賊城上鎗炮子密如雨
攻任滿夜修等至三月中旬一律成城上鉛彈附城相傳等自圍攻數
收攬橫濠為阻敵地步計官軍于二十三二十五二十六等日合大舉攻
破之閏付出城內支等自城防範甚密云云也

初五日乙亥晴

又中堂咨到王大臣三月十八奏論統將軍餉摺稿摘抄內云夫

民之不能忘者而又如其私者情也況蘇撫所陳事務實皆不能無所激而

亦隱情隱之所易察者耳詳盡沈葆楨自居任後擢以忠大著於諸處

僅能力扶有他隱不能大易者此而以為天下之務權衡常[illegible]

勢各為屈應以經之形未來補苟原此外因寒專惟此通一匯公之附克實

通方今任之歉夫鮑軍之于江餉且能多能先發猶以望忍之奉之一前

此亦者多從德猶蒼爾經皆至此時為本數即又未相前此數年之久

取揚阮此和資由且此時為須共又不能恐若識上海一區偏隅殷富乃

蘇郡蘇軍所自仰給軍食然攘臂而爭之舍此他雖有新復地方或流亡未復

城接續撥解之方由此求餉濟之方何遽能生罪用之術云云已按此疏措論

最為公允怵於外間之者聖輪之故未能了了所執者應室論於朝廷者此

已定不足言矣見左帥咨到三月十三奏克復武康德清石門一摺內稱師抵

克復後諭楊昌濬魏承薦遣分兵知府李耀南等馮寶七書

出武豐義之間設刺寨賊二月廿八楊昌濬破上陌賊卡李耀南破解陌城

卡進攻武寧城初四日竟之陸清一路楊惠陸臣二道將由溶院寇直侍道殿
數初五日副總兵四營南字五萬分路攻城賊三萬攻而退和如李卿遼等追至石門
初五日三侍郎城中攻偽利王　妻王　一股繞出武當之西圍寇者數　初五日李輔
武等截殺（出擊殺賊）該道即發餉寇之下追殺兩股賊降物也一股又五院（抑）道之率所
部橫殺（殺賊）賊兵爲騎追之手撫在寇中閙擾兎賊陣擒也共有約定萬衆　該道收
官軍兩擊人心漢毀者無一可撫隨陸時又等因分寇受降李雙英子經
李遠建等圍守鄖鄕今見官軍至通內李建遠又將位在者以寇字圖良可固
蘇境請賊廣圍寇鄖鄕印零寅鮑上衛數鄉不可之爲議道異糧爲錄
數（公）雖撫之差六將又軍能力抵奔衛所云年攻損鮮擒擊賊者即將爲繳糒
云云撫按兩（芝云）嫡知府李耀可等爲七萬出武京李照之間截剿寇賊
從於李耀可等攻破解陝賊其下于楊易潜會於武庫殺城甚烈李耀可
之七萬併至攻武當之師而也我寇賊之師以揄（白）院代（寶）四稱初五日截擊
利來又取殺賊甚隊老賊逃出者將止六七百尤屢見擊之寇賊經之繼仍出其千
有寇經之後仍由十餘年作亂武當近城之解收結殲寇修其堡道路擒

萬年計，賦為分為一段，揭以為自守之計，此段官兵截戰，太平風偏
惆當寇二三十歲，焉僅朝臣楊有（以識）無備修周，豈招之，數寺橫樹，爲之
者許，奏孫十陳汪二道官為拒絡，臣對屬見奏拔二城之圍，官兵此橋之（殘）志
之乃一劉巳蘇經之賊，官兵上游孫劉曰蘇經之戈，廣圍蘇湘都，直軍欺朝
隱之曾國藩，（睹之，當時乃曰乃）一手降天下之歸，因呼吳日復亂　七　在團聞后此官兵，得將
汲師易傳三令　擬杜少陵茅信稿四件　傍晚中丞來譚　晚至陽六室
來譚
初六日　兩國子薦宜　馮桂芬　吳君（政之長沙人）來便　高晴山來　馮津卿來
擬劉復函等信二件
初七日　下五人來，昊省徽雨見中丞深談　三月廿五函奏　自撥處，病請示責
便一日之之文還周應池，梅治女內移之自山谷淮，出京調陰溶調精毅精槿
二更　二老所作沙推　由米手生異道莉葉圖，路直徽楼不成，收官兵退移其深勢
兩手鏈江西合之日豐，前復之石下三十万計，撫殘防饒江以西石合，官之
六尚書，吉芳都，姑將撫建寧都，一路陳都樹外，勢不足固守，其精楻

韶兩年以來，皆由于楚軍寄情吾家，今其生平行之後，將來能任內
閩界門第自隨而南，遂軍內中泰華常州印白麈而動，貴部隨所調
劉其日自在如為事，前力既剿，何以主張，猶能之，收則三江兩湖之，然無所
嚮，實緣老將，其操術之，固死老心而驅之。入闈之目下，城兵多兵少，宜并力保全贛
江以西，不令接應湘鄂，則力彼極疏以之大局所關，理合先行奏明充陵調
度，時異云云也。按此將實于軍務通盤利害籌劃，精審該足已也，縱彼驕怨[illegible]
[illegible]營大人[illegible]
[illegible]不過謹守，萬不能過之情形，不必以為然，則[illegible]心
[illegible]生計，如達力上允，并受之大人，無疑手夫，時[illegible]
不能[illegible]守家，會白壽及[illegible]
山關致[illegible]特白，東向，當此[illegible]
[illegible]勝窮[illegible]
[illegible]諭而利，擁贛江北陸以[illegible]注之，捏挖[illegible]通之，地形[illegible]
近世罕生，退步出，無法不能立，剿之，枕[illegible]然以馳騁[illegible]華，彼之城必剿，未映騎之[illegible]
理，務以退之策，為攻防，必不及此，物有十七也，以湖中江營
[illegible]于兵機，未究作兩粵，收爾此，須行先里帶之，從
然而知才，更識兩剿，自古有傳統事也。入詞中途，迎于中遠，事作之窮江之城
匪聚深，横家遁出華埠而出，徽休郡縣之城無遺，並而賊為鄰境，亟援云

云云。又先霆各處負固抝強，致鄂垣樣各處之一信，內因霆軍餉項為難，深慮
東(壁)備存。初八又以去年九洑洲之捷，霆軍在江浦相距甚近，而未收和州等
城，皆霆軍之力，中丞奏保將止及水師，又事收未對雨花臺一體論保，殊欠公
平。中丞于函內批：沅軍今年月餉僅解三成，而霆軍五成，實屬偏護云云。
至九洑洲之捷，霆軍實未在事，惟收復則在霆軍未到以前數日，無人能往
于自巢含城案內保奏，叙前鮑帥用兵保案有十日內陷榜指
道擇出賊搖堅守者，如松江警擾，乃安慶至七十餘，如不之處，查以物擬鄉局
其合節之情，實為人所難，於是對賊細加相權，中中最什長出
多人極誠樸官，與從兵刀，大帥猶執解行之禮，不由受利，是為湘軍之對
足中堂三月廿五件摺片，以察劾諸將及水師月陣前後方合楊彭一人甚此舉望
於駐紮九江一帶防守之地，中堂奏本皆以十二廿七前後廿五未到為辭　中丞來
余以去年特援江蘇知余為國家本計鮑軍駐江和州，唯中堂以江
蘇為朝本務，諮請改援，此皆一意，而仍改駐湖北江西等省，陸務就不
去余院之臣特誠江又留令之罷會追函前二月中上中堂一函，不辭不顧

办理李宫保函稿两摺底子五件中办代理部事中
正吴言君才识超群斟酌至当见处古程将为模之白眼高先生益道胎引
刘霞仙中丞初拟之志愿望宜相似而过之迟之竟不能尽且心安
政未为人心所归中丞及公与思引退之意其为之说者试中丞始许
为陈达　代拟金逸亭万宽轩程尚斋张锦渠俱不宜孙李两人彭
雪琴侍郎七件　万宽轩有信来拟即奏请摺此意为不当分发余改
于中丞信中后之　高靖山来
接吴竹庄初四日信
又张地翟三日发信
又万宽轩初五日信
补录二月中上中丞书
二月初四日谨拟林茎祇奉钧谕已佳佳曲忽忽广阳春对桃花枝乃拢
隐隐以大府之名义臣证实来之又请另
编页接诵作汗流浃背入春以来茶帐中坐史协天时之人犯之

鳥跡至丹桃如華 行審施惠同和兆民 八表流款並察穎才 伏波文
失算犀惠旨以上還下猥蒙 特擢本籍訛剖形為田易寧功以蒲
柳之材非可任以植楠 麋鹿之性取君灊道之樊籠

日記二十　　　能靜寫記

四月己巳朔旦辛未越八日戊寅大雨　是日閱軍塘抄三月十六日奏　紅旗捷報金陵

四路合圍一摺用只發雅內稱逆才暨昏賊以重兵佰護團聚為退處惟向朝

(同州朝邑)以北婦聚賊屯臨渭(臨潼渭南)以西宿毒敵寨逆才暨獨直據其巢據穴其

市鎮寨堡覺益即多軍進剿程臣雷正綰等進領步隊據為邠乾(邠州乾州)剿

鄜延一帶匪勢亦重臣蔣凝學帶馬軍會剿汧隴(汧陽隴州)搗甘陶茂林馳扎鳳翔邠州痛

擒在鄉擾匪民書克忠進剿盡殲殘類云云又瓦稱該逆大股竄聚神

嶺間(陝甘交界隴州靈台寧縣之間)是第二日廿六九等日飭茂宗窩董由隴州峽口進剿三月初一日攻

神嶺老巢攻破現已勒救距平涼七十里之白水鎮六十里之華亭鎮云云　按陝

境賊已無四面逃竄在大股即在平涼屬人之地固原寧夏等處亦皆回紅旗捷報為

公究係或人無識　擬為帥發信稿件　兄中壟寄到該書中四信稿為

戰防困摺偽書攻云自台灣東下總制攻浙務遣偽侍兵同入川改皆不能得

實在要務之來得烟雕墨日無一日長江三千里無一艘不被卻今之旗歸以

致中外疑我核查字不知鄰撥兵平一至于此擬稍為疏詳陳辦理詞恐情形

請欽派大臣督飭將欽案督案交出，必不能置身事外，別使万人出
咸豐六年（八九）祀模之之，接中堂返京主審，日宸外侮交至，世他不得內主輿
據耳目所及，三朝之初即已派特將三，自咸豐二年奉命團練以及用兵江右
七八年間，攻折備嘗，謗議叢集，近年宗棠隨從江左處之，所有贊帥之接受
侍危難之間，蓋朝廷四顧無人，不得已而用之，如魚在南，真能以同舟南獨支危推
也。閱你年餘而來，擇識曰世內外，雖取隱遁，處其事功而莫，難於難，同陷陳之至今
事尚大局，自有絕色，世指之流，以為已安，已以棱韓侯，以和扎公，為怪其心風氣
派偶輒傳，陡日之文法以漏其予奪之權，數其之向朝政一變，于是天下謗讒
傑之士皆修好舊馳，貸牘揣摩，迎合以圖權勢，為依與作，外之風氣一變
脈中堂方與我不居經之，自宗其大處隱，所除又為積重一切之計，疏而不察人易
概其所隙，朝臣初獲不敢，吹索乃漸見寬，存而偏和，則其試施理，捷連凝保
當入野出，不侵功其之真，以內外之心，其往付雖（細），以之心矣，故向之倚信本以時（事）至
危而西，袖手旁觀之計，九因其成事，係全大局，而有推誠相待之心，也本以功（事）成
赫之為賭之，悍之如此大
毛甫之意為親之服之也，大難既稍事，其東功見

不鮮矣神子之計取爲爭先是得之心患易則遷延爭權誘激生事
自事變以後之務而不因權者之故也夫人情大抵素已爲積人事親而要縻
不得今無策也王文韶拔擢之時無有責讓必以本兵言之內外協和於前
平曲時撥冗隱志以大功然其實思之至遠東事二十年枉怨爭事之身
被其禍同知交游不同事停自始乃臣失於事之操爲北經國大臣所當守也
至于事勢相援利權爭大則主兵之人其所發遣且旁觀當爲此等議者
本不可毛舉蓋謂習則本蓋雖行本蓋雖行則功蓋不就後自循此等
足以中逸焉而所以議之所宜而甚若是既辭任諭回要挾事不爲
即處其咎逸況北大臣以舉動而身任以爲言之不平人以責見事始方今求諸
于其所持根人以爲議論計算之得當也已中堂奉到此條一事程一本淮軍十成
新課一分六厘五十分
總署五成總理之所辦轄之一處歷年五回在陽二萬兩已上每分十成既莊上成
臨以此成據價不得過三兩本此內已撥臣等定價值出淮岸揚子以此則定于中
直且禁臣能定較定於私其岸則但定價而不能保引地此後因志有寔得之或見
中堂奉旨密寄樗之時分作二次一次要其急寔能換有爲聊辟上事急於救全淮

四字一股已寫，隨州佑安堍上。札詢蕭州會杜次峯，廣信守嵩菴而出黑山云云。

本意欲北上剿賊，尚未入皖境，而江西之賊由左帥圍四面出入，及由徽防新嶺

軍不得不附金蒸不可寸兵入見中丞言之，中外世務今言之。撥覺行犯晉

信二件

接吳甥四月初一日信

初九日己卯陰。飯後入署，中丞少譚。寫諭並信（柳剡若、郭嘉呈）。代擬楊軍門

信稿二件。楊軍門所長官伍九伏如中閩一帶，封江逢三次，百閩放一次。

接諭並本日信，言封江（事）甚重，截不依云云，復楊軍門函。

初十日庚辰晴。擬復中丞奏信稿二件。訪中丞，每少坐。于立齋書黃

少一眠毒。馮桂亭來，高勝山來。晚至陳六舅處久坐。

接鄭宇恬三月廿八日信。

十一日辛巳陰。見左季高來信（三月廿六），內稱杭州復後不退，已無壓閩，初二日以前居民

有者老弱婦女不過萬餘，自城陷續報殺者亦不過六萬，至城中公私屬

盡存，大宅數十餘，皆乙尾，劫屋數境壓，存為門寓，尋到祇存碎為已花

時之為務無經語，彪猿雜燴，八於十五年陸人見之異其經，吳其相內附彩不
言殊可得也，往日武帝陷下，政學衡如其善者，有賊萬不勝事者，去歷揚轎清三
道勢雅總結殘，京二道陷符，鄭利未至，官輸惟法京，何由去虜之收其勉猛德
安得大軍，奮將軍之教移，仍為寫送已，彷彿雅霖恐不得識，請
送到已出錄，於是矣，官府之務安原，於乃住西法與陰處之內，至於定土對究
篇。無語。十月初五以後，則擬將軍過境，亞改卯以錄之，合萬人可見殊惟如命
賊，能未至，二三道遠事可流陷，務雜患豪，彼違錄年，去後出概，美為也，可將賊
遍之江西，是稿所能之後，且事勝忌不復從鄭以為疑，而可取而為積，對形呼集
爲移云之，擬奏陸鄭年請之于中，五月再言之，內以何辭固窮，外以東直達防范
中書少諱
人以為職，至之以為計矣已。擬右李為馮子材寫所附對事，菁信稿四件。又揚軍
並官橋江死未信，知用當之于初八戊刻，克復益昌事，於是于初六日始信事知
稱原　寫張炮臺信　鄭城信　初刻發　王少卿　入讀中要少
謀　寫南生信　初日發　鄭玉少卿　寫謝公信　全卷　寫盡物信　寫郎信　固足改　驗倩原
擬五月通家　弟雅也，盛以秋前之家中　初日發　附於邑　馮桂亭來　晚酢六

箋廿本來譚

十二日壬午晴 飯後同伯儀訪丁兆蘭 鍾人 來畫山坡上下 又訪如卿

至通州通運館 中伯注世 飯後歸

拂扇卅本作 六件

又張鑄冬 扇 四條

十三日癸未晴 見蘇戡 作江西新聞 日家の兩境 送京物 返兩 乙亥

京化 前此未到 因不行 又見 張鑄冬 作 家鄉 購此 前日 過東山 為去

你們 南去 往 異境 去 孫 犀 不 得 四日 初三日 辦 匝 以 家 外 老 伙 家 外 信 道 常 書

上海 藏 長 [illegible] 抵 金 陵 舟 中 敗 匪 此 處 俱 運 年 家 上 維 續 色 悠 悵 兩 個 人 家

來書 相 約 屯 結 萬 安 街 等 處 從 之 擬 從 矣 中 西 來 擬 訪 不 家 同 申 去 晉

作 稿 五 件 畫 季 兩 來 也 前 來 王 也 擬 來 下 午 出 申 庭 夏 人 生 晚 飯 後

出

樣 扇 十一 日 作 並 金 集 出 郭 四 元 一 張

又 將 來 前 十 五 條 前 先 生 宣 紙 利 書 三 十 五

又吳方彥初九日信
十四日甲申晴 見李中堂諮事如確于初六放洋 擬寫復軍等信稿
六件 會商少荃 答撥船件自庚事 相見 李(?)即前言彗稿
會院 下午中堂來譯 韓錦堂說察事無所中飯
接伯寄二年十二月初六 本年正月初七 二月初五信
又郵寄閩 正月十三 本日初三 二信
十五日乙酉晴 中堂擬寄撥船件飯後陪 …候頌臣宮寄… 伯同李駁六人信帖房面家 …彭幽帝來晤敘…
諸君 請各事少山於作暢事 訪無出此飯 隨船去 下午入諸中
延數久譚 中堂來譯六人 邀至西無飯
十六日丙戌晴 見寫候阿事往已奏請派兵事合劉六臣 撥揭防之兵口糧稿
是日見飭移抄律世觀而此間士紳之困悴奏信之諺令之募兵數千借
之方調飭錄万陳 ~~介紹嘆善~~ 時俄士轉陪以夏彈及此兩之地之時修事
何止之軍餉合為推相形之下愧然以斯有悔之士亦不敢望嗟怨迎無窮
皆慶雖悴之流弱間信寒飢而已 入諸中延翁久譚 下午迎李中堂

閏四月　日奏，屆內務府奏，都中十年四月初八未刻生者，至今年四月初八未刻，
內汝時刻不爽，洵為奇異云云。又請免成陽地方之年賦稅（全稿另錄）。又見中堂奏[illegible]所
四月十二日屆奏轉述軍機大臣覆，以草至四月底者據節[illegible]，益而此語未免
戶部擬據節略，臣保擬向[illegible]者云云（全稿另錄）。晚閱中[illegible]來文件
擬再奏以初十日行
不宣奏初十日行
又頭為曉堂初十日行

十七日丁亥　晴雨。擬寫將軍[illegible]行稿兩件，因解冊[illegible]御史（柏作書致康[illegible]張）。
雲壇（縱肩柳亭）來。見李中丞，渠到四日，祝奏稱稿所經費條中丞趣務。
司稽德（程陰通稽德）以常勝軍事來，謂見臣即遞摺，侍詢據稱[redacted]降也。
分英國銀十三萬兩，前有兩國海軍陳兵以及關稅為令，做法海關應撥
力，將撥其所來解京，從前撥給撥軍餉，現在上海局所存運
稅，現平十一萬四千兩，任兩即解往閩年四萬兩，可以克期提解，其解
另一萬六十餘兩，尚在香港云云。此項現已解到。陳新仙來，少坐。

院中坐索 又卸折三日十八上諭為陸因奏…陳細務兩情一摺未免
粉飾鋪張 朝廷惟求實際不為至文該督等何以鋪陳多迹
取之已
揭日晴甫 六月 望 作
又詠春 月 日作
又楊子木 月 日作
又馮桂芳 十三日作
十八日戊子 晴 寫張船山詩作 印刻詩存未刻者 早飯后因手擬接仲甫兩兄
在登州令不及匯蓋十餘年矣 古意 業經除 詞以城中廣一莊于壞僅
餘殘瓦礫一片堆報恩寺有數塔巍然立而已城中宮廷宏偉為偽忠
逆府第開闊逾越僭天王府以遠不可詳睹其樓爲左些慕 午刻
回二尺道印諸小印為鄰並服炊煙 寫眉生信 印刻詩存使人 詩錄
室東 寫之師信寫右箸二方 寫一畫幅作 寫洋布一包 印刻詩存使 晚至
中丞轅樓久譚

接熊宜初三日信

十九日己丑晴 写[illegible]件の谕中丞 留生 呈[illegible]中丞来久谭 中堂

李撫饒州並[illegible]胡[illegible]等 武岡寄人 西[illegible]陰[illegible] 馮[illegible]卿書[illegible]

桂亭書 黄少崑來以[illegible]作[illegible]屏见贈 下午[illegible] 魏[illegible]書

[illegible]件[illegible]而也 写[illegible]國[illegible]信 即刻發 [illegible]

接方蘭[illegible]十七日信

二十日庚寅 [illegible] 赴[illegible]方伯[illegible]遊[illegible]已刻[illegible]周[illegible]山[illegible] 陳[illegible]仙[illegible]卿

[illegible]晴[illegible]先[illegible]少[illegible]中[illegible]信[illegible]卿[illegible]是日[illegible] 下午先[illegible]

觀生 程壽江[illegible]八本[illegible] 魏柳[illegible] 即[illegible]八本[illegible] [illegible]佛

遊[illegible]

二十一日辛卯 陰 [illegible] 中丞來[illegible] [illegible]侍御

[illegible] [illegible]等[illegible]二件 [illegible]作 即日發 [illegible]桂亭 [illegible]卿

書 [illegible]撫[illegible]中[illegible] [illegible]山 王[illegible]

程月波[illegible] 馮[illegible]卿等 [illegible]卿[illegible]相[illegible] [illegible]撫[illegible]

鈔柳南贊相生題名記 [illegible] 候張仙舫少出 訪季雨 候揆卿

[illegible]于揆卿寓

揆奚竹莊大兄行

廿二日 晴 候景賈 福丹至 季賈季[illegible]鄰 來候 [illegible]道來 拉上福 [illegible]

船 並[illegible]陳子[illegible]司馬 [illegible] 候[illegible]船 已大[illegible] 同候[illegible] [illegible]大令 [illegible]

早飯 辰刻回 [illegible] 張仙舫來 候其令

弟 [illegible] 季雨來 下午赴少山[illegible] 張仙舫 [illegible]

之 [illegible] 並候[illegible] 少談 偕王雨軒[illegible]柳南

不值 [illegible]卿來 [illegible] 山來

廿三日 晴 [illegible]下午大雨 早 [illegible]揆卿[illegible]季雨[illegible]雨[illegible] [illegible]仙舫[illegible]

又到[illegible] 久談 巳刻[illegible] 午刻[illegible] 仙舫[illegible]

久談[illegible] [illegible] 大雨

入謁中丞 [illegible]下[illegible] 少談即出

揆[illegible]十二日[illegible]

廿四日甲午　陰　入候中堂疾　見吳竹莊信　鮑春霆全軍已撤至蕪湖候餉　又閱中堂請假摺　已照准假一月　又閱中堂覆陪陽帥劄劄　擬寫帥等信稿二件　馮學帥回歐陽耕泉事信

接五姊三月廿五日信　寄阿彌衣等件

又衣谷廿日信

又張地堂二十日信　寄阿彌補內

廿五日乙未　晴　入候中堂疾　已稍愈矣　寫中堂稟候疾　附阿日發　附中丞信　李宮保信　上全

阿弟信　附阿日發　附李宙信　錢叔士信　王香生信　黃子春信　張地山信　附阿日發　馬通政信局

下午入謁中丞　夜步出　夜用闈山沈特甫來譚

廿六日丙申　晴　李申甫來辭行　返江北　陳六舟來譚

廿七日丁酉　晴　中丞要入內　視所書字　少譚而出　擬郎翁仙致劉信稿二件　寫吳仲仙信　內附錢米事　葉湘雲來　郭筠仙生來　喜談湘陰人　之友　沈愷軒　鄧寅軒　辭差　出答過之　見懷　翰堂刻帖　劉中丞頓悟　卿以四千馬湖　西顧徹粥　連捷

晏信　但以利僧寬　左山天門　東山萬頃一尾　揚擬　出江東下　小住玉山

弋陽被賊圍攻數日已解圍而去賊已入饒地逼撫州爲羅劉軍于屠水
師之挹尖昌楊書于八月克復湖口宏死之城內只有殘忠兵二千楊部爲
子兩不足云云又四月初連奉撫憲文蔣樹森者遂據自奏樊以去
復（聞曾國荃軍于雨花山之捷）收復北岸堅壘陳等軍夥擊收窩內以前浙川之李官
楊等爲李軍遂股竄至鄂如許時之交皆逼興之令垂憲閣入李陽按境而賊
屋所何至目前內辦鄂省等處其所有數千萬募勇匠數百萬月餉織花田
湖北之安麻羅數萬達英霍固以前之役羅夫圍可達兵不則爲空虛賊
之戰捷紅旗盡旗以楊總軍收復而解金陵之圍計頗收毒云云 擬將
郭崑（等）信稿六件 中丞奏已奉城賊傳檄關于陳解仙宜官（大吉言）辦城中事故
之人心生疑慮無防範其事雖經多方傳言云云先是有湘鄉人胡姓者于僧爲親家傳
僞封列王列王（者）已封而未有名號追論僞王一等其人在逆賊名下頗信（任）于二三百間而信
陳解仙處收賊城出降徽撫其方似忠誠而有異志（等）書面若勝仙處咨詢其事又
此今此信言收陳後信中辭氣激切不類哀鳴足證之人所言恐其中不盡
可信耳 僖既因擬作湘文甚爲其小注適中迅即少謀全兇入

接十四日家信
又吾甥廿四日信 又十一信
又方元徵十六日信
又劉開生初四日十七日信
又石菴　日又十七日信
又杜小舫閏初七日信
又王仙舫日信
又吳竹卿本日信
廿八日戊戌　薄陰午後晴　吳竹卿來　李靜之來　魏文卿　炳之尉卿仕驛弟
李侯　研香來　寄周開生信　元師信　示香信　秋秋農信　吉安（寄語附便）　康新
東雲　克富將軍咨到四月十七進窩內樁窩所撫比北之軍即可調回扼防
以備撤剿東窩之賊云云　按此言發時爲請助剿奎後之軍為要
到之
接杜小舫四月廿（十二）日信
又孫[illegible]四月十六日信

廿九日辰正食罷 吳卿卿辭行赴泰送之 著外 訪李穆山 送星回 錢答仙
蒔 寫王仙舫信（卽日發 交趙霖臣） 擬楊筱泉寄信稿件 夕見左帥信 咨水
師提督楊岳斌督辦江西皖南軍務兵內行 道賊分竄 江西軍事（並咸）
之局 前三次兩城派 蓮田等文金之李太徒楊輔清等為惺捍東下長
與心安於上 據本帝如舟 陽巨艱 如慄如愧 人要甚飛 撫度賊勢甚危 湖城堅
拒此軍 俾請蓮日呈寄軍寧國急危棱渡 以分竄徽境也 草之書軍首
手和合延念親舊之年 西刹林鄰彰新一般 王法楊劉傳亮劉明珍等已由賊入
江西廣信玉山一帶 京國荃一軍又將援隊入閩 使計浙軍及新附之眾亦
陸續不得五萬 兩今但剿分部江西福建 剿殺竄賊 分防各城隘 或者
兩里或千餘里 勢遠力分 深為可慮 富謂臣所竄之江西富而勝乃大患 若
嵩寇屢之降 或君由閩竄粵為勢更好辦死之譯及其竄聚江右甚
為日甚眾 必仍繳械焉思 頃為精撫金陵之計 是此時要務在以全力專注
江西 江西如布置無 剿賊之不能海犯皖南以赴金陵之陵 久圍孤城亦必不
攻自破 劉典新募之軍眾寡無援 江西將領如席寶田劉勝祥等臣所

造之江將領才智不相上下，然素能相安，惟楊厚庵水師一權，皆歸楊岳斌

肥智，彭雪琴秉性忠直，而羅翕服，才足當國。胡林翼廿年前最久

只不言功，從容率水師，寬厚之度，屢經陸生金陵水師楊　然不

不可少之人。若鮑春霆以勇將，然尚堪可軍務而以勁兵爲攻擊者

則江左之楚軍而後用可以資存云云。按此一以見楊兵權江之進，一以見胡林翼

鮑叔發之來，亦常如丹陽窮賊，世爲則寬臆居之，更寬不留于湘之言，湘鄉

既遲壁持不下，則以見湘撓之過，然宜可避而專揚側擊，以西兄金陵之兵力

甚充，不必視爲重，及營中然之同人者，能盡人之長，才揚之中，亦鋒之才

如手天下全局已之外，更無憂，殿閣了之君子，吁，險矣。寫家信　再揚

作 附御史附敘函　楊訴長作　附家信內　張曜酒商　尹郎事　慶如人　手信　入謁中丞尹

生

楊魏卿已獻　秋九月初十作

又對後此作

五月庚午晴熱 晨起賀翔來晤 彭次卿 招香甫來 劉耐雲來 中
正餞各盤遊 陪有錢劉 許亞來問季雨有恙 夜游入內觀演劇
十錢
接楊子春木四月□日信
初二日辛丑晴 解仲有來 同大臣宴 下午中丞要入內觀劇 樹姬自江
北來同船伴送等 已中塗守取花只爲尚未到頭做
接吳木安四月 日信
又鄭虎生三月十六信
又吳禹奐四月廿四信
又張兆奎三月廿六信
初三日壬寅 薛告回 樹姬入謁中丞少坐 中丞約飯赴內見面 楊軍門信
且奉撫江西施南諸軍之命 擬楊軍門信稿一件 又中丞擬稿 信奏
楊軍門咨稿一件 又擬高將軍等信稿二件
接段等四月初八信

初四日癸酉 陰有雨 東江丁松偶 辰年曾經歷 考書五卷來 來候 留之午飯 並晤張
濤爲世叔篆印文餘 擬伯虞新作稿一件 寫盛生典李安硯草齋紀山樓作 初七發 交張德甫
初五日甲戌 雨 午初 老翁起入內賀節 喜並有因人道賀 談午後更少談中
迎台年領有錢兩到 下午訪五張 但以李處少坐 擬伯生作稿一件
寫伯生信 印刻費 初七交李處
接伯生四月廿九日信 附寄屆乾冊
初六日乙亥 晴 風少陰 陰雨 入內謁中堂少坐 擬蔣香師振方伯等作稿三件 閱邸報
令子梅逢至姓來報 已于四月廿八 彼中之四月廿日病死 寅名府瑄福云智積君因病終有邸錄基 適子世 智積已于本月初三
智積世云云爲議
仙中廿四日 接陶庭云云 來知積至 寫李世兄作及篆柳文 初七發 交篆 寫丁
杜偶作區處 柄對聯一付 初七發 交張傳甫 閱蓮拜 長森公人來候 欽佐
初七日丙子 晴 錢綬侍爲篆柳文 答母下錢畢 即送世川 下午中丞來譚
閱江西等 昔二路徐陝道晚亭村此程傷形橫精毅挂並及軍堅塔崇安二節皆帥坡房玉之防以專兵力此不能辦累陳臣 仁宗如營失守 中堂保楊廣帥入江不肯代辭 並勞閱定安
氣象一變而寇
患隨而與之入省勁守 傍晚閱閣中要聞
初八日丁丑 晴 見中堂所到四月十九 廿二 廿三 各次邸電 內稱 十九 欽差楊大臣現在廣東

隨奉鈞示等函。又之廿二續寄一函　僅悉[illegible]之潰，等函寄函西寧平十
陽二股由饒州錦華竄擾玉山，攻撲廣城，擾寇截剿，其年遂據徽之開化
玉山常已解圍，而李逆賊黨仍未殲滅，西路黃岩諸逆多歸此股，竄建寧福省
之偽王李世賢窺廣信，北犯嚴州，據定軍營四面，不城守，化家累之人心動搖
去。又廿三又寄一函，並蒙隨同楊林、馬隴並剿擊。又鮑提督追匪至開化之查
敬識蒙議，從由天門、常山一帶擒獲民船，又擒諸將協力師擊匪
辦及擒賊，已竄入貴溪，陽城廣信士卒請兩湖，距城二十餘里之楊柳河，出寧國
賊由浙川路已極，擒張邊全因紀不圍，兼馬步各軍，並剿世局，追之蒙境鄉當之
蒙後灘，黃岩之寇猖獗。又廿二　奉寄將被賊竄陷，於乃後賊撲，據乃攻
其我境追，風平軍務，尤不吃緊云云。　通籌備兼方圭　趣　進達 辦件等弁
並復無匪復　沈鎮臣卿太史 （錦屬 特部之主人）　奉復　兄當　（西相濟部）　撥濟文內移撥，總稅務司
辦於由浙內開李提理衙門札論，今將來各稅務按月帖照分項解，以黃兵飭解
來，陸某來，已將銀十一萬兩，又四萬兩，均交江蘇，定查所照，又追交銀，來四日，共四
十又萬四又六千又，奉今將經月，照解，寄之十一萬，即係江海關雲稅項

下院存之欵，今已交豪倫，共四千八百十六兩零之零，即係李爵稅司帳內之
款。今已交豪倫，共一萬一千八百五三十一兩二錢之零，即係李爵相稅司帳內之洋
銀一萬六千〇五十七元。今以租民合作洋民交豪倫，共三萬七千六百廿一兩八錢零，
之零，即係輸解撥寄三十七萬五千兩項下之銀，合照稅司前交之四萬兩廿為
七萬七千六百二十一兩八錢零，除計存四兆撥下五萬八千三百三十四兩零九分，再照稅
司前日所交撥款銀二十萬〇八千三百四十四兩〇九分，即輸解項下江海關應撥之五
萬兩，閩海關之八萬兩，粵海關之一萬兩，共十四萬兩，均奉旨劃之，已劃者共廿三萬
五千兩，津海關七萬七千六百廿一兩八錢零，除已于本年三月廿日自粵關（因前李爵相撥給福州船政局之款，李爵相稅司查明撥）（撥歸英國宦兩）
交豪倫，英國交李爵稅司查收，隨又奉總理衙門轉咨戶部之諭，是以發
還款李爵稅司，俟將來之月又豪倫撥回一併撥同，即可轉送云云。

摘總署三月廿一日原字函寄中堂稿。

初九日戊申　雨。黃子壽來久談。又中堂來，信復江蘇巡撫已至，樓樹、修楊、龍泉門
速往云云。夜閱閩省改撥欵之數目，與蘇左帝（?）前久談。

初十日己酉　畫入諭旨，函覆諸稿附。擬復胡寄衣（?）第件信十件。下午閩運拜

來 陳六生春偶吃了 入詩冊西夏少生

接眉生初四日信

廿

百庚戌落集 陳六笙來 馮煦俯來 寫石生信 和印刻表 標中本差 寫字

撰信 朱雨之信 附石生信 寶芬去過了 擬安吉首作稿十件

詩冊四首 譯英經好香閱 東卿戈理二三日中的書此 韓伯鈴還

錢黃如嘉人 比蘇向客般係稍附 李候 沈茅壇來訪 寫畫樓作 寫士樓王子嘉 日

費 和韜附招 沈煐報信 附王作丙 六舟信 沈魚信收 寫黃少巖信 和印農 和記兵

接王彥初四日 廿 本日訊一晨信

又 張詩齡初十日信

又 丁松舫本日信

又 羽吾兩日廿五信

又 示若四月廿七日信

又 陸兄本日信

又 吉室三月初二日信

十一日辛亥雨　晩間蘇竹山来久坐
接書稲神六兵衛于廿五始居
十三日壬子晴　入訪中丞處少譚　蘇竹山　写件備件作田向何日出
来見山陰樓也　坐間先生遠来皆在傳為云深夜為歸中途迎及留
南雄南之而後　中丞向其事　擬委報件被並解約順取討得處
川奉使者撰中来云向伊東不解相右往返揖問　卯刻辰
依前事　日前　到訪如作　湯浅卿作覚来而作　日前　楊館前
此　午間邀同閣篆験　中丞為此内少譚　中丞来　入訪中丞處為
延壽作之件　見者須書作　右城樓之前以大倡路及賊中手林市境為
属邑治事　直通流為許任已邑右山之太平本縣奉事之[illegible]
前書為法服為其條影　廿一日歸郡境降此法城為之天間邑市之
[illegible]邑弘宗為城之法及就王之[illegible]従服立為天之果之[illegible]人立黄
為之[illegible]其[illegible]廣之而此之一為控制東鎮南之處[illegible]不能道遠之
諸之久　写稿之作之件一件　諸書　一件　發　在蘇竹山来

接渭廿五函八日發信寄到五千條金陵雲霧等

又四姊廿六日信

又午橋初八日信

又馮深卿本日信

十四日 癸丑晴 去年今日到金陵岩遇陽縫邊 中丞來 適與謂之婿登即西 並有來函相見時候 擬文

登此作一件 請中丞來商之譚 擬部中要事件 七件 該年要求中

述沅陽四人為飯 吾甚為甚遠二人 數其隨機等處 時論形勢 詳

館隱之如此兩項此外方為成功云云 中丞以須話命 中堂論之 寬然若之

因蘇省各營前之撤散則此謀未可也 免諸中丞之 五月初 高中留別

八 途宇此向之者為南未到內務 移及據食假開入替王廣泉于忠布以揚

司華為揚及辛山沒了股一自寧同以陸軍南山一自楊家同日依照五匹

三司保生據王歐老保之平 新白中兆山提出手林布一帶三節化地方寬纏何貴之

李世英土閣之股據係枝林心郵中救設中東營辰屬水驛密家之李

詳敘局之二郎坂 三司函岩寺爰 是本行此君等語之尤也亟令 李秀司刺隨

恐該逆等以攜林金陵為老巢故圍猶不解若將金陵迅速攻拔則該
逆失所依勢必漸致剿滅無疑是攻拔金陵尚為目前第一要務曾國荃
本師合圍已踰數月布置周妥若即將蘇軍全合彭玉麟水
軍原係專勇迅攻因擬宮城以剿李任金陵城內賊黨尚多各掠有隊陣堪令
素向出家必甘何爲鄉出戰何必爲逃兵之久冬閒李鴻章兵勇所向克捷
紀堂等隨功出兵成攜爲攜嘉者喜事鎮匯起劃勢金向李鴻章部酌於概
著即迅調勁旅數千及得力炮隊前赴金陵會合曾國荃會同師相機
收取迅速蕆事李鴻章老成練習該軍古曾國荃會商機宜剿辦為師著
該撫務當懍遵一面奏聞一面迅速辦理曾國荃為提帥全局之大
局務自李鴻章曾國荃彭玉麟迅速遵旨會同籌辦云云按朝廷因曾
其既得於蕆務捐益英事不易於收效者乎此間輕重迅速以蕆事知非易為懷
撥兵秋援之稍抵鄉間年日積于前為接官去年手之三將帥調赴上游久經
奏報此時各路中興事之全合云云一事以此條之不能不可概而想見之又見李中
丞五月初八日信內云奉寄諭伤派鄂軍協剿金陵鄙意以爲今擬載章

營一篋來意而持此甚覆為密觀所摘以入優以東偉爲用佑　吳境局托
託重憑忌蕭墻　前李從袁鄭坳賊誤降李濟寬左之不敢係書是成功左是以右全丹樹盛　並有慶蹕之作二人之起由此而結左李之嫌蘇賊降賊寶之人也
伯子輕言遠略常與光沿附左病回之蘇及李寓揖丹尚光沒獨屈抑仍奪
隨不日可克陸外之言由入情聽高將軍之淺豫左制軍之能搞暗章不單為
也又云左公陰丙希之鈔陀放游賊會撥正不得不撥蘇常不可不能不陳扼
序蓉之曾日抵滬見其謂易郁由甫大半不眼大局一推公論若能為和平
便失和衷之語其然豈文之之為服其善人下而不釋耳　抵李處常如全般
剿捻而左處書於之然寡雖然懷如悅之蘇瀛李不能為之而畢正度力不能採及隱然若
然寬之語以視示正道然能畫善也然左之許論而酣李寶綸之不可用理逸寫
家信寄物其帳衣料扣匠葯物等件又為惕作十五諭如發　寫蔡子健信
四番　滿少作卯刻發　擬李少荃函並邢甫書稿二件
撥石生　日信
丁鄭卿昌信十二日信　區張吳第一卷
十五日甲寅　晨起齋戒　暄暖　晨起憩　陳伯任文輔卿來談　並至寧管

前出日李張湯三人來訪出西近日飯錢棻臣爲見中堂來信

已接奉問寬安兵已到在城楷軍內放陸總督何如汝西軍務爲得

軍因鍾何物云云」下午出堂了雅升來自晚至中出爲中函接寄住何函

通久謨兩楊李家中函來因至內晚飯 室之譚至之故踪跡

接十一日家信寄來衣包等件

又至楊十一日信

又老爸十二日信

又方元翁十一日信

十六日乙卯晴 又石生口信 晨回[illegible]庵其歸內早飯 寫黃子壽信 王袁生信 內刻書子弦先生

寫孟楊信 卿日蓉子錫扎 寫田子信 十七歲 子宮庵寄錢墨 寄翰堂 卿人京已

御 陽坦卿人來候

接黃子壽 日信

錄庵來談

今上初用任理批得還來到休殿師傅李鴻藻庵從庵之至于其時得了

仰問聖性何如李答之良久乃云資性平常亦不喜讀書為皇子時以李大課

教雅見但入內李鄭悉擲其于地李隨使解於久乃觸兩中堅令既畢往臣至

之乃教枕範猶難矣危是又云文宗梓宮抵京時今上迎奉顛得仰瞻

儀表端重異常御殿接見臣工亦拱默如成人　母后畏忌甲不欲速貴

聖母文泰但能育聖躬於政令多由聖母　母后性諾言　惇王福晉　聖母妹

也故恭王議政為法之無持大柄恭王嘗出之禦玄素為玩之親貴不得與政意頗有

女　恭王譴棲見條屬下多卻受隨司員為之周旋柳其武新以賊冥

諸侯　左右恭王屬付卻其紫室謂之大人惟京之職　恭王福晉與家中志也

回司王寶善自至內廷中使至為王言下直中使見之侯王其久乃返王要見道

之　植其請臣文祥字博川最有謀操才亦優實堪彙諸謀責蘇奏人長子

為伯阿不辭官任　印陞諸臣有信望中堅樹素守沈仰望人清介能任顧應

不以寄人因奉投之　若書王文韶杭州人有處賸玄策議度沈葆楨張之洞共

手筆云云

十七日丙不晴　午同吳錫鶴宣子並至周山柳生娜錄　飯後陸宦之下內詳

發逆之良策剿除匪 擬覆薛帥等信稿三件 見中堂本月十一號函內

李中丞咨會內稱郭城係李秀成中國可以各處內應邊遠懇勸庶卷

壯道平之 嚴飭總兵擒防勝仗 約守州字如湖新旧祥定等軍 齊江分札

飭相應不 隨即查明旨之 又中堂十二日咨到江西都事宗揚到厚司典李批內開敘

該日奉旨 以殲之賊 [illegible] 二十日到星郎 札李某

門二十六日破萬年橋卡 二十二日合股往攻龜溪三府橋 [illegible] 二十日各勇破 [illegible] 二十二日

日就得字係已剿不城 係股賊札萬年橋 現在衢民軍坚捍郎 祥字營在星城

內撫吳營札 按撫有門 粹植營札西門 植韻營札撫州內 本日查字在張勝營 住

十某日 張祥等不能拒守 因餘克勇二營札臨城 李仍扎守 [illegible] 如勝後 二千

札臨城 [illegible] 中 [illegible] 又迎 [illegible] 臨風高 [illegible]

我湖 [illegible] 二十五日 [illegible] 攻 [illegible] 五日 [illegible]

宮保銘字一軍 州坊陳防已至屋婺城云云

十八日丁巳 晴 擬沐村八中丞等信稿十七件 擬卿函等

十九日戊午 陰 擬李宮保咨文一件 見宮中堂咨到四月二十日遵旨 [illegible]

蕭邑陸軍門赴皖 咸言李宮保之圖切皖軍 應如軍炮隊之利 中堂意遣李某令劉孟 咨請先派炮隊赴

金陵收此函已有此諭

諭補西安將軍穆圖善為荊州將軍命都興阿赴甘肅用軍

務需人擬都帥亦軍務穆圖善守護荊州令常帶清善王所帶步隊

八千八一千騎楊其有多隆阿下馬隊陸路為援從都興阿外甘肅

惟今春寇由陝撲犯便於楊林沿江迎擊隨即穆圖善親率馬隊赴

其兵力益覺薄弱將無得遴選擇為劉蓉已派兵勇六千四百赴楚以為

官文調遣劉蓉所部一湘軍十五營現屯漢郡若將九路防剿撲滅淨盡

都興阿現帶未至荊宜各處一帶一萬餘擬程前進十營亦須令其交卸各

兵路現在（圍）攻平涼諒可得手勝進一面准劉蓉派令湘軍各營全同李

雲翔擊剿聞已收發成都由廿者長合語云前後張錦剿不日必為遠擊

云云已雖文俯未訪力量是日是腥甚為（剿）不得行之

方日已未藉食是以未敢中止近日辦理仍由內附特再申此一函由去宜審

賊城初露失在北接濟乃（止）安遂地打擄不如新城阻其讀後盛懲必不至失陷（衛）

沒為關防嶺上之賊擄間鄉田不遠真無收窺灘東（是該道剿之不忘其陰甚果恐）廣

年一撥計儲官兵調撥他處據甲未至不可不防圍軍門竟無應許援勤者

門由彥饒一常送劉邀錢法來又臨云云 拓本以寬作又賦實係青妝了

係廿餘面役 若官軍因力不能剿從淨盡 謝沈作云云該逆爭鬭不止當時殺

計為衆心怪㪅事也[redacted]能無沈翁談得付劉椿樹仰倉皇徵調見其不

也又拜托了滙同各一送也 摘中堂送一件朱雕近有嗌仰金陵攻剿情形詳為具奏

薛雲錦以藏人來 張玉堂來 宜寬作[redacted]四娣作 直惕作 仰刻叢又趙舜臣附批

劉陸山作 仰刻叢又菁卿

拓季雨十七日作

又吳平翁十八日作 寄劉不刻叢稱

又許備仲四日作 知但子貞來事下頭了作不確

又拓始亭四日作

廿一日 廉中四時起 寫張小騰作 仰刻叢又張季般 謝雲又作 今上 桂中湘作 雨刻叢又趙舜

臣 吳平翁作 今上 楊子木作今上 下午吳勤剛自皖來過信 傍晚收來諭

良云

拓張柳亭四日卅日作

廿一日辛酉 雨陰 劼剛來中丞書 擬陳太守炳等信稿三件 劉伯超 前寓直隸

人張甫來蜀佳否返 寫劉澀山信 即劉安 了肥情 李人

廿二日壬戌 雨 辰遊山東便歸 劉伯超去 寫劼剛書 中丞書

寫劉五山信 詠劉仙舫

因宮山擬以風嶽夜晚蘭香序 髮爲卿井雲先寫窮語 嘆 余已書序中 吳雲井事也

匪寫不讀皆能經得地

（齊天樂）瑤溪任詩此間挑 莫臨高年淨洞 郡耐花田雲宕李

都被詭畔看他兩林烟篠記真似丹青 沈絕飛 辰養低佩綠 舟遥

將來過多少 人間幾年古春 迷惘處 似挑陰送 今香 餘化吳郡

請煙香寺 松詩書山新夜 得年一椿向洞上高辰 猿節須早 洞上爲士 終栖所在余

尤集只寫詞山雲日隨多湧華 此處

廿四日癸亥 晴 魏柳莊來 張雲樓來 寫吳平齋詩擬仲仪 初四日與張雲樓 丑

李宋嫌五月十五克處 丙錄 錄李五百初八 寫詠李佛幸照 郵 英易 陶撫 奏 陰郎

向石 和之兄家 居于政克 常相所手托 遊讓協判 金陵一刻 匪郵兵 惱矣 歌 擬

年。

弟病瘧之事，乃係是善遇令志出過遲，有惠三錫之評，高一以為國

今年兩年圍攻一處未定，蘇援來未，諒金陵所少者不在兵而在餉

閩地已十餘萬，將來每每再首向可城，此外為年春兩月必無恐協助

又另有淮軍國藩從城，及令派兵援防內容事情，擇其為守多為又淮北

宗棠從前撥兵已到，把兵與以制子，湘勇賊勢良固，御鄉好參為獨寬為蘇

者切近之處，先派勁旅速赴長興，協同鮑郡，俾湘軍克復門戶穩固然

以私兵餉圍金陵，方昔所行之處，若以撫派郭松林等分路兵與現已進

但城根難勢雖擊動，而蘇事新收，各縣內切湘軍寬遠，鄉城金陵，蘇

節之設守事可一為宣，若蘇軍裁遣，後美蘭已為卑等方以松屋後

地宜全日可倍香　臣固未可遠離，臣之兵力亦僅足支持　臣部炮隊

所稱得力者，一則常勝軍炮隊，洋弁二三十人，姓戈登，擬造此船派爲援應

撫臣三五月激求熟悉，方可派出攻剿，一則程學啟炮隊，現未能與一同

劉銘傳炮隊，大炮少而小炮多，可以攻營破寨為專，攻一城，蘇不專用者

該帶如時臣調齊三軍炮隊，令門會攻，月餘乃下，金陵城大而堅，惟李九

道員周克萊如嘉興事如可設英國善地已出示辦不用出洋炮協
助則日本所有槍炮隊全調前往云云 ⌐ 據此揣所以此間不敢全攻之意也
奏為冷淡觀望不解此間地已無極急迫求助之時不來全攻遠可憂矣
又見李中堂復中堂調防建平高陽潘張三處咨文內稱湖南賊勢甚熾時有
內犯蘇松常鎮之虞浙江太湖不可不分兵駐守李撫學中丞另設營兵
萬人目前則之廣可得挪出撥惟則鎮內營十四營不可撥之為兵也
因派其營撥防堵並調鎮南等二營撥防高陽建平駐廣德援
道及須另派兵勿可替守應請張翰如援汴防毋論云云 ⌐ 揣中堂調
守之處李奏無之為實則信以此終二營塞責耳似太覺有失權矣 ⌐ 黃子岐
軍門到營盛言與軍中龍中堅不平之事相詰難世人 詰
接頌如李四信
又萬子壽十二日信
又李宗保信
廿四日甲子 晴 至劉東侯歸 聞中堂有此之說才劉請參例劾

劉云家居恆言今人好詆古賢，但其說其原本出史記項羽本紀不當，孔子不當用世家
說之者世為不知本紀世家之名本出史遷，其中自有宗旨，後人安得議之
耶？余云本紀者本原紀也，仿春秋經文，日月本書沒編年之法，以紀傳須教君臣間
異事不宜統書，載於書故以列傳寄之，猶春秋之有三傳，諸經之有訓詁也，故
人不明其義，而以帝王臣庶方許用本紀，係止可用於傳，以本紀為尊崇之辭，此一誤
也。項羽因秦已滅，漢未興之時，實主宰天下，史氏因其事紀之，世所用史例
尊之，而不以為帝，固係不固有紀，此二誤也。世家者，開國之君[redacted]封土[redacted]
[redacted]故今史已[redacted]其事不本世紀，不相涉者也，史遷以為孔子
[redacted]未習王朝之本紀世家，以為法國…以家其先識不及人
孫其備論，便之稱不知世家與紀之名，此三誤也。而尚憑載於松之傳紀，作取史文
撰之，不知本紀列傳體例，竄為混淆，寬則為寡，其為取使…而又人者有
年，正史不和，不知正史未嘗不編年，此四誤也。史法之亡，此于讀史者之無識耳
一名目而不之體為續知耶？　下午申正歸　閱蓮神來，便辭行
二十六日乙丑晴，昨夜因神策門日城有地道已達中正國城北攻，挾門火發

還見城北烟霧の塞錄絶非速歸不能來見白羊寺屋頂見城南西角賊起

一紅旗是志大旗城下々列外畫集向干擬賊歸舍所差也已刻炮聲起摩午擔之同月城神策

未料去外設共內西廳立不倒 作不可攀援而行之將國有此舉

本營兵外營高隊燈火人影賊久知之已嚴兵以待燈火甫齊貴萬餘無可

官軍隊近數十步者傳已數十人不得近而退 午刻中營已死傷殆盡

馬隊至此地正對正南細考門城角先是守城

等面擬于黃土嶺

之賊所守地處也將三里外推官軍攻城今晚の夜向此舉行

二十七日雨宗人全集擊賊內中西四面城晚步兵傷勇者殺絕馬隊皆死 智字

赴城下々照四面我軍所有三千許人 [redacted]

[redacted] 先是城北城前入攻擊互相圍二面攻擊近城守

清世諭 [redacted] 守軍所札先是餘望不知其所為有地至此遠處盡

此地先是城內一直近遠出城然後可頭接擔處官兵三次兩次並從而安

所佔地而已定獲為攢處一昔經此其安以後十不失八九金川門一帶到達程

等取回三次皆神策門以外諸將等兩翼 [redacted] 廿日 [redacted] 開宰正高神策

門朱南村等四圍穴 股賊闖入窩 其六甲所未辨者自[illegible]加慘 用火焚西北穴
可謂其龍腹下以爲及相遇門一事 惟其后來等 所指者可指證 其餘李祥和姓
及武陟方勝並其吏差所指之穴掏于十九二十廿一等日抵城指明被賊擄往兩穿等事
四蕭慶衍等五穴在城南邊 據此情形地道由來甚多 功尚不止 內應之情叵測
二多之事 惟不得同時並舉 使賊不知所備耳 入謁中丞 方晤未晤 又張
鐘泉表作湘賀 在監生家來 坐多意 到殷家 自應使成由城內杭
杭省城由昌化技上犯徽境 均未可定 入謁中丞 久譚 並晤杭前中丞
昨奉硃[illegible]懔懼 合之張雨農解之 擬將本地人中出等作稿西件 寫詣 蒼李少
荃廿八發 寫蒼箋 亦擬作 張地尚作 廿六發 又起彰家 批作 [illegible] 中丞來之
及郭城之也 華收 此色大避 遲久 含初中西 謁中丞 調[illegible]帥[illegible]
通之九江 寸[illegible]梅一冊之 隨也
接方伯廿一日信 並詩四首
二十八日 丁卯 晴 入內 詣中丞 局少譚 擬寫將軍等作稿兩件 同鄉
吳輝伯 偉恩 未候 馮曙村 本地人 未候 中丞要入內見

潘安解來万石松四五月節〻不足米鹽雲霧不可用中正幽恐邪道之原
作論佩文年委員事通 少刻後再議究可畧〻言多余因勸其思
耐〻股下潘安告以此事雖于文放擬令彼慶以償此秀擬抵協欽之使處
其後即作函擬郎如局佛欵云〻中西久〻 解來事員洪風翔來候 擬
寄擬潘安函件一 入詩中西寄書十一 晚後丁内務擬郎事 至帳房經
吟仍夏 中西來 寄屆生信郵印刻發 萬子壽信 寄憬張澍經 銀八兩即刻發交黃仍又莫信
接萬五來函信
又接翁初十四日信
二十九日 陰在舍 湯曙村來 擬毛制軍等信稿三件 寄才翔信郵印附中堂
劉朱寄南 麦直年信 作件弟信 楊寧信三十和件 霧士信郵印刻發交壽臣 張比堂信全上
寄奧信內和件 家信全上 詩中西函 此省解印中西岑局萬三十金送元山函
中使
三十日己巳 金吉風 見中堂 商劉州二日寄中西函 彭付郎全參稿出示余照見之後
良本擬潘詩李鴻章親來會院劉將以議擬係封曬將軍之臣又值

昔戰積勞之餘，如臣所敵奏調，是以未及興疏兼稱上海函詢臣弟國荃於
以師久無功，慚悚無地，不能更求助於人，近於畏難卸責，勸擇名將，而為乃兩
月來多計環攻，偽城下四面修之之，勿所挖地道十餘所，多已被賊逆由內穿透三
洞，此外亦難奏效，飭諭寬為可慮，聞蘇軍開花炮位無堅不摧，臣于
五月十一日咨調蘇軍之來，由常等處籌勁旅助攻金陵，然據李朝斌諭李鴻章
親來也。今奉欽奉寄諭，飭李鴻章親帶九軍會剿，臣已專錄諭旨為具
咨加函催，催李鴻章剋日馳赴金陵，與臣弟國荃會商剿辦，茲據李鴻章
來函，言蘇軍久勞，宜少休息，待會克長興、湖州，再行選將撥兵助攻金陵等語，是
使軍諸將前來無不為難，以為該撫之意，蓋以蘇軍為可恃，不忍以為
弟合圍日久，忌因可之功，如臣之弟平日相國之意，今會剿速天
恩，飭催李鴻章速赴金陵，不必待七日之後，以後亦不必待湖州克後（改），俾金陵早
收一日，天下之念早一日得安，據實密陳，不已觀大局，飭諭不可又為
實為至要之，以撥少川營防中汛，力言不妻，蘇軍門
蘇軍之炮，歷歷利及，以林亦止本聞，亦寫相期之處，並言但聞中營一批中，即無不

來共廿日十八春至區州又講甲班有作不復其書為十八大向中方困云此書頗合李
將奪不分時域不避嫌疑迅速合剝殊覺深刻李贄(根本處)有作之興此間不務貴
來與一事為機械為出證之高無不因其前後大功日夜計論此(心計之工細入毫芒)如此周密中
堂此流不識有功但求無過其精神氣象之異果如此不獨自覺學者功之急為
李之驕亢已隱於群言外為功之陷固與此中論手段平直其言實
則善於表信不可不知之然終得之 雖立觀察其時年作精彩 又靜伯來
學問等作即刻寄來候 精細作全上 家信(即刻寄)即仲 中函書 昨晚和字哲學
歲寒等六篇皆被捕出蘇轉子下之妹星俗名地保城君識然鄉為此地去城不遠
又因其家妥為照顧一所若得之則同以贈為今年前材難及得其了
據來兩本收訖

十一日庚午 朔日 府午食後(下午)小睡 疲劇 出觀賀翔 度新秋 季陶山書 詠其事
李鴻章書 張仙舫書 錫之鄉書 夜中延來久譚
初二日辛未 時大風 凡中書發則五月初十道寄 比蔡(燕)侍 送由金彩犯都
何收回金縣 收自(此日中向十年)揚州寇建易 偽王宗由鎮城渡溪八金縣 男子林至揚由石城寧
都城為西梁西陽金雲 都與國兵接仗 桿自回之禍建之 分化陸婦女西出弋
其司卿住屯軍于陸坊御坊 屯兵屋陽其度弋鋸 其營屯庵金壇
向寄寇強及已燬矣┗ 二十七日途寄(寄)官文 天門應城等處賊匪 撥黑軍往勝賊
十偕新聲猶扑帝山孫城 官軍收李道己克平陽 寇向陸安西北之城當
唐素樹屋之事 陸安家天廬城已失 賊餘皆自廬山之廬承李城之由收日揚
唐一帝衛之守 有自小日遷不舊 蒙陂等安並遷 定安阮詞成六安島
守十萬由游擊之仰 陳石(清)古揚朝林坊刹 揚季奉遷等防隘口漳口
為從處二城向山陽縣安等寇 寇起偽寇王一陽攔 卿西將城男作將等率軍
擊收 寸茲二城向合計二萬人 中小級寇已陝西出大溪口 經尹寇衝地方書西寿
止募十里┗ 又十九日途寄(曾國藩) 攻破萬年揚州 太守病殁 西南昌陷由黄

往西頭仰並告以往城擾亂之計　城務爲此　按摺沈葆楨何以爲此費
報云云　又聞稱青王自十三日往知鮑帥已于廿一乘船赴探章馬蹄上叫
湘口又內湘北樊口往西坤芽修來撥織各郵自備兩月口糧剝撥之
助採吳國坤氏年呈尹限云云　擬布中匯等信稿六件　鄧仲李屋
赴湘午刻下船　楔亭堂弟陳少堂來自蘇州至此途中再遇勝送甚
悲憾恨豪憂之　劉法生　長沙人　李信
接陸五月十二日信　欣悉三寶摺　祖塋無恙　勢之喜躍　華山頭
爲寬慰　按塋接祀事道　又聞房屋已燬　祈元書至燬甚悔
初七日壬申　晴　夜大風　我軍以地保城收惡萬以筆墨鄭怖不安　又賊據之甚力進軍
三夜攻精銳三四萬人　營官提兵陳萬勝被火焚燒死唐官兵王極殺
船龍守陣陣亡此皆極力難支　擬丁記帝等信稿二件　張佑
之記家　樣第萬三蘇無人　年識之李伯五蘇　來候　黃亮甫太守來訪
初八日癸酉　晴　早飯後張佑之劉法生來訪黃亮甫　張佑之來辭行　收
陸運之並田閱兵多久坐　寫通知處書　即刻發　文書呈　寄雨往　即刻發　文刻呈　亥中

還爾人生　寫詠山及李少岩信　為蘇君常事　李師曾刻發　晚赴以查堂

錢爾少生

接五月二十三日家信

又四妹四月信

又孟楊四月信

又石谷廿三廿七日信

又楊詠春五月十五日信

又沈性哉五月十七日信

又張名本月信

初五日甲戌晴大風　蘇時山以疾求診　詣吳還爾少生　並既易情蓋擬

寄陳仲英信稿三件　寄家信　孟楊信　四妹信　石谷信　詠春信　四日發 交趙附

適　胡作雨　寶書蘇州人　來候　陳陽亭來

接家書五月廿八信

初六日乙亥晴　早往視蘇時山疾　陳陽亭來　寫聾孝撰信　寄孟布屏子華函　陳雨信

廿七日 主許辦伸 中西事件 議前來事 以八千石交兩粮併給鄉民 俟秋收後徵還

以二千石不入撥局

初七日 雨 午時大風 蘇州信來 馮澤卿同蕭 談 鄉南人來候撫

惲中丞寄信五件 又撫批 陸少堂過湘 為事成 川收事 訪 遊湯

子鈞 朱昌鑑 吳陽生談 入話中西事 少堂又到 惟丹

初八日 丁丑 晴 早至蘇州出門 陸少堂來 步行而去 見中丞 答刘 戈登來

信內開六款 一款云 內地官兵 勤勞努力 惟軍火有缺 應於破城後 長

毛 □軍火甚為傷損 彼此為難 誤事 現在江蘇洋槍很多 可以調來 二款

云 江蘇撫台有就集捐 調一萬來 試他 首 □□□ 國對江以 □外國人 近城

通商 三款云 常勝軍已遣散 本撫措置 一因 中國官兵 雖有洋槍隊 而不會自己

兵習學 到底不能 二因 明 □□ 大 □□ □□ □□ 不能 □□ □ 反 □□

四款云 英國不能幫官兵打長毛 所以江蘇炮隊兵官 □撫 五款云

上海地方 因 及上海 英國通商之處 撫 官兵 □□ 住 把守 所有 英兵可調回本國 亦不必設洋槍隊 用外國人

首 □ 以 □ 用 □ □ 費 且 □□ 不 □ 用 □ 外國人 反 □□ □ 惟英國 □□ □ 須 □

譯中國文字，以便中國人翻譯，俾此操練備得技藝精熟萬人，分置江蘇、安徽、江
西、福建四省，仍由督撫自行考查，隨時調遣，于中國大有益，即外國亦世敦和好
六款云：所揀之人，自係中國派出總兵大員，倘不聽習外國之法，或任其延
訂外國人或六人、八人，仍由中國辦理，加優保舉，以示鼓勵云云。按其語意
照會切中國之弊。三四五六四款言募兵本省，以守本省，自係今時切要之事。
但通商各口，各口均有異類相處，口角爭競在所不免，無兵以鎮壓，是以中國事事詭隨
曲見。其所以得人心中意中，亦以為宜有此舉，但不肯言耳。戈登自以于中
國有害，尤恐攻逼及之。此事至巨，孫汪一二兩款，撥軍火、駐兵以遏金陵，亦于
國家為[illegible]蘇省者，設為李中丞時時遣間，不能無望。今李中丞收復蘇省
極欲之意，尤恐戴且見蘇省之攬金陵之權，始有此挹注之謀。其實亦
公心為己，為二事記，亦無宜用之。其第五款本有為五千款附于示諭，何如為一款。照批
江廣東，縱使你通商各口為其所在，駐兵之處，每獨不至，豈來審用意所在也。又
中堂寄諭五月廿三達奏：官文奏，撥兵援剿，現賊竄逼漢口，經水陸官軍擊
敗，布置嚴密。遂其等張雲夢之賊，改由黃陂、麻城注意東竄。陳得才一

服六向羅山麻城全數東下，官文派鮑大吉據翰林石，吉周鳳山及陸
等陷麻城，因速命進並據某處一帶剿辦云云。已初五日上諭：古
今治亂之源，聖賢身心性命之學，莫備于經。君臨天下者，所當朝
夕講求，期有裨于治理。著派翰林十數人，將四子五經擇其
切要之言，衍為講義，務期闡發不必拘泥舊說，總期言簡意該，
做照太學衍義體例，分年經互相參叶，將來每輯成書，由掌院學士恭
候進呈，以備觀覽，欽此。按帝王之學，經義畢該，惟選擇敷陳，必
俟聖心特勝自知，安若何為一事，識者以已議其狹陋，迨今日咸畢之
士雜使之跪瀆典郡，朝臣皆亦自陋，博取陳言並蓋，屢罷英士，假其名之
以輔聖資……之之矣。
初六日戊寅 晴午有微雨 訪蘇賡山 早食湯餅，甚飽，臥，滿身汗，譚無所得。
朱星館等閑地遠閑燈，時中必有燈火，其煙氣正灼草色，甚黃，賊于城
上望見，即從其處過，惟其不相值
初七日己卯 食 中途每步譚 已蘇賡山來 擬奏中西華作稿六件

又批一件王峯臣軍門可派好人來候下午收來久譚神策
門地道一面已逼月城駐守營弁城下賊于昨夜挖至月城邊要在我地道
之下昨晚遂用大藥轟倒月城將官軍地道近處轟斷官軍在地道內
者殺死八人官軍搶獲龍膊子下築炮臺十餘座來轟打一日夜城守堞
者不能停立擬于此處勇營自上城待令各營每勇一名紮一把共五六万把
約十二取齊中途今晚仍赴東營商攻余勸宜四面設法同攻以殺其勢寫張錦[illegible]信即日發附中函
十一日庚辰晴大風聞龍膊子開炮已將城堞打平我兵挑紮堆積賊竟不能
拒又聞昨晚太平門內石壘城[illegible]地洞[illegible]營發[illegible]門但札後侯峯物付
濟[illegible]攻
十二日辛巳晴吳陽生來下午[illegible]龍膊子下地洞[illegible]且[illegible]盡
神策門地洞[illegible]日太平門內[illegible]則將十五營[illegible]堆堆[illegible]已
接万更軒初八日信[illegible]先[illegible]
十三日壬午晴寫[illegible]破城時先札城垣且帶下城角[illegible]之進人
伏奏圖高橋[illegible]門[illegible]防[illegible]又[illegible]繼[illegible]即刻發[illegible]擬[illegible]

稿一件 写家信 重惕信 元师信 南生信 衣香信 楞园山信 谢侍生信

仰酬答 陶草坡已及城半 而鲜草鲜萱但见自昭乾嫡 后原潭萃 贼以城

工石垒四三□梨梯城内挖壕以便外人之登者 傍晚侍之姨女居回

满门洪武门出以冲老营 盖彼极著勝烟 警我师攻剿 警不能动

则以李乘绕化家 正条呼向之宜防之续也 时中军郭兵侍令出以成阵而

四城守营为[illegible]长胜营 取贫破城[illegible]功勋 情速令郭营前中军至无一人矣

[illegible]陆中出派营移为易之下竟力陈 事央意见于储兵易回之 通石通问 江北有差某行船赴营川

飞石掉挠左右通龙下江中 雨水大如千万蝶竹 冰腾沸而止 时舟已泊

猫断榄受舟漂了人 写张地堂信 万笺耕信 即刻发 乎张妻之

接初七日家信 及左宪 东六洙

又初六日惕信

又初六 初九日信

又獨思山初九日信

又张地堂初九日信 并蓝山春顶帐一顶 枕息日一丹除

十四日癸未晴 寫諭兒信 季雨信 沅弟人劉處 亭午得報 頃聞苗城高
寸城為初起手時未能掘城五丈 今全年于城上砌鐘以拒賊 作澇
火藥攻出一面 掘下崖相持 此丑未地 穿可上城 惟事為不足 我能再加
云云 下午閱日陣 城北賊者之賊 神策門地道 今早已發 月城轟倒二丈地而內城未動 我軍奮
賊用火藥數十桶拋擲 傷兵三百餘人 竟不能進 賊 收
拒守 二弟憤傳賊退于眾宣門外 攻克沿城三處 嗣派隊駐墻守御
是夕中軍新兵駐有陶者
接諭兒本日信
又季雨本日信
十五日甲申晴 唐新余來 四三 李少山 馮學卿 張鳳翔來候 見李少
泉 家信事悉已派劉士宗湯新勇到移同賊壕壘二十餘營來助攻十
六 接蒿中函在龍膊子川 蓋接此語 傳示眾將曰 他人不知 鄂省二年以
與人聊 賊皆日狠盡無力 是日草擬南方成為 於賊時擲火藥 官軍
防之甚嚴 又擬 為 前城得山上炮臺 稱砲攻草堆房御 來轉城上

借字營李臣典所樁地堡城下地道今晚告成

十六日乙酉 晴 下午雷雨 少選即止 天色仍陰 全無霽意 黎明傳言賊縋城出

撲釘我地洞砲眼為官軍守者追之入內 不剋 賊放火焚草 草燃 左中軍

諸君皆懊歎 俄頃有親兵至云賊城缺口釘砲眼未成 我已撤棄砲並內火藥

長桶 今中丞自至前敵督之 巳正刻回 望城北煙燄之抹起 少選又人至云

地堡城地道已裝藥 各營作各隊 午未間發火門之改時舉 午時正刻

余登之房內向地道發陰陰之上 雷轟正外 用遠鏡窺視 見城北煙霧塞

空 蕭鐘山下半不見 物一條壞見城內龍廣山摸皆官軍之旗 少選旗幟漸

出而下 燦燦之火燐星 又少選 幽見下尾蛇戰 又少選 城中火大起 燃天王府前

火驟發衝不至 則賊藏藥處燃也 時南門外官軍皆揚旗 拔立城上 賊

亦揚旗拒之 又少選 西門一帶火起 又少選 南門軍皆渡濠 陸續緣之登城上

賊退 又少選 西門軍分二支 東西循城去 又少選 二三門外賊壘火起 又少

選 中關操江殿賊壘盡焚 城中已破 余欲歸 而雷雨申刻 忽指悄盡中丞

回營 余詣賀 中丞衣短布衣 跣足 汗淚交下 止衆拜賀 比傳呼余會命

賊壘既急，賊衆擁衛者為我所用，劉連捷、朱洪章、[illegible]督城崩二十餘丈，磚

石飛騰如雨，我軍為石擊傷者十餘人，煙塵蔽天，時李[illegible]風火煙蔽地，劉、朱兩

燼所蔽，不見蹤跡，我軍不能立，三隊楊[illegible]立結以足之，躡馬先入賊孔拒官軍一

擁皆上，先鋒龍廣山、黃田、朱[illegible]、伍維壽等奮與賊戰山下，甘晉、蕭孚泗、劉連捷

及張詩日等循城而北，奮勇殺賊，至神策門，適朱南桂、羅雨春、梁美材梯攻而入

武明良、萬[illegible]四面奮擊，何等由西南追殺，守賊民衆至[illegible]門，通陳湜打

樁年陳湜之部葉[illegible]門等水師從中閘等城當陷，擬招穩一

件 中丞及楊制軍、彭侍郎、曾衛中丞、蕭孚泗等克城之日，亦寸樁折東矣。

甚矣賊也。入內見偽王宮中[illegible]，戌向守城中火光燭天，回想去年及蘇杭陷者不異

生世不幸，逢此異難，既身其中，日夜以干戈將定

為素昧以寬囧一死為悲，五中糾紛，痛惜悔悟，至今立傳，[illegible]

入城後，查據左營[illegible]兵任事[illegible]

也。衣戌未見龍勝，事上至孝，隱忍一身[illegible]，有窺賊時城，[illegible]以為足遂未就

擄，[illegible]、遠勇親臨，御前中丞[illegible]，李秀成、林紹璋等成不免，下落大事未可了。當[illegible]稿中所刪

[illegible]於川楊[illegible]中丞[illegible]，[illegible]馬隊[illegible]中丞不以為然，[illegible]煙兩年所擬奏稿[illegible] [redacted]擒出一[redacted]言四鼓一層不必提且諸將戮功此次既係奉旨

撫竹來扳有馬□二百餘步鋪千計假冒官軍不無並擬奏換如涅鐵叫

四眼狗倍責大罪必隨指麾據人言同由中堂再詳奏中丞必須似必諦咨各將功績

我今不參中丞亦不能詳盡如有人矣嘗不免逆黨僑寓者由後派丞

沖出守汉者亦欲乘夜出城左右衝突城內未遂餘皆屠殺不絕

陞之從稱發十人偕出城以由孝陵衛稱守一節守營卡門皆亦矣

餘逆[redacted]由世界擒白宗路而去以達之後偽前文左翼中營鐵穿

云之指某某偵對營中粵兵所擒

時觀今事語友往擒來之中途[redacted]門說之擒獲表請其由而後來

聞報不覺浩歎　寸擒亦由門外仍急　言擒獲擒由

地步中丞稱善擒獲就天日明即追[redacted]彼傷之未收外[redacted]

華表札馬隊並召能出救道劇全仍出記

十七日丙戌晴由寫萬篪軒張肥黑楊子木信即刻發上中丞偽降四事一

該止殺分別有營實辦理金看臣恐自何處言及寫一設館安輯頻

嗜食開門後病夕館　保貴派隊開門撫查

女母偽書送擬奏一道一首改為一摺奉旨出城中丞乏門三条為復

前一条　時城中偽天王府忠王府等尚在偽王府多自焚城呼梅中城都

半片烟雲前寸妖之字用官軍進攻亦四面放火賊所焚十之三兵所焚十之七

或字千二偽府皆燒下午信至中丞派馬隊追賊者已回云賊出實二三千

燈影之十足毛社室中不絕火如世上燈龍

人官軍亂追不及僅獲一人云偽幼主洪[redacted]福偽忠王李秀成已皆去

換為

寫雲仙一紙 與伊信 附印刷摺 附摺 擬禁止出米及鹽收爲機密一件 又函
論各營耐勞分明 殺失 軍財論事三件 請曉諭中興以後前事之語
送魏中丞奏 又歸前人收 中丞不可 訪出李少山事
接閱雲十二日信 並聞茶山渡寬恩收潮零各路已大勝
又寫致內信
十八日丁亥晴 凌晨中丞語以內寄令照料事須咨會中堂並詳陳情形
因言偽王之妄已寫金陵三日間事歸城未曾為抹辭曰今置山蘇錢糧同
攜丹尹不復用天下大計是以功便也為此役後法定居山兵蘇下手又函
而偽前以寫寸至辭曰此是何主驚羅主后兩戰不勝敗于東北所在
世書皆為陽兵之四至也皆陽安以如馬羅也四日城內外凡二戰而收院世
語不驗結末之或至東城舊郡 擬中堂諮稿一件凡數千言 百
松信來遠去暇等事須為辦納 中丞因手劍之屬的來遂辭去宋家
回辦家辭之 擬覆制軍官中 堂荐信稿四件 寫雲仙信 附片又丁稿
楊子木 黃亮甫 國老 手便 是日戚為感

接張樵野書 初十作

又接子木十七日信 集已來此寓中代寄也

又寄雨亭七日信

廿日甲子 晴 上中丞箋陳善後事 一埋屍以減疫癘 一開江口諸埠以清水卡

一善後局派親兵 依去年方書務中章之事也 獲偽幼主玉璽金璽

二方 皆五寸餘（金璽六寸餘） 玉璽厚二寸 上為橋鈕刻鏤 金璽厚不及寸 上為盤龍鈕

其制度亦罕見 劉詞尤俚 大可噴飯 又聞昨日擒偽烈王陳姓得婦人之偽

天王實于四月內死 殘之知事不諧 吞金而死 託之病 為幼主年十六 愚

登殿云云 城中賊今推為擄守者四偽府宮軍亦若為物所寶撤

賊目向四九設守照密為官軍所利 獲為殺了也 今日調大隊往攻焉

未得捷 袁守常武積信 言及城中事 披露婦女哀號之聲 不忍

聞 余因之善後事 武君 殺得否之 少選易仲潛來 偕甫武君往 因而殺

俱為且云予袁楚二營所掠 先歲二營先拔所擄婦女數百 盡殺 余嘗辦

之 下午右往見中丞所委善後總辦於蘇楊陳星 勸楊年（易芝生）等皆不報

亦此事並識之人而不識康熙遊芳步度事主其事會議了侍從送蜚

隊等官妲姬專司之女技似能構成偽分主李方材供粉御主之忠萬世

細分作二隊均主之王長之等爲前隊己在遠忠萬之陸王順王均西王物萬

王信王等爲後隊云云前蔡林閣廷和隨張大橋邊將備馬王等一起一同

全力救死持李方材物中出名前將資產余以口語未可遇爲疑中途陣亡余個念資產無

中堂書不得遂提稿一件　是日文集姦矣有和城見人載員物子甫人策

總清秀諸秀等了恂世母迅返安置殺死了安案家君主害自由明然曰

此地不可居矣　寫易仲勝信御覽發　提稿别紙等信稿一件

楊易仲潛市民信

二十日己丑晴　閱生書王和中正親批置刀鍘于前細案了全此人內中

而余急銀和中正爲尊語此之中正國忠審案其實問當流血忠萬出不

初步道路偽主次之陳紅寶和道是之能之也刑了如出萬心閑已不一語

全把不得便益退　惟命將其近餘入向蜀山何且之此人積謀亦可見足耿侍

等車將至朝廷騎也余之耿侍才多不如自我甚但將任一臣萬陳其詩

上載沃璧如公邵將會之子權數之可乎不可乎 中丞言以應 國命備
午後（之管營四道營兵會圍方山石埠所謂地也）管營中堂 詠之來 廣 ... 蔡少宸來 暢談 著論事之君清生局也少
山既初有折委意 蓋潑之遂之力任其事 好明白處大振拔 隨西合于前件
潛戶村公所 下午少宸來久談 余同孫月廿七日由處來保貴兩為固
詢悉朱貴之妮通雷節伪一虎眺 去年隨其主朱某投誠告城垣去賊某
元甫今春保之及守守通濟門之伪日來暴營通金陵通往出入也由智
字營卡城留字營守李全物亭守 從之坤(?)炭久無賊某內戚五色旗則
伪因之善誘中守將諸人甚少謀城方皆住東北防守其地遠餘勇不過數
十人此數十人皆通外謀定從守年上城（西…）此開通濟門土塞於城大隊廿六日中
迎森神策門地道未成甚懷告 賊因請朱洪章其早白晚賊某糧餉
手人萬上城而合約多字營數十人代接上方梯則盡以逸無多字營陡
此接橋見城上不拒知事不成因遁其守心於其事把橋上將梯賊之人逃今賊
半經城下由有督下李上十餘人聚一處設殿一鎮（霧）自潰而下亂
保回堅送橋一時官殺西隙派中一賊時為守智字營相持見事敗亡逸李全物投

之中丞所役眠之因詳講黄記述不進且云廣實昧謀中必忘許廣之序
責黄黄不耐見者數日至抄破偽地洪城黄之旁隙中兩先聲讒功才
他人怨乃得解　黄又云中亞以蔡官（軍中左右所行皆蔡官）至外黄皆被之甚蔡有易
某至黄處黄飲之語事廿世大話而過之只先日夜見讒訴不以為直然中
亞既作之之晚日閒間山至偽忠王爲才詳良久（自言）廣西一隊將人年四
十二初在家世貧燒炭為業洪匪至廣西誘入會拜上帝從者甚眾時之為從
先生學起事時即據後日之內在石達開部下至金陵攻七八年後始封偽
王　余詢偽天王才德何如及偽英王侯為皆云中中為獨恨不王之言謀略世謀
余問左偽相亦知其不能事耶抑以為必成也　曰　已騎虎不能下耳　余云偽
不早降何耶　答之為不論從受其寄任已于國無所利則未能懷救破
於彼目前不為將來無相皆被之官者臨城者給予口諸之遂上　君獨無所問
予余日偽部下所殺記所殺者何字（手下將官）予字億口從為何德者對今日禁止
之余者回日偽兄弟以此識其眾（將其軍中恒將）余又問十年後目下余兵至
郵燒南境更進則城易勸據統圍擬矣一向能帥何不救為過何耶

口兵不足也。余曰：此兵队皆是，但来不足。又曰：何以得苏州而守？秋由为
伪翼王攻四川，鲁之。余曰：尔在杭州为不在？赴江西之前又往内奏千里，无功职欲斗
耶？曰：在。又问：何王在徽州？曰：侍王，不愿由耶。曰：余行诚不露先，兄据，晓得又知觉难
求。又问：耶兵强抑天意耳。（余又问洪秀全今年有死？曰三五年前已见如主下，旅此何谓也？但余之多事耳也。）余不闻城中何令日不陷为练守，手曰：权者
矣。经忧中闲所入无几也，不能守也。余曰：□如官军攻城见来，作何为？皆言无食
以城中王府存有之，不以充饷，核是但□□（此是我家）人心不齐□□□□□□又曰：今天
京陷，某已降。君视天下益若来耶？余曰：在朝政清明，不生乱（应将不生），□问新
天子聪睿，□□□□□（万民以次治理）。曰：尔家据半天下，以贼亡人，孰不对其秀核
矣。[illegible]（李又言天上有数，是主顷刻不错十余年必见有衡，其星度数到者，部候说为）
有[illegible]（已失世宫无边人原因问）此令计安世田所年□破江左，以郭为尺寸，欲毁遂之
免，□贼彼此之命，则叹日艰（六诏子为已计之意）。余曰：此罪太重，秘中方此，主九拒仰所谓手
也。遍绝不谈，余亦借罪矣。拟遍拟如作稿一件
二十一日庚寅　晴。少眠。李周遣别。早饭后余以不平其事不快，拟书上门
第信稿六件。是日城中火燃，城据一二处，免听赃窖殊，其不可问，此中恐

令各營擒斬史(?)勇大潰者處以極刑並於筆(?)中以碎土覆之仍皆不問

二十六日乙卯　晴　午後雨　夜復雨　擬李觀察保等信五件　擬稿摺奏二件

寄一函　又馮學卿等收到箱一件　無同之生員徵(?)事　云有造銀

兵委員爲外營兵所截　殺死生員　經地查亡(?)　我(?)軍又亂兵奪糧　新募(?)

夜不甘(?)睡　所之會營多處賠(?)墨其之而止　武舉(?)守衛城中遍搜棺基(?)

求金屬　賣之之中　出下其事　入謁中丞　辛(?)順　馮學卿來

梅十二　十四兩信

又孟(?)暢卄五信　又保一女

又和合　十二信

又季雨廿四信

又筆(?)湘雲信

又姚彤甫二十七信

又陸子金信

二十七日丙辰　晴　夜暴風

至中丞處　[illegible]

食之物件，搶掠來中丞，即飭弁付查，擬寫偽信稿七件。蘇
晴山來談，疾已瘳，遺策同局一晤了。汪子廣煌桂硯一卯了。傍晚詣
如東在城數日，局為未設，諸城亦一人不留，惟陳錦仙為之，毋有本可恨。我
我在前發乞日決不憐舊，黃守嶷在城，但論人一日不止可先計破城時於被
勝吾毛降挖拒時被執勝外，其餘凡者寧、大半為兵勇扛抬什物，出城或城引
為勇挖窖宮，後行則殺，城上四面縋下老廣賊匪不知若干，其老弱本地
人民不能挑抬，又無窖可挖者，盡情殺死，沿街死屍十九皆老者，其幼孩未
滿二三歲者亦斫戮以為戲，匍匐道上。婦女四十歲以下者一人俱無，老
者無不負傷，或十餘刀、數十刀，哀號之聲達於四遠。其亂如此，可為髮指。
中丞禁殺良民，擄掠婦女，煌煌告示遍於城中，無如各統領皆放縱搶掠為良策，
彭毓橘、蕭孚泗、張詩日等惟知擄奪，能不奪則不知，何以對中丞，何
以對[redacted]皇上，何以對天地，何以對自己。又蕭孚泗在偽天王府取出金[redacted]（鄂不贊）
即放大火燒屋以滅跡。偽忠酋係方山民人陶大蘭擒送伊營內，伊既掠美，
稱派隊擒獲，（中丞亦不得究，而地方之民）一文不賞，又以兼借疑其窩藏，其家派隊將其家屬全

敘接以莘牛樊樊山此兩人被牽綴而諷屬欽以令村遣氏寶村

家屬傳來言時隔一日于此竟不知其所以　曾為作大木稿柚忠扇于此

為一冠蓋小帖偽生之　寫扇生作　余三扇作　即刻發交來人　曾檄中事亦矣

未滅

摺扇生　廿作

又金三扇　八作

又李兩本日作

廿四日　癸巳　晨陰　下午大雨　詠如昨　揣閱所屬來向譚　擬万壽聖節等作稿六件

中西以余十六日覲勅中旨仍堅前敕限陛而不相詳又十八日徽旨必札為

不答而詬如之之煩也　余自問心事殊之辭之甚生論邊鏈不問　擬即

桂林等作稿五件

廿五日　甲午　晴　擬撰批一件題跋一件　中理又擬又內少談龍坦恒悟有謗書來

少籟理不往制無策之理時撫此事余所家意謝之　吳春海陪恩四人來候　庚午　中堂已

自晚入謁恭靈下不能陪祭而退　中堂已掃桂寓了成　楊蓉來候

接壽鵬廿二日信

又亦谷同日信

又元卿廿一日信

又楊子木信 寄莘求勗

廿六日乙未晴 中堂來答候 中丞亦至 談良久而去 黃昌岐陽舫仙來候 既接 出來 丑李澂翔程日敦來談出來 中堂午邀飲 擬換硬一付代中堂 擬方存之莘侯稿二件 下午滿眾垣陽秀卿 宣城人 張留帆 一詣四人 二人寫書稿 莘東候 晚李眉生處有三陪雲同人 二人擬批 來談 同和中堂處 讀稿同 十二日稿已年廿一日批迎芻有方外明叔上諭一道 建寧一道 思寧侯送芸屏

接張雲坡旬初信

又毛寄雲四月廿四日信

又張仙舫 日信

二十七日丙申晴 下午暴風雨 晨起既有之來候 答候 中堂隨員錢君 下午楊子木許緣仲來候 答候之 譚少口 擬呈將軍等信稿二件 訪滿眾

垣少譚 寫家信並錫侯信元翁信 寄吳鳴岡布等（先發 交由 楊芳山） 寫張仙舫信 寄兩信（廿九寄入）
接有生廿七日信
二十八日丁巳晴下午異風雨 嚴有三來譚 吳壽伯太史來 蘇（侯）川營
候送之 雷賓卿（恰方人 舶言艾芳人）來候 樂忽彩 李信 入譚午
（補侯子香所寄先君挨帽）
出中出賀少譚 同游看金記之丟死 雨月食為來懷 中不時補試頭
先由陰己徹白鳧見甚長陳慕韶 同伍寄人 黃氏（迎劉人）掃地打擬出 共為伍主
道談世疑 許錫仲來 煙脈藥等持施雅氏同 晚張西帆來譚日
接示蓀廿一日信
又曉生同日信
又錫仲十四日信
二十九日戊戌晴 擬何蓋所售信十五件 同郁史賢希來 在此午飯 傳
晚同筱希過陶瑕垣少生 中出來 在此晚飯 譚至初更歸 是日中黑
出內來返 寄何生信（初一發 交來呈） 寫許錫仲信 李八（初二發） 是日禁新隨還之尸
接何生二十六日信

又張仙舫本亦作
又李雨本亦作

七月初一壬申朔日己亥晴以家忌未出賓翔黄少巖因論之事密似山
薛芳亭來 張鳳翔來候 雷雲卿黎庚白來候 黄子春來自泰
州因雷生病甚危此事仍無安善人才多不洽易境且難安攸之
傍晚中堂偕吳道委道譚良久後至局與盛少譚 馮潔卿來
接蘩子得十九日信
初二日庚子晴 至局與盛少坐 許振仲來 楊子木來 擬宰函部等信
稿十一件 下午已二十八通 寫以四未乞機報攻破偽城及有中夏且
以中丞大局相宜之時不用盈道稅局 辦釐條款 申函來 閱李少山
于肝作故可傷之下 至雨軒來 晚至中堂處久譚 擬印將慕秀成
諸不願前以內客芬之好生攬已十餘日衆因其惜且推中堂錄備函帶
人收疑而此賊甚狡不宜存之却且目中堂之意因
初三日辛丑晴 至滬張垣處少坐 同傅朱華之應康 觀光京與人信 張園
代仲丞擬李作興祭文一首稿陝一首又李少山輓幛聯 吳賀卿今日
出城去 傍晚謁 瘧疾發年不收進收今華小盒游船甚快意

安得挾辰百解并滌胸中~~[illegible]~~堺不穩~~掃~~盡稱耶

~~揆帥云初十日作書備碎~~

初四日壬寅晴。張仙舫來譚，至下午方去。擬官節相處作稿十六

件。中丞以卿解輸先生處遞印二方，交簹房速出寄。傍晚乃與

中丞中西久譚。中丞另奏（初十夜）洪秀全已伏冥誅了事，及李秀成先行

正法之情。先是余（言）洪秀全係患退病，似因服毒。中丞以外間所聞偽

四月廿日前畫已之之為偽語，則似六月十七日日不得為題，（四嗣）自擬奏

稿仍遞（辨）偽主實四月廿日服毒，[四]秘不發喪，為城內賊党城外官

軍所不皆知（石城下），六月十七日城下偽幼主以為僅之偽宮人黃氏之口妝說假（一面將遺詔寸紙呈并呈）

令指為中西以為奏之識行，石以不足。余因為偽語親之，則大謬不能乃

建紀登眾年六日十七天分降比之事，寸偽主之顧絕不相侔，且本陽一

年之紀月日不得之以，因白中丞應於識。是晚偽王元稱王供仁達

函伏悉。写第 芝軒信 印劉首 交魏彝收

揆帥答初一日信

初五日 癸卯 晴 熱甚 吳竹莊來 早飯 久談 中丞亦來 坐談半時去

竹莊晌午去 趙伯臺 送銀來 僕 黃子壽來 坐下 下午去 閱外

營諸人之此次送家書 並閱 擬摺 云偽城甚大 故以為余 ... 言中以

中丞函 四營為責 從此時 中丞初為余 ... 再 ... 余原奏

稿 ... 余及四營一層 中丞親筆 ... 有 ... 及 ... 寔余 動言此

字而去 中丞 ... 以為不必 ... 余 ... 下文中 ... 全官

軍 ... 城 ... 守 ... 作 ... 外 ... 之 ... 偏

綱云云 以見中丞之 ... 休息 乃為防賊之 ... 偽

城甚大云云 ... 余 ... 時 ... 數 ... 摺 將來 ... 三 ... 降 ...

生殺權不得由主帥 若常總之之[redacted]辦[redacted]中

逕為待而將兩碉城之日[redacted]全年 擇奪擄中之獻[redacted]大 迎 去年中也必矣

之禍民人仍患而而得之 方為予養生禱 不然 此而不獨于責[redacted] 幕主謹責定矣 稱之寧責一字不

語密 [redacted]能免郭廷之李向那 [redacted]說患而生而民人甜被誅求剝削約言之

亦出而知此民人總而奉之而[redacted]尤其人之[redacted]而惡亦曰 此須迨 兆之停去

家如思加于厲衆另有歸能 故[redacted] 余知其如是而未發 聽[redacted]惠前坐與棧

[redacted]至太功于外往之將疆交議不盡[redacted]

[redacted]

去年蘇州之役（李以衡(?)主之）時言造首謀小役援揭而告今春杭州之役（李(?)以(?)人(?)）時言状似[redacted]

城(?)先生嘗奏入而恩出[redacted]孫此奏何以不以筆墨罪君父之前立言為(?)欺(?)近世(?)權(?)[redacted]

招太宰香(?)譯(?)然亦如猶覺(?)相根不材全然[redacted]訛錯不然承私諸長乎作奏何以生一篇入告耶

[redacted]

且偽建(?)對偽(?)歷字樣稱謂參差父母為君王父君王母其實名(?)鑑(?)遷(?)

又改偽士階等例更改科舉之法有英士傑士達士之名然為考訂最

又其尊(?)歷代之主皆稱為侯如唐太宗為高太侯宋高宗立(?)侯明太祖

為明太侯之類令人憤(?)做(?)其中甚為皆將仁玕所為仁玕係半通秀才

咸豐之四五年間為洗(?)崗(?)上海或知為捕之道入賊中世任(作?)斌(?)之改(?)令(?)（曾(?)道(?)人據他(?)）

為之一變一切需用文法諸(?)窈(?)悖亦不服(?)妖(?)擬(?)六經(?)[illegible]其至(?)由于此

擬眉生初八日作

又宗湘文六月廿七日作

初八日甲辰晴 立秋 寫家信寄芳(?)帝(?)信致季陶(?)等 印刻(?)各 批(?)社(?)任(?)訪更便 寫張(?)仰(?)

訪信 邪(?)季雨信 安(?)岸(?)帝(?)信 印刻(?)要(?) 季臣 芳少(?)果(?)信 蘇(?)時(?)山信 季人達(?)印刻(?)要(?) 馮

潔卿書 偶患面李秀成賊供 匯寫親供並六萬言 叙賊中

事自戊午迄四五年 歷世詳 雖不通文墨為事 理井井 中堂甚憐

惜之 昨日親詢一次 有乞恩之意 中堂答以能否聽候朝廷論斷 斟酌此事 候

定見 再相度 今日遣李眉生告以國法難逭 不能開脫 李無懼色

曰 中堂厚德 銘刻不忘 今世已誤 來生願為報 云云 傍晚赴

市 作絕命詞十句 付監刑廳者 三叙共書呈之 遂

就誅 中堂令免凌遲 只傳首各省 而棺殮其軀 傍晚 中堂

中堂為久譚

初七日乙巳 晴 擬函牘信稿二十四件 中堂屬看李秀成供 改

定咨送軍機處 傍晚始畢

摺中叙李秀成自知罪不容死 中丞不合 寫奏 逸去時

國法 擬于南地凌遲處死云云 是日中丞入城 擇定房屋 前英太

揭帖 捕到偽人一點 即日偽金玉璽文三紙

初八日丙午 晴 謁中丞 吳竹莊來久譚 下午同惠甫 中丞

一等侯中正 一等伯 官相李撥亡一等伯錄尚未到 佳謝此作份

寫帥啓到言捷衛如此本屬否未來到也 入內賀喜 余笑云

此役自發中堂 抑稱倭帥 中堂笑云君勿稱倭子可矣 大端可知

少遷中堂丞吻皮 詩贊

接初一日家信

又孟甥初二日信

又魁仲六日發信

又季雨本日信

又諭修生六日廿信

又杏柏泉六日廿信

又杜小舫 日 日信

初十日丁未晴 [illegible]張健庵 刻實來候 唐新泉回來 回看出看之文

城內巡至平橋之東假但無園林平了入城循浙西門至偽傳府已

釣魚巷汪氏宅也 又至水西門張氏宅也 英府擬中書居 付府擬

偽英王府

出西厓，左膝劇，我處點心（六），出城。是日風雨歷，候燭一小時，歸房。英
皴此方當不可為，尸已十七八九，猛異樣不可堪。張仙舫、王雨軒來，不
晤。吳竹莊來。李雨亭侍郎、朱覺布、江子卿來。李雨蒼侍郎。
接蔓卜春六日廿作。
初十日戊申。晴。寒。傳旨恩旨，中堂韋甸加太子太保，中丞太子少保，
俱著賞花翎。李中堂著賞雙眼花翎，好楊太子少保，輕車都尉，官銜
傾王加一貝勒，官相一等伯世襲罔替，著賞雙眼花翎，（輕車都尉）著賞雙眼花翎。
英翰著以一等男，著賞雙眼花翎。李臣典一等子，著賞雙眼翎。入內特賀，候名不
見。禮見李中堂作，云湘口截（擒）穩，畫進（諸侍所板）來回此間（進）未奏板，惟擲氣章
氣振動，主上已廑慮，再小路尚未通，但不知人事可否耳云云。沈桂芬
來在此飯。攤楊制軍四年信稿五件。中堂屬為撰壽李叔成，借箋
分段將付梓。到方楊來久談。侍晚出見中西局，久談。中西吻意始切
自主也。黑事才局量福淺，不足以壽，太皇葉向年見又無務（事）勉橫氣像撓不
與川年至，華來為本宗，但曲見到甫而事務人勉俗，其小馬為不足經意

公為國名臣生有專志林泉之理而所殷遇事益求詳核自當恰若矣

中丞陳宗伯之

接初七日家信

又王鐸初五日信

又衣谷初六日信

又眉生初四日信

又魏剛己七月十九信

又張炳堂初一信

又張轉運六月廿日信

十日巳正晴　巳刻同耕經調卿進城赴中丞招飲有泰州吳來梨園演劇

下午歸　眉生來自揚州　同至中丞處晚飯　劇譚　金眉生李眉生黃

子湘來寓眉生借住余處　魏剛己偕博齋到營遣制李夫馬坐以應之

接吳木安　日信　又雲生　日信

又張炳堂初四日信　寫來汪蓮山利析子

十二日庚戌晴　百生同子湘來　中西要再入城觀劇來邀　李百生來

譚　偕佩入內吉中堂中邀譚少　劇畢　李百生少坐　沈怡翔來

十三日辛亥晴　全國善後章程一過　忠穀僚　寇字鄉年遺侯

楊中丞木來　在李百生處吃茶以見拜久譚　張仲昉來　同至周宮山處

少坐　宗湘文　劉曉山來於竹屋寓之　未候　擬宣節相修稿九件

偕佩入內久譚

擬丁松儕初七日信

十四日壬子晴　下午少雨旋止　偕佩辛久　傳同西耕處晴魚龍坊　夫人陳福鹿

已出向之　百生來　子湘來　子春來　香雨來　錢同已　張溥高來　宗湘文來

蔣雪舫來　留曉樹來　子湘先去　子春百生湘文以吃去　劉已溥高

倉雨未去　到安樹來　是日客之多日不止　神甫之疲　李雨亭辭

留先生枚蔡被劍棺木時並立被舁累弱物皆知皆雨去　省駭來

到雨了　僕社擬印勿科理　偕佩入內譚良久　[illegible]　省三來譚良久

十五日癸丑晴　張仲昉來　舍弟來去至　黃竟甫來　入汽車也邀去至

省三函暨黃昌岐函　又交函與澤　馮鄉卿　鍾伯權　楊子木
來日　擬左劉軍等信稿五十五件　足左來信右逆子此張福逈、丁湘帆輔
堵五逆仍以歸克之說　寫眉生信　即發交來人　覆省三　李眉生書　中堂書
譚公二接吾去　寫李伯孟信　十六發　附接題　中堂寫官王廷貴卿夫人
接伯生本日信
十六日甲寅　晴　下午大雨　覆省三書　寫魏剛己　周開山信各一　唯二者　到卯
蔡壽人　同鄉丁禮蕃來　久談　臨安去黑牛汶　法浮渡　江岸口　因家住
七日城中情形　據云石門戶鎖偏地　匪都攻自八月　庭渡相繼已五十餘日　尚未攻
搭皂吳巢之塞　府尼理被兵勇占住盈理攻　莫保一生　守城係張樹
聲帶　守吉分把四門　不准鄉民入內　每日尚四出　勤鄉村　有人覆叫援鄉
民該總營搏　兵勇事城將寬撤　以土根了罪之之民　蕭并聯　城民怕生來
者日兵勇厥出後不了　乃論砂讀　比里可以劃偏參二攝事支　而謂深度
與僅供金夫支應了　後休使不能向縣府　李仲府下車之後罪政於門即梓
施潁爲西淤尤慘不可出接　李中丞收城時與楊于州俟收　善後事九月日

日寇之武器卿向海陆之烟耕者方今並一歲者三年之收而民穷不
給耕畜被恩矣 李少泉问人云兵勇不戢较大焉 锡人楊藏舫共年
犯者两任一主及之通四不必之晚人皆有诛楊戢慄而出 自常以来为
杜卿道路刘拂少云白 杀人劫財視为应然 丁又云今春首
出状者兵民居皆已被擄萧山諸境民居亦僅有相存也杭者百废但餘汝
城未那日之谈及吾境亦郎之僧皆减空镇樹大作以此視之左公安得
寇陳者數千人征附未能收而民被大害也者不足言矣 請中
堂中西夏少谭
楊詠春十六日作
又向生 作
十七日乙卯雨 擬赴須陶首李少山作而偕馬于少昆夏雨甚
中輟 南山同生李興剎谭年会汝玄入内闢中堂中西夏少谭
十八日丙辰晴 可是軒李僕 詩中西夏二刻出赴顺卿 夏作賀
少生即行 未刻到陳陶先生 張仲舫夏少生易服後到忠山夏

而莫畢已謝山每與謝山孫夔等譚話邀西李雨以病未
已路過馮漱卿每並晤翁少仲亦錫孫子佩為彼久譚去
張佐之有不見又[illegible]已張仙舫每晤共華宋李少伯
據張鳳翔本日信
十九日丁巳晴至馮漱卿處飯張仙舫招下午飲回謝山處邀江已招
卿已晤李雨孟明共同卿柳君等少坐而返閱中堂劄華藏
樓下每同孫築往候之並蓬剛已博齋仙樹張佐之宗卿文等下午
中堂出堂乃眉生者三等赴黃冒時席返舟因候送中堂揖畢已眉
生舟錫亦少坐眉生聞揆有女子王氏甚美欲納為妾張余同往相
看余自去歲已今來不踏入內柵一步因聞此女為侯揆卿所撮說
言藉之無之已將為妾亦難付察其稍避許之係隨對為去見
此女去生處詢李雨則僅揆卿實才有得余因屏眉生親往看處之
以為可可其女不願從之其說蓋信殷來召張揭姚偕眉生返其母並
是日即揭其母來

接魏剛己本日信

二十日戊午晴 早起中堂來譚以續奏李秉衡建行臣法一疏見示云臣在時議[illegible]旨彥如何本隸四萬容納其奏剛以[illegible]祖將時民入助之穀儲親兵萬之又已入因親王府王陪同周爲號稱臣以其人心未定屬堅將法計新地臣僅陪之云云 辰刻[illegible]拜中堂下每順爲下孫藝淵省先可擇小船由頭閒晤張仙舫偕其與 又晤誠如種蕃如士丁李省生偕魏剛己即者子丁丞亭 巳刻同僕黃昌岐李石晤僕隨舫仙黃即留午飯舫仙性極直與譚世務酣所市城中物見示僕佞昂甫鄂二十一件都即此係可喜 未刻由水西門過莫愁湖十景前風景悽然自特追憶往策賢陪二四望之處算甚爲尚又幾不半日即中山王府也遂莫子愁湖亭與小談僕莫方覓軒久譚並偕楊太守子木候宮湘文于竹雲武鏡防諸人不值已函促魏剛己偕傅甸力譚兩也此其姬人及其全家尤悽惋然未面所與僕黃少農于金陵馬道晤黃祖伯戴其屋其譚

國竹撫已過虜偽逆賊堵高踞天京以臣執可擒將江寧府屬陵邑

可擒之也偽逆到業悍陳兵營自江右通乎諱　又入諸中必貫乎

諱

接奉十八日信

廿日已未時　據悍逆以華佐稿二十二件　見七月十一日在京內務御史處

鐸奏圖臣以援（請飭乎乎言勉至加勉力奉光大之規差）金銀差遣金陵請令查明按部傾援等理宜乞

以儒臣臣共歷年最久我功足以為自能情性無死永保勳名於所部諸

將自乎乎以下均應由該大臣隨時申儆勿使驕勝為應乎長嘆

因念見國家命將出師拯民水火必為征利之圖惟用兵日久帮項

畢奏兵民交困若如該御史所奏查該積有巨款自仍交者勝負何

以濟又能為兵為餉派係之用於國於民均有裨益此事如果屬實祿

惟之如果有蒙無不實惟該御史既有此奏不得不令該大臣知悉著（以昭無該部覆）

退　又內閣奉旨　諭　户部奏請將軍需報銷覆通籌理一摺　收屬有以限

三年令旨　以前各省辦理軍務未經報銷之案准將其款目總數

紀年紀載開呈一閱明清平叛明將其先世紀年其自本年七月起
一方軍事凡有何可補者務留意何也蓋大抵節一其何以不及有
應商量處再迥看亦須先行查詳備參考事後並且一體送世紀錄不
得以此次特恩無甚希冀云云 寫竹軍前日來此托其查看撤城
其實係王有信令其專駐訪查忠當去仍存誠內受事沿城外沿內 此城上下出本
料王某移之頗有速言達人擬訪僞慈王某不能確云云章此事 人為之半月 相中差
親詢以便稍作行追又責人及文飭來寄允之歸途留原部某處雅
可謂此事本日就之要將到心某事親見其某但從以從之矣兄如能代位江
云云姚松經中于廿七日初四立將澤剩勢大破之云云 撫奏清帥等任
稿世之件 楊子木來 張佑之來 黃少民來 魏柳田來 彭橘年來
侍晚已慨身任要事之田芸亭也均 又謂中丞為方寬等負功今以
樹姬宿學更不能支遠 郵之係醒務依能有所隨時宜之 因閱此人
諄 寫季雨姪 諭並候 錫安 並來人
接季丙廿日信

記破城事

六月十五日地道將成是夜二鼓有狂人突入中軍帳口言有紅鬚人白鬚
人令我來報喜之喜如之事已備訴云云眾以爲奸細或出之猶嚷此二語不
止發火時官軍方擬點火倏鍾山上有雲如山壓官軍陣上據云諸軍近
一時若有神助又臨發前半刻不雲而雷若云云破城後偽天王府有
烟焰起忽見金光一道自偽府出直振入半空頃刻少選城村皆布白光
云云此皆眾耳眾目所共聞親見爲四國所證共矣

日記二十一　　紱靜寫記

七月壬申二十二日庚申　晴　下午少雨　劉文楠來　下午甫去　寫何家信（二十三日發　附李中丞信）　寫李中丞夏信（二十三日發　交錢撫臺）

二十三日辛酉　晴　巳正兩搶信　初十日周兔卅元　改寄卿　初十一日到洪克復蕪湖　擬萬壽賀摺等件稿十一件　寫張兆堂信（即刻發　交楊子木）　霞生信（附信）　吳季吉信（附信）　自生信（即刻發　交楊子木）　國史右劉軍門僑幼主陳橋　與月卅一日到　二處內芸卅日（追入日）來

二十四日壬戌　食　虔多新州來言　城中鮮而亂私不止　兵勇至搶奪附看校偽奏（本地人留陪）如案審事　首兵勇利其妻財　搶為餘竟摟其婦女　擄其妻　送到注訴于虔之　奮不核問　此之憾論為也　再後三來少坐　寫詠山信（即刻發　交學區）　魏劉已來　譯已下午去　寫家信（寄姊姊　附信　寄邨信）　兩段信　詠春信　縫兒　接張傳兩本日來信　信（二十八日發　交趙附秘）　擬劉督等信稿草

二十五日癸亥　晴　中丞來久譚　霍生來　自泰州相見甚歡　李雨來　（寫周國附信　即刻發　交劉書秀才）　與雲慈之表兄自江北回　無此假之好　因霍生李雨送城　順便取回兩元

苑，為李祥霆軍門作書。申刻往城外黃少巖處，不晤；又黃觀冠北，好。是日下搨集字，收借雲李，訪黃子春、製硯，張博甫均晤，四子英冠北齋假之，復訪子春數書。

接周南山來，已往。

又葉柳文來，已往。

二十六日甲子，晴。早飯後，因季雨至萬竹園一看，池塘為主，軒榭皆荒。內宮以文楠為梁，棟梁懸甚，背一炬，土山僅存，老木二株，池東紫薇四日株，旅蕪正碧，為之神愴不已。還，暮後乃往少巖處，雲臣、季雨等皆至。少巖設飯，就少巖處包同筆十人，惟所二李家季雨𠰌日起中途黃薹轉隱，飯後同觀兩君，候朱煥文軍門、武贊臣軍門，我輩視察督署，後同登清涼山翠微亭。自江干平時亭之款側，今猶如故。亭外叢波水皆雜，放眼縱覽，心胸為之一豁。他日得如此區於茅以老，朝夕柯憶。酉刻回，始知龜出過小倉山房，已獨為武孝廉所寬，善則少巖餘任之也。少坐，歸。葉鄭有花直故儲作諸家園，呼請

往年隨不能同日暮返 姜汝同飯舞北夏 飯後步步歸課房刻

是夕寸雲生日稱觴北夏

二十七日乙丑陰 下午雨 早飯後即剛已到壽夏 因季雨來一飯城雲

陪訪風甫卑於城坻 又看屋二處 亭午偕雲生往蓋 子寔之

先在 下午冒雨去 雲生為楊家甲夏 訪中丞不晤

接袁暢十八日信

二十八日丙寅晴 接豐物藝 擬先付停人常匯 本地人黃安 彙係來

坐與午飯 陸兩人來 陶白宜興 湯鄂卿來 張清泉來 少談

即去 擬張九嶺等信 稿共一件 是夜雲生楊家宴

接陶等二年八月廿五日信 又本年四月廿七日信 為兩人事 汪雨人來 與晴 汪華

二十九日丁卯 舊衙右也 早飯中丞處少坐 陳篁白 陳子勵 來 李候

寫陳子勵信 子寄刻發 汪雨人 子寔之即因暑隨來 因即返江北 寔之

擬熟饒 飯後雲生去 東九仍赴江北 擬許鄰仲等信 八件 寫

鄰仲信 二千 日散 滿 滕樹來候 羅孩惠來 寫家信 二十六 子寔

接許緣仲廿一日信

又陳子舫十六日信

二十六日戊辰陰下午雨 子憲二兄來 申正書少譯 若侯嚴箴堂

贈李頌山家尹生 陳峯白來 同訪黃花即刻子憲 携楊釗軍帶信稿

歸

八月癸酉朔日己巳 晨起賀朔 張仙舫來久坐 贈古玉小動物二枚 約一寸[illegible]

陰 下午微疾困眠

楊楷子木七日信

初一日庚午 晴 季雨來 訪如來 程月波來 張紀堂金乃甫蔡坤安與[illegible]同來
來 紀堂與紀久坐晚 以捐本說為一節 同紀堂至中正飯店晚飯
以秀石中正夏生辭赴晚 擬明日行 黑覺帝來 周闓山來擬
萬竹軒等信稿二十四件 寫魏剛己信 卯刻發 [illegible]

楊看生七月廿六信

又魏剛己未日信

又函那七月廿二信

又武儀門十日信

初二日辛未 晴 擬鄧芸仙中宣信稿一件 張紀堂書同至中宣發飯
以同出至中刻至頭閑晤 訪如擬過賢希 又武替信楚匡
萬信卿陳舫仙等來訪發 辭行 相晤 托疾來法送 因以希是日
函饒托帝訪李允仲 此券在該發晚飯後過江北[illegible]擬[illegible]

初四日壬申 雲 寫劉曉山信 劉田(?)龍(?) 金力甫信（即日發 交搭山）寫錢(?)齋
巨(?)信 樹(?)紀伯暢信（即刻發 交路(?)筆）寫余(?)漢山信 唐(?)耔(?)泉信 黃子壽信（即發 中人）
王張仙舫禹(?)樂(?)卿齋少宗(?) 周閑山來談 是日庚(?)少(?)寒(?)
初五日癸酉 雲 寫雨來(?) 寫伯耕信 中安信（即刻發 交壽人）下午到周閑山
初六日甲戌 雨（揚州江上 伯暢邸(?) 初四日 馮鄂卿信 來）
初七日乙亥 雨 揚子木道炮舟來迎 擁於瓜州 即行 廣(?)江
初八日丙子 雨 訪如 宣城 已中發 寫嚴(?)信（即發 交輪船）又寫伯暢、耕耜信
（即刻發 交錢寶山）飯後下船開行 順流(?)黃(?)石(?)峰(?)門 過湘鄉王手(?)家日廿七始
收至(?)刻 舟出北河口 泊揚江磯 賊故壘下 登矚移時 壘以石圍
約數十丈 甚整 隱隱 云北炮台 上一炮甚大 上有順治十一年欽差提督
廣東等處某某造 重叁千斤 字 其姓名剝不可識 約略有一字是秦字
也 傍晚 過草鞋夾 行五七里 過燕子磯 泊 此是自咸豐二年閒(?)後首至之
隔了今十四年矣 人生一飯合性(?) 信哉 擬以呈燕子磯

初九日丁丑晴 順風 擬從燕磯易舟入揚州不欲即返由此過不浮

余於棲霞山下（擬上而岸民牽踈嵯峨攬以騎驢）有存者 出對岸六合方山頂平正方 其前一山平

直立字石筆架山並都 尖圓若女子乳 山形並怪 山見儀真青山及山外河

州 今抑帽如難直之 近筆錢矣 午刻抵瓜洲岸 問劉巖山不在 訪乘步

擬譚次 知張拓遊為在此 少刻張至 舟同下舟少 擬留 訪曉山之墳

張子蓉 宛平人 乃子稼之友 詳多存 儀真人 並其子稼之子報界者

未刻別拓遊 到儀真 松塘 少內 晚抵 朴樹灣 東井宿

此煌煌之世家 仍有此生聚 知揚防將士 能功者 平星

水蒙古揚州不及百里 余經歷江湖 獨未之過也

初十日戊寅晴 飯過三义河 讀續通鑑之宋高宗 藏田出軍 出兵

張揚傳百言 郡陵之戰 北將帥傳為世確也 趙百教之言穿

其說見一段 尤為定評 午刻至揚州 步由東關門入 到左衛

街 見乃生公館 眉光方 庚先 將世 其甫及 益攝 柏君居

同飯 入 府內宅 久談 蜀揚 極 下午同 金 其甫 石 似梅 家

薇生師鑒　同看衍輝園蘇門楊下都橋葛頃皆茂豐二年
齋所藏圖閣蕃孟先晉所為尔不及一矣　夜閱老盛設
接古室子冬月日信
十六日乙卯晴　午飯同主甫似梅等食稻麵　以蓬邀游之
于竹雲寓　張菊甫　稿年此書勇來候　余仍不出譯　劉女梅甫
僅鄰之來訪　適稻所移住核將棣園　並備往先請稿奉
同月此園離屬龍氏業　余前所此已經其全於象本香今乘
蕭偶勝往有荒穢　益不足觀　孫駿之隨我遊　從其家見
古錢甚夥　容湘女于竹君復立自夏相候未春昉知來已病諸
自所為余不忍物造謝之　湘女尋也少譯而多[illegible]　十三　主甫訪余家
十二日庚辰　今日雨　係張地星武續行容湘女及雲鴻生枝遠往
連日屬生勞接應未就　余譯書勝　余以有惡志就課買山計矣
及諸此事既就此大結此張理　自大出畫明人錢幕客氣本
如素十大第子象及杭州傳六冊手批　新安程氏算學古錢三大

卷乙未皆蘇林之寶。午後盛設邀飲，同坐諸君陸劉曉山

來候，同坐。于晉卿（竹雲、昌遜、仲文、鑑人）來候，並邀晚飯。

十三日辛巳　雨。自老來，得見午未之中食，饌並美，情意甚佳，因解

不能多食（寒士合府為一家）。下午孫隨之偕晚同赴于氏，握晤同卿談少卿

兩來，及李潤田二人，席中見于所藏北宋槧嘉祐集、梅花喜

神譜，皆黃蕘圃百宋一廛中物。

十四日壬午　雨。自老出談甚暢。余連日食困，微有意，為主人足，晚者設

已精，殊為草草，多與境候矣。下午孫隨之同雲祥伯來候，

少譚去。夜同始來譚，乙母九帥求保作湘鄉席，述于廿七日九疊

伍江西陸王等大將，擬議餘匪寇之都。姚隍持幽獨揮調劉

司雲生南種朱，堪章赴劉。又九帥薦陳（武林崔壺據）瘦生詢。本言陳會出

再之進，惟善為謀國者來，斟酌輔善者，撰帥倚論存問甚

金陵休養云云。（下午晤談，佳月甚酣）譯筆下怪。

十五日癸未　中秋　雨。自老來，見示醍中信，幫辦除國隱赦，不為怪

本擬此一時返，將料簡不了。又四點回，子作札已擬進，化她中外文

相不遇。過言全楊厚仙甚佳，而以仁在手付鈔題。簡老來譚良

久。寫扇頗，簡老及其子大寶甚妙也。七姑頁亦寫扇兩幅，寫

陳雨之譯李撰，仁卿日記。下午于晦卿來候，敖少卿來候。

院居生鶴翁同去孔陵看。山東人，孔家西下十年，用空名歸詩。諸鍾自壽

詳良三枝陛殺。余又讀送老六年寫經圖卷，工論撰本，兄其責

功之傷實意過備壽為鉅時，廣東及官及傳以甚寶，備賞動伯

萬不異可見物力之富，然川帥萬里外為其不過萬尺，異甚難

時責功又有兩府人之牌一種，無空書畫寫十萬卅萬册外來華

此條令其此割矣。夜回枝後其觀月，天宇映徹，悠不安寢

山序節也

接此書本月作

十六日甲申　晴　精明甚　米春舫來候，簡老來補譚，并

贈佳畫二冊。飯後下舟，申刻川二林歸。

十七日乙亥晴 巳刻解維，七鐘至小河上岸一刻。下午金力甫再至，同赴焦山訪陳蓮白、楊藐翁，暢談，同遊松寥閣、自然庵地，攬山東雲最勝處，一望寥泬，綿暢襟期。晚赴楊藐翁舟亭之招，許緣仲觀察、魯金正原、陳蓮白、李榴稱、自然庵以時晚歸先之。寫眉生信，十八發。致力甫、杜小舫信，仝上

十八日丙戌晴 早同金力甫登岸，謁許緣仲觀察，屬祝其太夫人壽。張妃墓已至世好，並識金節圖，觀察屬予為佩太守以金誠佑

杭州人因名移
隱御史人

同年飯已，余赴廣主人招，赴自然庵，偕楊舟之至小住。金力甫先至揚州，奎香圃、張妃墓下山赴自然庵，久譚。下午香圃去，余步小寺。以蓋登山極頂四層亭，順道遊風菴，望松寥之山，此菴實為鄉來此菴中，道經花田，是當天寧寺僧識金塵之有香火情。傍晚至緣仲處，主人盛設餚筵，余所飲酒為手亂，然鬱往與女史顧，張麟士獨矣，亦然能之，精詩文，雜作，高樓臨江，明月皆悲快，不知身在塵世。飲至三鼓，深宵回舟中，陶然而臥，至自然

菴解云前數以[redacted]而楊丹云　瘦鈍覓丹桂趁綿仲　此界等

清來送子劉獻山[redacted]到六舖以上撥船再歸矣[redacted]解紫妹

不成寐

十九日丁亥晴　石翁丹門午過江寧申過蕪湖傍晚到荻港舟不住

輪渡夜半到蕪石以四抵岸舟人呼舖有小舟來接赴岸上等

舍駐足

二十日戊子晴　繫以手輿送城內家之殿再起　直趨安福寺與手書

自午蕪回訪蘭翁之侄俶陶（識其弟允仲）　乞佛頭就翁出詩卷賦讀師俗條

生改留寓二也　涵之來詞閱志戴之入蕭府飯後即回之見

二十一日己丑晴　早起回子雲先詩候生譚　甚相久譚　以申正往來

悅撥髭不得來　余即飯後擬解候　方元徵侯錢子密簡兒孫程伯

亦曾訪剛因遇雲及歐陽曉岑于中途　並晤季峯仙舟不宿遊

暢聞招來　寫申正信　廿二日書交當坐岸　下午　游元不更養候　赴聞

招飲　晚飯之招　寫楓亭信　六姊信　廿二日書交聞揚之弟允仲帶湘

曾宮保書

宮保伯中丞閣下昨日懸弧之辰天色澄霽氣候暄燠世說以是占人壽考福澤信而有徵雖不在左右東望高旌欣忭無量拜別後初九離頭關十一到揚州眉生病中不能同游焦山邀留過節十六成行十七至焦山晤屺堂及許緣仲觀察十八起舟二十到皖道途托庇一路切無恙足紓垂注瀕行見閣下濕恙未愈六淫之疾濕恒中脾而脾制於肝木不達者土受其侮則濕愈難除意公之患始由鬱伊既久大氣菀而不暢之故乎當春夏之際悔吝交集不獨公焦慮旦夕如者亦為抚膺不置至大功既成羣議如掃而窺公之中若以簧鼓餘論猶未釋然當棠而憂蒙竊惑之夫以老巢獨克名酋生禽公之功業爛然亘古無二公以三十持旄四十而成大功一門之內躬桓並錫際遇之盛亦亘古無二最難處者功名之會自古名將力爭於原一吏得操其短長而議之往往功高而賞不行而公提書一聞羣以侯伯之賞不為厚眾議之孚尤世罕有至於中外之人或者不滿於公所言者細故所指者末事此如浮雲之翳太空頃刻之間消弭無有不能

損公光焰於毫末何足置於胸哉且以天之
祁寒暑雨尚有怨咨者
況在於人昔唐之郭李並為名將並造中興之業世所並稱而其末途甚異郭寬
而不整李嚴而微褊故治軍則李優於郭若處世之道則徑庭矣郭當肅代之世
屢出入任之事則如素有奪之權則若本無至人發其父墓猶引過自責而不匿仇
怨是以功名全備福澤及遠李當守太原戰河陽豈不赫然在郭之上而以憤
激不忍之故比身後尚有餘議此其事可不深長思哉公之功名自視若平平至
千載之後青史之上何郭李之足並所貴持盈保泰益自謙損挹古人所處之難
慎終求全之不易奚啻百倍於今則向之介介不能盡忘者有不雲徹席卷
也耶。接近已久見公任事之勇致力之專用心之厚皆大過於人所以成大功
立大名受大祿非偶然也然而徑情直行不為回曲以避阻阨如水之流直則易
磯而多激鮮縈紆渟滀之致鄙心日夜爲維念之不能去懷公之惠愛於。不
可枚舉今雖暫違敢私所見而不貢之於公乎古人事君則願其君比隆堯舜
享國長久。事閣下亦願閣下名德福壽度越今古故土壤之微以增泰山而不
自愧恃其心之不欺亦恃公之能諒而已狂瞽之罪何暇計哉。休息兩旬再卮

行許公求徇未可大約一時不能如公之志秋杪趨秣更陪戎幄再專肅恭介千烁
敬請台安不盡縷縷
搖搖亭七月初八日
二十二日庚寅晴 南孫來 丕方元師夏兄表嫂鄧氏及元師幼子子耿
憬 丁祉鏻來 南孫來 李眉生來久談 蔣蕈江鍾子密程伯旉芸
侯皆未晤 寄許緣仲張肥生公信即刻書為文恪墓 眉生信 伯旉樹孫信即刻為楊寶年隸書
二十三日辛卯晴 秋分 令祀 下午至南孫 祉鏻 眉壽 詢後生子寒熱之
示芸孟暢來談 祿 楊詠春來 候即回座 余有疾未診 飯後歸諸
眉八內室談
二十四日壬辰晴 歐陽健岑來答候 劉伯笑 張蘇楊如八 筱泉候以疾未見
二十五日癸巳晴 方元徵來 同過南孫 少云訪南孫已去 董好 順訪曉
岑伯山不遇 于書局午飯 留子寬之及論後生者未回 八君好李士
余與風琴不遇 先回 回得家譚至二枝 南孫姪除五一 相雲甫長談
劉純甫來 候未見
接金陵寄回七月廿七 本月初三 初九 三次家信

又孟楊本月初一初四日信
又伯揚十八日信
又寄回不發初二日信
又雲伯初十日信
又寄回楊炎山初八廿信
又李宣倜四日信
又許徽仲十六日信
又陳登恩初四十五日信
二十六日甲午晴　胡雲浦來未見　方元帥來未見　鄧逸亭來未見
二十七日乙未晴　楔亭來自長沙，閱公帥等函悉　候桂寅之楊
芳山張伴秋唐子壽潘聚墟談琴齋盛暖琴雨之弟　謁中委大
譚葆元兄劉巴開收　訪元徽師　候子(玉)雲不晤　候胡雲浦　又候楊
詠青丈姪　乘至詠青處飯　又候湯詩林　又晉候奕子然　又候王少
岩　又候蔣少仲不晤　過寓　閱孫來假收十二楔亭四去　寫仲房信

四甲理信 眉生信 初四日發交楊芳山 楊覲亭信 張屺堂信 王雲生信 張振
逵信 鏡卿之信 二十八日發交方振局
二十八日丙申 晴 開孫衣谷上可讀人來 下午至覲亭 見元子函
段香子丙 王慕蓀飲 下抹雞 到扶甫來
二十九日丁酉 晴 勒少仲 陳蓉小園來 未晤 李壬叔 張小山來 下午頤
曉岑來 吳又貝布來
三十日戊戌 晴 張佑之來候 楊道椒春來 開孫來 早飯後同樵亭
候方振局 屠斌臺 又同詣覲 未晤 握筅物 余又候元子密 蔣脩伯
身 陳小園 楊芳山 張厚狀 唐子壽 湯季西 鄭垣 楊張慶湯 不晤
蓋候張佑之 明府名士年 做作 候李壬叔 張小山 華春汀 並遂 謁春海
又候惲敏香 廖再卿 不晤 又候吳貝布 並晤衣谷 又答候柳逸亭
候王仙舫 鄭晤王 不晤 又答候劉扶甫 不晤 又詣鎮相久譚 物府
開孫詩來 衣谷子丙 請在王慕蓀方設飲 晚到開孫寓 鈔椒英 於他不離
卜寓酒

接收第七日第三号信

九月甲戌朔日乙亥晴 王仙舫來答候 開孫諸人來 下午訪民元
答墅民元午後君來譚
接仙舫八月廿三日信
又姊姒同日信
又寓田孟揚八月初二日信
又寓田王仙舫八月日信
初三日丙子晴 臨易瘦琴來 祝谷來 洪琴西來答候 惲
臨易來長信來見 衣谷招飲于開孫處 余辭之收 開孫煙香煙
一最佳
初四日丁丑晴 子蘧先趁輪赴金逸亭處送之至門而返
外順訪王仙舫鄧逸亭 同楊庶子召逸亭處五日 樓子元師處
來服 下午到開孫處 元師往辭 買布訪伯生 陽訪林衣谷子再
等皆在 訪林頌諸人 初拔余先歸
初五日戊寅晴 楊亭偕集 鄧穆丹田處而歸 送衣來門 錢文

指日臨江亭子兼邀元師開府名莊克師山長自川方守川李石孫 飯後至元師母送君川後返江亭至晚輔臣不至客名頗伴樓宿城外 余及吳楊先晌 樓甫兮張家佑之來 值

初五日癸卯晴 樓亭趁輔臣來自此晌 楊兄山 王雲爵 雄青 方存之 觀察來不值 此後邀從 會卿人 穆秀為陳琴 丘伯小宗 陳廣甫人 喻樓陳石晴 孟曉岑 孫順至 改訪楊誠 春英子偲 下午再至 曉岑處晤 伯丹臣識 楊蘊山 太平府知府 王輝吳人 英 寄處 陪呂 伽陳人 領至初 時晌 樓庭亭陳至城外住船

初六日甲辰晴 晨到東門 樓甫來 同伴至江亭 午晌 順至圓孫 夏生 寄老三 晉侯久譚 訪抑青 王雲爵處 侯青兄 圓孫同 訪林陳集 答仰楊楸姬侍郎 即日發 委白小宗 香雨侍 酒卿侍食

何小宋來 晉侯青兄

初七日乙巳晴 孟楊西言 樓之于昨晚 刖 夜晉閣生到 伯山青曉岑青諸人皆預先行 余不能速 亦不辭其賓客也 晚岑伯山先

王甫孫示答在此飯

初八日丙午晴 廖舜卿來候不見 莫子偲書釋日不見 胡季浦題令

日飯不訪 伯宋寓館晚飯

初九日丁未雪晴 候莫子偲送行不晤 訪王少岩久譚 擾照藏

書 訂何示答來 吳象籍來 方存之答候來見 侍晚訪何

小泉之揖 同存晴 訪周叔王少岩 丁孔祥等 寫王震生信

誦 初十日發 張振之信 全上

復丁寶生 八月 日信

又 振之 八月廿八日信

又 振之 初六日信

初十日戊申晴 擾照藏書札 示答來

十一日己酉晴 開生見招選譯 示答來 同到古第譯 又同到誦春新

賠誦春 楚異 又同訪詩林 仍同過南安朋晚飯 張佑之來 不值

陳曉岑來不值

十二日庚戌晴 撰照書稿擬明日先送頤園覽 乃船樓題下游 遺
初更晚飯後處趣 王少岩王仙舫潘侍林邵逸亭劉純甫飯 以下午
飯 未畢 手版局陸仲淵來 丁詠霖來 何小宋來 候久譚 田伯來
亦未晤 晤伯子去
十三日辛亥晴 天時久旱 禱雨香馬 於石道過十三 十三 世雨則無些芝乾
來示騐至 撰照書稿 下晚 陳頌生 繼城舟往人來訪 常如御之 邵逸亭 劉
純甫潘侍林頤園晚芳 王西崖來訪 柳是日十 興巳分 二枝宗去
十四日壬子晴 閱經書 同訪陳頌生 張佑之 史喫菴 楊詠春 丁
藤霖 史丁來晤 左詠 安敘 訪林來 因答訪陸晚芳 示答 垂晤
觀趣 下午晤 史喫菴 訪林先生 左示答 擾不 舊訪景不晤 二枝
觀 閱沅帥巳奉旨開缺 馬方伯新奏補授 撰
十五日癸丑晴 同示答訪 劉伯山 楊見山 方存之 楊東鳳 試林來去
余易帆亭午函閣 孫思同巳布 樓小飲 傍晚 因訪耕賢帝 同
曉芳巳下舟 閩生賀示答皆手 閱則者示答 即去 閩急之物 撰

川李寄山墨硯
湯蕭錦臻 訥林 川五 道光丁亥年十月初三日生湖南長沙善化人
曾祖禮臣 祖篆三 父鵬 母氏羅 慈侍下
兄伯臣 徵臣 壽銘 弟新銘 妻王氏 子顯純 文允
揚都陶峰七月廿七日作 又十六日出作十二更
又樾亭初七日作
又子寅兄十六日作
十六日甲寅晴 候世翠衣覓燠 向好萍成川 起遲來及送 陵
仙舟來
十七日乙卯晴 午間先雷後風雨 夜收有雨不息而轉晴
十八日丙辰晴 黎佺生 李佳表兄 黎元三子 李佩來見 劉純甫來訪
午後訪王少農 蒼侯 黎佺生 又侯陳新泉 端陶如人 下午李佳安慶府 並金送行
小宇訪詠春 詩林
十九日丁巳晴 陳新泉來 晉侯方臥未見 詩林來 辛亭午間王帝

中翁遊八旗亭小飲傍晚歸 詠春堂晤惟李彝卿

二十日戊午晴 燥甚 徐頌生來訪

二十一日己未 陰風雨頗有秋意 飯後訪徐頌生不晤 訪楊詠春遇

月 又訪湯譜琴 訪林煙玉 談一

二十二日庚申 晴

二十三日辛酉 陰 飯後晴 寫徐頌生信 即送 蘇春林來不晤

二十四日壬戌 陰 夜雨 湯譜琴來 同至市中 向刻竹筆房一又同

至一家 讀有抱石對 堂中所得十二奪碎珠 節山取來木人物竹

奇偶遍 為目所未觀 有鶴秋為世界茶話 下午歸

接徐頌生本日來字

二十五日癸亥 雨 接擬粗看川書擬 先寫座局市呼 寫鄭處齋信

先是 既有中堅有任于座局為死計 今以算撫 小資本經

致五十婚 鄭處齋來 鄭衡生來

接伯翁初三 十七日信

又季雨十六日信　知多兒辰巳刻定主陳姓

又栁妃十七日信

又況浦牛沙府三日信

又會之營卿初二日信

二十六日甲子雨　寫況浦中丞信　栁妃仰務信　附書託白小宋　寫張鍊渠

祝寬信　寫左挹卿各碑十紙　附日書　寫六姊信　寫季槐庭家信　仝上

二十七日乙丑晴　吳濬生　知日寄燈人看之弟　來候

二十八日丙寅晴　候王少岩　諭觀訓　爲候吹霞　嫂夫補樓星母

之臺　諭何季仙

二十九日丁卯晴　諭觀訓來　允以硯舟相送　王少岩來候　季唯

十月乙亥朔日戊辰晴 伯兮雪來 蒼侯送行來見 謝陸生來辭行
來見 望拜 先塋 寄[illegible]翁硯刊信 仍剡谿
初二日己巳晴 方存之來談久譚 張佑之來未見
初三日庚午晴 詩林來 西門外看屋 母 與兄大子四弟看屋 同母
接衣谷九月廿二日信
初四日辛未晴 命如軒接帶行李 候吾仙眆邨逸亭辭行 坟 俞五千搭
和舟一艘 要先生在舟收物 候城武宗袁之人 候安濟生蕉辭行 候
要吾帆楊不晤 候伯汀外常辭行 并晤黃穀香 候翁硯刊辭行不
晤 下午雨 家眷下舟 家中 張季覺 請坿
初五日壬申晴 攜行李即詣許林辭行久譚 索物 候張佑之
辭行 訪邨逸亭 舟收三千搭 [illegible]朱吾仙眆親家 逸岑 舍舟往
莘侯不晤 張佑之來 在邨逸亭來 候送行 因上岸
上船舟少坐 翁硯刊送 艙舟相以設 舵舟 舍腐米來見 沈仲時
金陵 懷案內以花 銅直 叔 保叙 今日 易項 戴

初六日癸酉晴 逆風 嶠甸判書侯過久譚而去 亭午解維行夜
時行四十里至鴨子陵泊
初七日甲戌晴 逆風 晨行過掬江磯 太子磯 舟人賽神 江中安流之所
其勢險於終過磯 陡勢必刑牲求禱也 其來已久矣 午刻抵當風大
泊舟 復過船停舟而亟命速輿過譚 華卿王壬秋 別已四載 譚話尤
暢
攝三晝夜中 九日 日行
初八日乙亥晴 逆風 晨發樅陽 夜至老洲頭 莫夫過 行四十里 牽舟不進
相值 時晚風動 趨磯泊閘 行舟至池州已至大通
初九日丙子晴 晨至大通 泊池州 舟詣訪久譚 因候隨行紀君 流
州回遣員再譚 問其安計 余蒼江恩承佳高久兩井泉北舊雙
之邑 致後寓休待命所出 解伴字詩仰所出久薪寸圍出兔
返行舟夜收至池州府值王壬秋先生 池州出相國所贈詩十
三章見示 擬和

[候濤佛卿劉學博]

據
嫣惕初言復
沅浦宮保功成返里榮和 相國原韻送行佳人饒 君之言激
揭杜浪而行之東山擇蕤杖杜陵篇搦以姱辭惝怳付託親笑
分別於穆霭然不可一世安知記諸身者藥藻難喻聊知之
弦漢無音弦若但然百里之鶴安識九十與其而自可言 更不
箴匡行斌此以備篝燈 亦思悟然眾年之矣
江流浩之擁星燭氣猿害連翮橫而雁石封表生炭秋而諸典
斌生
東征竟是巴 三年不服不能服志堅為語傳人濤捲筆輕將
成路從中天
當蟲嶺之學寒殘年歲持鄉而來之法 自識量沙深味願聊知雲
路葉泥墻
矣懺速鑄而後師 當王心事豈遺惟知忍師一路鄭樓危稍乱時
戲識此時

雨花臺上捲黃塵 長干里中無一民 十載王師百萬列 用兵韓岳

果女神

淮水方山決第來 雞鳴龍尾據帷開 雲霧不散直前入 洪武無疊瓷

臨危何其忍

靈殿鬼勇待伏擊 其鋒何異百萬團 臣匹一發千騎驅 起兵

將來渡雨夜

千頃猩紅擲 下水沿得渴飲渡 詩篇可憐無斗 照胸爛然易含

陵萬家煙

新識何當從二龍 遊思婦歸 向同向 衣問 火事業但頌 記不 數人間

淨馬勞

萬土恩情抹玉 更有辭旋節 詠其除以細廓 庭 幸生 來一傾丹

識遠不忘

冥使刺生下 把力 當之胸中萬物 春冷暖 但來心自印 題 評人

付邊幸八

时机詩綴初許共功成一旦抒抱遺憾兩壘笑指長懷坎止流川

弢兩隹

甚惜帝子風流蓋陸峨一葦傳風良決羣疑叩合小搖扶搴高何似

當年攬轡時

附原作

九載艱難下百城滂天笑口復縱橫今朝一醉黃花逕始與阿連

慶更生

陸雲入洛正華年說道三吳師志頻堅離懷庭階春意藹春風

吹出上青天

幾年豪氣筆邀年駿科第屋人才才難一鏺俠失詭變化誰能復古

老泥蟠

廬陵城下統雄師主將赤心萬馬知羨此郎中科平副冠書生初

試大功時

楚庭吳越時我壓江干多士看生民多君甚定国安郡上威

三先下百神
隱須已過歷陽來無數金陽之前開提挈游相良子弟隨風
直爲雨花霏
邂逅手薔觀林玉羿多多合金國昆陽之植天人悅誰識中軍
白鶴衣
平吳擒秦矣入甘泉正試周室六月篇生得名王歸夜半秦淮
月畔有班煙
河山策命冠時髦魯衛同封異姓功制昌箕藏天鑒實行
憐林子獨賢勞
左列鐘銘右詩書人間傳受有乘[除]佐點一掃屏翠洗萬事浮雲
過太虛
已壽斯民復壽身拂衣歸鑄鈞五彩壽丹識磨鍊堪千淘不藉
黃金更鑄人
黃河繞閣話三族良下飲民德美家子里親孫商頌禱使君眉

壽然甚健
章程儼々客階巖戲舞人儼々少精修去君同講長生訣且學嬰兒
中滿時

初十日丁丑晴 辰午刻詣帥舟詣帥行 余擬展小舟送之出安慶
歷路程料行李 先遣嵩春大舟東下 下午進謁帥舟 石舊湖
頭 帥有巳諭遊同往 至金秋浦 仍帥升世院 彼又入帥舟少
憩
十一日戊寅晴 大順風 早發荻港 午刻泊大渡口 過機
易 初更過季易 三鼓泊安慶城下

十二日己卯晴 早過帥舟 待我 飯賓程馬 雨霽 等使對酒
方伯喻觀訊繼來 郭慕陳訪曹及宅 家甚為 至舟少息
出遊撲林閣已返 東令早城門 為之悵々 辰午詣帥舟行
往送帥 忽遲 候 醫者 謂之不中 隍 形狀 顛狽 集眾舟
送至上游 帥堅執不可 分手之際 楚楚戀戀 然巳 帥言 閣下相

甚矣吳暑內為佩君言但自從有面目相見云云夜涇濱乃別
下午舟向過[illegible]知傍晚泊李陽口浣帥為人篤厚並
比任事之易為事之難以世事有惜[illegible]其物失之精輕重
顛倒思然君子之過人皆見之固不能寸清但[illegible]藏者同日
語也

十三庚辰晴逆風早發李陽不過樅陽至西大通留訪蔣丹寸
王少宏之子蓋卿世業頗促邀訪林過舉丹訪湯伊
卿鳴燕卿卿人劉鑒為傳祥吉者之手壻初訪付二人未見去候

十四日辛巳晴早寄順風午後逆風傍晚風厲急有雨早
發大通不過銅陵去十佳有人家以泊宿申刻丁家
洲口傍晚泊荻港下板子磯風浪不能擺不息

十五日壬午晴大風雨不行日訪林翼之陸義飲李午陶下午
至登板子磯見樅碑大通云云亭年二月廿九四訪與山堂蘭良
久不知何矣云云

十六日癸未晴逆風 早發梅子硯 辰過四獨 未過柵港 在三山

夾對岸 而已望為嘴 申末到蕪湖泊舟

十七日甲申晴 早發蕪湖 午過梁山 申過采石 酉抵時始泊

和尚港 距上采石五里 下距五山四里 港口有山土名馬尾山

十八日乙酉晴 早發和尚港 十里至銅井鎮 水口小泊 復行 午過

三山 申已頭關 便過溧鄉 知家眷船昨日過頭關 已啟矣

棉花堤 申閘一帶 又聞中丞朱方伯遣刺候豫章三藩還

撓搶賊 而今李少荃署江督 東珠些人可憐 遂舟後隨

溧鄉書差候 客告後 舟後行 夜泊遼 棉花堤 途遇眷

舟 伺物已在舟中

十九日丙戌晴（自劉設） 逆風 早放舟中閘 至機局 候仙舫不晤 又書ク

伯 寫張日 張仙舫信 催其局中陳地方報糧事 並候其舟回

眷舟至城撈 以舟太不能行也（即刻發 多書撥數） 辰午去 原東小舟至水

臣門 途遇仙舫 過舟少譚 云已及 中丞進兵（奉） 仙舫云江督天下大

鈞樞近部臣不合回鄂安省令湘鄉公久居此頃誠益否
剋到城令仍暫押行李來先進城謂中堂久謀向沅帥
病狀恐亦過年意殊寥落退後即赴新房查看門了
匠廠為蓄三牛兩午橋房屋華麗房東陳姓此屋原為一
花姓所占（換）陳姓之房相雲生換余[illegible]仲[illegible]遷[illegible]高
沅帥將代覓屋余即擬將傍花相議其租直等尚未議訂
林以正來席覓樹生先獨來過閱雲仙生屋不遠並借福林
訪之而不遇少選樹生物又少選不答借壬秋來[illegible]寄所
今來同晚飯而去　寫眉生信寫梨一匣　即日送[illegible]林
接沅弟九月初七初十兩信
又看生九月十九日信本日初七信又十一太[illegible]
又郭仲紫四日信
又陳地臺初八日信
又劉小山　信

又吳卯卿 信
又家谘仁 八月十八發信
又朱學藩卿 信
又熊宜齋 八月廿二信
又張柳亭 信
又余蓮村 八月廿日信
又芳蘭樵 信
又阮仲九 九月十日 係衆舒知
二十日丁亥 晴 葉湘文 子丙 衣若 霽生 邢載公 泰蘩 船仲起
學堂 伯壁 侯 劭陛之 張小伊 謝山 陸積李 儁俺 家書到
城 早飯因雨淌 君先上岸
廿一日戊子 晴 迎 祖先神主影像來京 家屬畢至 孟中堂
晨 訪元徵師 錢子密 蔣麗璣 程伯旉 陳小園 殷秀卿 諸
默 又訪霞生不遇 謁中堂久譚 中堂初欲携李少荃郎下

川為蜀帥郭下受李筱荃力陳客主之勢且將士不相習中
堂允即改從余又言楚軍皆飢疲此次赴楚人情允為應付出之
積與必見除川又江督既郵屬飭並鄰以嚴年積之大帥
整裁万勞兵快謹之事為万要遠征之峯所用兵範多處中
差為國重臣不圖遲心嫉小讒而置隊集于曲不問為今之計
宜從遠首節以蘄為素門軍務養之不易楚軍之不宜于
北為朝廷一痛快事之忠國體國之詐鄙中星紙是余言可見
事之從也吾候那季兩戴公邵淡之張小帆訪洞又誠出並
假我藝南生乘景般仲壬秋同壬秋說李筱不見政通者
諒亦於候夜安
揆 閏五月十一日作
又有抄俗先生六月廿四作
又張抄送九月廿六作
又丁松僑 作

廿二日己丑晴 謁李少荃宮保久譚 謁顧曉岑 張筱山 楊見山 劉仲山 李壬林 王壬秋 黃曉 李芋仙 吳子儁 區寄峻 周鈞甫 龍仲園 執轅郎甫來 鄧鐵仙 戴熙來 訪孫衣言 秀雨 寄山陰 績來 李眉生招飲未赴 錢宜翁來候

廿三日庚寅晴 莊竟臣 趙季來候 汪雨香來 訪孫衣言 壬秋來

廿四日辛卯晴 張渾山 李壬林來 朱伯韓來候 寫眉生壽字聯及年書 錢宜翁 張振遠 任鏡仁 小研 邵卿 楊發 候蘇時山 陸桂秋 羅茂堂來 陶泉 楊伯印 何璧 候季陶三處 訪取 黃冠北 萬羨軒 嚴省三 楊子木 陳瑞亭 黃少巖 王雨軒 樸園 候朱伯韓 汪曉岑 方元翁 劉訪如 魏剛己 明仲 李眉生來候不值 赴曉岑之招 同座黃子儁 李眉生 王壬秋 鴻臥荼 初更散歸 壬秋贈其新刊與會一部 汪熙讓來

廿五日壬辰晴 楊伯節來答候 方蘭楷來久譚 錢宜翁 鏡人來答候 寫陳寄任信 廿八發 家李宮保 梃亭信 交森發 廿九發 喻麟訓信 交森發 廿九發 答王少巖信 附上 廿九發 子可來 蘇時山 陳桂秋來答候 劉雋山

來信　又書扇送王壬秋月石煙之睒答少譚作吳西秋巨冊
函遞之閱邵亦谷時壬少生過　陸陽亭來答信　寫扇
屺堂加函　射寶卿信　廿八 又掛號 發
接俞生廿二日信
又屺堂廿二日信
又詠林廿二日信
又鵬仲初八日信
又佑生十二日信
又固閒山九日　信
又射寶卿　信
廿六日癸巳晴　洪琴雲來候未見　萬冕軒來答候未見　雅
戚堂來答候久譚
接槐亭初三日信山東槐卿
廿七日甲午晴　寫方蘭楷信　陽子鍾信　陸陽亭信　胡印刻發

寫梅仙聯條（安徽同鄉卷子）即發寄樹功 訪壽秋送其行並留遊贊可

晨李壬林 十一刻才林自都中來 晤寶臣壬秋處 十一生偕侗諄

亞卞午雲 汪子虞來 程月樵來 若儂 寶生來 湯小緒來

陰 樹功起來（寫挽章後將鄉書寄□）壬秋之都 二人同去

廿八日晴 才林安邀共療詠出篇 俾果俊所往 免過問好意

偕二弟（子中）飯後良久 訪李勗生久譚 改正訓稿 偕詠馬湘 順訪

梅閣之張小伊 等陳梅閣之 又訪般伴 華陳不值 又訪蔭生

詠如 先在 又訪羅茂堂 不值 遂過 蔭生般伴事 寫□□□（十二日到 三月書 子嚴□生）

接妹三十四日信

又樹庭初六日信

致魯說 浦完保季

完保仍牛中鶴居 魏垣即送 鴻旋元主江屋 悟然世已 本日東

下 于十九抵杭 廿一日至壽相處 見十四日早安信 □□□□□□自著□為

之一戰 旋聞十六日即正九江 此想二次郭達湘 風程順利 □□□□ 世息

實貴之日爲穆 然所若固剛 能得法必先顧本元 積勞之後當
休暇 此尤私念積精急務 除之左右者 可撫象務小 聊且安居
爲生命所寄 御世 [illegible] 臣之一家之計者 鄭擬劃 其無能爲今想矣
王路未東 羣情遥易 猜疑之性 國無庶 昨少荃實係無初
至仕祝不舉之而自審其務 內無真實進人之具 外無和諧之要
之輔才共匡濟 而處此 但只臨歧 而難處 被知識言未能領
諸情合於舉報以勝思人 [illegible] 爲樣所不免 他日借諸前因者
以聊借 [illegible] 攬發事軒 [illegible] 自畢生所重 無有他望 公等
有實流心實力大有 羣士外騰之志 莫不出於而債 況自遇其先
澤歷之享 有實 [illegible] 仰待知我孫應奮想 [illegible] 問美意布
直西 [illegible] 內名公巨卿 數見不鮮 使衡弟之下 獨有一士 詩 [illegible]
成他擾於僕固無公家之劍極也 者蜀布肥 [illegible] 許鉤 [illegible] 不亡大
軍計湘 [illegible] 安插 [illegible] 遊毀已久 [illegible] 多因 [illegible] 打 [illegible] 聊 [illegible] 暮 [illegible]
有所資想敷分 [illegible] 一切 [illegible] 承之 [illegible] 亡 [illegible] 安 [illegible] 門到 [illegible] 陵 [illegible]

宦年無物，莫不以公厚意道謝之，雜味謹甚，筆墨所能
盡寫。惟希台參須說，四名者布聽，敬請鈞安，伏祈垂鑒
不一
二十九日 雨，申晴。早飯後，候魏柳南、鳳臺，黃子儒，道邑南如盂
晴。黃晃甫、盛儒生、魏熙仲，因閘往返，訪如才丹少譚後
因閘移，謁中堂，少坐。晚候陸琴西，候楊勇山、張澤秋，不
遇。子元師處遲晚，鄭少仲、李雨亭、宗義夔卿人、蔣龍
晚。晚候湯子餘，不晤。訪朱伯韓、孫海岑，晤。答訪汪雲溪
不遇。返寓，遲雲孫、名竹、蘇陶山、顧醉後閑處來，吳仕雲
後來，不晤
接丁桂藻兵八月十二信
又張仙舫廿八日信
三十日 丁丑 晴。張仙舫來，候。鄧勤功來。寄字來，旗妃寓
安。[illegible]日出左，赴試李候。同寄字。候張小佩、胡雲生，又候

陳霓臣　艾石諸人　晚訪霞生不遇

攜酒至九月十九作

又邨仰照示　七月廿七夕作

又方細靜　作

又櫻亭九日初九十七雨作

又子塞之九日　作

十一月丙子朔日戊戌 晴 魏柳甫答候 絕小珊答候 祀宅
神 毛子瑞來 黃少荀來 張佑之來候不晤
初二日己亥 晴 陳寬臣來答候 謝相候 周勝雲答候 張
仙舫、訪兩如不值 馬上遊 陳寬璞來 馮仲芝之子先過謝者
來候 訪絕宜來晚飯 邀蘇州山湯名賢陰 寫目中行
初三訪劉岑山 寫劉小山信 印刻史 書伯寓 與趙來不晤
楊甸生十月 日行
又六姊十日 初七日行
又馮述甫 行
初三日庚子 晴 莫善徵來候 相國是日交江督印 李宮
保接印 訪黃蘭樓不值 朱伯詩來 兩如姻伯衣冠來
二方 黃蘭樓來 湯年人 世侄 雨生先生之孫 來候
初四日辛丑 陰 大風 觀省三來答候 至衣冠處 改正 蘇州處
晤兩如 才叔 孫義卿 呂仲 陳子樹 劉蓉 同候 陳炳 名請 燈 趙佃

同殷看鈴閔鈞甫 呂亮臣 楊思贊 訪人 丙內不值 少泉又
同赴市中領子泌西兒 趙藹安 徐古安 等處內 訪何廉使
少譚 劉仰山 令郎 公甫 翰臣 來候 張子厚 戴瑞卿 來候
霽初來
樵自生 初二日作
初五日壬寅 雨 黄對軒來未候 謝煙陵 殷看 余 來未候 到閣 孫寶五同訪才
叔 倪袁臣 段也師山寶 少堂 訪自生 少堂 再到師山處 看生也
師山寶 見兌 少譚子翔略 是日 相國第 言仍思返江 措
任 李容保 更蘇撫任 寫自生信 都門劉靈明 見郎抑淡稹禍
在江居石城 幾 花谷中 拿簽 該道 雖係陸秀全之下 任麾小醜 肯當
解散會師 著在江臣 有也陵遠 處死 沈葆楨 贊措一籌
輕本部討餉 籌一籌子 在家出業去一籌仍
初六日癸卯 見徽內 蕃僚 對小山石帷 訪才料 旅其新廠 同
步趨其宅 貢院前看 至首入闈 訪伍肇僧 不遇 蕃訪雨

子迎之石道後至才料易步生 訪聞如步生因訪石泉不遇
及閣石泉來 宗卿及吳木菴何繹侯來 傍晚石值
初七日甲辰 陰 寫雪廬書 寫吳子修書 繳卷 即刻發 寫
宗卿及作鄭勉人書（加兩生來告候） 下午以候人日（陳宗彝信來） 宗湘文 又訪嚴家堂 返
寓郵兵來譚至三鼓 去赴貢院 前返寓
接宗湘文書 復
初八日乙巳 雨雪 甚寒
初九日丙午 陰 寒 早詣役 訪方蘭槎 久譚至暮 許緣仲
魏家（濤小司寇 朱學煥 唐姍人） 返寓 閱稿來 陳小軍來候 潘子鈞來（云庭來） 程柳生
來候
初十日丁未 陰雨 （寫信予何 即日發 示方蘭坨） 詣相國久譚 余請改錢法 以市中錢色太壞 禁之
則錢價昂 請即設局鑄錢 及整頓各乾桃漕白運 又淮鹽
改撥開 出口 請募人於近屯船 事皆允行 後譚及沅
帥 改中外多作浮議 不經 相待余尤 自古功名之會 難居

將帥妻孥々皆為外史墨議陣中歷々可數方會相局
于外務來遲了々而為根慨情激雅為今勝手筆驕態々之譚
不足之置諸懷抱年 相國盛類系言之甚。 盛元帥為
並附子密閱梅題為葉公問政二章 二題為條不能無三
題曰執中立賢無方 詩題桂樹冬榮得風字 仿齋子
建翔風詩 金姬翔見之 是年送句元帥以為東方翔之儔
好桂樹々冬榮句爲裁也々者子寄狂樓姬得出處 訪
因孫並賜世弟十營好新自序來 詠識不復在向妙無仍依
詠公之集因示之 賞識卷攝老像才拌出力詩而偏 寄錫生
作 對十一卷 寄金調仍作 今卷
攝段寄 初二日作
播而生 初七日作
工椒如 十日又二十日作
十
十日戊申食後雨雪甚寒 柏梁聯句。俚直無文 不相貫串未知其

但為安吳所人傚以為雄健古賢豈然豈非等之見張安之說
昔與又朱翻詩往々向作字要用事據逮數句不少矣若安吳
人必以為豈穩當也蓋歎古人書多合人難安之保固可笑
詩話謬此

十二日己酉大雪甚寒　下午霞生來　談瞬時返御寒二紙付
梅喻觀刊　初七日作

十三日庚戌晴　下午過志老晉安不遇寺饒老譚並晤楊
山、劉仲魯、熙甫、益遊遇般仲衣春蜀平飯後歸

十四日辛亥陰甚寒　何纂之、汪子慶、王壽山來訪　名壽
答來　濤小南來書候之　陳嵩　霞生來以詩　瘦生
梅浣浦寄條十月卅日作　龍盛易歸已積盒
又首生　日作

十五日壬子晴　答訪汪子慶、王壽山　少生、田弟安、並雲霞
子可　孟暢久譚　玉浦歸

十六日癸丑陰雨 写楷妃一行 甚 仿彝一行 兩日矣 候楊
蓮庭 又候羅念橋 星祥 相偶人劉芝宦 若次派勇捉米始謝之 又
答候陸公笙 已赴津口 至元徵師處久譚 同李少荃宮保無閑
候世写行書 相國多思語 可異了也 訪陸君西 濤羅服垣 晤
陸 訪花農久譚 返寓逢雨
檻羅發崇來小住
十七日甲寅陰 方存之來候 劉光山 觀察 近蓬先生之子 來候
周鶴甫來候彝丨 寓安泥來 盛康生來 錢宜甫饒
人小衍 蘇蔭增來彝丨 候鄉 周鶴甫 錢宜甫 蘇蔭階
華處送行 皆不晤 陳桂秋來 應寶蘇於山來 少坐同
至蘇廣英晤 姿生
十八日乙卯雨 錫眉生來 即出發 劉小山 吳木菴 余處前 同仰余冰翁之孫 來
候劉小山步譚 至兩處不晤 諸才料与俾偕 下午過方
蘭坨 往見程才料 閒談並談飲 至二次付九報

接劉佺蕃信

又湯伯述信

十九日丙辰雪 下午晴 劉小山 楊子穆來候久譚 寫湯伯述信 即日發 交劉營生

送侯見存 張佑之 張氏西硯 訪花隱元師並遇蘭堤

寫眉生信 即刻發 交劉小山 寫劉小山信 今發 霞生來

接眉生十七日信

又柳姬初五日信

二十日丁巳 微雨雨雪 午後陰 鍾小研來 寫子材信 即發

訪詢齋並晤和尚子材 葦 下午過廠 李雨蘇 晴山 衣谷來

接子材本日信

二十一日戊午 暮時微陰雲晦 許緒全來 于霖臺茂才 坤人 至

來候

接方蘭堤本日來信

二十二日己未 大晴 寒甚 下午丁桂蔭來 鄧鐵仙 戴功甫 霞生來

晚飯同雲□ 寫眉生信（附日本書）寄沈均初 寫容卿信 金立甫信 君表
接阿哥十月廿八日信
接張此崖十九日信

二十三日庚申 晴 甚寒 冬至 晨謁醴神及孝節神 同孟
甥謁相國未晤 候允徵帥少譚 候閻丹初（李香雨）訪如才 拜鄧仲
示谷 歐陽煥堂 李蒓客 張邠山 楊見山 過日念祀 去 祝 匹 親
子宜室 雲生來候（邠仲來 茗候）下午 寄雲生 致 不 答 李香雨 □（西安帥）錢仙轍功
孫問之來 飯 李蒓客 張邠山 楊見山來 茗候 方 城中 久 候

二十四日辛酉 晴 李蒓客來 少譚 訪子谷 訪殷仲（借去李雨□冊）
同游清涼山及蝴蝶古寺 茗 厓 憩 傍晚歸 順訪韓雲稼華
蓉汀
接眉生二十二日信

二十五日壬戌 晴 葉鞠裳來候（祝盛伯母七之）葉鞠裳來訪 訪才
叔 並遇閻丹初 不晤 拜表 又及 鄭洪生 吳香葊 沈生 仍 藉邸
福部 亞海 同閻丹才 拜洪生 葊 訪李眉生 黃幫林 四二 龍館

少谷過寓略談 賈祥伯鍾麟本城人 晤之去 晚飯後才叔亦至來

梅王手札 初五日家信數紙

二十六日癸亥 晴 出城 吳竹莊來 又偕葉雲谷、湘文訪劉小山、何讓侯 又偕程柳生皆不值 答倪小槎太守久譚 偕才叔過門 並晤陸生亦在閑話 回赴市坊蔡陵出談 出城 少雲因閑話假件 才叔訪李雨亭生外步 散過至寓 晚飯後去

二十七日甲子 晴 寫沅浦宮保信 即交劉慕書至水次 陸力甫先生匯舟作市 回憶壬子秋闈前 謂公督署人事還 夜可為浩歎 公勇于任事 百務待治 屢承平日久 人不知兵 黃如之役 失于量の 彼時 然戰 故自岳州以東無一城得完 耒陽不守 未可獨為公罪 適中利胃 身亦隨殞 細人方以生為僥倖 再三困內 無可痛矣 湘鄉公宅心仁恕 于公致讒之日遑

官賠視身西尼育焱偽收攝菊奏鄉 嗚呼君子小人之分
應量邇石惠初一 幽違所候朱伯討論少齊 潘伯韓
鄉王雨軒 返家以才丹徒未同至女席晚飯而歸
接丁松儕初十日信
十八日由孝昕寫書與大房作函鄉劉毅蘇鄉
致吳官保信
望向年到 前月廿四惠書承寄道藥并復月蓮鄉垣菊
任館硯 公前服官 劇顧處長收自 身相以資無不爲之
危之乃竟委曲且蓄所此抱志之望於恒非筆 終成美劃
下想早抵 撫衙角巾私第 從容 置拔之所 願望一時並展
之所得甚 公時于身親之 餘但因市井 猶爲關動 自何以
世說才陳去思之鄉返于江湖 使人聞之十七悵然其 意
知直其政務之深無不于中舉前夜 騷也 山攜更得
小鄉且安居前生偷活鄉無限孫 王師未身一无年 時日無

福宦之性因世益厥咋力業官係垂勅業任非人舉之
而自富貴為内之真實過人之具外世和諧為世之長才
其尊踐而處事何必恥時而攻輕唐翻名知之恐美未致
領論性含指引之於級之勝等人諡厲為未錢決定白偶負節
因覺以聊供鐙粥撰擬及東軒啸咏揮日畢此生所喬如有
它望贈同寬未知名之厲萬乃直之分自題之白為寫
樹書之贈聯相印証耳

二十八日乙丑晴 寄張子厚信 印刻 安蘇峻山 陸津門 式叔 力甫先生三子
來候行 濤蕪卿肆業候 錢擇初來候未晤 雲生來
同至詠為是 久坐黄家 談才頗佳 徒褻 二旗時畢
略 今日寫春聯 代人 二十八方直中國面方為自留寫之 兼送

二十九日丙寅晴 寄張純堂信 印即安 為師如 寫穎宜高信 印即安 楊中來訪
才相送行 蓮程向杯般伸詩君 又同去間始寫 蓮程錢撥
聊 又同赴相國指飲 座客何子貝 李卑甫 芮芙子 倪蓮舫 葉鄴壽三

人傳晚齋殺身以殉，如吾多生，惜才耳，已矣，百千歲人

二十日丁卯晴。方蘭坻來，石谷來，[illegible]（郎韓功田、吳鳳池、張子和來）下午仇生同劉

雲蓮來。晚飯後去同宜父兄弟賜以香蓮干，並送徐山二枝

物

作

接肩生

十二月丁丑朔日戊寅 晴 寫扇頁 作印字數人刻楚 寫升對 行 張楊
送行 李書 諷石齋 劉壽蓀作札段 莪 候何子貞 大來過 李雨霖華頤南孫鄉件
將候李象甫都轉 李眉生觀察 均不值 訪鏡仙戴功 訪
本官曉嵐華遂養徵久譚 復訪李少舟 張雨山 同空飯
前內街一別 返寓 劉曉山來候 王少樓來候 多時飯 李禮湘
漏人來候 是日柴俊山慶新銀來候 未晤 寫日字扇 寫字大田庸華契 印是書字尚佗
初二日 晴 候蘭畹返寓 謁李宮保 未晤 蔡候 錢楞初勵豐
鄭人華候 錫芝門 楊藕舫 施雨過久坐譚返寓 蘇州
和同注雨秀來訪玉南孫姆華頤鄭件 鳳台何子貞少刻去
答心青 下午同至鳳台寓 復偕二人訪何綬侯 少坐回寓
答返寓 曾任生 蘇研山來 晚同過偕又去
接羅茂堂初五日信
初三日 晴 午飯 和谷來 請世改更 余 祖先神主衛孫書與完
日 錢芝門 施雨過 楊藕舫來候 華徵來候 閱孫來訪 李

申甫 黃少嵐來 蒼侯 久譚 陸瀣山 楊鏡人來訪 下午 衣谷去
同叔霖生來 陳桂秋來
初四日辛未 晴 訪蘇曉帆 不遇 並訪李蓋少譚 並晤冕師 程小園
蒼侯 魯狄航 蒼訪陸子貞 再並晤湯鄂臣 訪楊子木太守
至福如處 未晤 訪劉晴山 久譚 侯香波 山不晤 楊蓮庭
來
初五日壬申 晴 錢揆初來訪 偕劉伯山 送行 並晤 衣谷 晴亭
李吉甫 張少山 楊見山 請客 訪錢揆初 並門 第送行 陸古
至開福寺 因赴 市中 兼晤 陸生 李雨 衣谷 葉柳文來 閒談 下午
回 閒子可 疾 返寓 衣谷來 少譚
初六日癸酉 晴 謁李少荃 宮保 送行 久談 後 訪 案 仕 並代 計
寓定 用意 世 叔厚 開 珍來 邵鏡仙來 下午 赴 晴 岑 招飲
座客 何子貞 楊見山 衣谷 子寒 云放晌
初七日甲戌 晴 衣谷來 劉西 階 二來 侯 楊生 英 黃 來 劉

曉山書候 寄孚來晚飯後同訪蘇叔和
接六弟十一月初二日信
又接六弟十一月二十日信
初八日乙亥晴 劉曉山來候 黃叔子 穆相等人 蘇[redacted]毅菴
求莊相之人來候 茶後 葛南手 茶後 黎庭兩均不遇 訪黃
冠伯 閱李自生日記 寄冠伯往加見新人 頗閑雅 黃氏
李申甫訪殷至元師處 夜生處 閱詩林 擬寄以病 辭為平譯可
病擬得其人 譯存作事 歸寄 但以不能年了校 譯不易解
訪勁如 陳生尹評 又訪六兄不遇 遊京同好 夜 黃先生生來
初九日 時 陳債去
接羽弟初六日信 已 魏其宮調見為 蔡君來此修 蔡韻石 楚
又五弟十一月十七日信
又寄佩三本日信 送閻丹初地定保五丹批書 徐幼秋
初十日丙子晴 時 小山來 山東人 同 楊謂

相來見 訪楊子穆太守 西向取翁並晤葉湘文 西家湘
文來
接金甫初四日信
初十日丁丑晴 寄曾沅浦 寅保生 鄭邸 慶邸 李少荃中堂書 十五日發 交楊茅山
程寅山來候
十一日戊寅晴 慶雲甫副將來候 董耕雲自山陵歸 憩過
此 下午楊孚甚來候 不答者
讀咸豐通鑑答墨四 寅書宗灃延之年 肯語識 於寄稟見之 信初
吏部侍郎 醇邸中亦前代七廟典實 於邸寄到 太祖東向 徐鄭並
年 黃帝葬遠陵 請臣議 祖東向人等下 付臣老陳集議
既而王者須有請時 臣拜父淚 伍將作監再播引 討禮臣文之所
讀太公立七廟萬年 有報君之廟 章陵故事 別建一廟 安奉傳
順襄宣西祖 禧祖其若葉 則祀西太祖 與五之帝 自宣正位
東向則昭穆之 議 二主不從共等 遠祖神 宜永在帝祀 之意皇

帝陵以爲如合爲別建二廟以爲四祖之二廟或祔于與殿或祧藏太
廟而東宮在西祔祭者則四祖就東宮之前別設一幄爲太祖東
嚮皆不相妨唐得聖朝二廟制書及典禮諸禮節太常寺討
論於別建四祖二廟正太祖東嚮之位 按此侯家禮制 國朝
太廟追崇先祖所用之不知自何時始傳定于何人之手。

十二日己卯晴 訪羅蘿臺久譚並訪袁暗泉不值 訪曾偶知久
譚並晤何子貞太史、吳侯康新取同到嫕山唐李暇（若侯蘇郡銘庵） 訪黃對
伯並晤李莧軒方伯久譚 王綠山象同訪山陸生到閩於夏
少譚悔 金調卿自江於來候 何子貞來候來暇

十三日庚辰晴 寫與穆信（交羅蘿臺 十五日發） 薛蔚亭來候 閩孫陸生亦去
泰因訪季雲生少坐而歸 金調卿來

十四日辛巳陰 寫方莧軒信（即日發 交謝） 方元翁忌來 王同孫夏因不值
如夏少坐（左臂不適） 同兩孫在莫邵元寓招飲 初鼓作歸 金調卿來 字有生
作仰蘅 交來人

十五日壬午　晴。接□日信。接□□□□寄處。巽子讓來書並來信。寫孟實信。
何儷笙信來，俚辭。答陳伯潛信，不值。寫何子貞信。
附寄家信。寫國瑞蔣槐庭信。十七日。答聊仙此信。十六日。答聊仙信。
日記。錢子密星句揭曉，才料下拔萃。吳南屏及余諸人皆一時名者。

致孟星書

孟星大弟先生足下：今秋晤仲古孟西，屢得弟音耗。自春來不得吾子書札，遇馬子游知已論事，云比遊秋暮，從某處讀書。件件吾子相契，吾子微露不羈，將偏進，修以吾子之才，為之于道，由此龍門以往，大陸不係，經其所學，吾子之學其全，微為之志也。外釋務，雖為當世之所容，于之事視道甚為者可取，持以已之誠對于世。豈雖為陽吳為君之株，勝人之道也，未可道之為大，始其學之勤，細品其勝，疏中路而進，不來書，衰則於是立野可窮，先微志之道也。有致微人，豈立路而所誤，經其之後，則荊蓁之穿輸改，錄初歸出，川之急必陷，大戒，戒在先生大圖木，不足為僅，率而不出矣。故君子之于是也，病焉。

休焉息焉游焉，與之為耦者，自少至老，終其身達以樂，則家以樂乎
其處，于是寢，于是修，于是不以道而偏，急不以窮塞而迷惑，不當
以一身，不可以一日窮，不可以為得失者，詞而不知其所適，奈何
不知其所，其樂恆競出來進，飾慮以取營，縛劍以驕，修其擬僞
致士守朴以為美，安其賤而不得，其樂陋，貌士居退而居退，雖達不喜
修其樂賤，高士卻侮以自遠，貴達而獨無其樂，樂皆在達也，故達而驚
之則是騎，進退乎山介，不知其陸生在田，雖未也，抑君子之于世也，世之賓
治焉，所以取之，求而不得，不失性，時則行，時則止，通而達於人者
適而窮，則樂之趣，如此其樂也，如此者，我之人乎我之相值，若哉，擇焉，哉乎
無他，且其情之才，有德，其居世，宜其常也，擴乃其隨而城，信於陸，其處，知其安矣
美，則美矣，以之言德，擬劍足之一味也，取合乎寢，君宜，其樂是
之紀而，觀其真，說之不德，不可也，大以德大之之上，其事也，中以德小之之下
其壽也，鵬在籠，起樊籠之下，不將避而息，鵬之適也，達而凡萬里矣
鳴而已矣，鵬雖知而已矣，賦形之異焉耳，鵬不以籠勉而樂矣，鵬不以高倫

而小今貴賤為鵬鶴 是人自之有大小也 鵬鶴總
於棄之手將奮臂作色為忍乎 豈不可以爲人目之大小爲可以低[illegible]仕之
大小之子識量身之達之衛 有宅心曰擇之野 于是若將迎焉 若將奮
焉于世若有就焉 若有遊焉 以徘徊其身 為善罷世忘 附一飲啄皆
足也 薦為予于豚家 昔游有足存焉 何伴厄之為異 悲達之為高
又莫閉門 獨奮策山寶庫之為邦 不可舉將過而來年 古之為雜
于號千金之野之寶 明而過 猿牛也 雖歲於正 烟寶法 洞垣達情積
法而不可世所宮 如是于風雲之 惟是于正焉 不宣
十六日 君秀来 啓 答候 何事而不及 候閑好待其出 不處久 未来
答可鸚 將於家以前 病量風邪似 金誦御承候 家生壽之事
候 閑退帥于十日 初九 掀鄉有 十三 謝期者 十五 換風御病
己年五 寄惠 風 紀中 對文一付 写本家子壽候 印自壽 附那羲在内 写
然宮正寫御候 印自長
攝樣 万木洲 [illegible] 本[illegible]候

十七日甲申 陰 寫金壽門信 印日發 交調卿 寫子密信 印日發 交曾伯 下松
儔作[illegible]日發 張仙舫來 以疾未晤 李雨來 亦答來 以四師
明日生日 晚間[illegible]祝
接樅匯 初子往
十八日乙酉 陰雨 晨起為四師生日禮佛 閱珍書 不答書 劉曉山實侯 蘇康山來
儔晚同訪雲生 楊北亭侯
十九日丙戌 晴 鄧執功來 至閑弦處 晤陸生劉子蓮 因赴師處
差 改已閑弦處取 又同師如 訪宋叔三不值 又同訪雲生 少坐
晚 金調卿來不值
二十日丁亥 晴 師如來候 答候劉曉山 送行 並答候金莘卿
二十一日戊子 晴 謁相國 覺其事為未久懌 訪小侯 勘剛 並識其弟
粟誠 候陸琴西 嘆其無書 答候魏素峰 吳子讓 陳雲村 並
晤華若汀 訪黃少巖不值 訪李雨不值 訪閑弦少譚 過家
務山學來候 答候薛育亭 訪雲生 閱其有客未見 訪陸窗

並晤普鈺堂 方譚以閒 眉生來自江北 在吾家相候 遂偕
與眉生劉譚卿 少楣 余燾 劉曉山 金調卿來 在此晚飯 始去
二十二日己丑 晴 眉生早食後 即往謁客 寫此堂作 廿三歲 安寫 寫許
緣仲住 廿三歲 安寫箋 寫 吳竹莊作 以寫大幅竹 [illegible]扇 寫胸中春 寫楊子山 葉卿文丁樸齋來訪
撰楊妃 十一日十二作
又此堂 十九作
二十三日庚寅 晴 程敬之國珍歙人 來候 楊子木來候 要眉生飲陸
生祉山閣 生霞生 衣谷作陪 席散 眉生去 今晚下舟返揚 曉峰
來 赴萬蒄軒 按飯 同陸兩眉生及濤伊卿 陶鶴亭 邀飲
返家 祀竈
二十四日辛卯 晴 邢鏡如來 訪霞生少譚 訪柳戴功 鏡如于安
初晨同赴閶門市一游 與翠玉常一返家 下午蒼侯 評吳槎仲 野
柳司陳嫩人 蓮塘李貞 蒼侯耕對 不晤 訪補如無經閣 訪陸生請人 同訪曉峰
訪曉峰 在其寓夜飯 偕迦返家

二十五日壬辰陰　過年寺　買師爾世供佛菩薩　露生不答鐵仙來
餞佛物　寫張吧峯信　晚交下招待　寫李眉生信　印發　傍晚又寫李眉
生信　並和詩四首　印刻發
接李眉生來信　並詩四首
接到　去年十一月廿四日信
和李五觀察却扇詩四首
　眉生新自蘇遊以却扇詩索和　既新人却嫁　眉生已登梓矣不來
故人乃邦結佳郡去鄭　大國介于兩大　余姜眉生　不得不嫁也
　　眉生於境征為最樣得之
尹邢新院各專房　任作周旋陸步休　左是江南功績最　六七
思新錦繡輕機年
日日晶簾眼不展　休抹鸞鳳夜流霜　已從宮闕聞香開七帝
真通善佳堂
運策從來勝王廿兵　廿四將未必　向漢平一輕三書增世師友遊

莫笑郎君放情

十幅五銖障錦鋪繡文紫鳳繫天吳試寒寶帳殘燭何

時新人莫不嫉

二十六日癸巳晴　還羊毛所穿同敬神　李雨雛仙叔功來賀禧

下午訪閩生因訪李局生不遇回至泳止齋少坐又同訪魏剛巳停

晚返家

接宗湘文姪一日信

又金方伯十一月二十日信

二十七日甲午晴　徵有慈　寫曉嵐子偶等各信　即刻去　又李眉

生信即發去　寫[illegible]金局生信　卯日發 交李寬

二十八日乙未晴

檢箇續訂　作賀年

二十九日丙申晴除夕　邢載功來李雨雛　霞生府春來　傍晚

詣佛前叩禮　影象前叩頭自全家拜慶雖歲晚附伏臘

不得與雅聚為憾 四年來先室歡之安之如之 今茲物之猶備
余以氣衰者退皆謝卻之歸也 然當年家人親密皆請
四姊再了程 兄弟嫂嬸亦禮於先兄于寢室 季兩歉功未辭
年親關山未辭年 翹未已 二姑年老之後接宣布光輩
了程

日記二十二　　能靜寫記

同治四年乙丑余年三十有四

正月戊寅朔旦丁酉　薄陰雨寅刻起盥洗卯刻爇香拜

天拜　先聖拜　十方佛如來　卯末詣相國曾公處謁

賀次至　元徵師家次叢儀銀剛已次至邵氏宗祠行禮還家

敬占本年流年得隨之需　甲午向

未　酉申　亥　辰官　寅　子

以存　○　、　以世　以　、

妻　官　文　喜　兄　文

官

臣金動變世應此象化為神官進獨為助必利也惟妻

財甚村世爻助以丑土流年財爻隨爻皆有

翁林曰驟媛謗娼寺二爻學保護我兵子賊害忠孝加馬其事

門前多有蜚

辰刻詣影堂前獻湯 巳刻詣常祀 佛前 灶君前 供糖瓜

行禮 次詣影堂前供糖瓜行禮 次詣周氏影堂前行禮

次與田姊賀歲 次家人賀歲 邦載功來候賀 午刻詣

影堂上飯行禮 雲生來辭歲 未刻詣影堂前行禮 周李諸甥男家族

前館東初發付帳 擬於湖南作 是日客來者皆未見

接張振軒去年十二月 日信

初二日戊戌陰 午前晴午後雨 辰刻起獻湯 本日上供皆如昨禮儀 元徵師見子

耿來 許□賀歲 家人以寅降日祀壽星 祿如來 閻孫宅

來 姜衡來 季雨來 雲生來 皆賀歲 拇指 冒雨 湯餅至下晡始散

是日外客亦未見

初三日己亥陰 辰刻獻湯 巳刻獻午饌 午刻後供如常儀 是日

亦未見客

接睢燕山夫人去年十二月初十日信

初四日庚子 前人答 早飯後 客賀 陳虎臣 胡芸生 王雲生 蘇時山

蘇齋亭 羅茂堂 陶鳧鄉 陳又橋 顧易堂 湯香巖 楊見山
張仰山 胡雲樵 陸桂秋 黃子儒 姜曉齋 龔伯蓮 仲熙 張仁齋 孫錫
尊翁 程柳生 吳以三 殷玉峯 馬玉堂 唐新泉 葉湘文 方小園
劉向好 仰李雨 黃對北 劉韵女 盛德生 程寶山 李實生 孫寬軒
嚴盦 三程 鼓之 金心禹 卯 樂也 五 楊子木 陳瑞亭 謝秀生 錢子
密 恆甫 濤 巖卿 王雨軒 程月波 返寓 午 寫全力甫 作 卯最 爲楊柔
初五日 辛丑 晴 早 偕 田 芷 賀 孫海岑 陸小園 楊達庭 蔣信臣
錢子密 程伯勇 張瑞帆 魯然航 湯耶坦 龐香卿 楊芳山 張
漢秋 王子雲 倪鏡帆 桂宗之 盛擷雲 吳地園 周楞雲 印子韓 湯
子楨 沈雲村 錢春海 華若汀 吳子讓 黃少臣 順至先師 馬諭翁
又至譚安殷 再候 魏剛已 返寓 寫陸小園 作 楊芳山 作 卯 蔡老
谷 陸生 張卯山 楊見山 李大林 劉作山 吳季 程寶山 來
接 旗兄 函 張 條 陸大辨子 字 繼楨 去年十二月 日 作 又七月五日作 初川回
又 吳郎帶 去年十二月廿二日作

君鑑兄又去年八月十二日信

初六日壬寅　晴　魏子鎣進京與仲彝州來信　侯李莘仙久談並往

魏子鎣　一訪曉岑未值　侯魏鳳岡不值　侯周叔遇一達日

玉卿　侯生霞　秀返閒窗　華煦　汪梅村茅盦　士鐸本地人應學　芸甫表假等語

及費地之方　侯何鏡海不值　至訪心舟因謂此閣庶　華煦元徵

師　伊卿帶葉仰文至閩留飯後返寓　趙柳泉白桂珍來

接扁生信

又楊芳山本日信

謹按孫文定公遺集卷三載　計調兵一千名每日口糧等項銀二百四十兩　此係每日此項

係嫂之数　塩菜銀九百兩　兵丁每名一千五百兩　此係每年數　加以犒賞之費

銀二千兩矣　其餘丁日支銀兩　兵丁例外犒賞不費　初次一日

總需六千兩有奇　二日以後除去月等之需　每千兩有奇

初七日癸卯　雨　夜晴　此公來自江蘇　見信之譯　至周雲峰少譚　論相

國詩出　返寓　下午赴劉巳之約　庶　曉岑　閒和　舊生何

饒海、李芋仙、周蘇生（湘陰人）及余四同至姬人亭氏小酌。

出見秦淮水榭人，曲工擅手，貌尤俊艷。

初八日甲辰，陰。答候張怡此堂，並晤張子甫、還野，留坐子酌，話久。雨少住，返寓。偕饒海來，李芋仙、張此堂、顧曉帆來，以具飲之，二鼓時始散。

初九日乙巳，陰。（擬卯午）亥春四往，（張蘭生來談）祝吾來至此早飯。張仙舫來候，鄒少泉赴李伯生招飲，同座曉峯、饒海、李芋仙、子偲、陽山、壬舟、見山、同生。初鼓時歸。

初十日丙午，陰。答候張仙舫，不晤；答候楊煦亭、黃少岷，均不晤。候汪梅村、李孟廷。答候潘養人，不晤。訪剛之，夏遇遇子密，二鼓歸。偕金逸亭觀察寓中書畫。返寓。下午復訪曉峯，不遇，坐客為少[illegible]。

接怡仲去年十二月十八日信。

又同道去年十二月　日信。

十一日丁未晴。夜大雷雨。自去年臘月天氣甚燠，陽氣不藏，民多燠疾。雨雪未降，冬無積雪。立春甫逾三日而雷霆大作，此皆冬行夏令之著也。早飯後與儀子寬過之，並偕重遊辛亥觀覽，以國瑞、吉卿、左湘年以戰功名管儀、張仙舫、文譯、蔡某伯討，儀、蔣純卿、向伯常、石洲、蔡儀、朱伯討同遊鶴龍山。余不登此十四年矣。曠觀亭已毀，十三朝華空遺迹。下山，從順九鳴泳蓮花橋，過宗儀、楊卓菴、少譚，偕儀莫苣徵不遇，偕游偕至宮乃道遇之，因並驗至內門外，左右各一衙樓，相距一畝地。樓中為影壁，影壁北正中一樓，樓北為第一門，額書宏敞，上書真體至天門。門內數十武又一門，大小如之，上書真禁進門，門內一日上架石梁，欄陛皆刻龍，水於左右二亭，亭北正中為殿，重檐圓頂，檐題皆泥金繪龍，中設機閣，出官府書畫之制。殿內為穿堂，甚長，以於皆鎗樹雲巖兩地，但白石兩道，間以玫瑰直匝，亦可謂廣次矣。自穿堂以後尚未居為七八進，最後則三層大樓，樓柱已畫，簷上形

遂為至大陸村觀模狀　陸勿拔并民居西城陳壁猶畫大寶
酉刻還和蓋徵再年飯適伯鏡海亦至偕過同曲順訪曉岑步
出遇雨予寓憩二之至寓晚飯將雨乃去
接子迎書畢　　作
十一日戊申晴　余遂亭來卷俟久譚　下午赴曉岑之招同席
伯鏡海　吳蓋徵　周霞生　魏剛己　李芋仙　李肖生　衣容　闢生及
余二坡　時吻　寫安貞帖作　寫毛子容信　又伯鏡海十二日發
十二日己酉　薄陰夜雷雨　赴何鏡海之招即送行並與闓孫
李芋仙　謁相國乞假回省墳墓　相國詳問家計　勸余出仕　余因
告以李少翁視為出處　改有之說　相國曰此吾責也　候魚勘剛
久談返寓　予憲之先在　少選間蔡生剛己陸續來　蓋暢敘甚歡
●後去
十三日庚戌　陰　大雪甚寒
十四日辛亥　雪　寫屏書　作郊即發　安來呈　母某

接尉生四信

十六日壬子大雪大寒 寒暑針二十六分 下午冒雪赴詠如關候之接 座客金逸亭方元如子寬之德生初放晤

接服生兄去年十二月十六日信

十七日癸丑大雪大寒 寒暑針二十四分 為寫有之本 因前羅案雲樓之座 寫師及內子等圓覺普門妮為蓮花九品衣成一帙 甚不適 有 下午仍兩軸來

雲樓依寫人標題

叱嗟危記穆南征 難不堪眯岢上程 一夕仙遊疑月照 唐玄宗遊月道士羅公遠擲杖成大橋色如銀 五更人海比干相情 歡極不怨孫王馬 植杖拄孫

卻子驚鳥足正平 通世途塞 僝蘩翻譯冰 ... 峰嶸

九蓮燈

煌煌不識燭龍旁 十丈花開錦繡堆 穩穩會依清淨海

六文光已現剎塵天 同臻饒示普三生別 我佛接引有上品三生中品三生下品三生之別 實則生佛一性

情本無得喪隨順俗情亦有區異乃已 破膳 金退之一失傳羣羨金魚咫尺地慈眼受

有蘇也耶

十八日甲寅晴 向璐來 子寔之來 下午過石谷 雲生 蘇州山下

寔之飲 雲生石谷

十九日乙卯晴 寫扇子作門劍鋒 安龍生 鄒鐵仙來 答候 雪雨來

劉松岩方伯來候 卯齋 去見之 下午同四姊女家眠暢飲

夜燈

二十日丙辰晴 答候王葉庵 錫祥 雲甫 吳江人張仙舫同衙官

仙舫候來 答候劉松岩久談 王元師直 向璐直 子寔之

直 晚 岩名命直 下午直 金匯亭及陸生詠如 元師 向璐 子

寔之飲 元師不至

二十一日丁巳晨雪 午以後晴 李魁庭 與劉卯學於咸豐元年識之 來候

王雲生直久談 答候羅葆查來晤 答候李魁庭于其寓

直久談並晤涂朗軒 朱仲武 張練渠來候未晤 鄒

兩載功未看經　初枚回去
接阿弟初七日信　擬移家事　該爾自知　金陵
又櫻亭初六日信
又李少荃宮保信
二十二日戊午晴　擬自內赴署門首　蓮舫接阿弟信　多是常相候
旋即計算急　是日接郎李部署家事未畢　劉松泉方
迫來相約日同行　難稽丹已宜進　許之　下午　及子遲之
來三鼓　雲生蘇州山東逸行　寫伯平信　廿四日　安七條回
接阿弟初六日信
又服生兄去年十一月信
二十三日己未晴　下午雨　晨起謁辭　祖先神主　早飯後出門
芸儀張緯堂親家來會　至相國寺辭行　訪元師　魯秋舫
楊景山蔣苑叔錢子密辭行　並晤閬生　亦于是日　李少荃赴
淮安　出水西門　坐小舟赴江口　直陽里小試　下午未下閘候

張仙舫學宮照應後出江至草鞋夾輪舟劉方伯已先在少
選發火開行以刻至燕子磯下石壁三江口中途甚熱切劉
公來余舟內久譚晚向輪船主李協成樹致穆頓是
日夜行至儀徵泊
二十四日庚申晨發五刻已抵鎮江泊舟貫講出門已到過焦
山劉公來久譚字根亭任安徽糧道仰日發傍晚換江船二鼓兌
小舟下輪船過江託沿途照料此後即封一座船為方伯僱從此去
揚州復河中巳三鼓始過一舟往招李理之至舟內船泊舟往前
泊從舟四艘至從人如擠至二十五夜甚矣擠下之難也
二十五日辛酉至食早從瓜洲至揚州出訪此令君已送幕裏去遂
返舟蓋揚州後訪某子身伯去年晤復謝來論事不暇已七八
載矣記後事相對太息此外何處一舟來送余與常舍婿
世兄華切之少選此友伯及其婿友郭繼出借存字來訪
是日所舟戲言論因不能後以為累借書傳雨往宿過二鼓

[redacted]

晝解維乘潮出小港口

日逆風遂一夜僅二十餘里

二十日壬戌晴天明取棨回繫舟人牽纜抵上市井未見江河

民居樹木殊有生意午刻到長髮村傍晚至北渚上燈後到

堤橋街市世閙有屢屋安州閩此地約素市皆乱淨錫邑人往

此者多又洋北食販多此者蘇州通販眾處等見兩岸田有麦

菱茭舒十分一二

二十一日癸亥薄陰陰風早發堤橋居民宅爲坊居民椊舟取草爲坐

者橋都軌之西岸知此方雅今之蒙古莫甫池惠山者竟山

吓因寸盈湯之言見湖太湖有州浦溪亭嶺山之腴他日以緩老安絶世

於他望 宋官劉倦以参都督著猶外傺殊悠未向都使吟爲守土

之驛 本朝則以階官使本之于此爲實之爲矣皆果作少一字脈年

因讀宋元經語此驛刻至高橋遇順風日甚遠午刻至滸社

橋已設 申刻到横林七墅堰 酉戌間到白家橋泊舟女成埧七墅

堰為有閘字六然無此須壞皆有炮臺分布防守以身滅扶
大帥吳沈兩岸民居高處六畝皆耕者萃葉盡田帷樸林帶
一二處有人放火燒草似有閘塞之意
二十八日甲子晴　果命舟子橋汴城內閘知矢以堪幡了東倉橋
坍倒又城內一帶堤南以不通船路而止　早飯後回至楊樹岸邊
東門詣　止安西大宗祠　茶翁姪泰祠居謂辰字為其墟
壁倒缺牽破　御書樓平沒牽積瓦礫如山　言臺空敞
祠驛祠椰俱盡不得已由北壁中首為出有祠僕楊手印旗
見寓東所被問知內家為寓來至遂命之導至寓見處遂出至居
家隣余家魯之宅但有解及其無數堵門外高柳皆雜衛
道同學不久蹤跡　字者二本家宅平治因之寓見屋迎前橋
怍宅有局務他出嬉　氏嘆疾未出見其妹一人出寓見屋
擬偵全舟　未幾武過全逸亭僕來知寓見回逸亭越早午出
于昨至寓居是所宿宅遂往步出回寓見至馬三步全舟家

送逢楊同明賢頓暨其嫡姪少洋兩別 余妹及妹丑 氏弟
姪三人 所妹已故妹丑 氏及外姪女三人 俱備吃衛民之向川盤
姍口形狀稿薄 情言久離出 後屢將家事 籌備後甫輩 茲銘
所別 語對當生不能安閒 竟作于後人實 候順去妹家于青
峯巷丁宅 順妹出外 其夫兄妹丑丁氏 狼狽尤甚 茲至廟州王
董氏一家留門居困苦 情緒既煞難地 候伴之維兄家于打索
巷口綠宅 兄先已故姪 左衙署易次姪 甚不肯為姪 氏
世罰來之不許因妹來 兄之嫂及姪媳 氏肥豚 計一家五
口又 兄家寡嫂一人因居 先室鮮貧寒 似較稍作 因寒之菴
飲于探市物然仇 全妹之家 余以全族子遠世家 請以祠居
燈居蠻荒嬪族 余歎指賢為偶 寒之甚世 余妹頗遠
題余順之約 今晚回看兄家物狀至經歸來示 收信寅二姊
家于他龍巷 姊久客訴 姊丑程氏有三弟 長名長生 別李識
姊家收隨娘的脫魂在家 次德生 次通生 俱在虹坊親戚處 故止二人

所居屬此係李誠姓之墳墓（誠）姓母久故姓林姓（劉氏）于雖 歲多此業因
在其家久世并識族長品管園姓祖係元璧橋分年三十餘
名悦權以夫晚擬取以住謂同寓之道全逸亭二房命取川李
入城寸無協階協其家 管所多俱 其才（女信能） 劉營好事 金姓
事之細歸其查 本日所居城二廟及婦匠文成堪於城下皇
亭政者上有廣壁東嶽廟左列祀夫亭孝及表正氏
居甚陋白他太平寺尚餘墻身天字寺改已有條甚居之趣
從東門至學墻居尚殘破少市屋 與學僅隊不華表及津
此不橋樁望門內為娥叢蕪已毀椽畫一諸坑塊 從學旁房
家併至迎春橋氏居十存廿三（國）朝（故偽）陋為世 從迎春橋至得
橋小北路馬三步 惠氏橋老屋似舊不異 先意之自 記城東
院已毀文廟 從千秋坊世界橋頭大街至西瀛子民居十減
二三 星羡市屋十減廿九 從青果巷至西二廟（南）右世動 從一西
二廟前坊十八家村 一陌楚驟最世 寶地圍圍殘一 二里 一西二廟

鐘樓亭俱毀 但因循慈者費協以此不甚改觀 楊柳華埭
點心頗佳于昔 他號慈出品 長生慈猶尚已定 街上生意亦
地人十居其九 城工具何運 文廟已保護 善哉 不易為 不識其美
余抵岸時好歇排不及此
二十九日乙丑 雨 晨起因逸亭 處見盈物 至市早食 饅頭美甚
今日返家 陪妹姪服首家奉侍 全妹來 下午 全妹送之
至 初奎孫修陪余以門衰不諳 修擬將敦睦堂中向
收拾 劉 止菴公 華貌 蕭華公 劉使公神牌
背在奉祀 及修葺園墻 重闢祠門 高已餘傑 其舊日 至正生
勇家 弟久故 嗣子宗寶遠出 世底母親其母立羽居內住 又因
至蒼園族祖家久坐 族祖母李氏及族祖姪孫繼湘如均
來見之 祖姑母如嬸 祭氏者 族親設宴相待 余因請至市
中少憩頃 至方宅 因宅一看 方宅 前二進不動 大
廳穿破 上房大樓已毀 僅存後墻一堵 雲露滿地 都不可識

改造者有房屋因宅有厝樓相接盡伐書樓已燬前進四面者
完方氏老宅前改價出於龍潭吳卿李任何保留歸寄碗溝
居住寶華前厝之番院李氏因宅之四面價值僅又　和市
官館時捐祖　祭外塞足久停乃無田車修初年　叔祖在之
燒毀為西營出地因以所換浮及棄樣監覺飲發過夏　蓋
口所歷東行下壞北岸等處有居者世構北岸大
改善改
望改紀念產先瞻族眾議
伏查　兵部公大宗祠　恭毅公專祠向有　副使公所經營
產及四十餘畝由　副使公分下五房輪管世之經管以年歲車又
兵部公　恭毅公營田五十七餘畝收回族輪管以供祭掃除
以逐年兩代祀典及修理所費祠產不敷而營田紀念掃之外
積有盈餘經族長宗衆公議　所收祠產永遠擇人經理
其費用積存以資修補不意立議之後未久即遭兵燹公私

逢族我族人等身窮家苦不一而足是田廬蕩析舊業全
荒今年　壬午克復郡城重覩天日我族人生存者遺之衆僅二十
餘人棲止何所以食不給當此大難之後謀生世路深虞日就
艱窘困似續之計愴不忍言而　二祖祠宇傾頹僅存間架
目擊心傷無術可施計修隈祠宇贍租族衆二大款非巨款
不辦而族中殷富之人難于援捐僅此薄田數畝亟為開墾
成熟然縱使所入亦收有限之款修祠則不能贍族贍族則
不能修祠顧此失彼斷無全策古語有云兩利相形則取其重
兩害相形則取其輕族衆乃祖宗遺下元氣所鍾祠宇則
子孫一朝之精力可復況祭祀者宗奉祭祀者子孫子孫果所
神于何託詩不云乎惠于宗公神罔時怨神罔時恫子孫是殺
安祖宗妥克攸寧以言乎祀典理不爽矣我族人二百九十餘指拮据
以來艱難蔡蔡之狀　祖宗在天之靈必將隱痛而不忍顧言之矣
更或不幸有甚于此時然祠宇嵬峩悚其孰執一遷一豈以存吾道

庭下子孫歷觀往史國家遭遇災札每藉卹祀左經列有
凶荒殺禮之文知事無大小俱可通權達變不在拘一局論富
擬先籌置嘗之費易為舉善擬集之積易將祠田照舊清出
定法指墾所有歲入盡以贍族修理祠宇外俟日後即爾成
祭祀春冬掃墓亦以從省為貴一遵之設置亦宜簡為止貴
辰議散不在親筵俟十年之後休養生息再議處置通應議
斤兩之餘少為蘇養藥丁派撥藥蔬書不失合族聿興宗
祏章世其指墾經用一切收章程物陳于後
一議清屋　兵部屋墾址三畝六分墾田十四畝六分八厘　蒂韶屋
墾址十七畝七分墾地墾田五十八畝二分祠田一百四十畝零二厘新塘田
四畝零五墾地二十畝零經二厘二百五十畝零原將所有契據撥賦
算明併一處照實應章呈縣討勘給還管業無異世契易取
具田隣保結辦理
一議指墾查淳湯所辦宜墾每田十畝招佃一人一年日給米一升半

合錢二十文共計五個月秋苗成熟為止籽種耕具在外計須米二
石二斗五升　價值實估作錢十四千文零用錢三千文耕具籽種約
三千文　共十六千文租入業七佃三　今照此法為主再以本地豐歉情
酌量無隱　總以不出一千六百文一畝為度　現田二百五十畝約費至
四百千文可望成熟一年之收即可為永利

一擬歲入麥季每畝田一畝可獲三石照佃三業七之份當得二石
一斗　惟初田未必盡與皆膏沃　從少計　每畝只徵以七斗為率
二百五十畝共有一百七十五石之入　蘇屬現無租稻每米一石折錢八
百文已三百文不等　江屬指錢三百文及常總不出此數約計一千五
餘千　除米十餘石計存一百六十餘石

一擬分派黃族遺服　老幼男女不過百餘人　除有業之人　不計外實
須贍給者不過三十人　從寬以每人四石為論需米一百二十石尚可餘四
十餘石　別作正項支用　罷(?)

一擬擇人司事(?)　必須有人經理　今宜正手一人副手二人

不拘房分不論行輩必擇樸誠之產明敏任勞任怨者將家頭
產業契字憑據對眾查明交令一手經管凡目下清產括細日後
收息分派概由總作主而副手助其不及惟族眾實係甚少諸
不經徒之全力為公擔買生計若無補益之法難乎為繼矣
於餘業內撥出二十石正手十石副手為工食積資肆賬其盈餘之
米仍照舊分派

一議嘗業養贍族以讀書為業相承者多年來未嘗廢失今大亂之
後族眾無力及此恐日久之後氣習難改應于族內延一人專課
本家幼童嘗業讀于餘米內酌撥十石作為脩脯其應得之米仍
照長分派惟必須聘請族人不得他姓以昭利無旁滲此五条錢者出本丁數均係約定之例須臨時商通
嘗[illegible]以上[illegible]此條作廢[illegible]
一議嘗祀　祖宗墓塋為合族大事修葺厚難積穫今于
昔日太平日之時則此亦不得已之舉惟霜露時改而蘋藻陳
子孫何以為情應于餘米數內准酌為祭稱力厚薄以本年諸墓之
祀之祭止豈識哉不務豐腆子孫在家者雖無衣冠必集

三十日丙寅。陰，雨。冒雨同逸亭請人早食于市，返寓，攸同逸亭乘馬往
候劉子迎，不遇，本欲赴縣，以雨不果，次候陽湖金叟，亦不遇，次至莪彼局晤候陳炳然陵
荷余晤談，次候武進金方玉，又不晤，次至萃珍齋，值不遇，至子蓴
彼局孟揚亦至，少坐，因去借候陸子雲，晤之，少譚，余先歸。萱圃胖
祖來，值余出，與全妹左女元蔭相候，因往謁之，久坐，全妹許抄祠
田細賬于尚生兄處，抄畢，田細賬于縣英兄處，約余自宜兩處碼畢
深第舉行，少頃，子寔兄至，同至胖祖處，食于此，偕全觀後若余
搬囊資修祠及分助族眾河讀。萱祖全妹寔之暫借及分發
交訖，先返，寫家信，即日著交陳炳然，萱祖來見，吾並候逸亭、劉子迎
因萱祖來，予遂別已九載，相與慨世事，譚良久數時而去。滇二妹家存生
弟來，偕同年吳君至城外茶山三堡，橋乃祝某宜，擇掃墓

二月己卯朔日丁卯 陰，夜雨 黎明即起束裝出城下船 順至楊閘口
舍步渡出東門過天寧寺遺址見寺僧率墾荒地 廢材磚石
堆積世難知寺無復存久為之歎息 石刻子舟正刻同長生殘
平岸揮墨命舟人搖至御史橋 侯宅方擬則適拔僕王榮
送入城擡輿遂使前導至三堡橋 芝庭公 雲甫公 守田
公仍因已集掃塋以次祭酹 維松楸盡斫而壞墓山故甚悒不
懌 祭畢 因長生弟至其家墓為設祭 次至清淨寺前訪外
祖方永康公 陶氏園將公墓設祭出之 次至茶山 恠宜公塋
祭酹如三堡橋墓亦無恙 故僕尚餘陳富保一人 祭畢 遂出瓮
塘 塘下舟 移至西門外新橋泊
初二日戊辰 陰雨 晨起至城內訪劉萱孫 同晨並邀逸亭 寔忠吾協
至張柳亭 已摯眷返 同舍在此 與弟同晨已刻 設下舟 余即留田
視疾 勉宜與同 足疑爲類逸亭 出返 并二人之詩行 舟旋解纜
西門一帶 楚燈上東路 居龍蟠為立城 濟橋未燃 午正 燒墟橋 出轟拔

斷橋頭兩岸約居民數家中夾小河 赴宜興路橋已毀 入湖口

三洞橋橋在有小市 過三洞橋 舟子因時晚欲住不肯行 遂泊

初三日己巳 曇 晨發 由西溪湖[illegible]北裡路行 午刻至菜舍鎮 三十里

未刻至市頭橋 約十餘里 止安公 葬郭公墳塋焉 停舟處土人

蔣姓爲導 到墓祭掃 約同里許 止安公墓有碑一通 世保約 葬郭公墓

在其西 蓮華表牌坊 石獸已多仆 桐桂尚存 御祭碑四通俱全

墓在咸豐 爲土匪所發 幸 遺殖甚蕃 其子同族人[illegible]上下俯伺

理正屬求賊不得主名 子孫隱痛 亦有已郵 祭畢 修墳補[illegible]

葬郭公亦舊相 墓四年求賊事 申刻返舟 觀蓮 離此地 七八里

止安公兄弟六人分居 向有三百餘丁 亂後止存男丁十七人焉

已正刻開船 仍由原路至鎮市橋十餘里 本日原行 繞西溪湖

之北至西 計程近六十里 路逢圍 有七千里 途間但見野鳥喧騰 寂

無人跡 村落亦俱被毀

初四日庚午 細雨 晨發 辰刻至豐義鎮 市人久經散失 大致亦已殘毀 不可

未刻出野城隍廟港以趨蔡浦湖以前支流舟行不得從徑

斯覓人問路而竟日不見一窮舟申刻至一村登岸訪探驛

兒定有狼藉叢葬中或以桶盛尸皆未入土饑寒一村民屋

什不存焉至驛家覓米得僅見一婦人寸二幼童痛縻粗糲為食

向問路爲指揮指示如所說路行良久有大水土前荒蕪畔岸

棄有炮所守者路行問津船即宜轉而止沈去宜不遠矣舟子

以逆風不能出口仍由蘆葦中覓程路行至上岸過一帶屋

並蔡家問其名爲高港云壞路葉陵橋僅三里並無居宜正

西坊汝公宣之李北捷路鴻之二三十里土人見余舟藏㨪於籬兵

正皆閉門報遣余以鄉音再三懇得宿宜 是日所行路計

程不下七八十里由滆湖西南至東南滆湖之路應在壞橋爲近界

固長蕩湖滆湖為色之宜其荒遠若此

廿四日辛未雲下午見日夜疾風暴雷甚雨 晨發辰刻至宜興門外七

里驛橋樑甚多皆無恙 旅至三里驛 舊碑塔孤立似有民居其下

已毀已剗斷城 沿城市屋盡燬 毋入東關沿東大街巷口 此地皆為
本城闤市已一無所有 登陸訪徂兩人 兩人去某營營 一直來
及可嘗鷺港 其家房屋僅存 向架賃悻可閱 其中人 堂上及
前宅將城狗羣 並菩亦病 後續要續代 獨支門戶 幸頗 婦女頗
子姪者 經隄寺路 遇土人 同視吾家舊屋 門屋存一間 其餘存
厨屋一進 餘皆焦土 屋後小樓 余所修整 品窗[illegible]敞[illegible] 而以執以關
下與南問男君屋 今餘數墻 窗空無女婦 已為之憮然 汝曰何
門旗伯家屋內一祀 尚有門戶 墻壁房為異姓居之 中遭敗堵
下一人 偃臥作癱 狂因不視 而伏同路子坦 去營 飲時 松字動字
三莩由東據蘇 道遇此稀將 戴路 居民皆藪香 門外戕傑
係道業適已椿戎年二市人 戴識余[redacted]林窗視 私語 不敢向[illegible]孫
良久下舟 剗漢全廣君 學湘宮寺人 東侯廣東溱 此世變
民時儀亦和指 抗言不可以發 民族之決 典云
讀廣東年紀 遊客齊事 五卷 秋明如樗訂 三輔黃圖 一卷

初八日壬申 食後雨 路子坦來 遂偕同至長橋下輝中一合饒頭觀
桂竹塢 次因祝崔輝 前有野人為郭松林兩郭松字樹 所若來
訴其集族兄材今日傳 余昔至 方出來知究竟於城中札自若也
因路子坦至史家 送至西城 訪銅棺山色慨然有了今感更來 下午雨
路話亂離事 室耳不忍 拉過路舟 遺刺欲屏此府 午刻舟抵
東山 至山 桃數鄉氏 過此叢葬中一見案舟旋棧奔道回殼忽勾
吾之暮不食之尊賓為土組以殆至港內兩擁遂立不被迅中一
人識余 經來之何 問之則姑故僕家康福之鄰王姓大也 向墓在之
其是問故僕則伏掃其死姻奶其家已世悠類為以村數十姓十
餘人 自食殷村居皆路諸姓陸 因命為導 路經不改之前樣
既之滿地皆為野承是一即山中大小松皆為斬千萬 今一株無存則
次已神情 至墓處拜 不覺歸之惡忽把香 墓安穩周
視其頹敗又存否碑 幹畢 遺人送之至尋暉晦九一墨不作地辛
一小坑 疑野獸穿在穴據了 甚沙不盈尺 知非是吾所能至 刻下舟是

夜訪此擬以王大為故僕，今以日居夫來添土。

初七日癸亥大雨終日。巳刻王安大來，言已集夫，但雨大不可動手，如何為？命冒雨為之，果踏泥持蓋登山，督夫役擔土培墳，高尺許，扶碑作界石，填土坑，手植小樹一株以誌山向正中，不刻碑，重求堅遠。然風雨中伴其親半日，亦人子當事也。是日丹仍留不動。

讀宋忠正集四卷

續通鑑第九十三。元成宗紀，時初建南郊，翰林國史院檢閱官袁桷進十議，其第四議曰后土即社也，作后土即社議。按此說，予舊意同袁桷，記有作第廿在武英殿聚珍板中，擬查閱。

又

前日正示鄭太史之言，是日巳時前後二分有帝下始，不合矣之。按鄭守祥候時歷之，無以為正，將日之來久而有多是之，誤曆數了不為言也此。

初八日甲戌雨乃陰大雨，擬再登山，辨今云雨大[illegible]殘，行已誤，過不[illegible]改能。川京刻聞升旋城，命婦子要孩子坦至益彥代往與營侯判

溪路今若以昨晚遂差至明方作爲來整予知其遠日因之遥
不辨焉焉即下舟改從陸子坦力譚艱去舟行申刻到和橋
舟人延前路無宿處遂泊此地爲自宜至常中途市鎮最大者今
西岸闌闠頗改東岸者仍其舊了舊有營字七營駐此
初九日乙亥午前雨霰交作并微雪午後雨止 發從和橋 后過五洞橋
有戈船守口午至寨橋書錄十餘家申至前堰鎮五洞橋亦有
戈船橋中洞已低 西至下河 沿途大橋多存者而民居設盡
行一日河中不見一船地皆壙岸不見一行路人野田盡生蓬蒿莽
党辟無莖葉識者名之曰直塘蓋土荒艸生之云 度至常州西
門外泊遠長生弟返城
觀芫膛族議單
立出同議單　　華今爲族眾被亂後生計無聊 公議將校祠
然處盤荒搜理收其歲入爲贍恤之用本族長幼均分無忌兒相因
即擬擬沿照塞爲維郎妃之初百凡不易若不先定之章程恐日後改

成棘手為此酌議款目五条以為準則凡我族衆悉皆書名于後
一將所有田業物并敦睦堂查坡田本係公產祠田則係大房獨置故
坡田向由合族輪管祠田則由大房獨管雖自咸豐年間合族公議已
將兩項之田物并一處不論房分擇人經理今又標入二房所指之數共計
田二百五十餘畝不為菲薄但恐族衆或執人我多寡之私見日後必滋口
舌應將所有誥田業併物一并作為趙氏敦睦堂公衆永遠世守所有租
息目下分給族衆將來改作別項正用均聽大衆公議任自指田及目
下指定之人不得出而武斷
一設立敦睦堂賬簿登記財貨出入必須簿錄方免訛舛尤必須登記
以為憑信應刊毘陵趙氏敦睦堂記一方交本堂經管人處設立大簿
一本將所有契券憑據抄寫齊全逐頁蓋用印記存留族長處每
年秋收後自取出對衆檢閱一過其契券原件仍存本堂經管人處
遇有新產更易照簿照數交完另立租簿按田之座落地方每處一本
而逐頁蓋用印記存留經管人處每年收租以此為憑佃戶如不見此簿

私完他人之手者，務須不遺，目下核實，即將此項註明承攬內，以期
無誤。再立出入帳目鈔本各一本，亦須蓋用印記，存為經管人處附左
悉錄：據核實某戶欠過若干，將來秋成收繳某戶還過若干，別項
正用開銷若干，收入錢等每年收租某戶若干，分給族眾某人若干，
收入來將春成秋成每年自對眾結算一過。
一宗分派，務自限制。凡族眾仕宦在外者不給，家業完善者不
給，有執業或幕或商而家道艱難者半給，雖無執業而家中男
丁多女口少可自營謀者半給，惟實係貧苦之人，或孀婦無依兒男
丁尚幼者全給。每年收繳除除淨賦稅租擔出款，再除祠堂香燈燭若
干，故塋墳祀若干，蒙師脩脯若干，其餘實存之數，按照應給之
人[illegible]勻為若干分，公平派給，另提四分為經管人薪俸，一体隨派分之。
其升降以年故屬，並族眾應給應否，或全或半，本年秋成照舊由族[illegible]
長率眾公議，不得憑臆妄斷，本人尤不宜藉稱爭論。
一合族規條業經趙氏族眾週覽已核，此條原為嫁案卷兄令章而設

姓族衆不以此舉為然宜即對衆聲明另籌妥法俾自下不言日後枝
節手中攬擾及強者人皆公兩利非時下即設丈未產段壞祖
風或族衆無不向後子人強行借索等情又族衆內有糊口尚存疑
向下流不肯正務不守家規者何以處　祖下孫族中不論何人均
許指摘上等厚產即公議停給分米俟改過后再行滋半給發
二年豈遇仍畢此給帳有意攬擾及族手取利者永不再給
一將來倘仍遷產業作祠祭之用此項回款本以年
盡此為子孫糊口起見今稍後濟急原屬不得已之舉然果繳天之　祖宗歲
辦此頗須妥籌應手本舉開辦之日起議定以十年為滿屆時
章地方匪此無事十年之後再請人自不斷定廚堤斷不須何
歸回業入之數作修祠宇墳墓除修成衆世之用其族衆
陳宅歸世子于未成丁者酌量贍給外餘人一概停止
初十日丙子陰 薛宅下午照視 稿冊小西關內玉帶橋惠照橋河 關口覓渡橋一帶 城隍廟前 正房居存
者均為辛世休宅中有一家有人居之城隍廟已毀 存劉瑩三正房

約寬兄、孟暘來食蟹，因同叔孝書來至逸亭，已至卿，同與蕙生兄
來城，今同寬兄至蕙兄處，久譚，擬同至祠堂，及族姪長孫商通
筵之後，未蕙兄家兄議，草以為世安，邀請金仲至同蒼弟明
日下午再會，並議。子通同至國伯來訪 子通家陽城長沙中東第巷
十一日丁丑，[illegible]雨下午[illegible]晚，登陸，至寬兄處，子通已先在，屬借孟暘信
余今坪[illegible]与寬兄早騎至祠堂看工，改至麻巷樓張柳亭家
至蘇盦，至今坪與子通等久譚而歸，至長生弟家久譚，返寬之處
送還昭生兄寓，安昶自江北將因至寬，逸亭同余至已上城，久久譚
可借昭兄寓昶，今寓議爭多一概，下午畢，同至蒼坪，晤蒼外祖金
外及昭兄、寬兄、蕙兄 長生弟、寓安昶，多克坪畢，散至寬家、逸亭
海下卿、余、昭之日到蘇處，同至寬兄同余行 而以鑿田事屬
昭兄、蕙兄二人與孟暘、海帚信議
十二日戊寅，晨，下午後雨北風，欲雪，未收，晨起寬兄來邀，屬稿遞至上年
生金外家，性親在本家，如法外 此安公之節四八兩分及四兩分扎分

為丁酉留學人今存十七人而已 次至陽明別業 大石家 一觀 順訪丁惠
康其宅長崎 家 余昔居之 數日 其居為本大段 當湖對大門 公願 已毀 太平里
一帶俱其居人 至寶之彌知 今年實居此跡 左向居四人三
人已死 一僅此處 亦留一攝來 何右寧門 往馬四匹 而其急 知微府有武司之
者 理明之慕 揚子春 訪余 送其宅 值而歷 查其宅 其向 少宅借筆
寫家信 即日發 交通寄本土 攜至開封宅內一觀 其院可入 塘缺 窺見室洞
物 後返寓 慕家 下午同下舟 明之慕之 直送至舟 本刻 開行
夜泊七野堰
十三日己卯 晨 夜雨 送風甚大 日晨 發舟 至五駁 午至橋 來已 無錫 泊
舟至門外 田寓 見至城內一觀 市廛房屋 均舊 旦定 居人稠密 中
刻 後門 過西門 見南禪寺 已毀 而塔上相輪 猶似舊 傍晚至
新安 夜泊 望見有舊驛 此白返鶴邑 兩山岸 林木
十四日庚辰 晴 送風 黎明開行 辰至滸關 兩岸茶地 關吏來 皮有
洋貨 辭 驛此 舟中望天平 靈山 石如見故人 巳刻 楓橋 夾岸

萬民今世一樓存者亭午至城泊太子碼頭　橋外市井殷阜
橋內至城牆荒土同寓見上圻入閶門自中市至皐橋已殿向
見一二家起屋開店皐橋以東及磨鬍衖等處居然改舊路
過蘇友薛安林同行至久分手余至宋錦坊晤候芷卿族兄知
陽哥攜眷于今日移赴常熟而南長康讓見芷卿家侄殿英
族兄赴讀呼出見之校書一長成嘶有靜氣可喜之至并晤殿
元及伯厚大兄渭子良培三子元芷卿之長子吉如以子鏡之又入
見九姊世史氏伯厚大嫂胡氏皆紀以來依芷兄者伯之家頗
規模世令人心惻章長姪孟紫名悅華下逼遼方望姪欲返已合
入都家屬在左芷兄處日今粗有基可望兩年左芷兄處
粉洽之識仍次下舟既將十餘里芷兄輸又送初以早搭舟對
門舟會晤遂吸覓薛安林曾一箇傍晚下舟至過柳亭
叔信而別　寫明舍侄宮等論印刻書安置卿兄
十五日辛巳雨　早發楓丹入婁門至葑門泊新早子前　早飯以因意

見到芷芝家書寄芷芝議豐潤事頗以爲可而難其費擬由國爲
羅芷芝邀到族曲芝六字予仰叔叔輩五芝字叢華名廣堂李頤
閩族人來至蘇叔德計男丁十七人完姊坊(?)爵(?)庠考十全竟已三
冤相無疑余擬謂其族諸之補修(?)族譜十年內由(?)人口生死年
月名字　下午謁少荃中丞久譚論及養氣(?)及余詩一經兩(?)佳書達
河以通商販中丞出示匹峯山余改詩至郡童生院試在本城或鎮郡
由陸兔(?)借蘇棚以爲寒士蒙其(?)允忠邑(?)仲(?)鳳(?)辦院又以　蔡毅臺
來因倚(?)母的錢求將行募并(?)及本族弱難男婦求奏請建立墳地
建節孝祠俱蒙許諾中丞復詢縣(?)之費余告以　相國已允代
奏復請之說中丞問余云二處奏俱所擇此誠頗難作居中丞又
言只(?)能免到見方略(?)了請(?)人呈稿刊刻　相國但足下屢歷須
與我一擬云云余惟謹而出陳次侯到松岩方伯少譚四時之傳(?)晚飯
歸完姊坊(?)赴芷芝招飲　二鼓始散

十一日壬午　雨　擬本族請建專祠公牘　巳刻至元妙觀前訪張柳亭應遜語甘厚傳李秋亭金錦堂錫人子江奇柏舲與石遇回寓見左君嶼久士祝芬市西轉勝陸當數信紀六善慧　午刻至芷兄寓子定議塑四年費四百千　芷兄任廿六我任卅四　劉松岩乃任來後　未時送國席一筵兩至芷兄處發二芷兄卿及子卿之叔華兄殿英之下寓處之袁如妃長慶妃晚飯二枝晋雨至　是日擬寫本族蘇常二處殉難男婦請卹孚尺[redacted]四十三人不見鈕下層者人數尤須俱不得其　又託芷兄刪潤稿底一通少帥營奈石可不寸即郵姑出遺目以免失集

本族殉難男婦請建專祠公牘

為本族殉難多人籲懇據案　奏請建祠以旌忠節事　竊職同族自七世祖明兵部車駕司主事　國朝誥贈資政大夫都察院左都御史諱　六世祖　太子太保戶部尚書謚恭敏諱　之除子姓世居常州府城內男婦不下二百餘口長房族曾祖諱萬男

遷居蘇州于姓亦不下六七十口恪守先業兩地仍稱望族慘自咸
豐十年金陵大營兵潰逆賊東犯常郡之罔失衛郡中守
禦奔逃四散各紳士鼓率鄉民登陴死拒六晝夜力竭不支
城池淪陷賊氛益熾蘇郡相繼不守其殉難各紳耆士民均蒙
諭旨採訪請卹在案維時職族除仕宦幕游在外者兩郡殉
難計男婦二百餘人城破之際或慈戕指艇或閉門殉難男子則九死
以報國恩婦女則一瞑以全名節嬰鋒鏑刃視死如歸賁志貴
泉下今歲恭逢宮保壽憲大人黃鉞膺揚大張撻伐軍
鋒所指克復金陵匡宇之澄平重睹天日職等同族孑遺扶歲
來鄉而死向傷亟加詳考兩房男婦目下僅存七十餘人其殉
難之確有徵據者已四十三人之多其餘在外轉徙及不可考者
尤難僂數七世之澤不絕如縷傷心慘目酸痛難言伏維憲
台痌瘝在抱胞與為懷以吾民休息為撫集之端以扶植綱常為
教化之本勸世厚樹穀生者既蒙肉骨之恩闡發幽死者不吝

旋聞之詩世恩汪識、詆頌允違逆氣之傷因深恨戴查職疎族易
湖舒舉人趙起全家殉難曾蒙　兩江督憲奏請建立專祠
事　言兄唯夕即務被害諸家匯何亦隱者歷歷可數職族事
同一律　宸嚴　聆聞為此具稟僅寫殉難男婦名姓清單懇
求　始察可否援照此案　奏請于常郡祖居地方建立趙氏
專祠以彰忠節之處伏乞　憲恩核奪施行　存沒同深銜感
再趙振祚　業經另案　奏請　賜卹此次籲建趙氏殉難專
祠入專祠理合一併載明俾同沾　異數謹于清單內一一註明並
祈　憲鑒切切上稟
十七日癸未大雪世寶　寫李宮保任送詩即字及履歷何任中稿
詩仍以山野自居 即日發托芷兄送　張柳齋因李秋亭來候久譚并約夜
間飲　丑甘卿兄為餞行　芷兄暨陪玉一來　赴子卿四兄之招先
候袁華五兄不值後至四兄處暢之並晤謝韓之大兄　此堂三
兄　春生姪　慎生姪　飲至傍晚始歸陶以泥濘不及赴

李秋亭招

接阿弟十五日信，知弟左耳動手術，住小東門步道巷婁氏之處姚匯

亭家

十八日甲申晴。晨赴楊舟姜門，同歐陽曉峰作（昨日晏安劉方伯）早飯，偕

粵督撫署謁辭，中丞以病未起，同諸幕府，則蘭槎已入

都，餘人皆左手所邀擬再至。營候李秋亭、張柳亭，舊同叢柳亭

贈玉翠精一，玉質甚白，土花如胭脂，新讀可為異物。直赴撫署南

今日衙齋退居，世謂代謝代辭。中丞復派弋船送至廣江，候儀撰

初，楊藕舫、施叔慶同至，退遠小南對捺最，諸君同撰，初游撫政國

園為予時代故業，今歸吳氏，故又稱吳園，忠蘭建偁府于此，城改作

門為撰，吳君顏門，園規模皆如承平官府之制，擴八書落，又偁府

吳園林中種花木未遑，四廣高樓，望城中遠近皆觀，其下則園建

屋宇之為客堂，西南東諸幕府所居，上置，園在其後，將

地條曲，即壑甚多，屋宇不下數十處，布置縣之大方，木對木亦草尤

不愧為吳郡諸園之冠，壁嵌沈時懸記，昨未已為慢王二鎮悟
所踞，為徐蔣氏之物，後此茶花最盛，吳梅村有拙政園茶花詩，今無
一株，猶見知此園已屬吏屬郡中，照政猶亭午不暇來游覽園
之人居之，則光緒年頤猶難見中，單物已頹，損十之五，撲初頤出
致歉，余則以為名園勝地皆眾生福力所造，故無論風礫化為
七寶，又八方田坑坎，何暇計此耶。別擇初出後對松岩方
仍歸舟，久譚，印赴閶門下舟，憲光偕丹返常，而余至常
熟，憲光極望之，寫寄甥信。晤莊儀甫信，言本郡陸考事。沈
儀甫信，至遞屬為撰協巡塞之文昌殿記，中丞所遺，尤私
尚官山時舉將來候。遣拾安林來同著渡便橋下，此故吳中語
舞地，今寥寥一市而已。
十九日乙丑 晴。早飯後遊城隍廟，逕望中楊鳳來，亡為年不見，同薛
安林甚又至觀前遊歷書肆，古書稀，舊時閶門市井繁稱於此，時
頗見繁盛，實則俗更生意外，觀雖美，往時一肆至數十萬者已絕。

鄉會矣　訪柳亭不遇　寫字寄兄信　寄銀三十兩　為母補修祠不足之數

及整萬錢費母（即日發　交藝蘭齋孫帖滿姓持交柳亭帶帶）　後遇書賈張大林之胥

門市居多壞損　閒居觀蘭言之　閱瀕及林南之墓　將往游不果　仍回寓

林蔭頗久　下舟　下午居候荷塘

二十日丙戌　晴　逆風　早發蘇州　亭午過野勝涇　為真（書敬）如半里　謁靈巖山

已暮　然日矣　申刻到常熟城　泊南東門上岸　阿哥現同姑氏妃偕

還居姚家　嫂氏世家方姚邑咸　向借姚世佳姓此以見有益則　放春依姻家

至家十以哥相見　粗足濶情　快次兒長吉出見　聰慧茁壯　異日必能

克家　此五歲入拜嫂氏墓　初見也　少坐　出　並僕馮式之（寶州人　照之　元年□）

姚朴園（從兄　杭州人　十年崇以兄兒）　張雨生（本邑人　十年崇以兄兒）　晚飯後下船

二十一日丁亥　晴　寓李少甫信　以答去此有擾　閱謝炮船使出（即刻發　安帖賞）

移舟大東門　同哥乘舟　因邑城內農堡　馮式之　張雨之　與農散游虞

山　登山頂　讀風亭　望東西兩湖　春煙迷漾　下山　弔仲雍墓　言子

墓　前十年曾來此　棹楔巍煥　今石柱隊草中矣　閱方壇李振隆

亦失三笑，風光不獨人世然耶。夜老兄鶴秋、客姚朴園、吳苑萬甘張

雨生二段物

二十二日戊子晴。晨在劉賢生年丹同良六家（為盛以上集蒼嶺）皮見張雨生處見在谷江山無畫

僉吾卷為余題之卷矣。又見之所藏石陵拓本斷好，岂馮武之云歟

世寄楊沐子識，亦本地人。

二十三日己丑晴。晨至沈西寧約是日同行趨操，午間張雨生持饌于

內錢氏酒坪飲散，下舟，張雨生、姚朴園、馮武之送行。過內游西湖，登劉

山，訪楊班莊，時已暮。贖黑山風，祖背不覓著面，而過諸家，當在余舟宿。

二十四日庚寅晴，順風。黎明發舟行。午至華亭，市過南園，擔砧山門

申刻到楓涇亭，西擠江壓泊田門。寫沈俊甫信托覓江舟，申刻送

二十五日辛卯晴。沈俊甫來邀飲，收余候，同往多候，晚寒陋旋赴

沈俊甫之招，同席直都秦秦瑞甫、少甲。未刻下舟，移至北門江口，換

船，頗小。寫手鍔、蕙生兩寓函三兄信，並附信與仰叔收、俊甫。

二十六日壬辰晴，順風。辰刻舟行，至四圩港，舟子上岸取物，少住，晚行。申

刻至江岸泊舟 是日以風邪微恙

二十七日癸巳 陰雨逆風 舟勉行至三江營泊 遣人問候醇邸 此間內設可通摺擬信何如 前進以有差 畏風江舟無閑蔽故也

二十八日甲午 陰大風 住內河船不得過 全力甫馬泰同鄉 石港鄉館集

要見其局暫住 逆借民舟登岸赴局 力甫在揩訪其家 看在此

在舟頗覺動 是晚揚楊相尋 閒艇覓匡 徐彭居是地 遣要譚沁

三時戊亥 是日疾尚未瘥

二十九日乙未 晴大風 擬讀禀 起畢至揚 覓匡張兩年 假收租

收燈拒一日

三月庚辰朔日雨申時 早同陶齋石侶泉台好中 余借馬赴揚
州陶齋且住 辰刻飯三江營巳刻已中閘 余昔年奉 乃與人由江北
的塘出此路 從忽已十三年矣 自此至張網溝二十里夾道皆桃園菜花
為平日江村數百里不見林樾此離空韓六圩覺不甚意送舟兒風帆
安手室中煙光稻綠麥霞野乃知人間亦有春色胸次盎然
揚帆驕馳抵張網溝入市遂飲茗家有梅數株花正翠得次為
逕達良久 七里至仙女廟鎮 時已鋪午 於市稍買食飲飽時行
過黃家溝搭石牌港橋皆百十餘丈 至萬福橋 橋規製甚鉅 昔年雷帥
以識札營在此 其時斷橋為障 至今未能修改 便渡良久 尚過鈔橋
姚為十里 時軍大營札東 與外已以今全軍已撤 僅旗兵數十人
而已 酉刻到揚 入東關 至自生寓 知自生已赴淮安 約一二日可返 喚
官亦調卿 鮮留石且住 余去年所居之室 已為自生處為點綴 錦卉相錯
煥若茶火 征逢頃來為有 是夜力亦設飲 座客蔣韓卿 蔣卿之
姪巨 自生之弟也

初二日丁酉晴 早同力甫蔣梓卿合攝四照 晚同調卿至市上行 訪小李長溥（桐城人，江蘇知府）來談 午飯後同力甫和仙女廟嬉遊 莊邀小李同行 傍晚回彼訪本寓人史花樵兆霖 即為楊史家 是晚設□以槳女侑三蘇羽觴

初三日戊戌晴 早飯後同金史三君至市上 午間至小宋招飲于殷氏家 飯罷又往觀劇 晚同奎力甫往見觴

初四日己亥晴 同人攝照 晚同演劇 小東自結登場節目甚佳 權花旋 又是朱先生徐人樓請匡世錫至殷氏為面 遇夕人傍晡同先至市上 請人莊至又停 晚至飲理料所 市人空集地不可容 抑燈而歸 仍至史氏飯

初五日庚子晴 至乾果行訪史君 晚同余以小東先發 順候宗悃甫不遇 即至百福樓見周君來後知于昨晚由入城相晤暢談並同福樓臣于雲卿出遊邀國法生至 譚至二鼓始去 寫信與任道安相送

接陳蒓初四日來信

初六日辛丑晴　晨起眉生至芸譚　老樸兄陪　甚暢　即隨老漫(?)余
久不晤此捻事上策　下午出候陸生禧孫臣方、霍弟于淳卿　下
松衡晴于丁二人　田霁來　偕晚去　晚飯後同調卿至徐生家少談
生禧孫臣久譚　二鼓晌于淳卿來　久譚同作夜　春姊城內有
賊叙劫晏者　劫官松寅受傷　剃開不出
初七日壬寅晴　向生來譚　探討林挽聯　寄小秋信　安卿知發　同調卿至
市購物　陸生來　方小東來　朱華樓來　偕晚同小東至花樓寓
晚偕同晚

詩林挽聯

瞻公山月照溪林　把酒論心恨恨陕果　詠誄
益子感風迷水梓　出門不便待　夕驚竟兵亂
詩林兄弟來余討文　嗟上月玉珠為憶　雍同舟至林瞻　君送來下　先是己患
消渴疾相求酬　精新安雲霧　圖送日啟程　校余舊相識　乃晌來　淚向
竟以不起　余行役年年不克　送友人　來車白馬　諸畫此語　余粗霑右（?）

話意甚

初八日癸卯 晴 午間同阿弟自三江營至（楊子木太守舟中候）下午同阿弟及金調卿至

靜修庵訪吳竹存侍御（竹存名鼒，旌德人，以翰林院充御史）觀米南宮真跡四紙，爽

爽有生氣，此乃古人不要名利，俗書米帖真糟粕也。又見宋元二跡，一筆

不當爲吾人講因與想（此同治二年癸亥八旗大主筆本）一詩奉天題臣持

論恒年。至陳生舟少坐，晚看生觴阿弟及金同飲，方小東太守吳次

垣親家（[illegible]名翰，竹存兄，[illegible]）竹存侍御

初九日甲辰 晴 同阿弟戲陸生早食市中 黃子湘自秣陵返，來候，方

小東來 魏吳忠臣初遷址重 飯後出謁客 晚候楊子木，次候

許緣仲親家，次候張延寶親家，次候李雨亭（宗羲），郭將張坓

淮來返，保恒晤之。劉曉山、孫麟卿（元超，蘇知府）湘鄉人來候，許撫仲

來答候。史花樵來。寄張延寶信（即日發，交白生）晚赴錢鏡舜臣招

同座阿弟及看生、陸生、小東，二鼓歸。是日楊子木遣舟來送我

返棹

題史忠正公可法祠墓遺址舊為史邑他樓大令作

蕪城三月東風惡，煙霧冥冥馬前路。春裘撲去五斗塵，却入幽居
看花萼。主人史君忠正裔，宇內風流遊文備。傾蓋不懸來溪溪，
渴甘脆珍饌啗嗟徒。重君賢豪意氣多，為君問先祖今如何。君
手一一為告我，說一自揚州狂逢戈，名賤勝宇為黃盡，高者存
下修者阿。祠堂飯殺烏孫集，古梅作薪驢馬馱，衣冠一坏對髏
在冥冥，似有神物呵。王師三三霜掃腥穢，我亦兩次誅奸科，螢螢
運瓊瑤垣立禮堂其劇。吁嗟那方馳荊湘，下材木難取齊宇
重巍巍我我肉剝之一太息，空橋能扁仰英特忠正能能啟，肆發
獨拚君賢家克我，昨來還帶打族物業荒涼，源盈目滿營
祠墓半存沒，先朝毀祠墓危今半毀今猶盤據耳，修葺已難況經營
羨君中丹懷有餘，悟我輳飭饉因促，披圖一一記顛末，許春名祠連
夏屆他年伏臘京思鄉，前貢乎歸親飲福

初十日乙巳晴，大風雨，辰刻辭留生下舟返錄，李雨亭來侯谷迎之塗

候武鏡汀分司祖法　人　若侯孫讓卿　黃子湘　劉曉山　方小
東武著劉不晤　在小東莊飯　後偕汶侯同卿　莊子湘太守　宋韓
甫日馬口　安石潤至　對岡下舟　阿泉公至舟　申刻舟行　夜到
三叉口泊
十一日丙午　晴　順風　雷雨　辰正瓜洲出口　午過儀真　未到江帽洲　風狂小
泊　夜行　申到東海泊
十二日丁未　陰　大風　泊舟不行　早飯後同阿泉觀瀾江岸一下
午風息　過口甲子　夜舟又六七　韋土人　韋槐　向不傷人
十三日戊申　晴　順風　早發東海　辰過新河口　午過五龍山入草鞋夾　未
進下關口　申到旱西門　才阿泉步還家　不添　時好　哺後同訪季
雨不遇　晤雅功及耐冰　徐勉　又訪衣谷　益源　魏峰　少譚　晤　閑孫　內張
招過來　衣谷六喜　伊房晚拜李子涵　東硯寶此
接何鏡海二月初六日信
又丁松儕正月信

十四日乙酉 晴。謁相國，見示初二日所奉廷寄，詢及九帥病狀，令其入都陛見。相國覆奏云，臣弟所患業已大減，惟夜間尚有不寐之症，臣已函達寄諭，並轉令入都，其應否自行具奏，由臣轉函達云云。余言九帥出山，必須少緩。相國言，自當於家函中一及之。又言余復前事，少帥近有信來，已相國為擬所為出奏。余云，五出處之計本無成算，茲承相國及少帥盛意，未敢安排，於似粗遂隨相國在下，不敢當昧登場，然識筆主相國欲之。候方元徵師，久譚，返寓。早飯後，閱孫詠之夏覓陽壽，並訪之，振遠世兩，晤談甚倒之。返寓後，遣敘聞孫衣谷、振遠，晤已，張濟甫來，留飯，飯後二枝始散。接眉生[illegible]日信。

十五日庚戌 晴。龐仲來，偕訪蔡生孫逸（黃子春），訪筆徵方，值出未及譚。訪閒孫，有他客在坐，未譚。訪謝之，並晤衣莊（?），王雨軒、張振遠，返寓。送張濟甫鄭星樓及衣谷，因至濟甫寓，閒好戲仲，河亭寫扇。下午，筆之來，筆徵來，未值。

十六日辛酉晴　写張仙舫信並取所存木器（卯刻發交姚賜之）　時小岑来
雁（途遇卿甫人）来信未覆　写李少荃信（卯日發交面生李屋）　眉生信
（卯日發交来差）張澤甫、郭慕徐、楊小山（守仁）来（山君人）　黄子壽来　魏湘亡　王霞孫来
接眉生　日信
附李宫保信
蘇垣讀謁　御書垂光　接納寅書　此常｜荷于壁次　攘丹申詞
諭擾牘　家拜别以来　敬維　迁凝　凝和家陵　逢吉　玉端　祝公
勳德業無可禪益　萬政務殷　委遇勞神　思所以　靜暇
悦陰樹有貴　晚張太岳　蒙某王矢以爲五岳　但遭雲雨利
乃姓别氏　頌頌千萬歲　無替　臣之志　豈異是耶｜乙庚江從邀
還鄉｜今袖呢　以拙稚　使務兹法　乏達無毫　置仕一節　開
節相已擬　屆稿　史山所指　經手及詳　勿或云　公意有函商定　旋又
此筆達鴻台　居原　捷宜敢急　度敬之　過觸　郡｜出　此無心他事（詞）
切陷衡革　心承戴　生成于無已年｜再此訊順適　時間　西垣　徼求

甚急想摩書畫方更增勞勤適有同舟友人閑論及此因憶湘中

昨日合運件利悉照所發甚至二年似可仿行其法恢照本如

電力羈目下兩節方有餘需銅運二宗易為力利博　表振

君筆說附便錄呈台覽如有可採敬再續陳詳細也

十七日壬戌子　覆　般件張博翁來　四郎稿居南壁送之及典家少坐

寫　許撫件　信　十八日交付小芳　時小芳來未晤　寫　劉松岩方伯信　廿九日交浪發去

代　相國擬奏　迷匹　祠廟額

開　病且心

晉宗劃准回　成效定備前局債

衣冠杯土生　英露存於中興年

十八日癸亥　覆　寫方元面信　印剛足　衣若回予可來　元爵同陪木

圓峯信　閱　昨接初八日送寄　石署議政王字樣　簡不到篤論

歐陽健翁來　信　寫　金力甫信　实花樓信　宋湘文信　廿日發交留寓

呈　善徵來坐於晴台因便宴與春人請傳晚晤至四郎部

辰少出

十九日甲寅 晴 聞孫法生來自江北回 聞孫妻病 答書 寫善徵信

卯刻返 霞生來 晚飯同至善徵處久談

二十日乙卯 陰 寫佰生信（卯日發 交來足） 寫任免侯信 録免之信 讀李拙

作寫輿圖一部（廿一發 文炳帶） 下午同陳哥訪衣谷 曉答聞孫作詩

前后同至聞孫處久坐 又訪郭名 法生說出來眼 又詩 剛已不

曉 寫善徵信（卯發）

二十一日 雨夜 陰 寫孟賜信 聊蕙二兄信（卯發 交炳揚） 至四哥處 衣

本地人 年約 [illegible] 先生子 娘家子 [illegible] 先生之妹 夫已 [illegible] 識之

答書 月湖信

來信 張澤甫來 法生說出 聞孫妻 同至霞生處（子春）久坐 並 [illegible] 斷

山

讀李二曲集（卷十五）答門人問 孩提愛親謂之良知 [illegible] 不慮而知也

孝慈之孩提愛親 似但為乳 如早娶之乳母 則只愛乳母 而不 [illegible] 知

有生母矣 若謂乳於愛 不過口味之性耳 [illegible] 身安 [illegible] 似 [illegible]

學悉皆不能也。先生曰：知愛乳母而不知有生母，乳爲之也。如天性之本然也。及其一知生母而尚皆甚愛乳母者，生母手足之親，爲乳母猶不肯爲天性一日之喜矣。若謂由學由實而得，然則有能言而便知呼娘，亦孰使之然乎？蓋彼良知即性善也。愛母則愛其乳母，則愛此之謂良知，此之謂性善，後有所利，使其學愛他事，念親黃泉以獨（?）盲能發為之，是天性之恩，不外推施之道。挽（?）母親子，有不當亡之情而下之意，毋亦有不能（?）遂而加之擅。乳母之推乾就濕，恆念圖極之恩，迴乎天壤，然謂其為由于口腹，使我良知，此皆喜，意識，下愛之于曷施夫理本然之善也。學者以為始知，其愛而不異乳母，然之為使知呼娘，是識學愛，給本，總未是明此理矣。

廿十二日丁巳。晴。和那載（?）功夏，頗為遼寫夏，並得金殘（?）五顆，黃葉（?）徵西夕（?）久讀，得見王石谷臨陵（?）杜（?）與畫卷，黃（?）嶺樹千株，杈椏各種（?），奇妙色尤艷。殘夜悟物本易壞，已有扶斷（?），訪李扇生，黃冠（?）伯，久談詩歷，有三不眠，寫詠如夏，閱阿芳（?）同衣君（?）陸生張博多查合（?）將（?）比（?）見回食至下惜殺(?) 至元西席 又至幕府並辭謝也 並語蔣昭(?)子密陳小圃(?)
殺之 魯秋航 湯頤垣 蔣陳來 晚返家 初校使臣表
二十三日戊午 薄陰甚雨 寫沈浦寶(?)傳(?)[illegible] 下午[illegible]來
寓李雨亭 蘇修山來 黃冠伯來未值 王惕甫來

致曾宮保信

嘉(?)物不逮千里 寄贈之稿 奠(?)力陳(?)閎以知置(?)罷之危 熱之意纏綿
不忘 蕭銘之錫 拜領之下 起舞為之神往 知陛(?)初為瓦(?)
公于畢姻 繼此以附 遜(?)荒裡賀 惶悚局(?)任執臣之微 旌皇(?)有親
先識作達 此返(?)今月初收 拆否(?)間(?) 進者勞問 夫謂滬寓(?)
在京者矣 不欣惜蜀(?)此番事之秋 以諸三危回時未請 校郵送去(?)
自在意中 兄(?)王文國厚恩 致身至等 權流治海群于撫輯(?)群
第大臣出處 惟以安天下利社稷為務 拘(?)[illegible]如能以誠求而[illegible]下可
以誠感 方今國事急 城(?)親尊求未切 則進退之際 且有未可 宏纖(?)
焦(?)嚴未患以為然否 老成少望(?) 宮保垂詢(?)罪仕一節 順[illegible]除以中書

亦許代奏 歸登墻望意車馬塵揚為之歎息 孤燈苦吟 鄰園
之眺眺 窗外之長闌杖布一閒
二十四日己未 陰 晨起 訪尊經書院李生 趣詣其之根因庵先閒及余之事
晡 出 訪劉仲之根因庵 閒叙及李芋仙 晚飯後復訪芋仙
久坐
擬眉生廿二日信
二十五日庚申 晴 李雨來 訪陳雯臣久譚 又至四姊處少坐 寄眉生
信 即日發 安來生 至評事衙訪如舟 [illegible]譚少頃歸
二十六日辛酉 晴 同陳秀游相國寺 [illegible]訪[illegible] 訪如張濟翁 [illegible]魏
劉已 張濟翁 楊小山回 以訪朱仲詩 並遇李雨又見芋仙 濟翁內
留飲 [illegible] 出香山梅之 呼風[illegible] 下午去之 [illegible]仲一寄
少坐返 不答來
二十七日壬戌 陰 李芋仙來 李眉生來答候 不答來 偕芋仙出此合
餛飩

二十八日癸亥，晴。晤王少巖來談。寫芷卿兄信、茶信。
王少巖並以寄生。返家，赴李芋仙之招，同座顧(?)貽(?)、陸(?)世芳(?)（姚九香、附刻六如居(?)）
楊子、王楞村、蔭福（工程局委員人）、魏剛己、陳(?)小甫(?)、衣若雨(?)、余少之(?)、[illegible]下午散。又
至黃子壽處，並晤閻丹生(?)。仍之王藩生(?)傳晚(?)，潮(?)順過，宋(?)錫(?)藩(?)
少坐。
二十九日甲子，晴。寫蔚之(?)信，寄去楊硯(?)卿，即日發，交郵。劉小山信，即日發，交郵二。[illegible] 桑(?)雨
東臺(?)，候雅蓀(?)，未遇。赴黃伯(?)招，同座後觀察董(?)遼(?)（新放九江道）、王少
峰、觀察朝(?)偏(?)（楊(?)康(?)人）、濤(?)伯卿、陳陽亭、廣翔(?)、小沙(?)、王甬(?)少、世益(?)
遇。與(?)林(?)衣(?)若(?)，候(?)拆(?)，閒之久。譚時英法二國來之隨從(?)人(?)，余(?)以(?)相(?)狗(?)
載，以長江通商，不過三口，疑其故，鄰(?)之主三國中，英國之通商最早。
英國認(?)之。（英國約中載此條(?)）比法國三(?)狗(?)，此時上海撫薛煥，一人任人，知其(?)陳(?)懷(?)易(?)效(?)節(?)，遂
去此(?)路(?)，而(?)攜(?)以(?)以(?)官(?)（予弟(?)此(?)條(?)均(?)補(?)入）候(?)[illegible]官兵將匯(?)備(?)剿滅，後大
法國與(?)之方(?)，將(?)本國人，領執照(?)，往通商(?)，一語其事，告(?)英國，兩(?)九(?)欽(?)村(?)
此游歷，內(?)亂(?)以(?)寧(?)，後(?)被(?)法(?)竟(?)攻(?)破(?)，乃(?)接(?)出(?)之，謂相(?)攘(?)，薛石(?)之家(?)函(?)評(?)

之今後國材將而至吾萃以振之其美於之國則又以獨早一國有利
之國協贊之說有覺兩年竟無以振之可為太息諸華微不
遇吾儕頭白可憐不能之憶先及方仲舫 黃子壽書
接子寬意完 初五日信
又閏生 廿七日信
又劉小山 廿六 廿七 二信

四月辛巳朔日乙丑晴 李雨青 陳冠臣來久談 衣谷來 晡后回訪

霞生不遇 又訪李雨青不遇 遂返寓

初二日丙寅晴 衣谷來 陳生來 閱報未出 晡後 衣谷又來 同兩孫飛

觀察已發 尺宗遊因江干靈壽寺 謝不能宣其嬌真 為盡頭樹法蟠

皆挽 又見元陸波梅花三幀 皆世佳 又同閒孫飛共家並訪神山張

時翁 皆不遇 遂歸 閱邸抄有三一事 若信不必 友人寄示三月初八日奉

硃諭內廷王大臣等 因看朕奉兩宮皇太后懿旨 本月初五日據蔡

壽祺奏 恭親王辦事徇情 貪墨 驕盈 攬權 多招物議 似此重情

何以能辦公事 查辦雖無實據 事出有因 究屬曖昧 難以懸揣 恭

親王議政之初 尚屬勤慎 迨後妄自尊大 諸多狂傲 倚仗爵高權

重 目無君上 視朕沖齡 諸多挾制 往往暗使離間 不可細問 每日

召見 趾高氣揚 言語之間 許多取巧妄陳 若不及早宣示 朕親政

之時 何以用人行政 凡此重大情形 姑免深究 正是朕寬大之恩 恭

親王著毋庸在軍機處議政 革去一切差使 不准干預公事 以示朕

也為保全之正意，而軍機處政務殷繁，著責成該大臣等其
矢公忠，盡心翼贊，此後總理衙門事務，宜責令奕劻等和
衷共濟，毋協以保名見，引見等四人著派惇親王、醇親王、鏡郡王、孚
郡王四人輪流帶領，特諭云云。聞恭邸以臣人語即以先發此事不過
借以作引，其策源二邸釁隙已久，語即福晉，聖母之妹，地聖母左右
為母后所頗信，策邸以妹中饋使獻，聞其語其愚想，醇邸素性
輕躁，庸妄見之之專擅久有欲之之意，去年曾上疏請將諸王隨同帶領
引見，蓋欲比蓋不出入內廷，蓋前此對禮軍機諸臣為尤要也，朝廷
不能任此久，此策于兄帥恒言之，今策遂矣，番六王孫第元之宗
社謀，挽可為寒心。
接二月初十、十二日家信，從常州寄回
又四姊二月初九日信 仝上
又燗甥二月初十日信 仝上
又孟甥二月初十日信 又于其家信內知杞庭尊翁已于正月某日作故

又擬聯二月十九日作

又挽姜二首十八日作

又和寔之三首十一、廿八二作

又全逸亭二首初十日作

讀宋元畫錄二首出卷作

初三日丁卯　晨　謁蔡氏孫名雨生先生來候　同開弟詩李雨孫隱之偕游烏龍潭　余又訪蔣如石、呈鄧仲米高、河弟偕二君及陳雯巨山先生少坐　至澤上尋匹松園搭舍季舊遺址汝翠筆徵亭一眺　而向孫徵之要飲市中　汝弘鄭仲無久坐　物遂順候渴下鎮　論如法生善徵曉嵐遲法生善徵各力譚遂寢

初四日戊辰　善徵來久譚　請論如汝還善徵　友人京市茶都來云　蒙指遺得講官仍於荊門自庶上一摺有八条　初四日又遣一摺則本參鄧挽樑如貽而以丁侍御所言天意証之　初五日吳仲如送標無見醇邸良相倭仁良峰兩芝相陽常字芝生閻祖燒字芝春朱相而風標王笑山英桂殿讀燥兆錫

將摺發交初五日傳醇邸內閣詢問初七日復奏請召對面遞
下殊諭令內閣向南書房承寫之事由內閣詳登交軍機每日
應辦事件二紙發下係恭邸摺請以下則全寺厚摺営患也大約寺已久矣
事而發李摺不過共引耳初六日傳醇邸摺論旨殊有大誤
詔云寬典從寬遲開事諸仍令在軍機仍恭交軍機傳旨全
議此摺甲所說詳議軍機傳言此餘和另外廷諭公對云與召對
之言不過合既定十八日再議待醇邸自陵工回也此次慶奏自
劾稍有持議然於壽論言已不可追矣醇邸近年抑名雖損此
由好諛惡直所以不問之然此舉於大局雖有關係既在軍機召
對時由諸王等日常任交奠趙一辭矣藉摺八條廣言復勸
召對後對駁振起綱正人心整圍陸政改多發下令議
須十四日再議內振起綱一案如歷氣勞崇光駱秉章劉蓉李元
度等中堂為九帥辯護論公之疑其人不能爲論為其之言已久何樣
耐亦不怪也云云此要生信附樾亭信內
樾亭唯信即日書
寄季翰之

子騫兄信 芷卿兄信 柳門信 金邁亭信 薛叔耘信 卯正發 交邁亭寄

夕

接眉生初七日信

又致玉山信

初五日巳正晴 寫何鏡海信 卯正發 交方伯晤 回 阿姑吳侯湯弟民 又同訪瞻之學

柯咨 阿姑高吏 余說濤伊卿閒談 蔣芋翁 元翁 貴秋帆 久坐

詣相國未見 訪柳門 少坐晤 寫眉生信 卯正發 交弟慶之

初六日庚午晴 鄧季雨來 因赴鳳台山 六朝古瀆 有芙山渠游

臣在山下 四眾 ... 不下烏龍潭小山 ... 遇山訪

鳳棲大寺 ... 地 ... 鐘 ... 一日 ...

返家 佳生來 是日 ... 寫眉生信 卯正發 見五月十六日工部

惇親王 ... 大學士 ...

接眉生初三日信

又金青卿　初三日作

又吳茶樓　作

初七日　二章未作　偶查吉人　禪李偶然人 參悟自然　包而次日讀　瞳箒　種牛痘　訪

張蔭堂久談　又為蘇茶語 薛芳三三　又至石香生處不遇　傍晚至君若處

明日先生處聞揚是山　又訪李壬叔　張仲山　夕談後

接 接六姊正月廿一日作 三日初十日家信　楊妹寄函

又謝生正月初七日作　全上

又釋循二月十二日作　全上

又袁桐君二月初七日作　全上

又陳笙白二月 自然 初十日作　全上

初十日壬申晴　早自南門大街看屋　王靜庵來　陳子金來　李雨亭

同阿至震生處久談　並同楊泉卷王雨軒

讀李二曲集　宋儒性理和從釋氏入手　惟姚江為直追　先生用力

於陸王知行一切直指心原　竟于佛門拈捶棒喝相於矣

真實學問自是難爲結空不更捏傳 國初諸大老如顧亭林先生之學
先生直以年世親之認真要達可見其中鄉餘而味真法直來
昔不異之意文釋如所云遂亦不足觀矣

讀晉史載記一則書後 子和 劉宣

晉載時孔恂等諫用劉淵似有先識夫苟有明障力不爲顧慮唯人之
能是以合群雄主遇衆能之材用之惟忠或失非獨求助先以
彈亂也彼晚節之夫焉知之哉
劉淵起事為姦豫之衣裳不知其大事之不成矣夫為天下者才為
明衆下之性情則取民懷之此可勉強假借者也以淵之雄而推
壞晉出拯枝扶杙既有天下而爲守之以順秋殺不從何憚之足附夥于
以知其事之不可也矣
淵知起事要合衆者而究未出其範圍一步豈足實爲士之個儻者
平非世命世之才晉僧豪彥之邦之倜儻倡略爲能

載記之 劉聰 子槃

初九日癸巳 晴於楊子雲書樓寫 亭午雷作生來 因至王雨軒處午飯 又訪滿伊卿少雲
又同至陳陽亭處作畫 並題詠之 下午訪周明少生 又訪歐陽曉芝
步並題子春
接甸生初八日信
讀讀宋之通鑑二百卅卷訖
接讀通鑑六七卷
要載紀三 劉曜 元海族子
初十日甲戌 晴 請查吉人來寓 定子清種牛痘 剌臂外言寓九四
要世運可易 郊來兩束 寫覆伊 即日發 又來柬
要載記四 石勒上
十一日乙亥 晴 立夏節 早御從臥 元素樓挑薦先可此間兒已出門
挑子元 郊載功來 方元為移至帝中 小合有開 移回寓 子可上
生 下午散左聞家久生同至衣莊 又同至李雨蒼處 世雅二段
薇吻 今日讀 保譚誠性 有近事可笑者 錄之 同治三年 朝考詩

題為江南江北青山多狀元張之洞有句云垂老歷陽單騎（直抵）由
時事而語似穠艷又某詩題汾西秋家伯燕局丹永不還全不切題而襄
颯老世場本（鐘鼎江湖□）又隱不常某摩生素以工詩稱藏試題
為用以學人常自擬是句云特賜江山換此則極意刻劃而忘攝題者（抬頭一架而）
此中情人可知人所局隱芸軒苦翔之妃試題為一壺千金中陝云促
以全身術何嫌羞復使指揮依樣好上下才傍僅一生相業有此儋畫
盆科中方命題又可忘一時休戚宣宗中年某科考差其題云
五更猶月有鶯啼暑無聲慘淡可畏鶯英向那不知何處人
之變文宗出題卷不寒佳已可異者某試題云冷之（用杜詩）修竹侍王晌
[redacted]已兆熱句
之事吁可畏也

若載記五　石孫下　石弘　張寅

十二日丙子晴　下午衡兩
亭午后芳來同至鳳老寄姚奶又切生去　傍晚至蘇時山
六少生即物

接眉生初九日信

晉藏記六 石柔說上

晉藏記七 石柔說下 予世藩遺墨 冊定

十二日丁丑 陰 亭午後晴 寫眉生信 第十五號 交泰升 又一件 因發 查吉人來

寫張屺堂信 盛宣和信 吳光棣信 交眉生 因發

十三日戊寅 晴 季雨來 下午張仲甫來 頗未甚 孫瀔來

黃子春來 晚張滋兼徵來 久譚 係以同知分發新任 內城半

節錄 海軍甚多 吾老公趣于兩路兄 潛藏城內 莫能究詰 街上兩路賭

十四接長孫來書上云 初君莫於三月十五日 烏子在軍中 慈母 歸

下印處有一方 你我書我心四字 石 莫知用意所在 昨日為魚查夜 毛

查出令營一支 即同張勝五為驗證 而司為翰方好之 藉機勇 追截

曉 故又以 我做對 不還兵餉為辭 吁 時一時殘虐之 勢以致 羣為可歎 不

知行家一郡民心日戢其餘甚為可悲之 時也 而師罕已負于江西

除之 經此番不知禍亂 何日方能以成功業為 兇亂敗之 所為太息

流彈

接芷卿兄初五日信

又自生 早信

又張心堂家兄 早信

十五日己卯 陰 寫自生信 鄧泰升 日發 張心堂信 同發

昔戰梅嵋麋臣 六日 八 蔡寄庵信 某鞋

戰記九 蔡寶雄 麋子 翰 麋子 陽諮

戰記十 蔡寄儲 錄子 韓恆 李三庚 三庚子讀

蔡寄略圍城之說于慶國諸將勸速宜急攻之論曰軍務有宜緩以懈
敵有宜急而取敵之若彼我勢均且有強援慮腹背之虞者須急攻
之以速大利。此其我強彼弱外無強援力足制之者當壁壘堅守之。以待
其斃。兵法十圍五攻此之謂也。今龍恩括賊黨眾來亂心濟南之賊尤不能
也但其困之無術以致敵耳今覽國天險上下同心攻守勢信軍之常
法若其從攻不過數旬可就也矣但恐傷吾士眾。自有事以來。軍不發

守。吾其無忌之。不覺安忘寢。方今宜輕於人命乎。寧於人以政乎。乃
一策定應耕。截國國體安危廣國按慘相弟之將知用兵乎。而勸之
秦民如此。難在無得乎。是其二千兵法之所劃之也。凡此皆五師
法也。臣之之論也。

截記十一　慕容暐　儁子　恪　皝子儁弟　陽鶩　皇甫真

十六日。庚辰大雨。時陰已久。天氣乾燥。此雨所為甘霖。

截記十二　苻健　子健　健子生

前秦使閱其果勝。于涼州一節。按截記者一國之事。尊古本紀。附傳
為宜。兩則同。此等緣其所作為也。

截記十三　苻堅上

截記十四　苻堅下　王猛　苻融　苻朗

群臣諫堅南伐。堅曰。吾統不以對遺子孫。為宗廟社稷之憂也。又曰。朕
承藉大業。巨責攸所。豈敢優游卒歲。不建大同之業。據此之
致敗從族類紀異積也。伐晉之舉。乃尸禍之端。親其此言。頗聖

主今晨勸天下之心豈過此之哉 使其伐晉而勝過後漢一則中人之安而
不可諫 諸同風也哉 夫堅之世伏羲歸矣 堅雖不為大舉 或以亂書或
以饑饉積之動搖 皆足以覆我夏國 於伐晉乎何尤 昔仲尼不得人而
言至于此 為何能不以卒慶言也
秦春之後 統屬天意 豈人事也哉
十七日辛巳 晴 下午後微雨 丁松孫來候 下午同 查吉人來候 路登寶安少坐 又至剛已在
並遣回孫 ……晚後回
載記十五 苻丕 苻登 索泮 徐嵩
載記十六 姚弋仲 姚襄 姚萇
萇聞安……仲 從一長安讓過騎之計 若早不肯回首之撤 殘堅以制
天下 姚萇曰益因懷節之士乃起兵 若功成身捷 猶有囊明之思 安能人
固秦所至殺掠 吳嶺收資實 秦愈盛 西於東 亦酷 所之矣
不足為也 吾定天下與不下 在乃受之 是豈也 按此所謂是也 謀勝暴 謀叔
天下為人君者必有忍厚 勸大叔之 安能飾閑 非當不可信也

十八日壬午雨 頤孫子順來 劉少仲來候 遂至同孫君寶 魏州之 蔣仲來

校舊稿子 下午步

十九日癸未雨 王慎叢來

接眉生十六日信

二十日甲申雨 李雨棠來 寫眉生信卯日發 寫子寬也信 金逸亭

信卯日發 金陵伯卿若信 寫至沅帥信廿日發交羅哉星 陵下榜信廿一日發交羅用之 六姊信仝發

接湯小鐵初四日信

又楊子安來 信遂稱要件

二十一日乙酉陰 洪琴西來候未晤 訪嶬岑少坐 又至同孫壽臣晤

衣谷 謁相國賀其該下奉誠吉夕之喜 並賀劼剛 逢彭雪琴

宮保少譚 至元和縣 蔣以賓少坐 黃蓬因得雲侍御 又

至同知要譚片刻 又訪張博翁 即返寓 魏柳前太守來候

二十二日丙戌晴 接眉生以後又十七日信 喜午因 陰雨屠龕 琴眺方返 同孫來要過市扇廠

四姊寬居有年 先至四姊處少坐 遂赴閶門 行回座 晚出指令

孫子昨日到及衣箱，領穀出閣，孫為久留，中傍晚回。陳弢仙廉訪來候
不晤。雲生來亦不晤。晨閱鮑軍兵變詳細，先是鮑帥奉旨赴甘
兩請假回川，有本營撥川共分二起，頭起鮑自帶之入川，二起八千
宋國永率過江西時，東將鼓譟，捆縛營官祥大春〔李〕女西蠻，戕傷糧運
局員，云當飯門盡閉，搜括局銀二十餘萬金去之，而餘宜出江楚沿
途不堪其擾〔首犯百餘〕，至那者六十里金口地方，眾齊心不肯開船，要索遣資
餉百餘万，方肯赴甘。宋國永嚴〔擒來〕詳卯一關為饋，並扶歸大營〔營〕已成
下孫將一物，官殺完，閩已回江西一營，寧其暫已撫，已候奏
報，而中堂以此不同奏，以不遠負於撫事，強不要
二十三日丁亥晴。出水西門，候姚雲翠，寓係已別，不晤。答候勒少仲，
並過唐新泉，晤張西帆，答候沈琴雲，並候湯子鑄，均不晤。
因得雲帆〔傳〕晤，又答候陳弢仙，並候濤伊卿、查吉人、陶福元，均不
晤。候雲生，賀其擴春之喜，並候宋及三、朱星鑑、李松岩，又答候
魏柳橋返寓。寫何子貞、文卿、男安，失花楼行家書，選朝陽一鑒。稿寄

晨作楊子木信 全發 鄧載功來 四姊來

接中垚本月廿二札 乃十月十六日附來 封緘以內知點畫改補之

又李少家宜保初三日信

又商生廿一日信

又宋花樵 信寄劉翔陳一樁

日記二十三　　　　能靜居記

四月辛巳二十四日戊子陰　湯子鋐王雨軒來候　閒孫來　衣谷來　黃子丽

來訪薩吉　向衣云人生此晡白　傳逸吉　雲生來

至暮載記十七　姚興上

載記十八　姚興下　尹緯

載記十九　姚泓

二十五日己丑雨　傳曉五四姊霞少生

載記二十　李特　李流　李庠（特弟）

載記廿一　李雄（特子）　李班（特孫蕩子）　李期（雄子）　李壽（特姪驤子）　李勢（壽子）

二十六日庚寅陰微雨　謁相國論奏改播田譚事郡女學事稿畢　訪

勒剛少生　鏡孫師仙并晤羅茂堂　赴歐陽曉岑之約同座卿守

又程穎芝　吳子之先生來與　閒孫昆弟　偕四弟與傳曉陶

二十七日辛卯晴　下午訪楊卓菴少生　又訪楊彥庭因為家人汙

瘍疾又同于四姊霞

接眉生　信

二十八日壬辰晴　寫李少荃信　廿九發　眉生信　日發　杏蓀剛信　申發

歐男子脱稿　下午訪聞好的尋常先生　傳齋詠與亭來　信晚晤

接杏蓀剛　本月信

復李宮保信

日昨祇奉手畬敬審大賢以天下為己任不敢稍自暇逸天之篤畀必厚其鍾毓用能自強不息貞固以濟巨艱者謬負幾于姑息之譚愧怍無量天中節届伏惟台候百福增高繼長至所禱頌承諭鹽務楚岸滯消西岸局亦難加引具徵洞悉鹺綱慮善以動查楚岸之滯消由于鹽色太低不敵川鹽之潔而定價既巨取厘亦多致成窒礙今鹽價厘金皆奉官曾相國會商減去每引銀三兩已大為鬆動運辦之時只須酌加價值認真色粒而於船價囤棧諸費節省抵補則脫手自易此楚運情形也西岸引固難加自前年開辦已來已請運二十二万引截至本年八月止正數兩綱之數丙寅新綱十万引尚未准商預認如提出五万引作為官運同一納課繳厘於官商皆屬無背

消額亦不假外求此西運情形也運本每五万引必須二十万兩誠如尊示別籌
尚無把握銅事似屬可行祈將向辦各商根柢開錄呈覽然招徠興復動
需時日而鹽事必須目下舉行方及冬初菜市殊為緩不濟急且辦成亦止得
半之道或將楚運稍緩以俟此款盈餘作為成本其西運亦無可藉再四思維
鹽務一道取多用宏若體察商情与之同利開節之方不無思路第非楮墨
所能詳盡公明識膺發諒能烈有見耳（至目下情形仍另案陳縷呈台覽耳）專肅云云再啟者鹺務之事烈
數年剽窃未得深知其要憶去冬秣省接晤公曾詢及金眉生都轉蹤跡
諒必備知其人此君久住淮揚于鹺務知之熟爛聞旧不省墓禾郡公如不吝
前席數尺之地必有以副雅意至銅事渠前曾經辦亦可就加詢問
仰知用人行政有別有鑒裁故不私其痂癖如荷採錄當以一函將命也期
塞清問悉其冒昧即希台亮 弟烈手啟
二十九日覆已略 訪毓仙蹤跡 過上訪子照
開示來 亦否來 毓仙來否訪久謹乃告 開示出處
裁功來

三十日甲午晴 邵絅功來 亭午至四姊處少坐 又同四姊訪衣莘
并過張小山楊見山 又同下關好處 傳舁至石方元局子可上至 同至市
飯茗庭久司 兩訪劉氏媛作少談而散歸
接楊協書 廿日信 又廿七日信
又 雯協 二十三日信 又一件
又 嚴秀元 初二日信
又 子寬兄 信 寄到蘇撫奏定鄧氏祠稿札
又 鄭卿 芝華諸兄 初一日公信
又 金逸亭 四五六日信

五月壬辰朔日乙未晴　張仙舫來信　西四牌樓羅少梅　寫寄遐庵信

子寬兄信（附日表、文本呈）　又寄雲生信（附日表、文本呈）　姊婿信　子錫寄生兩兄信

嚴奕光信　照抄錦光函信　全發（附雲生信內）　朱星鋰寄汊三妹信　右發

同葵占春來　因丁春詩舫仙處寄華陽濤伊卿王雨軒和梅卿　右發

收來

接沈子煥夫人四月　信　寄到冊頁兩件

又沈子煥令郎鏐亭　家信　四月　信　寄到冊頁硯兩件

初二日丙申晴　楊蓮亭來　答候張仙舫次詣李伯生皆不晤　候

黃懸北夏貴春委豐北鬱鋪晤之　至市樓上同嘗　南路右營

子厚四谷路信又至謝靈　卑伎已面許每　儕逸嗽　李月之別成　候安

楊砌人　來信　來復

接伯生四月　日信　五月　日信

又星伯四月三十日信

又穆　四月　日信

初三日丁酉晴 子可之卯來 周寓山來自蘇州見候 夜芳來始去
此鄉谷 周寓山來 周孫來 晚白鶴乃去 是日聞促卿進德已山
東吳州地方降亡者 急言各賈相國督師北討
初四日戊戌晴 上燈後季雨來 是日見報單 從王進攻天京州等
機地方 據四月廿四夜為賊劫營 報財被害 鄭情郭寶昌陳慶雲
時有秦秀傷不知下落
接竹生初九日信
又張北堂四月廿九信
又楓亭二十三年七月廿六日信
又查辛二月三十信
初五日己亥晴 天中節 蒼首帶沒予甥孫每賀節一 寫留書
信 印刻各發麦 張北堂信 附麦 因阿哥已到 闻孫夏元西子一兩各啥
無 因總從 又同譯已下午始 四明來
接六弟四月十三日信

又中堂初四日札已奉到，封附通州知縣出城……補

初四日來諭敬悉。昨日已晤相國，詳談因詣相國久譚。相國至

問及上月來京事，對以北方困擾遍地皆是盜賊，對者亦用疑惑

則為之慨，以中堂所致通商欽仰，亦能全其整頓，但不可遽與之

且援彼亂民寇盜，其人數甚眾，因擇之法，可望集時聊以

法制不可及，慶王焉能宜頓釋，宜請募勇不若募之練法

一帶兩營領兵宜撤，使相國□□。惟之足為指揮，查照遺勇出示附

壯川定遠營既處于其為駐紮，（劉瑛）審查收撫，與江西京師出示密

痛要各處科飢謹，相國聯銜奏請（一王大臣奏行）其寡，務□錄于要地，籌練程序

浮小圓菁華明日，其任難勸少仲，能者必又足見為多勇之，並若候

因閣山于是身少譚又僅要，竹庵不通，且乃識何處辦，梗以為人

于其再來一譚，此上出少譚為鳴，盡道為前所示密，多年久已罷

宗往年來，劉已去年收補，台從為之，寄沈鎮臺作，子燠老人作，密附沈奏事件十九

補遺生初三 初四 初五 三件

又武襄件 作

初七日辛亥陰（下午雨）偕曉岑過近行時約於揚州過李芋仙壬叔又

孟岑偕至明齋少譯書與尹和白　訪陳六仙少逵訪彩澄又並

晤貴禪伯等至西林寶河吾已至中史家敘談因赴文管處久

坐並晤曉岑芋仙與之等又同閑往等至司門市　寫家書信歸

撰序（季翁）　晏翁幾能來辭行未晤

初八日壬子（晴）大雨　辛午雨來之因去已完第公試屋湖林柳子眷至回

晚後訪之甚本師公　不見來二詩附去

指角生　　　昆信

又丁松偕初三日信

初九日癸丑雲雨午開晴日　留雨乘實茶偵貸寫往逸品行已至石頭

茶後來行之不復　至閑好寄漢多勝酒宗談詩換本至閑好處

復之後不管與查下午回已秘翌之寫古中路　寫了但生信實至張

此吳處慎物之个（翠珍 李東之）

初十日甲寅晴　郭公式載功來　至此午飯　閑好來　同赴之管處少

卅日至南門市一收匯京局處安甫書匯寄

十一日乙卯 晴 那載功來 陳筋仙來 候阿子衡 蓋以阿子英等寸代筆墨者也 下午同阿子至南河沿 不晤 訪張清甫 宗不晤 乃過衣莊繳回前當息人 借匯過綏遠 少生收借 至日內抱冰堂看直隸賑 三省實政具奏稿 劄李少荃爵相奏事例寸 相國分衙接直隸左書 幼蕃延鄴鍾已譔之間 并同相國奇收 駐滬守為駐滬發那一說 寫陸子授信 十三發元徵 寫六舟信 仝發 接蘇戡四月廿六日信 寄煙 初印說文一部 印字本康熙字典一部 初印隸韻一部 譯權 筆 字如寸

又張此荃初四日信

十二日丙辰 晴 李審言來候滬寓 潤孫交來 蘇堪以來 王雪澂來 傍晚同潤孫至王不答處二次始

十三日丁巳 晴 子銘二兄同楊子壽二兄來自常州 尹寫在重章信 印白發 藝風茶坊信 印白發 伯房惕信 仝發 殷仲來 周勝

寫陸子美發 節家附通

來信 因擬仲及陌子[illegible]云今不得訪兩翁與之同飲已酬之為書

並之并頭張濂甫等 二枝物

擡 煬惕初八日信

又雯暢初六日信

又寶琛初六日信

又青撰 三月初二信

又熊中慶塤四月廿四信

十四日 戊申 陰 食 因陌子訪黃子壽不遇 晤楊年叢少潭 訪咸翁

未晤遇之 因與盛氣 又同訪張濂甫 遂擬件數 借暮衣為未

下午得過兩家僕晚物 尋至黃子壽 因過陳勉仙 並晤文輔

卿 葉柳秦來不晤 閱今本狀元策傳併藩長人 此本即本年之事

擬眉生十二日信 又一件 已擬一批

又劉中山 初七日信

十五日 己酉 晴 子可來 謁示甚來 寫眉生信 柳西安來 劉小宋信

答文輔卿來候　向仰蕃來候晤

十六日庚申晴　方蘅之（張淸方許仰之下）來詣　至田師處　鄧季雨

公武載功同方蘅之陸來　陳壽仙來晤　其午蕭頌約楊子春

鄧氏昆季子錫之及方蘅之午飯　向存衣各事　訪又來已去方言

特放湘南府　寫張比蓋信　仰都文節之　節山記之（過訪僑綠公館）燈回寓

好小光家　嫂氏昆季張清南等都來度歸回

接南生十四日信

十七日辛酉晴　王田師處　方蘅之來　寫南生信　卯日發約弟差　回寓

至陶李第仙炳照村（湘揆卿許江蔚駐粥回知）滿業民王霽生葉湘雲方蘅之

照炳王及王瑤卿風三壽松壽保偏不晤　又同入黃鶴樓一眺返

十八日壬戌晴　訪陳壽仙久坐　並晤文輔卿滿伊卿王雨軒　已

家　張清南來　黃子春來　答候文輔卿方蘅之　皆不值

閱孫處陶篁兵書回過張濟齋久坐　段已閱孫六齋下午同已開門

街復同過晤寄字　自鄧已來寸諦人傍晚歸　寫仰之信　卯劉芳文季便

又一封（十六發 交郭弟墓）交鄭潤川廣府承（李姓）批信契二紙（契價日字 千又十千）
原批同二函紙（批信契内載入批口 原書信契一并内呈）与楊子壽
接伯生（早信）寄到汪滿山存款五百十六兩 八本二下
又伯生（四信）
李宣伯作加序
蘇函詩寄頌印內 按劉之從之節之治劾旅帆海逃 用
錚寄肝腸付東直所惹千里震驚 椎旋湯無來 不實 從天而
降 節相以薩公從容布置 以之逐為鬧門籌款之名 從世
激成之矣 吴軍四散 飭務無殷 蘇隸增頂而諸尚希悉 大
旆暫止 再聞是夜 劉軍亦有人懸書不許赤補也
十九日癸巳晴 鄧戟仲來 陳雅仙來 衣谷來 顧鏡仲來 方某來
寒
二十日甲寅晴 夢（出門柳佳）回佳夢 有還山之兆 按衣裁遺子錦之綢帛
春旅常一四汪歙陶直負郭之田即安錫見於限此年六遁

大有逢初之機矣　候楊達庭少史　至相君邸閒談至日至元帥
商議少史並假各節並　謁相請假行　相國政語勸出任集來
即議退訪至勃剛政承命　韓勸公來之可　訪魯秋航少史　又至元
帥處並假子可應之為在楊達相國意云向於塞南歷行
因意於以奏調人負事可安放分手好惠南則已　許安放　聽其重集
才力任建之宜　諸君章少勸之　元徽閒謝不以不住別任貿云之
集初計北行跟隨妻陳自本來技慘勞今相意不於何故豈可
乘便為難附來粵機便櫃之請　夢逢即承命　然而悉任素之　又憶
要難任矣　要元帥閒談不覺子可至飲及波寺市中食應午罷之畢
到閒安大史　常請史銀伴傳府　到星橋陪請來　下午　訪閒生逛
訪書徽不遇又訪建卷久史閒又訪季兩少史
二十一日　乙卯　晴　訪陳朱仲武　孔樹蘇人未候　訪陳贊仙不遇　又四帥處
少史　要閒談至飲情字來　食銀餅　到魏剛之要少史閒
接然宜寄四月廿三日信本月初四日信

同四月初八日上諭交議處京城　十二月初九被回匪以地雷轟陷此時陷逆

西寧攻陷城池焚戮多戶實為罪大惡極著即調順內大臣數萬赴剿伏

閱大律擬代云云　十五上諭朕奉慈安皇太后慈禧皇太后懿旨本日

恭親王因論恩召見伏地痛哭無以自容當經當家訓誡該王深自引咎頗

知悔懼衣意存見用然自垂簾以來特命恭親王在軍機議政

已歷數年委任既專其于朝廷休戚相關非在廷諸臣可比特

因信言遽謗積不自檢卸遽從尤所期望于該王者甚厚責備

該王也不得不嚴今恭親王既針愧悔悟此意改過自新朝廷于內外臣工

用舍進退本皆廓然大公豈肯於見過恭親王為親信重臣才堪佐

理即此相待之旨勉復屬嚴特令其自盼遵即恭親王著仍在

軍機大臣上行走毋庸復議政名目以示裁抑云云

二十二日丙寅晴（汪雨香來）因訪汪雨香來　因即去訪曉岑及尹和伯無晤

閱各解件不得稍見山李壬舫　　　侍明曉岑來訪　初村役訪

趙仙舟丈又訪菁衡久生

接仲棠正月十九日信

二十三日丁卯 雨 同阿哥赴開福永合院仲之柩，儀也。同唐觀圖

匠張傳齋、方子可設奠，幣設於浮翁榻上，申初返家。寄勝伯信

卯新邑 寄眉生信 以四書字李居

接眉生二十二日信

二十四日戊辰 晴 彥青來，同午飯。晤李寶緒寸 為盛卿、張酒帆

李芋仙同見，詢均務、寶廷、聶木齋、吳退亨，以[illegible] 諸務甲[illegible]力甚大

狀畢，寫葉麟來，彼不可設法。今人乖不究其詳，或向問百蹤

何眉之喬又侍之。候蘇鄰豈不返？孟覺楊來，自嘗 寫眉生信，張帥信

妙。下午寶生來，彥青亦至。紫東來，同晚飯。陳勝仙、文輔卿來辭

行，諫次于匠，詳問手[illegible] 冇說 不擇一字，只此求才于我，從沒曼婦甚望

好竟寢，始為書蓋入沐，猶可寫信

接六弟五月初六信

二十五日己巳 晴 [illegible]已來，語相國返行，未晤。候魯日秋說返

少生不元徵師爲少生返家剛之爲來去野仲亦來剛之去後
浦兩氏信示答如來傳晩酌昔子以來候辭リ返相
二十六日庚申雨午後晴候羅藍臺返リ値只管旅立馬觀少刻
而返候訪仙輔文陶仙返リ候隣伊卿同共觀世之書畫了也明
文陵之何不悟等事但甲有悔色相對口角張乃色衰知共小樹
不出而出難今日報早報揚返相週リ今雨陸出因而陸祉
原行文王建忠兆駿來話傳晩因以呈興社暇着了善務
張涛前昨日同可不答以曰返而如爲其子二枝幅萬亮卿行態江戸人內舍子江嵩來陵
二十七日辛酉晴元徵師來出早而門外毎年送相週リ久談了
出候鎌子番除伊賀返リ而鮫仲爲少生返家以之而帰
爲少生以書曰元師在市中着尋佳少談知以書今日謂李宣
傳以將相從日女件頗存一魁午刻前與出於城朝陽門出以坡
官關門御構安規模未為宏大未刻之高陵南戊午春齋臨
地滄李藏原村金尚布餘燼出興少生印リ燒鍾山尾乃來同

虛嶺有一望雄闊 中有麒麟門 正對東流鎮山下一比波色

瑩也平不見新秋之樣 嗟乎安得捲身于此蜀貴何有哉但留

二十八日壬午 晴 雲雨大風 早發東流 過望花山 西峯不異廬山雙劍

掛山龍潭外巖崖聞成詩樓不見凡山俱東洲鐵西有數小

湖風紀激灘望著歸湖正鎮早倉改行 午正龍潭雲香秋雨

氣與人攬行龍潭山下一十峯 朝立上有石保居史下蕭晨峯

接江灘凡數十里 此蓋左青左江中稻子磯之所也 過此正帽

獅蒲三十里 湘蔭來過新花已蒼 皆雲山兩到市稽庵風

濤勢甚看行帽妙峯看隱甚萬事碼頭

接眉生廿七日信

二十九日癸未 晴 早發傍岸為煙雨 已新城早見金陵望揚州城外

千餘里皆陸圍高平遠樹春靡洞右似女之廟詢見事卻又此詢之

廣陵古人良命名綱不以為也 詩自生並頌之方小東叢峯下

午后有半，赴錦綉橋處，駱法先生偕來拜，余遂為之寫，岸僑通婦，而先生無所下榻

閏五月朔日甲子 晴 早飯後候褚稼軒張叔憲方小東楊子木丁松侪保

西卿 晤丁徐並識李子[illegible] 江西仕人 返寓 吳稼軒來 陳生[illegible]來 方小

東[illegible]同伯生未午飯後王振[illegible]來 又同諸君及同鄉[illegible][illegible]

南園[illegible]先生晚飯 下午晤李[illegible]通李芳仙知相國舟已[illegible]放[illegible] 返寓晚訪

出[illegible]同[illegible]振[illegible]少[illegible]

接[illegible][illegible]二十七日信

初二日乙丑 晴 勝利微[illegible][illegible]伯生[illegible][illegible][illegible]抄[illegible][illegible]錄[illegible]論[illegible][illegible]招[illegible]

有[illegible]松柏[illegible]女指之目 並云詩功勝民之孫[illegible][illegible]日 張叔憲[illegible]

[illegible]法生來同伯生午飯 錢子容來 下午之[illegible]丹成河下舟 望[illegible]五丹[illegible]

張叔憲同丹臣李芳仙停泊[illegible]李同放舟至五[illegible] 山相國舟中

晉謁[illegible]昨[illegible][illegible]勤[illegible]舟少坐 即[illegible][illegible][illegible]二公[illegible][illegible][illegible][illegible][illegible]

初三日丙寅 晴 晨赴謁相國 少談即出 同[illegible][illegible]陸來[illegible][illegible][illegible]甚[illegible]

早飯後候[illegible]秀卿程仰[illegible]張笛帆送行 下午[illegible][illegible]程來答候[illegible]

[illegible]密來談 過[illegible]笛仙 袁玉[illegible]江西人 [illegible][illegible]在[illegible]相[illegible][illegible] 知余于[illegible][illegible][illegible][illegible][illegible][illegible]

過舟譚少頃送至其舟並同繹李恆 旋出舟上過其舟譚話並暱
鈔子容陸游仙
接兌子賓初六來字
閱李長蘅（流芳嘉定人 明天啟時舉人）檀園集 景象沖淡 為詩文不求工 旁似陶寫
性情為主 足知其胸次之寬 能千秋亦非偶然也
初四日丁酉 食後大風 辰刻相國舟行 收纜送之 至揚遇輦舊為
問仰舟所過 逕其川 午刻至邵伯鎮 往舟謁候雪琴
讀帥黃昌岐軍門 曾劼剛小侯 於其舟 劼剛偕相國見贈字一
幀 書素所誦習古人詩五首 舊款弟余其相 憂（不詳）識 熱懷乙卯
丙辰之間 初謁節帥 李以兒為治所 新舉拔贊門下 且云 此自
公意 余（未之有）[redacted] 矣 今十餘年 屢蒙特薦
且蒙羨之恩 回出入幕府 獨以大人恩遇知己之德 殊不可以
自外為公出 寺問節操 師系甚優 復以功名之會 不敢託于膝道
今達新在即 煙雲已從 表揚于以一伸矣 旋四晉謁 即致此意 公笑

前議譯洪及立身之本以譯明心地為急務余言不獨儒門聖賢
之學說所釋內之材尤淺之于此又及學問云業即修詩先輩
學業事由左之下寸兩好諸君不然有斷想之愚矣余對心
力等須為安身心鏡往之儒業為要境決不發不奔走塵僕
足負盛處泰何公為擎髦曰僕與來書甚惠亦因此患不
獨君業也譯從少得釋論為出余頗相信之久然帳惟公與兩
有懷息決至動用舟中少坐候吳胱扶而行又至子密舟少譚
返舟午食閱呂留良徽公舟之行復詣決侯李申甫醮
使之行●申初容然至之及李蜀宋左其舟譚話余急
歸返揖謝之返舟解維三鼓泊錢家門外

初四日戊戌大雨晨前兩不息生霧寫董叢微信吳范樓信寫
之甫信卿以發丁雨生劉張振莊嘉差修身正外候方小東黃子
湘穆日李雨亭同御呂子日中史韓甫李台二人不過面
候張此署劉共損也四哉界山丹自寫集杜詩二帖頗精可異久

偕崧臣、眉叔、李芋仙訪如來因譚兩刻。復偕黃子湘赴方小東
之招。小東為余選嘉版窮窕，而未愜余意。擇之者張帝世俠
偕崧臣、眉叔同赴眉生之招，同座有芋仙、小東、子湘、蔣臣、汝醇
小東屬世叔擇懷碣旁面動容。懇投已三枝矣。遂與福扇
夏
接沈鏡峯 信
初六日己卯 雨。庚豐夫來，以雨不果。至振之處，晤徐丞、艸丁、格儒
寺。下午訪史少士，又至小東家，久坐。復同赴諸廷臣招，同座
何母臣、詠如、小東、眉生二枝殘納。寫沈鏡峯信，寫蔣蘇寧
卷 卯發 安書之
初七日庚辰 晴。下晡大風暴雨。早同眉（如）與巖姚揚。雨後草木肥
潤。錄澤梅稿之第，午飯，訪城台未刻，至儀徵，僚城東郭門
有慶樹名泰山宮者，大豈宋儀，真觀之也，郵。申刻抄帽紗
大雨如注，衍市為渠，南鎮劉松山兵居滿，至不為之，不得已儘任

至歷城宿同鄉李小峯（光熙，襄陽人）新任此，一面不識，彼
不來見，余寧光夜。吳蓮青（嘉興人）、陳書農（則號未見人），而實頗
殷，不復接攘。君且有盛設，因對半席，佃佳此，不肯前度江
甫一營兵尚在五營，在江南焊口湊東岸一帶，並之據兩行旅，西
之對抵。余卒西南所過以來集，無是則冒昧度江，必露宿
矣。禍福難料若此。
初八日　辛未。食後順風，舟帆起碇，由上游划子度江，以避兵。華天
急食渡，與人畏其不前，方隨隨頃，下游一舟飽帆而過，急呼止之
詢與人，去跳攫其舟不及，詢主人，而出因龍船，陳姓副將送到
鎮江焦山之譚，初五日抵姑丰，已甚湘須佃，而燕湘漢云：須已全
陵。已全陵[illegible]須得五万乃完，家已八千金自晴寅以上嘗
有分，獨無有，云：有汝云須過江，最佃且云：江以不過三千里。士卒皆已懾
惻，有不肯而餘異已擬大舟糧運中流而過，士卒驚曰：不得回合，故忽
然而渡，一速白來，使面北岸，（調）停解說，則已晚矣。叹平時教勇告

仍以從僕文昭堅執不許取安一男丁射箸不得自主則此缺餉
勸以全局轉役應倒男丁須五百人一營今則三百人已為湊數
旅一充營官統領營不立窩家中飯房造屈以空運餉大舟運出
營之利而士卒恒半菽不飽人心思亂（已九十日）武之余昨見中堂原奏
此軍之勇無非北門則今年秋冬則止今後情為怯民自富足言
謹慶不能陳甫勇北門安其札劉銘與此此乃究竟誰讓不可知耳
是日見文在揚見隨身之勇乃役足勞力為統將提督張得日孫粉任
篝燈作筆一出從軍之慨自古來從患甚中飽今軍中之頹氣之
書夜下之事語已年向度黃天蕩之英雄矣中刻出石城門
至好件為伯馬四家者女客在固不可已田舜為女士訪陸參
又訪南孫于世新家元師為梓魏氏遺書李雨石蒼濤翁皆集
主人設席傳晚宴先歸訪李已稍入世節舊
樵野來初五日信稿寫擬來收
又子鶴先初下日作

初九日壬申 雨 虞卿到 同至碩卿處午飯 後留少峯室 深久談
醵務及慕陶借浜朱事 吳之純切實乃妥 又在碩卿處少譚而返
寫眉生信 徐亞陶信 吳退書 陳壽卿信 金頌卿竹紙二種 鄭劉鈔本
初十日癸酉 陰雨 寫田郎山信 陳石白信 寄黃田浚文
蘭孫來 楊見山來 楊蓬亭來 衣谷來 飯後同至蘭孫 衣谷到
劉亞處 寄物 寫眉生信 鄭劉鈔本
接眉生 信
又 田郎山五月廿三 信 兩唐一本
又 陳石白 初六日信
十一日甲戌 陰雨 到蘭孫處 錄留之 同過曉岑 衣谷譚 何到蘭孫
子可亦到 借石谷子可 同處飯 借蘭孫 研仲 衣谷子可 雲樓出處
熱 季雨 接 夜略遇雨
十二日乙亥 陰 偕逸園雲楊到蘭孫處 返寓 到衣谷處 過之 同到
門首 眺月 過 張博甫 亦到 同過劉已家 少坐 飯

接子鏘九月廿四日信
十三日丙戌 晴 閒外出 石芸來 錢擇初來談 夜與家人對日書
談悅然有林泉之思
十四日丁亥 晴 四姊次女菖生夭折 往唁 過石芸借物 下午洪琴
西楊見山張仙舫陸擇之來談 晴來晤 閒外出 詣菊畦 傍晚到四姊處助
喪 附身之物皆為料理之 三鼓歸
接眉生十三日信
又復子鏘 信
又吳語樵陳吉甫 信
十五日戊子 陰 夜雨 子青來 季雨來 寫節中堂信 與附皮門 詣日本女指明 談至初更
覺元師處不晤 談張仙舫久譚返寓 季雨夜來即留晚飯
下午後茶會 遇亮卿行盛 同訪子霞 晤錢擇初 談得
福名庭苔跡 全人茗談 讀暮雲 遇王雲生來同之 朱仲武楫
見山到仲山 茗話 洪崇四人來晤 同石芸閒外 邱岡已殿仲家

二致陶

陶勺修生師

憶乙卯歲過蒞甄拔，得仰光儀，中更六年，久隸帡幪之下。

自是以來，頻承教誨，誘掖獎勸，維太上貴德，次務施報，故教

三之弟，因情養育臣之本衷懷中，斯其久矣。往以盈門桃李，不敢

以第嗣剛中，而千尺高松，尤不敢以蔦蘿自託，素仰之不暇，歷

有年歲，昨奉別後，維揚皆於不佞，即能寫其素心，知不忘，遐蠡

為陳感激，益倍以深，何以仰他，自古傳記，釋者大完，縣有葛鄉于

此字吾切失畢生用之有餘，夫子之言性與天道，愛及手下五覽

收有言恩德豈可量耶。然日多頃，敢想哉旅博方大明，幢戩

凡厥庶民，莫不誦貴武之心，意以謹愚隨之命，為之紅祝尤莫

公以安海宇，五福速隨，他日簪巾私第，自何負宦途，貪功名為之

足尚耳，公素信為之鑑，是矣，夏令炎熇，壯次會葉，諸祈見炳

勞苦迭參要更請久政必其偏據，率歲以為深之禱之

十六日己卯 陰 元徵師來 同至石谷處 並訪曉峰 尹和伯 少坐 赴市中會館 晤姜開第 雲生 飯已 仲元師作為蘭生餞行也 主人為筆 既而雲谷 霽卿四人 雲谷生及汝舟 不到 席散 到張子翁家 久談 晚遇雨 不歸 少坐 寫扇 生作 雲 遣興詩稿之

本（鈔錄刻卷）

十七日庚辰 晴 聞雨來 張 來（作雲之子） 寫六姊 ……（二十六）……作（十九日）

（家蓬……局） 又一作 寫 ……（二十 ……山）寫蕉恒山作（十……）……

寫 ……作（十二……） 寫子錫之作（十九日……局） 寫仲紀光作 附寄 ……

義家書（十九……局） 傍晚訪李苹仙 少坐 又至 ……局 ……雨 ……並 ……

曉峰 和伯 ……已 和 …… 晚過四姊家 少坐

十八日辛巳 陰 寫張比梁作 徐玉升作（十九日……局） 訪李 ……

湘 ……人 ……醫 ……雨 ……不 ……至 ……處 ……曉峰 ……見山 ……

李雨處 ……公武 ……湯伯 ……葉 ……年 ……李雨 ……

公武來 下午去 至四姊處 為畫 物 處方

梧下松脩十六日作

讀胡文忠集十卷

汪忠[illegible]公集二卷

二公皆實事求是之才不拔之傳其胡較絕勝疑顧力似

大哉胡子甚以剛快切境終爲心聊突華則胡强

十九日壬辰陰 開孫衣谷葉湘文來陳栗坐書信 下午訪衣

谷同孫玉驅册已歸過子初坊晚

讀孝經 戴記二十二 觀光 各案 之隆

戴記二十三 篆寫叢

戴記二十四 摹寫寶蕃子 寶子盛 蕃子熙 高雪

凡其所戴古人之言論如其精之見年識是正家人之紀均六見解别

閒多有慍心之處蓋此所記盛痛識伊周其意不過耶尊至卑

是以防君弊下旁之紀以至佳似是用筒册訂

戴記二十五 乞伏國仁 乾歸仁第 熾盤乾子 馮跋馮弟弗

二十日癸酉 晴 方元翁來 蔭侯陳六舟並偕湯子銘王雨軒訪蒲仙
到元翁處少坐 侯偕盧培並偕李芋仙為午飯後 候李眉生
賀吾樵臣之喜 返寓 盛公武來 方元翁子丁來 王鐵屋贊蔵
是年謝之書吩
貝公子八人王林湘工申
詣花處少坐 至闈後同頭館留方元翁飯
刪已 張倚南 方元翁子丁飲二甘啦 寫髻香挽作 卯刻 安陸六十一壽
廿一日甲申 雨 至四姊處觀畫齋房 鄭鐵仙來 李眉生來 閑話來
假寐一 下午同李雨亭至閑如處 並唯方元翁父子頭當晚宴鐵刪
已 張倚南 索作生 方元翁 尹和伯 同人分撰楹帖 饒閑一 飲以二枝好
二十二日乙酉 晴 至四姊處 聽畫扬序 寫贊鍵 作 卯刻 葬安 直下午至閑姊處返一 閑書
返雨 日暮 下飯 並至不吝處 並閑睡之 寄予和伯 沒至閑處 畫盦
晴 觀刪已 五王校叔 張倚南 等返一者 陸續甚為 下午借方元翁
到湘處至 坐至倚俺物 改同話蘇竹山 不過 返家 四姊至家談
畫二枝去
二十三日丙戌 晴 陶子漢泉來 岑台改同話 閑姊 尚所來 蔡 畫

至花谿泰盛旺曉發，雨初止，少遲，因至去余亦止，收載物餞
仙生字 醫士巡東橋 車本地人 年廿餘 李幽湘潭人 本年 寫信
行令下 條西未作字半面硯匣 鄧白岩 莫子偲來候 下午
後下面所家覓之，卻觀所之家乃吉石名，何在，少堂同往至
楊村人 林 唐賓楊玉華 本地人 葛作佛法更西發海山
李古竹林之名久矣，向游竹林唐山，照竹林湖亞雅向訊梅村
因至同澤橋君蓆賓向上搆去法藏暗仰守渡 貴全堂
利吉一友人解借住祠看是一最白梅操之一第宿然其友梅
看別爲其蜂香之少見其揚看則一全之色黑楊毋看其化爲
宜之錄其國兩界又全鐘且勝之石出儼若雲之雲務少運雲羽之
表一路山皇芳葉其尖上去其此，又至其藏葉此居御前放一鯉魚
二十四日 持刀欲刺條臍之至不
二十五日 丁亥 寫信寄 下午大雨 午 李扇屢來頗未見 訪季雨不遇 至南羽處晤秋谷譚西王梅丈華下
午歸兩小時 得見

晉載記二十六　秃髮烏孤　弟利鹿孤　弟傉檀

載記二十七　慕容德

載記二十八　德兄子超　慕容鍾　封孚

載記二十九　沮渠蒙遜

載記三十　赫連勃勃

晉書終

二十五日戊子　雨夜大雨　下午到閣　晤少士吻　李仲藩來　四姊來

二十六日己丑　雨　直卿來　周霞臣來　蔡雄受傷之族

通鑑十四　漢文帝四年　作顧成廟　按此爲生自立廟　不知昉于何時

又十五　文帝後二年　以申屠嘉爲丞相　封故安侯　按嘉本以關內侯食邑

相封徹侯　丞相封侯實始此　漢書公孫弘傳言始于弘　非是

二十七日庚寅　雨　直卿來　赴李芋仙飲　晚偕李恆之　拉以看

檳來浮先生開好霞薛觀　示管霞生孫和白　偕晚再往二枝胡南

陽君姬　勃殊婉

二十八日辛卯　雨　子刻得一女　大小　俱吉　徑君　石翁來　下午到閣孫

每益昏眩伸齋訪人不得晤胸　徐季恒來候辭行不晤

二十九日壬寅　晴　早晴辰刻回汶會元徵師來余始出謁客　廣候寶

蓴甥午　候李芋仙送行　候兩孫魏屢並送行　遲候徐

季恒送行　黃候芙卿　李孫三人不晤　又李雨蓭　並候公武

載功諸人　又黃舒明元師及孟廣惕　並晤兩孫不見　清爾風雲

楊小山來因赴南門素飯　汶迄兩孫家　下午晴　高夢卿　佐英

來候李姪

謹英曉峯　姪孫

通鑑千七　韓武國議曰如卑己向如烏峯之從　謝仍不刻　自上京不居為人　行

按此則林秋為石屋淨指齋之說不甚信　蓋五姻付其下為之　點皆

年

通鑑千八　主父偃上書　[redacted]　亦云自奴報得為刻　如一世也　上及霍蒙及

閱國風　樸背答獄辭之　不受為人　以上同

三十日癸卯　食晴下午雲　夜復雨　小女生三日　孟惕兄弟來賀　並與飯

李雨蒼來　李芋仙來　致曉岑函　甲和伯覆　少雲書　閩翁覆
並覆銀卿己　張博卿　鄭笙楷　楊小山　霞生名容　重農等　楊小山攜
植季偕　初楷　均暢遊　回邸少坐
叔扇生　　作　並作楊千字等二件

旨賞朱邦瑞軍醉時　午後回寓　以事遣吳來　早飯後同過國初
譚穆時百餞　是市中得上心寶煙一束以　寄伯年信　錦田壽安吉人　和國政
爲吳縣老友雲揚同兩孫赴曉峯之招　因座客有倪羊仙徐孝恒
等　初鼓散歸
初二日晴雨　張此堂自江北來之候　寫伯年信　交昨使　湯禄良來
借晚茶話　張此堂不遇　又訪李伯生亦不遇
初三日雨　午晴　訪莫楚雇　夜大雨　曹審　鐵仙來　至城北瀧木君處
出家作中半食　見天寧寺僧　蘇岩師　雨春師下馬握手談
如隔世之遇　并約下午至寓敘　以金佛顯濃爲禮并送順治
張似解觀宇久坐而　蘊師等來　古香來　因會素餐　附子來下
午分散　蘊師之寺來　邀余至大殿　至佛流汗遍身　霖溫爲保
日晴　雨師之令徒後首至寺　舍利發光三日云　王毅子錢黃門來候
通鑑二十一　武帝元封三年　遣陳呼入朝鮮　樓船將軍　左將軍之人此猶未定
夜　按其時左將軍荀彘　樓船將軍楊僕　能者楊可知　而濟將軍　道為國事

若歸安由河浮淮截師之處必久有其宦究以申名爲要
御批五月廿一上諭擒李侍賢左宗棠等奏四月二十日官軍擇克復嚴州府城之
十二日將南靖縣城克復 二十六日上諭左宗棠等奏四月二十七日進攻龍游不保等處
賊匪 並擒禁漢奸下賊巢並破壘十餘座賊匪奔潰死者無算轉進
李世賢東走馬陵六千擒下三將軍和孫城四復同日將湯溪孫城雲龍城收
復 二十七日上諭瑞麟郭嵩燾等奏逆首汪海洋外股逃竄永定福屬大
溪之帶竄陷大埔飭令副將方耀等擒要犯陳侯賊匪逼近焚燒無疑
解賊匪竄賊勢不支由溪上溪下一帶紛紛逃竄 閏五月初一上諭劉
蓉奏[illegible]援逆黃鼎鳳等營自攻陷階州以來竄踞久踞官軍四比
山兩擾地迄五月十二日地道轟發乘勢攻入城垣陣斬偽姬賊武王蔡昌榮由安塞
擒獲大將達賊等多名 初七日上諭駱秉章奏官軍越境于五月初三
攻克貴州正安州城生擒逆賊偽將陣斬 初十日上諭霍隆敕將竄擾湖南
安仁興寧經李瀚章飭副將張萬貴並任江蘇按察使陸士杰
督力追剿賊由安仁興寧兩城竄至 擒斬之逆經馬璧等攻克其境

肅清　十一日上諭　郭寶徵奏已革原任閩浙總督等呈稱故文蔚
英桂惠親王等奏李玉成議擬多據照請照順一人等衡其責
請印行注疏倣本　諭旨明令自書寫為順天　著責成該督代奏順
等語著該部核議具奏

初四日丁未　大雨

初五日戊申　大雨　孟慶楊來　張清安來

初六日己酉　雨　王子壽來　李翁仙來　李海濤來　徐子靜來

積陰晴　是夫　澳山東人　其出至世男　閏五月二十四日來此代　並寄台稻等

初七日庚戌　陰雨（下午晴）　孟楊來　和翁甫來　李翁仲來　姚子鄭紅以余

西苑宮道撥書　余爲之定地　吳易書之　性手雜氏局撫之子二人爲

僕一懷寧人姓唐　使之新作客之回　又回一向寧人姓周　使僕更名之

來客之四萬壽

初八日辛亥　陰　頌閣師鐵仙來回訪德寧（傳）年丈　寄書一請　稱公祖

德年命往　將我細說圖　黃有兩薇　內黃莫課　我堂之年　聊了

楚姻丈要飲以平兒見之忽忽十三年矣爲之憮然　寫扇全作
十二葉
京卷畢
接詹生初七日信
初四日壬寅晴　南齋君陳日四時及宜恰尊紫芸　炳煬同日上海
室五丰餘問豐怡　族妃窩安借來　鐵仙來　代繪淨土三聖畫佛
尊藏　歐易楗常來　衣谷平和白來
接孝拱五月廿五作
又子錫乞閏月廿六作
又戡任生閏月廿六作
又下仲倫初三日作
又蕙生兄閏月廿五作
初五日癸卯晴　夕雨來　蓬子姪來　蔭軒鐵仙來
十六甲辰晴　熱出城　子卿夫人壽已在長河至此舟泊城西門外　山命
慶生貝無垢在舟相見　知楊亭於至舟相左　陳蘅華仰送其行

益晴 微有風 屐履蘇臺 本地人背後稱 候李眉生 候勒少仲

賀吳賓莆藹人之壽 均未晤 候王梅舟少譚 吳蔡蕃

候錢莘門 無晤 候楊稚帆 施婦寓 徐稚香 返家 六姊來 四姊亦至

季雨來

十二日乙卯 晴 方元徵來 回也 蒂署 宴陸葊 力士上謁 李中丞

不晤 出謁薛以侯 翁蹤出 候湯朱氏 返家 錢仙來

寫伯生信 卯日發 安家眷 法少侯 丁叔翁 日發 下午 季雨來

又訪 無 陸 少士 卿季 來 因赴 陳 相

宅未成

十三日丙辰 晴 卿季來 李 書 六姊來

下午 卿季來 六姊上 四姊 夜 姊

十四日丁巳 晴 下午 下午 張

方來 傍晚去

十五日戊午 甚 方元徵來

鐵冶亭中丞 徐石谿來 寫張仙舫作 自書

接伯生十四日信

十六日辰正 集世涼立秋 寫伯生信 卿日書 安美屋 王四姊處 李質生

東谷候未晤

接沭銘帝初三日兇信

又伯生十五日信

御撰閏五月十二日上諭杭嘉湖左宗棠李鴻章奏稱三屬廿減漕米二十六萬六千七百石六千五石零

加恩著照所請 十七日上諭陽麟雲南將軍著屬署那當嘉奏本日左宗棠

奏偽宗偽將詹陶軍克復漳州會同鄭軍將該安芝汝等

并攜偽祥王黃隆芸又偽刺王朱蓬等殲斃無算該逆丁太洋

剋剷幽軍首降匪海洋自大埔田窟向永定匪北竄矣

叶

十七日晴 方元翁家夢世弟 候蔣尊卿 又候卿

公識 又候張濤為 郭墨樓 訪觀剛已 君 過寓 卿戲仙書

至四師處　留晚飯　飯畢行卯刻發

十八日辛亥晴　訪季雨不遇　假戴功鐵仙蕃　訪露生不遇　訪鶴

葉氏送行　至四師處　李眉生來久譚　李次濤來　邵季雨

來　是日蔣蓉從來不惺

接子錫之初五日信

十九日壬子晴　下午風雨　至四師處　六師來家　下午去　陳俊仙來候

二十日癸丑晴　午間大風雨　至四師處　櫻亭自長沙來　寄子錫兒

信　廿一發　交蓍收石　葛生之信　今發

二十一日甲寅晴　王梅岑來　傅話久譚　至六師處　晤櫻亭　寄夫人脫

家

接子憲之初四日信

二十二日乙卯晴　楊子木來候　至何彥處　謁李宮保久譚　告以胸臆

之故　宮保深歎余之無詢家事婉言啟益為謀生計　候

蔣葉陳倪韻學　又候露生於門不遇　返家　過寓晚甘五

為克究詞傾課業　呈如先觥了　石谷來同游鳳台　鄧季翥
來
二十二日　丙寅　（夜子時雷雨）方元徵師來答候　子可亦來　王四弟處　答候彭鑄仙
並候陶伊卿　均不晤　候夏劼剛辭行　答候楊子木　候李子有
坐　張沛之翁　訪楊履擢　楊小山辭行　候蜀石卿　均晤　候岑子佩辭行
不晤　鏡面　一看　訪曉峯不晤之　石谷和宜　訪小山李壬林
並晤元師子可詩舫等同　午谷博文訪頌剛之與仲民李辭行
久坐　訪霞香辭行　久坐　霞向物計　獨峯之　返家　寫曉峯
信即刻送
接黃中堂十八日信
又曉峯本日信
又吳冠伯初七日信
又丁松儕十四日信
二十三日　丁卯　晴　陶子方來　王四弟處　要梅東和白槐亭石谷過談設宴
廿瀟之餞　季雨來　寫黃中堂信（致劼剛侍）黃宮保信　各發　延卯家例

擬致全宗同信

致湘卿相國

昨晚奉到 鈞函敬承 尊體休和 聖躬返暢 以欣以忭 御筆從

公日久人情驚疑 不知更有何理或有之 細之清德 謹聞箸無多[illegible]

祥帥堯將地位日隆手下日疎 足使大義難為人心不諱自古更何

恒患中能罕與十餘年矣 利害難之之全 伏維[illegible]力維[illegible]

際氏生若有瘳乎 足論登官於從前既而亦萬之 [illegible]當林泉

徽配接替少年失學自恨荒疎 御仕尚隨侍以來屢加獎

借以為能續前賢先哲之風亦知 [illegible]學通[illegible]而性之所近尤

喬勉若鑽研鮮獲知難而退[illegible]為未晚 已手[illegible]仕[illegible]糊以為之

近有因請爾有詩云名為益醜悔生遲御政悅高蓋服膺斯語力

求[illegible]遷誠為非異境相追[illegible]思與出以無負知之案有擬一時海爽

前諾而知其不貴硬果之徒或者會[illegible]而對[illegible]露聖[illegible]未可知也此象

於[illegible]薦尋制軍以前事[illegible]推[illegible]東候未刊危此擬且無海泥際

搜[illegible]邑[illegible]不急以根致蓬即[illegible]

一係指項豐夬即刻赴為嫌之至極見治火指兔雅融通極淵施

批一豪懇深爲法不敢援案仰懇遞諭飭數個將原帖審呈幸為

查錄劉覓丹赴下澣下屆七日中再為摯眷寄陳清芬爲敬

請福安 不具

附來函一節

以接奉惠撰以一日之長足推六證懋恐昔劉覆其制軍於

戢此十年誤孫伊人之言詞敬為乃有鑒保之疏忽非換帖改

稱之語事由辯其誣詐以應西所產之三七見既為指兔門生二字

蘆案二件事宜三七之斤封寄寫云指撒三七蒸干詐飾為核所據

奠初原因將新帖人鑒為以代寶收卻返不改稱詞何為友明乎初

此乎辦以頗有逸叙敬援於仰詐閣下處我以自卑文先生衡種

為之初即未以即指兔新稱錄為偽換其名敬遞撤指親或先身

安收之簽為通融亦只此次殺將大棗變遷之是兔指致之寬大

矣賢如子學不敢爲泉從人之師先如衡看亦堂與長村之寶詐

存此叙留作一段結語可也

覆沅浦宮保

三月中奉到手椷，諄屬照譽久不得詧，詢悉與于劼剛兄處，知尊體發汝若目舊慧，莫名馳系，未聽劇已就痊否。早周仲夏之杪，相國奉命北上，聞兩宮召見，以王靈素謂詩隨馬足荷恩寵，晚景重新之筮仕止力辭，亦可便得逍遙至老。揚歷數載以來，被公家厚恩至優極渥，吾人效東之誠，華主饒無師生之稱為事之終身不衰，往往焦身徒步相從千里之外，之最深篤，非常之誼，甫距高自，任宜公抗顏行，豈君子居處之道哉。往者居處在悍憹，未敢為楊林之語，今公為師東山相國祖徵謹白之，亦謙薦江上鵬運鶴栖倫焉，而及修禮遊世後燬疑，相國處已備達烟恍，以之裁植中世之政，用特寫其素心，祥叙鑒納，至當為之計。惟是林泉徽眺，壞韓鄉年奔走道懷荒殊，頗累伏案幾年，一舉改志事，惟天姿敏鄙，研究徒

籍甫性之所近糕雅以之自娛用陶歲月赴宣城為糊口微生後
羞寓旨命存斗米折腰向所嚮眉尤悲鬱拙途時他日鍛翮
雨暢一泄之殺拳不足重輕仰累大賢知人之明何能以見從
者故爲謝有以決計之佰況擬粉墨下游雪山篁澤之間聊
借一椽蔽風雨俟俯察況實即指揮弱為佳適伏惟知○已
多處逾越蕭偏閑何寵遇能無惶悃專布鳴謝并陳微悃茶諱
鈞安不盡縷縷

[redacted]

二十五日戊辰晴 方元翁來 伊仰來晉候 鮑仲來 楧二亭來 衣谷來 兒子寶琛寓
妮讀書今年開筆 赴蘇為振錢回書葉雲岩 新來婢人參將
聲春海 自性來 吳江人向丁旦妮君和旦 元翁益鵝及余 飲穀
臥閱弦齋手 又臥楊亭處

二十六日己巳晴 孫子來 李雨來 施妹丑 俟棣香 伊宣與人來訪 下
午衣谷來 楊亭來 寫鮑仲信 衣谷又來同至聞弢夏出山

接殷仲本乃信　言擬今日由西安悵惘

二十七日庚申　又明翻閱本錄　陰　許同法　下午來　李靜陸山來　西山嫩來　赴元翁叔過偕返同唐香雨

衣谷　劉作山　葉湘雲　姊惕雲錫　傾寄同文翁　因商孫家曉岑

及張小山來士琳安返寓

二十八日辛酉　陰　下午大雨　鄭公武來候　聊戴功鐵仙來　又六嫂至　李海澄來　下午訪

芳亭來　今人知函沈帥已放山西巡撫　惟言有不以以病辭之語

蓋總氣將由豫入陝山也

二十九日壬戌　陰雨　唐元翁來　下午衣谷來

七月甲申朔日癸亥晴 夜細雨 阿哥來因王六帥事 張侍甫來 杜小舫來
候 示瑞齋蘇儕山來 答候杜小舫不晤 示冬夜後來
初二日甲子晴順風 辰刻下舟赴東下屋 雲甥特到楚與余偕行至
乘江蘇廣舟 巳刻 午過燕子磯 申過栖霞山 夜泊儀真
接眉生 信
初三日乙丑晴逆風 早發儀真江口 寫沅帥信 初五發 交雲甥 又覆對竹信 全上
孟辛信 全上 晚午抵七濠口 泊舟過雪生 題輪如是上
初四日丙寅晴 候楊叔又見白
初五日丁卯晴順風 早發閘口 吃錯那殿 雪生起來若到舟 遠如子送之
天經物拿小解 姚四延欣以登揚過 欣如落城 石磯下水波如沸 且
年那勇掉 宛然如為人 情風利 情不肯 風水相鬪 舟傾欹 艾向撼柁 甚
霹那旺降 忽及水為 風年江川第一險處 多會御帆放于中流 時
同見石道欣如小口 有官人持大竿 測度水口 於方塘數稱 欣如冥益
江水遠奏 叢年尚晚 紅鵲穩提字 旅知就之 主此息 樓塘富過刻

仍如昔小河市蔬已過三叉河午後到揚住舟鈔關門 寓迎如子樸叔
眉生登泰益邀 偕如叔至舟一譚 丁松僑青
初六日戊辰晴 早至城中食揚州麵 味甚下 茗讌丁松僑偕至
叔 寫眉生信 申日戊 安生都 訪此堂久吐 午飯益隆 其弟蘭甫 黃仲陶 劍來校
如人許 撰如八 訪方小舟 石殿 訪徐生久宗 偕至西林寺 益隆 李
文軒 徐錫及華 偕晚往舟 賦洞仙歌之闋
揚州城東秋夜泊
洞仙歌 如鈎新月照蕪城 [illegible] 千樓 [illegible] 征鴻寂寂刀
斗 世 遥遥 [illegible] 十年 [illegible] 爭戰地 丹青 [illegible]
半窗 深杯 [illegible] 興 賦秋心一曲 高詩 [illegible] 庭畔 斷腸 [illegible]
便豁 舊扁舟 弄清游 [illegible] 玉簫 [illegible]
初七日己巳晴 劉伯起 因其弟仲諧 來候 訪此堂益隆 黃仲陶
午飯後同此堂仲陶至西塘 因看 [illegible] 負 因陶 [illegible] 根香
張子 湘如八 華 又同至市中 在 [illegible] 此堂 [illegible] 五 [illegible] 一收 [illegible]

偕返其家再三留余下榻並為纂家計(意)甚厚可感

歸

初八日庚午晴　葉根香同陶京蕃來候不晤　答訪之並晤金力
甫　又訪諸舜臣方小東左小東　(答訪劉仲範仲裕)　再訪又訪楊子木丁松儕　儕晚
括伯生　行

初九日辛未　食　金力甫來候　楊子木來答候　訪舜臣不晤
訪力甫在其家飯　又同到吉蒼探　途遇舜臣　同至舜臣處並同
返其家　晚對(對其)談甚(仲)卿　返寓

初十日壬申　食　寫家信　(十一)　交仲陶寄　寄閩銀以二兩及名稿(諸)嫁裝　下
午到舜臣家晚飯後返　張夏

十一日癸酉晴　因葛仲陶到舜臣處並識為友朋仰望(總仁人)　仲
陶解館度江　余以蘭(?)物寄之　要稿楊顧夏　飯後先往未晤
遂訪丁松儕　同過吉蒼探舜臣　既晚同到舜臣家　並識其兄
小蓮　廣陽徐生之女　是夕與伯生縱談世事甚暢

十二日甲戌 陰 飯後訪小粟不晤 又訪陸生同莊良久 丁松儕
來 褚翔之來 是夕偕生鶴余同詹翔之小酌 吳次垣
十三日乙亥 陰 訪此望閑四弟壽向滙在此急欲清緩不知候
頤先道翔之詢問翔之因須寄卹鮢 識次垣今於家見所藏
宋拓淳化帖二本 四爲家味辛先生物 題箸陳閣帖祖本 直
秦木板也 憶十餘齡時赴試白下 謁陸伯先生 出角爲評 先生
最見賞 以爲能通字學 出塞本全本見示 余賞于八體書兩
知 泛在臺般先生業傑 請以送無此 眉慧楷鑑取了 匹過翔
及家午飯之後 到向陸齋 已他出 晤到丁松儕家 少坐而
佳生來 與次垣來 二更向陸來 寄家信 寄四弟生函夏館一百兩 初日發二店
十四日丙子 雨 飯後到方小粟處不遇 過陸生松儕西崖飲
儕晚歸
十五日丁丑 晴 寄黃冠北信 初四日發 右仍周年姊夫 交周 寄蔣蕣卿信 初四日發 寄沈韜文 沈鶴亭信
初四日發 交肩 寄李子姊夫人洋四元 望 寄惠生兄信 寄李 以免返寄收 子銘兄信 即

蒼宗　鮑岱為伊寄去陳利貴　即日發　安貞　于伸之信　令寄去陳芳家信片

福星

十九日　即日發　安貞　夢午買先候家為寶貴會所　但篇數雜沓　俗甚

承平等豁利粮之大無　飯後候此堂　以抗俗中免設等知

愛者皆目妙　昨家買家知此說　救往一那主人　麻布龍猪

頼諭書講已　後候問道少生　返家果木叢李　前小

東來　夜局生鶴設女伎　蹈詩打陂壹子　蓋無舞之宜

也　座客小集　小篇及會

枝　時小冬了　十三日信

廿六日戊寅　陰雨　張詩舲來　訪此堂　少譚　又訪月舫不遇　飯後過曾

生最少譚　後到松儒西圃　並晤張生　閱詠如來　並贈長歌

後往見之　少譚　初鼓時下舟　張閣謂霞言　閩淅川所考日云

等投亂石　亂似破箭　舊降爐之　閩撫六月有大雕　日昨後援

聞閩撫自引之　六月十一日　賊已陷　漳江十餘里之固　家庵為大隊李

浙清所掇　因舟主僕四人一時逸去云云　閱之令人驚悸　閩撫于日

初二晚得七月初二爲來到晤彼同人另世疑評其游歌照之隊次值
於風花蕩舟則欲其棒錢則一日不到上岸來年四等荒唐之言
何自來鄉乃姓名地方之之響之不能不爲之毛戴於以開怪
庚戌相覷之之決不能有日山稱異矣不足信也
十七日己卯陰接閘阻木四侯順風早發移舟鈔關遂張帆而舟日入城早食于松
陵上巳刻下舶順過泖山舟中一讀即解維午出泖口起望山中
流波惡舟人故爲會遇急擬爲舟叫歸舟歸撐柁幕至色甚
主故風阻不能狂風吹入陸遂至七濠口泊少還風益急去泊山下
歸思竟不得達也　爲閘所下易知其無恙
十八日庚辰食後大風雨　今日爲歸仲叔容太夫人壽何堂此恩等
皆集賢竹舍陰竟爲風阻仮臣楫小艇訪舊力甫不通云勢山
未逾刻也　留與錫仲作書之逢稍使此去山口便　即刻發吏使
十九日辛巳食大風止放舟下午大風雨止泊風烈實仍泊七濠以風
止以對晚不及放舟

讀經藝叢書夏時於傳說證 其中以夏時之等一說經典分別
等儒未見附會小正自是明堂月令當之類此豈侯鎮說擇時
以日令為之不為說白與注異有大篆存焉亦難齊難一說聞
若是數字之不備之人好奇之過也
中設證 討設證皆以石經及諸本校今本
周易古義 主古篆意言數字仍遺書
五經小學述 輯經義述聞 多精其微 抄撮於藝其意難明訂之
藝室本 弟子職集解 鏡諸句解 其思好篆 古稱疏證用其之
未劉 私存其目三石邪 以古文代邦隸篆而少不是用 仍以今篆徐
攙是不上往篆古篆存之自為一事之無異 石皆然疑 計石皆為
字文附錄
史鈔七卷 說經者屬十九多精篆 計鈔二卷學人之詩世門徑
二十日壬午 雲風止夜雨 清晨出七瀛以辰刻到焦山 肩輿已過寺北望
與仲譯序又與仲有合未登東江而北望相伴要自你此別

峰菴訪蘊生師，則已于初十化去矣。鷲世芸為借菴中
侍者，竹林寺主壇拙師，才氣過人，識見力廣大，僧輩中所罕有，
暇思為作一傳，第患筆弱耳。晚，天寧寺上善和尚真山為宿，
在星門識之，少譚而返。偶訪許霽寸紀堂，譚話，並識緣仲之弟壎。
潤齋　李陶　下午，黃仲陶自秣陵來，同紀堂、仲陶到自姓
黃閘，去歲有新開過水，急竟不得上，加火力激轎，亦不行。旋見傍轎
放氣過始下滌，蓋火力太甚，藏氣之，檣將不任矣，求之法驗一過。
于此可見耳。寫家信。解仲信。即日發，交紀堂帶赫。申刻下船，順流入丹
徒，以不堪行。此距已六年，以上有姚廢墨民居尚有存者。入星回盃
閘，填書甚慕，又行十里泊越河鎮，有雨局。
接十五日家信。
又解仲十六日信。
二十一日，陰，微雨，大順風。早發，越閘二十里新豐，十五里張官渡，十五
里丹陽縣，時未及午。泊舟，貫芸疏，登岸入城東門，登般閣橋頂一望

城中。十九日早霽，自越河下駛五十里，閘楊河，時未，慶鎮市居民
甚稀，泥舟沙少頃復行，二十里陵口，二十里呂城，二十里奔牛，有相
厚名，三十里常州，時甫申刻，已行百四十里矣。自丹陽至常，來河
民居似較勝於常州以東。舟住西水關外，遣僕入城，要子鐊之來
舟一譚。返言鐊兒已於前日下世，驚悼殊甚，欲赴弔而慈生兄
偕子昌姪來舟中，乃知鐊兒以弄君得〔二十殁〕科，無恙，故得推陞
皆慈兄為之。殊隱家婦葉氏，子孫一人，皆所依託。余先托鐊兒
婧膝因岌，涉扶病請謁，帳目不使一返，當謀臨程，諄諄言之，
尤為可駭可悲。子昌反向渠江西詢去鐊兒家，因屬遂常藥國
後行至前家，撫棺一慟。余才慈兄，謀宜早入土，喪事所需，余力助之。
以東門甚急，招呼早一會。寫信與生信，張紫筌信，丁松僑信，寫作〔廿二日寄幼星蒸也〕
二十日甲申陰，早發下大街，若呀蒸見及，楊子壽久譚，君觀下舟，即
行，晚抵無錫，泊北門外，擬由此先赴書舍擇地。
二十三日乙酉晴，自錫城向東尋徑行，至書熱五十人，或云八十里，或云百二十

里蓋道路遠近不一地狹闊篙舟云須過張涇橋此橋以上謂為
南出過也九里卌亭午至閘橋土人云去錫止三十六里出橋未遠過湖蕩
過大汶港經峻有小山在蕩北上有方石幢土人云山名苑山蕩名花山
墳也其南大山則錫之惠山風境幽秀林巒深蔚彌望曠眺甚樂東北進一
港內有三陽大橋不數里收一大蕩田家菱蕩傍晚後收泊小橋地
曰廟橋去閘橋十八里實則合以兩下八十里
二十四日丙戌晴早發廟橋過常熟西關亭午到常熟城泊大東門
上岸訪馬武之家嫂氏及二姊皆無恙晤武之及張安生時來雨生
譚東姚小歐雅崖訪諸君相定下午同蕉武之收安飲于市初鼓
下舟
二十五日丁亥晴巳刻到武之家同武之晏生小歐出相宅長亞收借
暮上數張雨生安飲于市又至家譚下晚歸
二十六日戊子陰巳刻到武之家買輿往候趙次侯宗建宗太宰高奏上海邦之周
閩山楊書城汝西詠壽之弟均不遇便晤閩山之子姓穆塍如深亭云新

從滬門偕此[illegible]共等人昨赴蘇耳 過丞馮壽遇雨生等久
候
二十七日乙丑 陰雨旋晴 趙次侯來答候 次謁楊書城 [illegible]生遇人來覓舟爲
次謁之 偕至暇 丞馮壽同式之姚小欧 和宮一遊 有梅五樹 主人云魏
氏舊樓故址 只覆非也 因謁亭蘇生丞舟相語 不值 途中遇余若好
中國法同藉遇丞丹即其家 飯 識周息馬 雷山人馮石濃 詩頗鍊
兄悼王合草 村居重一帧 秀潤無比 主人偕至楊書城來 飯之後
同相宅二區 到楊書城家 少坐 識趙少琴 仲諸沈夢子姚 次因遇馮
寶 相後下舟
二十八日 重霧晴 趙少琴來候 到馮壽 偕式之登靈巖山 循山而歸
丞至城下 山中遇若生少睡 謁周源亭 閱丁伊博[illegible]墓 此往探閣 又
答謁趙少琴 又同式之相宅一區 式之從丞小住[illegible]遇雨生
譯丞 夜因[illegible]偕其家 乃返舟 前日所相宅 價不肯售 共買式欲千金
非買地下葬 非貧辛錢亦且不力 都及返 取計且丞蘇耶

二十九日辛卯晴　武之來　城外西莊有隙地可看山擬廬焉宜又奚山居四石洞便養勝地也遂約武之岳生同游　巳刻買舟過歷滸一眺至城之西南隅看山甚得逍遙之適乃至湖右邊午間至西山下寶巖廢寺張氏兩蠻駐馬因岳生上岸一眺　果樹縱橫　午後到小西山遊西園回望山入寺寺已毀于賊　新築茅椽　洞在寺殿西后循石入上露天光如井闊洞西向不及二丈　洞外西壁下一池　有泉自岩上滴池中　琤淙如雨齒與杭州理安法雨泉相類　泉甚甘　因煮茗及煮熟新泉　飲賞之良久返夜舟均城至西城已昏黑　偕武之張岳生別去　余舟到南門泊

三十日壬辰　侵晨順風早發　常熟未刻至齊門　雨大至　舟泊北濠　申中抵閶門上岸至城中　過薛安林　偕袁至傍晚

八月乙酉朔日癸巳晴 早飯後薛奭林來同倚舟赴木瀆 途過橫塘

茅蓬菜物不防修年列隆上峯訪汪石心 已于前歲下世 明之

子信之居食着居此笠意闈休勤甫堂南豐 王朴臣精家看

中張拙甫為題眉以庵摘華上 故遂遊已園及吳家舊家

一卷病星至周懶菴錄翁村時元周金門逕全地內宮樓房之段

陂造手身三間鋪屋正室（前為殘存）寳樓三楹數花木植以雅

梅惟悴故矣 趨外易者來 非夢非幻心緒 悲非喜前緣

僅託為慰之 此行深居不三宿尋歸（下詢）頂情之處名列救舟

晉日候張仲甫 家簡物業方至後來役皆果詢踪跡合日已下

春過即命棹歸初鼓抵里門

初二日甲午 微雨 詣與登岸 候王朴臣不晤 謁劉松岩中丞久

談 候木瀆莊卿九兄 藏殷英大兄及吉如諸姐 候周閣

山太守久談 候吳平甫觀察久談 遂返舟 居安林來奧山再訪

佳處以蘇城木瀆下一葉此不易納也

初三日乙未 陰雨大風 早發閶門 由葑門望見南濠 舊街建屋船
頃刻始千万 閶闔外萬年 難復也 午至葑門入城 閱治喪之門外
上岸 至其家 撫柩至晚 方下船 并至閬仙處之長子畫舫
辛 郭門為之驚悼 其兩弟均來 家送送銀 李氏

初四日丙申 陰雨 醉芙大兄來舟久譚 因上岸 訪本家蔚之魁生子
卿諸兄 子卿兄同看屋一所 不愜意 均飯其家 因同醉兄訪張
柳亭 李秋亭 不遇 遂同蔣余又訪張雨生于其寓 又訪周
閬山 皆不遇 到芷卿兄處 同去如此看屋一所 屋佳而價太
昂 亦如寒士所宜 遂返舟 寫劉中丞信 即刻發 閱閬山集
參候 寫舟中晚飯 劉譚甚暢

初五日丁酉 晴 劉中丞來 答候御聯 寫呈定子信 致鐵搓雞 到
芷兄舟久譚 飯後同醉兄過訪袁華亭兄少坐 因去如到
於街看宅一所 係出兄書屋 但須修整 余以屋少 亦未了了
可也 訪吳平齋久譚 並晤戴 辭 經卧 閱閬山畫後 飯後即

芷卿之再世士下如
晤白寶子墨
久不通音問敬維起居佳和榮問休暢賢喬寓相與一處
所以惠遠民為頃新得盛典當可畢郵 閣下近蒙日祉
未悉何時返旆之中旅甚嚐諸君於夜之來集否弟仍舍舊無似
返里後承尊翁調疾之數不忍久歆即趁赴京山僧弟前之屬枉
來寓相留以杯上果酒談以寒暑晦易更敦勸弟仕辭
之不覺憶以遠良滋培為道出身之計爾之要即中著
政風利新鄉如以早要云雅重為修身寫饒之日來所習閒
以款待憐歸林算怙命憐疎野不中談德一行作更此
長倒執下顧倚有真確可取之才方今賢者在上悅其形始
何嘗不欲乃為空疏無實徒資笑柄而為此所有涵養栽植
之施於世之樹樹之不可為用何且互更失於祿養無還
因其所悟要之何以彼遠幸志不求榮遠用甚思推遂決二義

昭前日第一樓處下擬于大江南北擇隨居之卜築有成即爲迎養且以得遂初服善刀而藏以無罪諸賢知人之明今身既九一己巴告便歸中同輩知直明心地光大儼護特以謝陳左右相寸 有未定壽印平 壽足高壹 少萱賞 係大姊月體買慧知念年內

初六日戊戌 晴 移舟仍泊閶門 訪薛安林已自靈巖山返 云昨日已至一買一與 買者色步傳賀於票 欲賀安畫 與吾居為

直撫經使 不覺乎而托一告計 然後走千揣以上 雖不敢也 尤似

訪陸柳亭不遇 還途 與安載同乘 [redacted] 隨之來 直至 下舟 留小齋 至江 生非 [redacted] 辭陸康亮文來 [redacted]

初七日己亥 晴 謁劉年伯久譚 候王松翁不遇 遇林 下舟

日安林暮餞

初八日庚子 晴 上岸同安林觀蕉陰 下午王樸臣來訪 同夜暢

譚甚暢

初九日辛丑 晴 同安林早餐弟中 又至諸河觀 同舊舍餞餞

菱極美　訪閬山暢譚　訪芷元暢譚　下午借芷元馬嶋
初十日壬寅　落舊（下午大雨）早飯後（翼生作）同安林至六如觀菱飲食
菱角　下午返舟
十一日癸卯　雨　蔡安林來舟中　寫雜書摺扇寄還燭何成扮（卯日莘友遠信川）
十二日甲辰　晴　遣如子要王樸臣於李蒼孝橋一聚　即有安林
同往候之　撤安林以住宅二所借其押錢為置宅之資　人為王
為說合（此事）主校　因往閱宅也　少選　樸臣同早[illegible]介眉　藝源人
來　又借（小安徽）全中一看　允以四百緡相假　同安林登故李壇之亭
高二十餘丈　自南京長干塔毀後　此為巨擘矣　絕頂俯瞰　時有
寺僧善[illegible]（乾隆柳北井之石欄）李秀成屢欲毀之　僅全　臨柳下剪三層　即寺本
寺毀脊應及頂皆風塵蝕　不類人世　下視金城闤闠緒
隔一塵矣　高處多蜂窠　遂亟下　息足蓋堂　旋即歸舟
十三日乙巳　晴　上岸同安林茶飲　午間獨步齊門城內新橋下訪樸
臣並晤載之復之　並德川之元　在樸臣處飯　借得早食留費後三百余

於勦命茂亭經手，璞臣作中，以安林市房一所，每月八千爲利，
是年十一月止，結此文。因偕之至獅林寺一游，堆石未動，亦可觀，
皆廢矣。返後至璞臣處，譚至二鼓始歸。
十四日丙午　晴。安林來，同叔早食後訪璞臣，要並偕金靜之（香城人，九年在本處做）
之。寫家信（卯日發，交蔚兄）、阿壽信、楞亭信（仝發）。午後至芷兄處，偕
偕伯田四兄登舟，下月連兄付去之立借契及安林房照一紙去之，以其
月分來利息半年爲期。又訪陶山，偕伯田至金月內兄付照抵押及
親筆借約。返舟，璞臣來譚。
十五日丁未　晴。訪璞臣少坐，至圓妙觀茗良久，始返舟。下午璞臣要
至鳳翔館飲，同至金舟小坐，璞臣再約之皆來，改同小璞臣寓
茶院貴月，並呼金靜之要過觀，兩申少時歸返。
十六日戊申　晴。逆風。早金靜之來，薛安林來，解維回常
熟，二鼓行抵南門外。
十七日己酉　雨。移舟東門，偕安林上岸，至柴巷人即到文殿處者碌不

惬意。安林去訪友，舟仍泊南門河。少選安林歸，則可與之展覽。
借去辛蒼跋帖一無所收，殊覺懊喪。
十八日庚戌 食 安林上岸約云，本有二處須今下午往看。同安林上岸
至西莊空地，望山色甚佳，旋次步歸。至馮寓，見婦氏及姻姪。
武之姻張某來晤。張君七雨生，昔在蘇識其弟楚生。訪周郎山
知于昨日返常熟，偕譚石久，晡后始返舟。
十九日辛亥 晴 上岸至寺前（三山館）晤聚安，馮武之來，譚屬再為惠屬
為孟青問西莊地價于業主書（嘯）姓。訪閩山，在吳家，假一昅晚借
類乃奎 書祭席招蘇來，向查蘇甚詳（黃堯圃所藏）也。
二十日壬子 晴 早食後上岸，至東里堂，見宋槧儀禮要疏本宋二為金（有黃堯圃手跋）
又閱子畫集，索四金。至寺前晤馮武之次民，少選歸次候
來譚，曰得余（步）至北門，即出游虞山，若較同武之至城南地名九萬
圩游眺。其地臨水，西山翼然，如張翊治之全城，則此勝境也。其荒土一
片，南一大池，有老叟持插其上，余詢問業主何姓，乃云（塗）吳氏衙

閶家中落，方覓售主，余今開價，將以日君歸再回信。訪郭山立

共商價，並得有餘事再商。席松泉來，言太湖東洞庭山吳家巷

屋十餘所，均可得巨宅，余甚樂其山水，以地僻，乃緩及衛散，舍之而擬實

山，必不得已罷交世路。

二十一日 癸丑 晴。早至寺前街看屋，同履安訪式之，不遇，家中云已至無錫。

至諸處看屋，擇價之而歸。履安往返步逛，同來云今晨顧日代看

屋二處，俱不可用，且價昂貴。圓格一木匠未與會，造屋樣者惟

西莊九萬坪地主皆無後孫，憶喜同式之到其家，晤小歐朴

園某女士，即過半篷，逢履安同去。錢李二人，一帽鋪，一專賣

人田宅屋宇，俱歸之為媽媽，憐者相與看一陸姓宅，開闊廣大，眼

我力所能得，且印極文字處受意味，何及房中。連日看屋，奔波

勝皆在外，此輩幼時暮業，視為園圃，今日風雨漂搖，及

識營業之苦，為之感嘆。夜，席松泉來，約明日游山，改日即同赴

洞庭卜居。

二十二日甲寅　晴。凌晨偕丹北門野岸訪次侯共所居別業，遂出
於秋花雨處，有樓三楹（額曰静巳齋山），面對山林，晨晶窗敞，殊令人心目俱爽。出
所藏其十世祖文毅公（諱開賢）鐵山畫並題石為書撰傳贊見
示。又見宋彥元所藏（科）僧東字楷文體為一卷，眼識色人
嚴畏甫（鍾琳）。世後于候便偕典畫偕登軍山，先過無福寺
門，余以去歲曾游，姑據之，遂不入。北至三峯寺，已燬其半，一君存
前殿及講堂大字而已。澗谷頗幽，寺在巖上，松林極茂，對雲山
坡丹楓約百餘株（新霜初染），蔚然之中，目此山不寂寞矣。主僧五峯
要茗，余急欲至劍門，遂不坐，出寺門，西向蒼松林上，復北望大
江，經此樓（寫）山甚遠，鏡此見狼山上綠層階級可數（蓋為二十
里）。南岸福山小寺（鏡）觀狼山不及十分之二三。僧有山名寶則墳堪
也。過山麓，登馬鞍山，仰佛殿寺，春間游，而寺竟者紅牆半頹
冒綠蘿，其上爛如楓錦。出寺門，東入山，拂洞登石橋，欣賞
泊之，其飄泛如拂之說，或云須雨從東南風起，或云寺僧惡大沾溢

蹤之。鐵牧菴莊在山下已遠矣。寺左沙僧櫞軒先生祠，云即鐵旅非也。過拂水索三折而下，出劍門，大石層累疊，方稜維摩絕類倪黃筆意。正中一罅透過，此門始有其名，開之巔，大石壓頂坐班房其上，俯視尚湖，出峯返其眺廬，高敞已極，而湖景則轉不盡。山足明以湖本堪弄，視娟有餘，而矚之致耳。乘過拂水三峯至僧舍，夕乃入寺，小憩寺止一僧，尾宇靖也，僧呼殿之櫺右借一抵解上東本寺證院，神僧大仙之徒，余悍見許，譆之，乃云萬先十一年本寺放戒，戒師夢一八白術係湖中水族，來求戒，夢中見之。及臨壇，果有異色人，儼隱像見，因請授之名律，僧自此屢著神異，故祀之。余以下尋之，故藉于尾山，並禱于神，其葉不余吐，以啟佑，余日將晡，循山東過，遇女，峯下為女忌家矣人之葬之于此，為一山最高處，以時過寺，聖直東下，峻坂，甚得一石洞，旁石嵌空，上塞，即名石屋洞，聞雨後奔流激瀨，亦留一瞬下山，已沒，乃踐嶼上，中少休返舟，移泊東門，過試之事，廣九皆坍異園

地業主稅借館明日叙談

二十三日乙卯晴 午間到三茅鴨茗樓晤馮武之吳園業主吳寶

壽亦已相當議價地及池將廿四五兩家百其十椽余允百緡吳形

芳之昔姆莊嚴寺 訪潘以並晤深亭方覓余舟已去檢吳尧旋 校如

上燈歸十時後赴馮武之家招飲識吳偉信張海門

又姓宗山生 此答散步返舟傍晚復往飲于館中 主人及姚小歐張海門怡

林侶生等凡五人 業主吳寶東遣人來云已詢明姚百緡啟叢

二十四日丙辰晴 早往再至三茅鴨候武之至擬要吳寶東正史

地丈量不得竟日不見因訪亭馮不溪亦來遂坐了霞看此亦則

藏已偕吳先在丈說返館以戌時因武之到深庭家晡分仍

返舟

二十五日丁巳晴 清晨遣安林去岸要集大眾于三茅鴨 余出訪

楊子城之弟蘇來返 頃訪顧少琴晤之 詩為主題校對與之逆

云吳姓子弟多不肯惟歸僑仰着乃已表之此未必先後知了及乃

借過訪，詢知宋屋係吳寶軒及其姪（筆香壻）歸祕府分業，須兩人出

名。又寶軒一寡嫂（堂名見霖，亦有分，傳係壻）益元作中。既別，即至周隱

亭家，擇日試之，芳林已妥，大嚴無其好多，醫借書周易識本

芳列名者為鴻哉之廣衡兄（吳園之鄰），居雲門，吳寶軒之姊丈吳蘭

溪（寶軒之伯）、寫人寶軒姪蕃壻與則方野（咨蒼）為地主者有三姓，楊

姓、錢姓、秦姓，其宋屋在內；又翁氏、單氏，姓稱此地哉以告余，因屢寶人

事一一理直，續四名姓其契，而示以為問，果寫于是，次下未諸事

芳叢發故宣設妥[illegible]主及中見吳蘭溪、秦衡、翁筆香赴地之

事，丈明[illegible]為之，並附契。初設以本姓單，蒼設以解諸家二段

答，殺去是日，請及論說，香鞏可習，傳張一切者，周隱亭而事切

根芽于鴻哉之議，勅于薛芳林確，芳不得也。

廿六日，戊午，晴。早飯後至三弟暢，而令楊母安泰水閣入酒，執地

儀亭午下舟，以來未返，隨二弟丈畢之地，雨，偕先居看戲，擬刻（樓五檔上度書卷之木樁壽居，平屋四檔為祀先、會客之所，以後刻平屋五檔以居四姊家也）

二十七日，己未，晴。上半日諸周隱亭，不遇；之鴻哉、漢同、更隱亭，之而三

芳暢遍〻並識杭人朱保之 余屬甲生爲子武之婿見姚氏少生
安武之及姚小頤至江寧後拔深亭安林同往法領亭午飯罷拿復
至閩宮渡錢山久談以契齋及拔收屬深亭往料中稅尾過户
倚晚下舟安林之昨去之宅李價三百千殘估其材木可抵全宅之半 門前二
檬不折又可放耕地垣瓦屋坍廢出市心非閑情此世晚必易與之亭
我乃余屬季步 僕踐卑以物余以武之所彭携與擬僅〻 僅前宅
述來閑記寬初一以行
二十八日清中晴 寫對中堂作 卯日登 交附芷卿信轉送 家信 内子信 附卯果中
遞至内芷卿之信 又卯日登武〻由拔如亭 馮武〻來 同深亭來 言本城自
私收為來 餘貴契尾稅契只可少 接拔收已交見如 立户名趙重
安之之同武之深亭落民久談物 同深亭馮石溪去
二十九日辛己晴 子武之芳暢家民鳳久 同深亭馮石溪來 姚小如歐來
深亭安至其家會鄉 倚晚罷物 同馮石溪余臼舟
三十日壬戌

下處寫山同源拼次侯招飲霽山樓並尋徧三峯拂水劍門石
屋諸勝。是日賦呈次侯霽山樓詩原韻
家山收拾當奩看。一盞醇醪寫放歌。庭草亂飛花新宿眠。
唐池荷木御兵端。傷兩勝有村翁泉。學遊蘭亭趣。拋雲如錦
藝槿聖香接之。摩訶止地演三祇。寺素來內典
行過三峯舊福田。三峯寺為未遠祖文毅公風舍 千松陽峯新疏叢。
紅牆古寺高荒蕪。陽泥晴湖漫野田。嵐迷任隨山嶺曲。高情
已然峭天圖。祇須二頃謀饘粥。不羨蕭蘭十種仙。
三十日壬戌晴。夜雨 二常松禪來買得小中秦種。盆剩要馮武之順日下舟
下午馮武之姚小歐張蓮生來訪。晉所得園池周覽山水良久乃去
閉關孫亭來。是日覺有風寒微恙

九月丙戌朔日 旧 癸亥 陰微雨 本定今日以前辰事 黃主簿姪 復今只成交故
候之 早食後 拱曉翟岸與侯 趙次侯 姚小歐 張安生 馮武之 楊
書城 趙少琴 嚴辰甫 徐月樓 周上木沖士諒山 潘亭 晤姚 馮 楊 嚴 周 潘 亭
並識其先崔於丙 指塋 又至姚氏 要少生下舟 候嚴辰甫來 若候未
晤 周潘亭君候少生去 少遣安林去成交原事 下午或之未舟回
初二日 安林持以蘇姓原契來 價二百八十餘 中周等約二十餘 其附原
契等云 此擬以此卷村木撤至園中 建樓五楹 平屋五楹 為住
宅 此另立屋五楹 屋周氏姊家 據室魚探者 付安林給契各人
事 留世卿兄信身 請以家信願的百付安林 旧日書守安林
初二日 甲子 晴 大霧 攀以安林襪被四墜去舟 卯刻 午刻舟至
廟橋 申刻過闊橋 夜泊石塘橋 去無錫四里
初三日 乙丑 晴 順風 旋漸 舟撓過無錫 僑指高橋 巳刻出高橋 申過橫林
望常之湖 湖林之嶺 江諸山 拼遠皆見 則以野樹畫離 縱目無遮
攔也 水旁禾田百分中一二 餘皆茅草 莢之白華 隨風俯仰

是夜泊賦壁
初四日丙寅雨 早發東原 刻到吳門泊婁水關內迎春橋止岸 晤蕭生
先子昌祀因宿之次 逢訥如子作山知才叔陸居晦與星迪往覓不遇
訪王從弟長生家少坐 又訪楊子春不遇 復覓才升仍不遇
又訪子春遇之 因邀至舟 並邀子慎外蕭生兄同到子錫兄家少坐
錫兄已篆墓之文 出前託錫兄所壽巴銀契帳各件 楊子春與
安出代陸孟所贖契據及今春交與鄭澗川所贖契孫孟舊置郭家楊契
子一并收清 以此銀平託子春攜隈返舟 才升因劉作山來 長生
第來譚良久去 遂之出才升即至楊稍到楊居晤子遇
傍晚復訪子春少譚 訪劉子江 幼時交最穩 別已將十年矣 留與
譚燈下小酌 又晤其弟爲弟存及劉向庭 飯畢同訪朱貫布 良久返
舟 梅子錫兄十三 今日才升譚及周孫已已到去歲男神主不見又信無比
初五日丁卯雨 順風凌晨冒雨宿 大宗祠問庭猶未備 享堂神
位已設 倉粗為出擬至南門外兌漿 雨甚不能往 返舟訪董生

以用顆 屋安長生兩代詩本城及宜興璧畫觀並多深點之
楊子春來舟同至祥早合並遲鎮笑甫隨者余合而下收帆川
申到奔牛 酉刻呂城泊
初六日戊辰 雨 大順風 早發 辰刻陵口 巳刻丹陽 申刻越河閘 酉刻丹徒 夜
到京口泊
初七日己巳 值酒 大風 午後晴 北風 京口 瑞堂二年 夏過此 極西計 周紀有二
年矣 余式之入城 訊之 差有生理 狀 登北固山 未果 下舟 候才耕
舟為之 以奥 見之不遇 少選即來並擔舟同泊
初八日庚午 晴 逆風 早出京口 才耕 余原丹輟余舟 過揚 循金山脚
譙萬而上 約七八里 對渡 到小伏 如以前瀏 如馊 余有戒心 借才耕
上岸行 為之信 係夫戳丸 岸旁 見 東招年間所鑄防江大炮甚
多 有萬四千斤者 橫卧草中 舟進江從 小泊 次 巳刻 到大口 午刻
到三江口 申刻 到揚州南門 才耕上岸 去 余換舟 鈔口門 遣奴子 至
眉生家 乃知眉生返袁興之旅 今日不已 向出伏 如大口 適與相左 閒

在京之富有一日留即遣出子立刻啟行無令相待陳寫自告信刻印跋書銘之同黨諸守缺素謀及自生爲御史朱學篤劾獎盛昱揚州通置親友地殷椿履務等之事安李到派員押解四籍交地方官以國書府加首東云云孫駿孫閔自生才大性忌且託爲衛道實明世系總攬不能虐案但侵論等款此罪屬實罪不止此奈何不交查辦經從中下從左大奸大惡手握兵柄而不容援及方有中旨徑行之事由內閣此等舉動實非本朝所有壬戌年來年諭旨即日查抄早同一律三數歲中量處遷擯逆疾之尚何以爲情殊爲傷恨不已

初九日辛未雨同式之壁岸訪笑立甫閱番稿即任坊寫其復以自生[redacted]洞悉利弊故欲避之後學初託下寶第以於次二爲通不俠每舉爲根特託之朱學篤朱山東人極貪于自生初不相識此次不過借爲經在中寶塾曹飾英素惡自生通此二人素筆文柄以[redacted]知自生才性方之適奪命對騎馬殊不

查多故解遂返留遂成其事中朝以爰慎芳之氣懷之奈何書字歟
如不郡江會人往識陳蘭甫林禹祥來談東之為之詩稿不獨不能
為力乃竟是東塾卿談羅織成禍陳蘭甫以是慚而罷英甫
坡之吳兄以其所為序其江會陳子懷痛詆陳相以為自湘軍平
賊以來南民如水益深火益熱狀如是 安得吳之盡本無為人
忘剖陰陵賊自郭嵩燾緣茶卿不知年一至軍機大臣深相之
為兩江也軍機兩規一不改途無年守都中年好處參自九沉沛
下僚不能自致淮或窘士概之有理者 慨聖所 治匯羅防者更之坦為
南坡及詢生平又將書有所論是不適 又與 陳端 陳相而來之 沉沛
人也其事如斯朝局如斯 不禁 悽息流涕相不知何人之和懷矣
同馮式之至藝堂才能任倦以詩敘孫渭漁之暮來同早午後同桃
亭同憶芳來如楚之嫡為即往訪久譚式之及為局中慕其事
又訪此堂不遇之其弟肅甫後同曜亭雜錄札本及國初疏遣戰問史
查陸范三姓某記事一卷即去其家飯之後徐引楚之局又陪梅亭訪丁松倩

少坐又同訪才叔劉詠如蕭張振軒 傍晚再過其寓 居曉 嘗偕劉炮
船三枝出鈔關門下船赴象口
接阿弟初五日信
又與吳本岩信
又何鏡海七月十八日信
初十日壬申晴 黎明抵鎮江 覓至何子舟 握手之際 頗為悵惘 眉別情話
余嫂與靜宜倚自發其不廣 自先余之在嬌時畏深自知非了為此
下春一切可以收束為之而程探身心初觀物我僧隱懸 廣今知余已下居
焦山遂將彼此三月一往還寓山中之信 余亦頗許之 相與捨舟登岸
徒步同行至常河遂往先母並隨向墻滿竹林 恍然回憶生平 登北固山甘
露寺凌雲亭 江流浩蕩 山勢雄闊 不覺此心坪之 遂下至山脚謁寺
甚陽後兵燹乃至山之高平地殘不存其舊 山頂有石如羊 俗傳孫劉試劍
者 今為賊徒之山下池中物 換時移 誰謂盤石能固耶 返舟 改程 講
良久 劉生詢余是否 後改為西陵許協仲武鏡何設法 傍晚辭之 晚飯舟

乘月發打槳如飛 初鼓過邸口

十一日癸酉晴 移舟到揚上岸 赴其局 同枳亭久譚 又同武之及李少湖至麵館同才料張振遠丁松儕等宴于益豐 石似梅設以在松儕處少坐即返其局 與曉峯久譚 丁松儕來 何庵昉來候 下午至此岸盡久譚 夜諸羅升臣招飲 赴之 領穀到其局少坐下舟

梅翁事初不多作

十二日甲戌晴 上岸 約丁松儕偕武之來 靜庵顧 偕松儕遊豐圃 候邛公武 時見着車此已游春申君廟 屋精忠寺以即古文選樓 所立書府是昆土太子有為樓 看即此院乎 奇遂往 址過明下 故以文選樓自衛 武云為昭陵明娟摩娑寶以為讀文選時所居 前太子真立 梁陽太子殘 不知此何樓耶 高無城是也 取但見屋及鄰之 是甚佳 收候金力甫 求似梅員子湘 程發之何庵昉帳 子湘不經在設之家久譚 遊菜子偶于庵昉寓中 之久去 即返其局 收同武之至恆章問途 百才料來同飯久 晤局赴曉峯之招 傳晚飯穀 初鼓下舟 收函丁松儕之譚數程 寫何庵信 即日發 又三甫

接伯生十一日信

十三日乙亥 晴 逆風 四鼓腹痛大作 下利如注 急煮薑湯飲兩碗 痛止汗出通身 然頭痛竟日 傍晚服桂枝湯一劑 服少瘥 黃昏開門 夜臥 紗帽洲泊

聞劉曉山已故 曲舍經此地為之悵然

十四日丙子 晴 順風 昇發 午過划子口 申刻七里洲口 不過燕子磯 夜泊下關 黃昏後大風

十五日丁丑 晴 辰刻到城 與正叔之中 時登恩請 六弟來譚 阿多來譚

日記二十四　　紹鐸寫記

九月丙戌十六日戊寅晴　季雨來　下午哀(?)蔭來　夜題焉(?)曉峰

自揚州來訪　寫薛安林信　卯日發 又作函　季雨又來

擬鑒(?)之旨　廿二日作　又廿五日作

又仲紀　國境之八月十八日作

又鄧仲榮(?)　三月廿三日作

又鄧迎之(?)　五月廿八日作

又眉生吉祠　日作　又廿一日　又廿　日作

又周穉孫(?)作

又黃尉(?)壯肯　初九夕作

又匡之鍇　遊山晨(?)　六月廿三作

又宋花樓　七月十八夕作

又下松翁(?)　八月初四作　廿二作

十七日己卯晴　季雨因胡煦齋病來請[illegible]所將往遊山存款二

者五千寓為甚如是之所著儀之為文曲而生息共八日
即住福壽匯立府後摺交姻之立存鈔而利摺交注兩兒
為撤宋頌畫扇將懷用八安銀才彼先生如塞之紙每張兩千
梅丁松偕 九月十五日作

十八日庚辰晴 早館 段語曉嵐並晤曾勸劉果竹莊 到陰寶
匯 並識周卿袁叔平根後訓石生晤 何吳許應住 造印刻寄 晚學
封書寫謝延鳳悅信 回吾事因至六部匯

十九日辛巳晴 早館 陪家中雨生先生之書 候本處及何慎
歸何不晤 到曹書者至何寶匯少坐 候巡撫沈子楳 雇請謝沈
問楳之母 在陰寶匯飯 調李富保久譚 訪李介伯生
不晤 語何處寶訪久譚 陰寶圓袁子根六平 出邑傳君之殺
兩家 是日發家信中事不選 寫鬱佳信吳佳信奎方甫信丁松信作 二十日發
接王壬秋閏五月書信 於以後娣寄京益

二十日壬午晴 得書第到匯執事 寅明

已

南門外拈恩寺回過，寺新建廣廈，匠石倡農人。魏盤仲來。

寫王壬秋信（二十二發，交李盤）、孟辛信（仝發）、湯匠惠信（初三專人，二十二發，交信局）。

二十一日癸未晴。阿多來，同至六姊處久譚，訪曉岑識謝剛屋。

湘卿八弟過夜，並晤李眉生、尹和伯、曾劼剛，寥識。候黃昌岐軍門久譚，即至石家訪魏剛己、盤仲，收晤謝剛屋，不似梅蒂。

下榻余處。秀丙來，同訪胡照齋。

接眉生日信。

又金之甫以信。

又徐生十二日信。

二十二日甲申晴。寫董麟之信、劉子皖信（廿四交湯伊卿發）、何鏡海信。

湘卿（附程少禹信）。程少禹信（廿四交湯伊卿發）、黃箕緞信（廿四交湯伊卿發）。黃子壽來候，

少譚。寫黃楙生信（附王秀卿信）（□□帶去發）、王一雲信（十月初三發，交錢子密，寄李啟）。

二十三日乙酉晴。至六姊處，魏剛己來，候在此午飯之次。候蔣

薌泉觀察、李眉生觀察，俱久譚。

接眉生十九日信

二十四日丙戌晴 陽湖來 出六姊處 拉杜譚 季雨來 候秀守雨（長貴本地人道光二十九年識之無） 潘伊卿 訪酒仙 杜小舫 訪杜來明通家 諭剛臣來候 六谷來 寫櫻亭信（卿交鄭盦 寄小峯） 才妹信 丁松儕信 附櫻信內（是日黃昌岐軍門來候未晤）

二十五日丁亥晴 訪曉岑送其行 候黃軍門 拜嵩益識其事立山 又晤嚴杏三陳朗軒 訪蔣蔗晦少甘 訪王植夫久坐 出六姊陽湖處飯 訪黃子壽 蘇時山 蘇不值 答候諭剛臣不晤 出六姊處 六谷來 夜陽湖來在此飯 寫眉生信（卿刻叢交原善）

接櫻庭廿二日信

又才妹廿七日信

二十六日戊子晴 季雨來 寫眉生信（卿刻叢交季是） 因季雨赴相與商之據處并催售為伊此事如遊山之妥說代為借售見三堂得定 余先晤季雨留其在此擬益交姻季手相 赴潘伊卿處接因度饗調甫昇

銘大雅人伯陽先生之子　茹梅香芸衛山人新輸林　彭少懐　長崎人楷

早門来。　鄭鶴仲来取之　初枝付縹物　李局中来参候来陳　来守来参候

梧局中　二十一日作

又張此峯　二十二日作

又丁松僑　二十二日作

又金子甫　二十三日作

二十七日己丑晴　雪霰徹　出歸来家　午刻赴来守家之招　同席甘竹先生

本地人　又一客王姓　日本人　又一客楊姓本地人　才峯友　煩物　饌饗　下午

歸　菊早門来参候附錄　當是僅来謝　来物来陳　王梅亭来上来陳

二十八日庚寅晴甚寒　鄭鶴仲来　午間及柏迴京来守家　邦李雨店

似梅飲　李雨将去了　面寅国鐵之や　湯伊御牡解来参候来陳

因御米伯寅　陽来訪

二十九日辛卯晴　要李雨似梅游城東　煩物了　先到早田門　訪鶴仲

出館後過北門橋　訪翔鶴仙　張之儀少坐　登噴觀亭　攝霞浦丹山

太平門下馬少息，門在覆舟、龍廣山之間，樓櫓翳起，鍾山當面壘
探頭出城上，崔嵬可畏，登龍廣山，王師去年出功之所，缺口處之修
猶在也。凡十五堞，曾侯紀功碑龕睥睨下壁間，有洋人手鐫四字一大循
堞細步，季雨曰：此處曾建匠則為寶，方在其中，相去廿
呼山上下鐵炮三尊，指城外上方寶光先年班剿曰敢來搭體，年南
俯校定正慨六江，北視修壇已立武湖上，西與東孔乃逞余
戊申年望頗偽之處，轉之所繞也，覽所今有俯仰身世，山川城傑
佐年清氣中，湖在秀隱高，一片江洲，城堞崇市，佐我食
得下山東馬入明宮城，循宮垣而東，出半山寺，謝安石
王安石之別墅，謝公東山在會稽，居住日于建康，擇地做富與
安石之東山為寶也，此後為寺，新建無屋，荆公手植松柏，根株尚在，畫平
年當道物，松樹森蒼，石為之，荔駿送臣，入宮城北門，穿宮址出南
門，城中一片所有荆榛，中有殘見地形，起伏猶見，知當時殿陛之
年城修廣，有佛不過里視，制未有城，出城圖外，並就精舍

達道濟川過利涉橋分支送友人州。寫吳竹溪佳字去年寄郵示我

和子安鐵盦

肆韻 三郎

楊伯生二十三月作

又慶生兒十九月作

四更奉証

十月丁亥朔日壬辰時王同峯來候世勳蘇姬人尊嫜之墳魏刚已

未 示岑來尹和白來

接薛安林九月廿二信

又劉松岩中丞九月 信

初二日癸巳晴 寫張比岩信 即日發 寄沈紅丞信 寄方甫信 即日發 安石仙舫 訪王梅

來寓晤談家 未刻 妾董氏殞 年十六歲 其姊來申為撰

小傳 錄後 下插紙 蔣子壽來訪 寫楊子壽信 寄香和儀六本 慕

生之信 寓子子錫之吉時賻我數十金 插初二發 安寓安姬

妾董姬小傳

董姬，小字五大，蘇州人。余以其性淑□□之嫻良，又寧之嫕，寄世業

僕，積貲雄于鄉，祖若父有傳世儒者，遭亂家毀，父母相繼

殁，□依之，其姊之世賴，以之傳負淪落，□不可問，或依之，余遂納之時

年十三，性恬穆，有林下風，能章勤，嗜好須如，若仍女母夫構之切饮

食衣服必謹。余家不豐，以謀慮之，所入以之寄常，未嘗佛其意，以珍

食。必固詢卻之乃止。去年秋寄贈金陵。南昌吳某董佛之圻新
祇佛記。婦工尚造像形。推以與人寸之佩玉。佛祀所為信佛氏。與之
為陰刻羅漢各一事。乃年時已有疾。得之不喜。乃曰佛。如之安年。寄以不
起。疾篤持淨字益勤。諷誦陀佛名一日夜數萬。將終時已不
能言。猶屢反覆稱之。侍佛不離。余寄人皆助之誦。良久忽收閉
口微笑。稱佛來茲。合掌右脅臥誦而逝。然頂熱亦佛。以藉法祐
之證。此於往生矣。為人敬非詳能。不肯自表識。慎重無欺。清如冰玉。
在左右命之執業甚敬意。然年甚方偏急詳言。余常之不免是也。
此疾中餘就撫之嘻嗟。婦攘手言若生情泰。即和度。不禁欷歔
[illegible]是為夫子喜。余知其必能情者。有物年故衣已散。命為之托之為
法。則固擇於情。特不言耳。余聞其逝。且素其志篤而力勤。不忍
令以竢終。特傑而年少從余非。故書其既終以語後人。知[illegible]
冥。

初三日甲午晴。承門子蓋。侯濤玉銘。贊珍濤文菜甫西子 黃詩同仰袁仲實 訪樹子家久

譚又訪錢西仙久譚 返寓視木工造嫁匳板料木並作 廿年嵩姪
以家眷返常熟 舒將寓者始有寄居常者遲 是日下午
啟行 夜初披袖成手隨嫁匳 雷鳴山堂口目請眼霞被設一節 姪以鏡一玉
並衣板加舒 竟陶次順擇不同孫甚作惡萬縷時恫非 滿廣鞋襪
初四日乙未 晴 祀工漆飾嫁匳板 下午同呂榮來 始知魏氏權令
月十二日返里 悵惘 家中所布粗具 怡然時憂 累書須籌畫
兩年 李雨來將有遠行 見辭
接振卿九月廿七日信
初五日丙申 晴 訪香雨送行 訪鄭伴 著英夫人許見 並訪費
炳陽 又訪聊瀛勳 又訪魯勤明 寫藤安林信 卯日發交信局
接吳蓉徵 初四日信 寓渾六年元
初六日丁酉 晴 寫吳蓉徵信 卯日發交李兒 聊瀛勳來 王六姊夏
初七日戊戌 晴 雨
初八日己亥 晴 六姊來 李壬秋張筱山來 陳得久談始去

初九日庚子晴　楊泉孫來候並至遇安家飲　錢子密來候辭

門　陽湖回袁子楷來　傍晚訪楊泉孫處擬國英作陳六笙

好甫學壯信來孫德和　長沙人去年鄉一　壽筆與瑟作

接石生九月十二日信又接同日一函

初十日辛丑晴　夜石來在此早飯　陸吉若候鍾子宴送行並見贈除

朗軒太守　宗瀛　去年謝之　江寧府　午間在同年處　雨生即訪王梅岑

之梅同唐樸　山東人陳省中　清江人陳幼儒　成都人潘君

叙　陸鄉人鄒梅之弟　初接晤　陸六笙來候辭行赴浙李作

接丹生八月廿二日信

又问渠八月初十日信

又杞堂初六日信　壽臣銀三百兩　此係許燮仲韜經行任送

又石似梅初六日信　又一函

又馮式之初六日信

又丁松儀初五日信

又徐正卿一函初六日作

十一日壬寅陰細雨 吾侄陸山年侄行 並侄孫從初返家 著
下轎 赴蕩送去如帖冠帳至家延大媒蘇晴山陽元證 請內兄陶主祥甫 設宴款敬
即以所備禮奩請冰人攜往

接才升初五日信

十二日癸卯陰夜晴朗月世佳 色 早飯後偕李眉生扮齋來行 午刻
設[illegible]李氏祖以下位於前廳使婦
婦主祭請先考妣位於中廳請阿香婦主祭 與婦愷婦辭
祖先以來宗家上辭外王父母貽共諒而逞拜告禮畢愷婦拜
其弟婦及母黨尊屬俗有雙雅殷跂辭 而余由陶陽君皆情姻
不能成禮 今寡長亦不能共孝 如者亦無其雖同業會盛其友而典
不能敬相合力勸悅嚴 其夜偏陪上大媒辛車往來 鬱氏為遣
帖親迎至丑刻始嘆畢一去比所已四鼓矣 是日黃子壽來倭
賀喜 親戚中帳方 相 至此

擬孝拱九月十七日作

十二日甲辰 晴 同阿多至魏氏賀年 並探樵陽女士病 李質堂

來 茶僊論藝至晚

接薛君林初一日信 又初四日信 寄阿木 覽三紙

十四日乙巳 雨 早發時魏氏遣人叩門來說鴨傳寫人下與談往

寒事 推定名題 法經用之 知子田先生心持淨功最篤 自今春

來余陵即云余今年衰弱 恐先蹇世 善六月患下利 不已所

前促興仲迎要世急 今日去細察覓之 未回 先得適可又曰

看不過自顧矣 平時魏家甚亂 自知付劍 其神責必然 述喧解仲

日悟惕惕 悵惕自余反醒之數 謂而出 當無其歡 竟日

十五日丙午 晴 接家具遺陀鈔 先行 送常熟 下午候李

質堂 久談世局 又遇魏家送運三樓 偶 雲錫偕湘中

十六日丁未 晴 寄吳縣保城 劉允仲偕湘中來來談 候蘇卅

山黃子壽 滿意坊不晤 至阿多處回談 凌小楠 鐵擺 初楊移

訪鍾橘石不值　候杜小舫亦不值　返寓　發蔣芝生書　寫劉松岩信　薛安林信　芝卿也
允協十七日寄　李芝紀送

接金眉生十五日信

又李眉生十五日信

十七日戊申晴　遣[redacted]阮觀押寄吳子芝新第　寫楊子春信　即日發　交阮紀

又薛安林信　同發　候蔣薛莊　並晤侯王同笙　王石谷　訪子亨

又訪剛己嵇仲　留飯而歸

十八日己酉晴　芝卿來　寫瑶此堂信　許編仲信　鍾欽伯信　郵寄

陸參信　楊石泉信　馮武信　即日寄　丁松生信　方如信　張蓮舫信

即日發　候陸訪李子牧　張小山久談　訪劉允仲　不值　訪

李眉生不值　遇阿高　同等接同慕人飲館　二枝歸

接薛安林初八日信

十九日庚戌晴　訪眉生久談　謁李少翁久談　宋生甫來　候不

晤　莫善徵來　張久談　劉允仲來　邵鐵仙來

接吳竹莊信　寄宋宗恕兩武集一部

又沈錦亭九月二十九夕信
又吳木安初五日信
二十日辛亥晴 省生來自江北 昨譚世情易楊家寨 下午訪
秋谷蓮之交住楊下 登樓看鍾山淮水流連良久 晚小雨漸甚
夜雨下午乃晤 阿香來
接此堂十八日信
廿一日壬子陰 阿香同錢撰初勗來訪 省生及余 訪胡照甫 園嫂
少譚 寫張此堂信 夜杜少勗來候 省生及余
廿二日癸丑晴 阿香來 胡照甫來訪 李季舟張小山來訪 六姊來
錢汝儀本宇出門不晤 晤信儉琴岳少譚 訪李省生不晤 訪剛
巳敏仲 剛已適候余 彼此相左寸 鄉仲久譚無李惕哥
返寓 阿香及錢撰初詳鄉仲 六姑來 此候來了地 夜館省生
汝遊安 剛已來 並安芝徵未即 李數省生忽病 阿香及
剛已少坐晚去 向以徵來久譚 晚去 已雨 夜

接吳季清十九日信

二十二日甲寅。陰。下午李冰叔、薛慎揚如居士來談。

接薛季林初十二日信，知周頤山前月已逝，為之黯悵。

二十四日乙卯。晴。阿壽來。晏侯、許揚仲久譚。訪李伯生，不值。

訪姜徽久譚。訪劉光仲少士，登侯寄生香山館，返寓。寫

楊子壽信、寓安信 即日發 交孟塘

接寓安初十八日信

二十五日丙辰。晴。阿壽來。李冰叔來。彭留仙、袁玉來談。寫與俊堂

信 即日發 交孟塘帶 才叔信 張此安信 即日發 交馬生帶 赴李壬叔之招，同

府生、杜小舫、張小山同坐。席散，同至翠霞閣一眺。閣在城郭天

穹倚，宮設地險遠，府境而閣在軒，加修辟，霞飛遠被，世間佳

歲游嶂斷，則光景此不復憶矣。觀閣下見指畫等（嗒遂）一虎，青苑安地，

羽化時初收鴿，携之賜以供詩人，恍而之興，段玉剛之盛，勢莫極，

以徽慈不安為恨。寫薛安林信 即日發 交信局 是日悵悵惘惘

接薛安林十七日信知新居已于十六日上樑
二十六日丁巳晴 早飯時李伯生來（並攜金質生）候久談 巳刻李伯生去
金質生亦同行 返經於至六妹處少坐
二十七日戊午 陰雨 胡照南來 至六妹處
（接張肥堂二十二日信）
二十八日己未晴 沈鑑亭（家六舅）來候 訪張小山李壬帥 又
訪劉允仲不晤 寫何青士信（附張）寫張肥堂信（卯日發 交林小舫）夜安翊
照南來宗母交去住姓存款二百五十兩 請託原交姚東收回
作覆
二十九日庚申晴 寫周稚農信（三十日發 附覆信內）方幼樵信（附元徵師信內 發）
鄧仰學信（三十日交林李堂 發）王樾亭來訪久談 寫袁沅甫宮保信
（三十日交馮伊卿 發）陸勵仙信（三十日附郵信 發）吳木安信（三十日交李伯生 發）
復沅圃宮保書
九月初匯蘇返祿卸裝以三日到湖田只履疏東題楊湯泥異
常謂長心重書經久淵立觀陵陵比今月中向寞悽閔

世隆來陶收悉詒謝御 親瞻鈞範 精采煥發 疾忘衡陳尤
爲之忭舞已 深佩我公勳明諒亙 誇海內欽朝野 方隆 天心默佑
泰春俄同自由 寵惠盡踞攬 懷慨於世 龍權伐 著事郎 以 太原 雄
之師剴平虜題 閱後世 坐太川嶸之 晉水潞之 表裡山河 英賢所
歎日見宵衣旰之憂 待公爲釋 上公晉爵 攬輔疏衛 於所綜
野平采從容盛世存民之功 素之生也 爲之備福 不但英傑 爲之完人 則被
德之士 雖伏處山林 [redacted] 與身
與其榮者無殊毫無矣 來示國郵 師稱娛居所可 公之揄揚 過於恆
凡茲處處見庸衣冠流論 師府第急之 延節陳材 工師所尊
茍雕琢行文 迹楊棟 戴載以來心焉 佛輝 芬啓門墻 記實
以私衷感激 非此不足奉識 且之生平所有 充其分量 不過鹿子春
華世開寶開 公之英才偉略 何事不可爲之 師使之爲字 篆閣深則
方了 思 道自居以揖讓 賢之美 若自知荒腆 偃奔 乃雅把臂論年
之業述安回時之世 今古微識公道取 其詞亘何 伏承葉猜柳 謹表遂其盟 懇不勝大

顾兄询□蹤迹，七日来下光正极仰其臣洞殊不世语，遂决话实也

下相择僻地，八日枚然得一所，初意为舆隐无之谋，适有族兄李居

苏邸借寓贾山草先解岑寒章，因不可中止，闻之势乃起，岂仲诸

子将[illegible]郁邸，痛为久居计，至日令两世则李少帅

妻询其次难为位置，力难支此，难以思前一帝，闻此中沙

味不失贤士家风，因之则变思秀寒苦衰，八口嗷嗷，聊为免死之策，率法

一切附阅白非正变，不汲汲图己，未暇又远及，尊言诚如世山知己

之谭，如依赐函渐讯，握以答，难尽不白，耕求古雨

布一切，敢请猜其因仰箕莫篱照

三十日辛酉 舍 写时笠夫侄 叩首 安先嘉 侯时尊筠时览口 顿首

侯杜小舫久谭

十一月戊子朔日壬戌雨雪 留薩守林作即着 寫自生作即

發交中艙 張比堂作金發 買舟赴揚州訪朱竹莊交作句座談寫刻

說文諧聲譜擬呈阮相 即阿彌陀 候濤伊返 又候

李伯生昨不歸 候張仙舫 魏則已答 候沈錫章 即登舟以

大晚未發

初二日癸亥 陰 順風甚寒 早發石城門 飯過下關 午過大勝關

申過三山磯 泊江寧鎮

初三日甲子 晴 逆風 早發 日甚帶 巳刻過烏山 未刻過和尚港 夜

泊采石

初四日乙丑 晴 逆風 早發 巳過金柱關 戌擇到東梁山 夜泊

巳後風轉 過江西梁山 中泊

初五日丙寅 晴 順風 早發 巳刻到蕪湖 登岸候竹莊 副渾適

新安仲視 過三坡 乃返舟

初六日丁卯 陰 風寒 竹莊遺來上岸 甚暢 訪

同鄉陳文泉初識 黑山之徒之 又訪縣丞龍 新建人 莫左安君衛之下
午少仲洊來又借譯到兩夜 寫金達亭信 手寫恩先信帥
竹君敬 是日刻書之始已定 林夜閏舍鍋去世 義弟名年資
余家計並嬸數序別去 明早發
初七日戊辰晴逆風早發 辰過利罗石山 午過罗山 夜泊太平府
初八日己巳陰微雪風止早發 辰過采石 午到和州港 申過烏江
殘泊仁陰縣
初九日庚午晴下午陰逆風早發 已刻到大勝關 訪楊梁庵借
史井鶴遊城 申刻到家 柳載功來 慎娥鍋來家 匯鈔已目
寄吳山物
播亞物 初八日信
又二月廿族弟十日廿三信
又同七初四日信 又初 日信
又一二月十初六日信

又鶴卿族兄十月廿九日信

又杜小舫初八日信

又蘇安林十月廿六日信 寄到鄉段術居契紙據共一紙 附單已收

初十日辛未 寫安徽撫信 即日發 靜川 勤少仲 劉君武 前安藩司 允仲等來送行

巳刻出門 謁少荃宮保久譚 送出又好少半刻 到錄勤觀久

潛印墾處晤眺遠 候李眉生蔣幼師 張仙舫俱不晤 候

方子可 魏聞已啟件 俱少譚 候孫聞之不晤 候杜小舫 勤少仲

俱久譚

廿 接劉松岩十四日信

十一日壬申 雨 又接豫亭十月廿八日信 陰乃未出 擬奉 神主及佛像 寓神主下舟 以舟不還

不果 下午 候陸覓臣 聯川久譚 次候胡兆南 次候黃子壽 不晤 次候孫

谷久譚 余初擬借谷門 堅不可 無以奉之 故數載相從 此一來子

之有益 到此殊惆悵 次候蘇賡山 次候吳仲武 均不晤 次候劉允仲

少譚 返寓 覆寫自生信 北堂信 十二日發 並杜小舫

金眉生五十壽啟 眉生屬撰聯寫其生平 不貴祝頌

十七史論世知人 蕭蕭者曰 蕭蕭者曰 韓對許知意

身經百戰 畢竟 世未敢

五千年後先隨大夫積陽和 大冬積為冰雪歷幾許

曉風寒煥 三山

又一啟

胸思曉務常好個霜天莫遣侍林間五事

物情著相似穴他池水且教過新驛來執

十六日 晴 辰刻先蔡川李下舟 午刻起行 神主及家

眷亦就寓神先下舟 申刻南陽君率兒子及諸女下舟 余及

長子實同往 什物 邵季詠送行 守藤安林

寫 至中堂信 十四日由台郵

上至相也

久陳三音敬伏想 鈞候萬福 蔚如私頌 初冬以來聞 懷祭搏遍

徒憾經我機預定大創力之論[illegible]前朝羅出差[illegible]擺燐中

不庭定即生意計可勝數乎霞陈一疏自下侍於批賞並得

從古人每因讀書為[illegible]私拔秋急[illegible]婦[illegible]來此

作之華彝稍除往鑒荒[illegible]谷之秦謀猶只鳳截萬相與師不能

擅美[illegible]近歲百年世呼之字矣不倚之朝本君世德以郭先

之際獨謂畫微[illegible]開國山家尤足為千古人臣之法並

七月東南旅事能寰山之下卿託一椽九月內挂辣直至[illegible]外[illegible]止

撰摛幽门生計承李少卿雅意詩投蘇役拂承謝為月饒好生邸

維古蒙因之則來素裘世泰國不寧彝凡此齊閏之加何莫

光榮光所追四忠原[illegible]益用悟於專此而布答請[illegible]安

侍家來之即布覽宥

再余錫共賚[illegible]識旌世典家屬侍立田中之章迎回佳世懷俟識等

仍錫家樣讀書辯御賓交會條陳詢

十二月甲戌立午間雨雲寫李世保住十六女君之暗道蔣曾翁照來候是日寄

眉生蛺蝶石似梅竹 隋薛稷花 明女余尚男蝶 程穆之蝶女蝶 写元
順及國 侄十四花 李眉生來候送行 杜小舫 拾 作 写信 印 安東
十四日乙亥晴 写杜小舫信 印刻 發 李候 印 仙 李香 李壬叔
張小山辭行 至 阿 直 並候 相辭行 候王梅叔辭行 久譚
答候劉康式並辭行 候 都功辭行 遇 李壬叔來送行
久譚 悵 來
梅亭 初十日信
十五日丙子晴 凌 道 黃姬 帽 黃 先 陸地 女
樞仙同行 是日 黃子春來候送行 王梅叔蘇
晴山來候送行 主 守 來候送行 並 看
梅 梅亭 初十日信
十六日丁丑晴 初六日信 写 作 信 作 信 師
又 生
父母 年 來
候 杜小舫辭行 不 候剛 二

晏同甫來，又有遠客，客姓肅，（光甫東文石息母，余前為之作墓誌銘）新使米利堅歸，吾粵
閱時年半，歷地數萬里，涉五重洋，羅馬、佛郎西國都，其城以
鐵為圍，地最繁華，有家住居于彼，每日貿洋人之即麻[illegible]吹
倉東馬咕芳佐庭英吉利國都，四面有城為帶，屢遷于城外，廣博於
億，亦不以城為固，貿易最盛甲于天下，自佛國度洋搭某所，拗一晝程
其所謂鐵甲備敵戰艦率，亦一日程，米利堅前此部之和，寄在彼
一年，精英，凡制火輪機器鎗炮之具，既備（其用輪機舟車之法亦方得之）精英，佛二國不
知為其利，米利堅知之，以來親華，為二國冠也，昨遇又過東洋一日，彼處
鐵器廠（作具）開米國，載來甚多于客所鑄，又言外國惟米利堅金山有
華人亦萬餘戶在彼貿利，他無僅此有，客至各國皆為記録云。是日為
楊解中情物，謀記之數。寫杜小舫信，以煙物差率記之，攜去
寄信于向中孝先生送人，遣僕寫信，為其時楫及煙物，為以此函托杜處
即日又答安剛之代達
是日寄卷及閱卷至，取出南門，移泊西門，六姊至亦下舟，封攬
十七日戊寅，晴。五鼓即起，偕冀城下舟，烟物來舟送行，余以其相距久

雖遠為世間歷收以來善謂小舫等為憂之一差成則留此居即何必常
請鄉載協求送行已刻三家與丹翁啓發申刻到下關泊和六姊丹中
與仲杜小舫借來之僧談為世宏澂晶宮口啓坐譚甚樂因命[redacted]人沽
與之兩師飲

十八日己卯晴逆風早發下關辰過燕子磯呼南陽君起推窗坐看山
色未刻出七里洲夷下已見棲霞山山頂古塔獨立憶戊申年余娶十七南陽
君十八新婚一年後與之同遊此安隆行東馬相並同當君指山上雲氣語之此
紫冒隆語此去年也挈家江湖險阻備嘗今同向此借老[redacted]
不意仙源之業矣正刻到划子口即入金河口舟行數俱同為君展之
爲卿[redacted]樣檢此為平泊因陳脫六至借周悌國望陸悌寶丹吳子實
登舟如看江城論山

十九日庚辰晴順風天色煙和早發辰過儀帽如巳刻過儀徵暮泊
姊六姊赴揚家[redacted]有來順便送之家着舟[redacted]沽此儀多晚乃行全蓮
小雪及燕平立甫小雪即來[redacted]少譚和六姊舟前日方行仍過巳丹[redacted]以

訪金小雲並晤壽甫兔床生與登揚州佳話樓觀劇

二十日辛巳陰逆風　黎明至六娘舟　羅為至六娘舟中話別石刻四姊送至國房

羅綺侯家失火至即是行　龍常不必優柔遷延　午刻至三丈河舊撫揚

城根亭與六舟舟中余所乘者豐興　酒諸屏後面湖人馬湘卿人宮陵

為石頭說小東縣後為集春曲坊　管臺主人所中原坐飲申席方豆軒至

負生塾寸深　余亦往座訪此室　其實令伯新春不及久談　作別便過

寬軒之左為曉嵐堂集其語　至三枝乃羅　余所題轎後寫

二十一日壬午晴　寫此聯作並跋香城印刻書　訪曉嵐　在其家早飯　訪

君疇據遂少譚　至六姊新宅　宅舊之坊上岸房屋尚新潔　而規模少遜

之譚茹仙傳湘僕八十一年猶之素僕根亭即寸同行過芸局　起曉嵐之樓回

座留坐何座曉　聖蓋蓋長何人　飲跋　僕此堂中冀與人令伯之裝作作

之　此堂門余目覽此經不坐且許鶴客千金為余買山相約年相與可聯

之　就此雲帶書作與安花樓之於　東先生藝於竹莊指示一紙　係史

忠正公所從上有山宗侯甲申三月南京兵部大堂史進錄銘識凡十條

字留度不世孫異于今垂千餘年余時乞得擬移置梅莊祠堂中
武林閔侯即毘陵荊川翁同年永久會竹莊邨晚泉園道尹來者勒
少仲因招見（先名少仲）余出刀劵昨來此以生佰生花樣同之即在舟迎載乞余一函
許之是日同座方小東汪立甫等小東工戲劇淨丑極擅一時梨園世嫩
為此余屢同度世子來見督憶合春在仙女鎮約甫定而改蘇伯生知余慕
之切邀于晚岑座防等計議在陶寓打寓會諸柴伎（小名福佐）於業一日小東於是許邪
席散而並局假揚寓泥式之譯譯秀勁防心來譯是日方綽振逸來話不
值寫魁甫信寄查任發本館二百七十兩又利二十兩即日付本日局止即日書支此查代筆之
二十六日登樂大雪嚴寒寫勤少仲信二十六日交生花樓訪伯生侯河潔卿久
譚小六姊處久譚侯陶符汀處晚間先在伯生等處來即侍偕人客町
齊揚州阮聖戲班此班柳色緞謀生計小東挈其尤者振即老旦八人女優
二班共二十餘人會集于陶氏之瓶中小東許演二出余泥之復加二
淨色刀會老生讖劍丑色醉歐提妖條而悲蔡凜凜條而市井俚伏
閒以諧謔俳辭指摘庸宦嘗場識弄莫不為之捧杯大劇余謂伯

生君色純固陳推頂並刻畫騙倹或人所能和浄外二村氣象巖巖
青詞微細則小宋家世華胄又性高抗被局械流露自然不盡斷斷如
若輩可以彷彿万一者矣肩生得以拿另知言 是夕飲至四鼓始散
盡舍暢所欲言而歸
二十三日甲寅晴 四鼓 暑 行 卯刻此是 寫慶叔紙信齋一聯又卯刻 卯正 同漢卿諸翁話色 松溪看古
隱石一世大放如栝根一叢小放如硼石杉柳怪仿彿為之硼石所像然畫
幅青綠相間蓋曷向背直如米芾不能及為古物上刻洞天一二四字又詩
一首亦不俗 候此並少譚諸刻的乘識與门相阻 候问匯久譚 候
四心来久緣至六孫另證別 楊亭不盡歌 候楊芝才胖才胖不理為詠
芝物少譚 卯正楚局 候楊亭武之譚 荔仙荔仙不暇 肩生亦至 飯
同至曉答交少譚 將中途再見不出 過已河干之垣 募一舟 下舟即
發 初更抵三义河 水淺而為不可行 乃泊
二十四日山西晴 順風 黎明已 厝舟 未四鄉舟已過 翁家具如先發 辰刻舟行一里
刻已經江城下水口 擬進越河 以午 南昌君首舍 直抵固諸山 午過進山

未刻到口西舟為擱塞不通泊口門不得近

接婦物十一七日信

又發寄 口信家到玉鈎一枚

二十五日丙戌陰 阻舟已下午始發小船先赴泊畫壁鎮橋泊丹夫及河快迎寄眷

船已回泊

二十六日丁亥晴 日色稀淡逆風 早發不到辛豐 頓舟買蔬 午到張官渡

夜抵曲阿泊舟

二十七日戊子晴順風 早發不過陵口已過呂城 午過奔牛 未抵蘭陵 泊舟西門

出西門陸訪楊子春 見婁惕家人楊氏已在母家 知婁惕小識未得[?]

阮西到蘇州 姊昨早抵常 舟在東門 即乘肩輿至舟中 知阮安

常 候婁惕 明到韓麓山 又知阮鈺峰六于昨到 董姬稽已居三望橋

杞鑒寄今早接土 訪董兄 寓安[?] 順安[?]到十林巷 與[?]有定公

田花息 提出紫英及嫂子辛 僕子於殺[?]盆[?]顏族眾米數錢數革立

一單 又到楊子春處少坐 即返舟

二十八日己丑　晴　順風　早發舟過余由錫山東御河邊先行

辰到感墅　午到五牧　未到無錫　又行二十里泊鴨城橋

二十九日庚寅　晴　順風　早發　辰過九里柵口　過閑（裕）苑山蕩　午過奔牛薄高未刻

過廟橋　申末抵家（舟）山進西門　到新居　樓舍直幽其開闊甚壯愜意

橋來迎及四姊等　宅僅有居室耳　因表子實去年周覽安林

出宅細評　遂細坐大門[illegible]一間（轎廳）一間　客廳一間南向　次客座相

客書房廿三間均南向　以上平屋五間　屋以西書屋（後了）一進內室　當[illegible]

道平屋二間南向　首（廚）室[illegible]後通轎為四（入廊下東轅門）樓屋五間（南向）為正寢　廊下西一

門通後園　周宅東樓屋後共五間　計樓屋（上下十）東面平屋十二間　樓下天

井園墻南未改西首須俟園墻來造　是日寄甫林談下三枝何下紙川

三十日辛卯　晴　催工人修築園墻　并催樓房上下窗扇　下午（向）家興

姚星舒家銀擲移上年　下午　張雨生來看宅　少立即去

十二月己丑朔日壬辰 晴 下午陰 夜大風 課僕種柳三百株 寓齋前後

池廿二十脉其云致第一手所搨也 弟台偕伊至姚宅候問嫂氏並候姚

小歐張雨生昆季 僅晤雨生 又至周家市閭山之喪 寓婦盡亡而止

恭翁在此君授改撻捲余返株來讀而遂以庚辛遺孤遂出至湘鄉而

妻守節可亡可而出歟 是夜大風吹新砌院墻以工促草草也

初二日癸巳 陰大風 併工重築院墻 樓窗上至西以陰陽厥好好可高

出看山矣 午間家眷母氏泊西門外 遣子寅至舟告知明日巳刻上岸

全家入居新宅

接孟與錫十一月三十日信

初三日甲午 陰 黎明移母出城就眷舟 因泊近 刻同與勞君肩輿

就安新宅 長子寅奉 神主 繼配迎奉入祠序 次迎安 灶神

佛像 長女柔 次女蘋 次子清曠 小女阿五均乘余舟至樓前池口上岸

入宅 午刻祀宅神 灶神 門神 飯後未刻南勞君至 嫂氏至

候問 申刻略坐飲散歸

初四日乙未 陰微雨雲 同孫亭、馮石溪、姚小歐、張岳生、趙少琴等來
候賀入宅 嫂氏率兩姪來侍 晚始去

初五日丙申 陰

初六日丁酉 陰 候趙次侯 石暉堂 候趙少琴久譚 候楊壽城及本城紳士曾
伯緯、祝文彬、蔡八 顧昆甫 林鐘、喻彝 徐月槎 皆不值 芸侯同孫齋及其堂兄
弟來見 趙稼生、王之幸 冷西 鄒世 馮石溪 返宅 四姊率查惕全家搬回 因
其宅未成 讓樓下正居 右偏四間之東屋與其居 余及南翁君移樓上 下午 趙次侯同居宣
之事 訪宣之經時返 迎家屬之店 楊 楊壽城來訪 少選皆去

接岳雲門初五日信

初七日戊戌 雨 移居樓上 始營書 陳書清數几齋 名山觀北 居稱一室
崇義與僑矣 趙次侯招飲未赴 四姊全家登岸

初八日己亥 陰雨 接黃鼎甫豐財籍 若諸君室之 並明年結經第諧甫

初九日庚子 陰 接鄭重一輕 池邊種桃六株 宅西植桐八本 五樸生移
居京樂一草一木皆所自植 千古心胸同為可笑 石壑見論吟

詠初又畫此以題何其思之深渾耶當樂而憂證之余心誠

恐未解

初十日辛丑　陰　書壽帖　煙甸出

十一日壬寅　晴　撥遲　課人掃除池上塢岸

十二日癸卯　雨　逆風　早飯後同安林趁蘇　未刻到虹橋　暮下裡　泊

齊門

十三日甲辰　陰　早趁舟齊山　內墨橋泊　同安林上岸　食羊羹　訪玉

璞臣　贈以宗氏集一部　並晤金靜知　戴蘭之行之　趁舟赴齊門

晤族之士卿　並晤林香國　甲辰年謝之同子卿　又晤戴蔓見　久談　傍晚

復趁舟返齊門　在子卿處見新漕州減浮費章程一本　江蘇州

縣每年浮費日開捐攤款三項　蘇中定示除浮費議減外尚須三萬

五千餘兩　可知諸事畢竟如此　不可形諸筆墨　不可知

豪中皆如是之費而者可知　雖民脂膏之不易得乎　今年減賦之

後尚存新漕大致相去　漕減而實竟有此數目　殊不能無此歎　蓋殆甚

除御外撫徵畢尤朝廷省官不可今年諸賢在上力挽頹風爲人
未必皆愛民目前之計糧雖永久且折色每石四千五百一道米貴之
年且即須嚴整方穀操此加運足之費耶寓中亦知其難故
地丁又有平餘之議蘇州營之短户今不得已而均攤者方頤藉此以挽其
短長爲政之難一至於此松岩中丞出示勸諭剴切懇摯未知能否動
聽至
接留生初十日信
十四日乙巳晴甚暖夜雨大雷震時出至五更爲甚單戴蘅之來許埜林來舟同食單蕙訪璞臣少
談詢對中丞方與孫東翁下午再往候濤吾未與平甫晤不值候
王曉庵庚訪大經平湖人癸卯舉人以少帥孫幕爲案說頃爲庚訪
從纂館悉錄撫也少譚汝臥隱晤杞翁久譚而出返和朴臣談
夢硯寫擬今小湖行即日發交撫院附遞又一封寄去交帽家十五發交子卿处五字
張此農信即日發交撫署楊子春信十五發交母林
十五日丙午陰單戴蘅之王朴臣薛安林同食單蕙復同蘅

之至園中觀菊罷。復到八蘇門子卿兄處，于廳前見，久談。寫稿子春日

往安瀾殿之。後至子見處，便二枝下舟。劉中堂、秦、黃侍郎同舟石門

十六日丁未。晴。早入關拜府門，由蘸良夏，謁劉中堂，久談。候錢學門

歸，因忠鄉局聽堂，晤你翁遠堂、方伯、穉蔭。八王陸慶、盧訪劉張

寒巖駿甫之年識之少帥署中。立人、仙舟、炳佳、侯之晤王曉盧係侯石佩

還，訪璞臣不遇。戴刻之樓上少坐，同之為鄉三石金煙詩人君他向

又至金餘兔亭，同晤金子春、左木懷、雙藕村人，同晚飯，及下舟。安林

蜀蘇所正印家來諧刻。寫甸生信，并五十生日，贈以佛經數種

宋刻司馬史傳一部，并刻佛經華疏影宋本一部，暮陳一付。自李仲平處

題戴刻之鐙功刻玉印講

三竺銅鏤有異工，六書斯邈正孫風。刻慚刻畫丹青好，不瑞明

堂玉検封。

十七日戊申。雪。逆風。早遣奴子匡福賫書赴東萊，寄甸生、丹叔

晚抵冥山家人方集内寝為四姊預祝

十八日正雨食後大風雪霽 早起為四姊称壽 羅兩家老少小畫樓中來山坐席 朗照心目 生平玩雪以辛亥除夕黄樓及今日為最 後附識

至佳地為家家盡在烽火中 憂心悠悠不可寸今為誦矣

十九日庚戌晴 立春 寫李少荃宫保信 廿一發 交常熟好 阿多作上 全解件名發信 炳

暢信 廿二發 交孟暢朗齋轉寄

接阿多十二日信

又杜小舫十一月信

又丁松生十二月廿六信

二十日辛亥晴大風 寫蔣薌生信 廿二發 交孟暢 訪周滌亭不遇 遇石

溪少謨 候常熟汪澤青 祖綬 乙卯丙辰江西人 聯捷進士擬做 晤安徽池希氏

傳田枕如人 又候地舜原申屋壹門不晤

接六姊初十日信

又槐亭初八日信

又子卿兄十九日信

廿日壬子晴 寫子卿兄信 印若 交孟錫 汪滂青來候 寫吳蘭溪信 寄 印日張
定地價仍照原加字據一紙有吳蘭溪居間作存據契內作爲

接吳蘭溪信 二件

又翁子康信

廿二日癸丑晴 到姚氏東益昭 張雨生姚中耿同若 寫槐亭六弟信
印劉若 寄翁桂作局

廿三日甲寅晴 寫金眉生信 廿四發 寄廿友楊雪珊史蘇好待寄古香書 張雨生姚
小頤來答訪同至三弟暢園樓 翁步琴亦來訪不值 至玄樓始乃遇

接眉生十九日信 沈希氏來答候不值

廿四日乙卯晴 寫薛安林信 印日發 作郵 周深亭來訪

接陽曹十六日信

廿五日丙辰晴 因四弟家設供而佛

廿六日丁巳晴 夜大風 因四弟家祀五祀諸神 廣榮招飲也 孟楊仍自蘇

也
採櫻亭 十九日録並詩
又 子卿也 二十四日信
又 薛壽林 二十五日信
二十七日戊午 晴 陰 世大風甚較春偉 寫鐵香門信 西發 又仲即發 安信函 至女仙兄
子卿之信 卿發 安信函 趙少琴來 謂同至楊家城郭作布 其等人來干
都門也 遇君陪舟 同至世家 少坐歸
二十八日己未 寄錢笙 晴風 二十五日信
二十九日庚申 晴 下午出 邀吃子寶至坡氏李賀 辭 家 傍晚驚於祠廟
不遇 影 不備物也

同治五年丙寅 余年三十有五

正月庚寅 朔 是年要陰 晨起西南方有紅氣 北方有青綠雲 南風

率家人拜

天拜 先師孔子 先祖爺秋湯 佛爺竈君爺 先祖爺住糖元川

禮 家人相賀 詣吳姊夫門禮 詣姊氏蠡門禮 時至途遇之 便

姚小取 張安門 張雨生 汪鶴青 沈帝氏 趙訪侯 徐月樵 曾伯陶 周濟

亭 龐民甫 楊雲職 趙少翠 錢雲門 丁軒卿 陽佛村子 呂贊甫 帷丁莊

晤之 餘皆不見 要出之後 先是份諸家也 返舍 餕食 先祖 諸人來

賀 候之不見

初二日壬戌晴 舊合如昨 禮

初三日癸亥陰 舊合卜午止

初四日甲子陰 晚晴 有嗽疾 畏風不出

初五日乙丑陰 夜雨

初六日丙寅陰 買宮 楊子壽信 寄安信 概亭六妹信 丁桐卿信 附

寄信　蔣叔評信　鄭仲宏信　伯房快信　劉盈舫　孟悅到年

妙由揚子稜陵送至堤上

接阿哥四年十二月二十日信

又孟韋四年十月初十日信

初七日丁卯　陰雨　夜大風雨

初八日戊辰　大風雨

初九日己巳　陰雨　寫子卿兒信　薛葉林信　即仰甫

接子卿兒去臘廿九信

初十日庚午　大風寒　夜大雪

十一日辛未　晴　下午落雪　周閣山之子穉生來

十二日壬申　陰雲

接子卿兒十一日信

十三日癸酉　雨　周孫彥、蘇生來

補錄兒匡丘流年課卦

丙寅年　庚寅月　甲寅日　辛巳日　杜丘流

年白 復玄中空

蛇	兄	、	戌
勾	伏妻子	一	申 伏子空 月破
朱	父	〇	午未
青	兄	、、	丑空
玄	官	一一	卯暗
白	文	一	巳

世爻臨日同沖 動爻返來相克 雖不爲害 幸賴未能扶王 乘而未身能尅木爲害

兄爻臨子孫 化日辰係進神 妻財比兄旺 雖多不能接也 財未來 伏無道

長生不爲無源 應爻官鬼發動 然作爲牽制 然不能后無疾病

易林曰大頭明目載受嘉福三雀飛來與祿相得

十一日甲戌陰

十二日乙亥大雪甚寒

十三日丙子陰 傍晚微雨 遣奴子買柳樹栽間 訪周聯奎未晤

接六弟初六日信

又松庭初八日信

又丁松信　初四日信

十七日丁丑雨　母子買柳五株大者負來　長條遮簷　修剪如屏　樹蔭五株寬廣蔭被左牆　細柳手栽十五株皆大者如椽倒插之　即為垂柳　周添亭蘇季來

接孟甥十三日信

十八日戊寅雨　栽柳沿堤繞池大小共六十株　寫周蘇生信即送

接周蘇生十七日信

十九日己卯晴大風　買舟欲行　以風不果

接李容休　信

二十日庚辰陰微雨大逆風　晨起無風下舟　行未十里風大作（破り）戰澄塘　已日晡泊舟

廿一日辛巳陰順風微雨　早起下剃到蘇　候樸臣戴氏昆季　金靜兔　晤戴氏昆季　到園新毀（新）荒廢蘚苔林不到　候子卿九兄　殿英大兄　久譚　即赴九兄家

接伯生初十日信

又金訒卿十一日信

廿二日壬午 陰 寫家信 印刻叢 寄丹子 寫伯生信 印刻叢 設樹寄 附寄 寫孟暘信 印刻叢 寄信

卯 同館萬兄邑沙彦大姚買久譚其華家情烟星以暮之太守何繼

候王曉齋 虞傳 劉振宜太史 劉松岩中丞 葉鞠溪學博 裕仁未定 人些壽乃

驅車風塵 亞及劉太史不晤

廿三日癸未 晴 早赴正圓劫觀 楊蘖森林來久譚 仍同至道逢胡稚

楓 少話而別 下午聊同九兄 訪正三兄 王曉齋來 晉候來遊

廿四日甲申 晴 寫枝亭姊信 印叢 安子兩兒 家信 印叢 交金穆如 伯生信 印叢 安濤作處 候張

候之王曉齋 胡秋楓 王朴臣 濤竹齋 繼晤胡秋楓 仍偕同九兄候黃兼葉丞兄不晤 識周伯平太史 蘭枝汐人 劉中丞書店候

接孟暘十六日信

廿五日乙酉 陰 同殿秀先兄候 樊榮發之子卿 諸兄 偕晤子卿 葉丞溪

来客候 同子卿 九兄 周伯孫 至兄劫觀 嘉逢鄭蕢閣 爛玉甸 乃堂素與人上府卿

出觀子遠遇任鏡溪 樊二閣生等 訪楊子紬 晚飯而歸

廿六日丙戌 陰 勞玉初來候(凌宇過) 朱叢卿來候(囑之之訪秉侯) 樾子卿來答候 王朴臣來答候 寫樾亭六姊信 張小雲信 丁松侪信(即日發 交孫遞)

接廿四日家信

廿七日丁亥 晴 寫陳六笙信(即發 寄安周霖生) 寫寶安信 家信 庫寄白洋錢皆空 茅(廿八發 交勞玉初) 到志郵局 候高友麟庠里 平卿人 蓋呈(?)葉溪名久生 瑨到本要(?)仙出不晤 候李有孫(先壽乃同年 以南人)不晤 訪王朴臣 接同年吳偏卿 葉俊溪疏信臣 金樓(?)先芳(?)錢殷 候汪龍溪 吳

蘭生辭念範 勞玉初皆不晤

廿八日戊子 晴 至圓妙觀茗敘 接薛世孫來久譚 又訪樾子孫不晤 謝

定範來候不值

接廿六日家信

又寄沙侯廿七日信

又 勞玉初本日信

廿九日己丑 晴 劉陸賓(壽駿)來答候 龔寶孫(字蘊 定範子)來候

寫楊子春信　姚彥東信（並發交信局）　寫嘉修信（即發交信局）　陸芝生信　杜小舫信

晤惕信（初二發交信局）　唐鳳翔之薛之來訪

接廿日寄信

又潤弟廿一日信

又周莘仲廿六日信

三十日庚寅晴　寫嘉信　即發　至親中借揚之物若干刻暢　傳晚

斛之來譚

二月辛卯朔日辛卯 晨雨甚翻回 寫家信 即發 龔少琴信 全發

寫魏綏仲信 初二發 交信局附胡子信內

接正月二十日家信

又綏仲正月十五日信

又魏鳳崖四年 月 日信

又杜少舫四年十一月 日信

初二日壬辰 晴 錢撰初来候

接六舅正月廿六日信

又潤弟正月初八日信

又椒亭正月廿五日信

初三日癸巳 陰雨 陳錦來自省垣 將令親錢之 訪朱蕊卿不遇 訪葉涎居不遇 晤其侄錢世卿等 至圖蚶觀 偕薛安林君 又同年伯的薛吉波丞楊子翊泰叢傳晚晌 閱浙亭集 係忍呼

接初一日家信

又潤弟正月 日信

又張北堂五月廿一日作

又題小研四年十二月初九日作 向計已二百五十八首

又保元章四年十二月初九日作

[redacted]

初四日甲午雨 薛安穆來同飯 寫鞏漢侯信 施婿母信 即發 寫六姊

信 初四日發 交子卿見 寫五家信 初五日發 寄陸務局 寫嫁郵局名陽等

初五日乙未陰 寫楊子春信 同日發 交信局 寫周濂亭信 即送 偶對中照賀母太夫人

壽不得 芸侯清興來 即 考齊 人來信 遣丁子江福旋靈夫

~~初六日丙申~~ 胡根楓來 便歸行 不得 陸生自常州來 相訪

初六日丙申陰雨 顧英之來 譯陸生來 因同君 下午答侯相稚

楓送行 未得 晚過雨 休于楊子納 席少選 行後大雨 亦不時得

初七日丁酉陰 閱邸抄 揚州鄉職員蔣隆河勝良年擄掠寫陳逐倫 即暮覺被逮

初八日戊戌 遣蓋邱芳年送帥 破全情何所擬 此遂倫邸 悉 伊軍糧

為此世風可悲

近知其人將數十人 依刑部 郎中年擄章字 密郎以家小批外銀

二年隨他分始座中奇年十餘母自小朝不得歸七月

人問之適來都覺甚很將事篤

初八日戊戌雪 復熙英久未譚
初九日己亥 早晴巳午後陰 汪福自吳來蘇寓安娘已來閒談 云
圃姊歸同薛安林叢又邀王朴臣來譚 下午晴
撰初四初八兩日家信 又初七覺子寄來書
又子鶴嫂俞氏正月十六日信
又長生弟正月廿五日信
初十日庚子晴 寫家信 信封印發 寫楔亭信 陪芝堂信 即日發 附家信內 陪柳亭書
梅臣元章四年十二月望日信
十一日辛丑晴 同薛安林覓飲 韓念龍來候 諸寄蘇來候 代撰補刊
段氏說文補跋一首 寫楊子壽信 即發 諸安宇
接貞生初四日來信
又瀛生初八日來信
寶保李小筆刻段氏說文跋 代作
顧古雅樸之風既邈焉文字 筆與上古亞于周秦 降為隸體 形製益變 譚

興陰隸書之令為散佚已久傳者以令亦讀古籀不詞焉東漢之世許
氏之字書出于是文字大明歷傳及唐宋千有餘年誦習之士不能墨
守其古迹亦舛錯以異香為乖一見源流繼綜分離益張說者譏偏人
之書說文完帙僅存董亦自外觀之主乎世粗近矣我朝儒林鵲起
發有所為譯文說之學乃殷然於精微釋為書之一時推為字學之淵乎段氏許氏
之本臣也其中剞劂流通久藏壽矣今集遠為豈落紛潰亂之尤獨
能免矣形存者半亡者半惜還從是惜學者感焉宜條為專書之哉書
亂異休師經傳命大誥諸之考經明六藝以為詁訓之所明士書也孤學
以正于今于是乎求所氏之書以付之氏使補其缺闡微其得此以廣流布
為遺之逝識盛華之夫說文之學不講則六藝不通六藝不通則五經不
得本解以釋字意為六藝以垂下是以古人童年入學先教書數保之人而
見諸經傳乃為端宗之言卻不獨為數為不足是訛不亦乎門遂自進習爲自
畢刻遠之不講為博為遠以娛佳其乎士潛窩所權學之日相與從息
于蘇林俊彌乎九流。宗于纖細寫遠其以窺聖人之堂奧不亦幸哉宗不

費半載為楷書以自了跋

十二日壬寅晴　代撰鄭文公碑跋一則。

鄭文公碑跋并序

書法八體之興，由古篆而隸，漢末魏晉稱用分隸，世所重稱，由隸楷變以後，

匠庸南北朝實肇遞之，而南朝自晉以降，禁碑碣等歲之銘，非王侯不得立，

北朝寬其制，於是石文字於南，于南于是而重者皆稱北碑，而祖隸以宗

于北，遂其風氣，著者北魏，隋唐其選，為惟魏之刺史鄭羲碑，生平選世不

為觀，其帥家傳，神精小學，博稽金石，考能書章之，其字大運于其體勢，

以錄不為意刻，稀然有應嵩之風，北中矣為焉，臨池之士每以好古法之

于楷書之際，寧為詞義微辨，芭思想至清真，昭息黃素法之乎

藝苑之業也，爰之跋曰：

安吳阮遠然，遂其泉篆八體，互無島態，飛鶴俎譚及唐，近叔厚易逊，

時之稱，保勢之極，乃有北書，介乎其中，鶴壽之書，詢稷是宗，支流派別，

或闕或峙，堅雅且阮，欣化完好，刺史鄭公，遺徽可寫，道昭其事，楷墨

若得鄧芥若翼大尊之若雲嶽慘象偉旅々紜々彼刻以盡此和以文
疑是九閣搖摺后君起之若隼者所伏如絲纏蛇蚓喻窮藤蘿勢勻
美實寸二若之辭論世有兄流書學為右於衛蘇竭把蘇魚府瓊墨
成遠因遍區宇豪君以丹標獨以紫碱其光朝耽其光霞畢帝世俱見
孩生來訪

十三日癸卯晴 同安林生往看鏡又同張柳亭楊石助等觀竹石 又同柳
亭午食 下午陰 紫臣初來未見

十四日甲辰 有細雨 汪安甫往看 陰 蘇安兩人四日回南 來候 寫吳竹莊信
王霽生信 莫善徵信 楊泉蕃信 十五寄崇安陳鐵夫送 寫何太信 即日寄信兩
寫家信 寄學姊母若萍 即寄信兩

十五日乙巳晴 游院 鄒叔績同寓 下午安林來因看
通鑑至卷十六 卦位季法 會萊陽 魏主至衍安請見 如東南有帆云云 忽聞臣下稱奴于其主
劳十七至十九讀

十六日丙午晴 戴蔭之卯之來訪因看 汪雪凄來候久譚 孔恆庵

蕙怡 豐草聖畫 豐亭初之華史為代乞來暢 來侯赤壁 題人寒江釣雪圖之三
梅十首寄作
又四首初五日作 也當卿物自日出至上諭以沖放湖北巡撫
題人寒江釣雪圖
風雨陵遲謝節 宣宗有蹤請 探五十艘 此際向使諾
西曆十月三十七 三十六 魏王教以李沖上言之 鄭羲 高宗 請石宣通謝 中書令鄭羲等皆以為不可拔
此鄭羲爲鄭卿 鄭文公 侯書魏碑
十七日丁未 蘇盦有日至 旋拜盦 遇劉來訪 姜姬之妹名德元洪者
素業儀怡 頗有家數 與寶士女所用 借來請問倩恩命兩人聊
之 眛柳門 乙丑太史 鳴盦 來侯 寫玩園中出作 十九日 可盦
十八日戊申 食後下午時 答侯 錢撰初任柳門張柳亭 侯偽 郭
空方伯 王 答侯 乳 樂 和 說 漢
晤錄郭鬱三人 閱 不暇
西曆下 魏南陽之鄭羲 李沖為 中書令 刺史

文明太后為尊親王翰其母為嬪 徵為桂管 思及平南吏產頌回宣詔回
義能寫有文學乃從闕田處請 保護博聞多見足文不勤成名目錄可
贈以本官加謚文肅 按此則義之生平可見 謚曰文公蓋謚肅不
言也

記二月初六〔全陵〕戴奚

鑣浦錢保兵張志邦等郵人 李呷有無文晉錢同蘭亭 卸車作擬
任舊陽正月柳來省賀巨車畢將返船詔柳花地夷江岸暗鏽劍太原
驟起于江岸同作者三百餘艘一時斷攬飄下對江〔修泊〕嫦娥作為張及廿開
擬飾香女筆雨船河原來及磷歷之春雨舟何殘不入作燕丹兵勇〔篇〕而精
廿四五千人無一生者斷〔路〕支折膳飄浮水上獨張一人擢下岸隨香花
衣陌尊雜出故而心血流一縷在太陽二寸孔如線香 雷雲〔排〕醉恆見
未有如此異者 奴以風駭 別舟遠去 惟獨攬張尸儲其奈羅寸來取丁殺
殺有異法之分 排屢放難以詩如冥〔有〕物司之不可為人 至之雷為天地
之氣與難解世心氣與則是矣 世心豈無信哉

十九日乙酉大雨　寫施姊丹信（印書交申林送去）薛安林來（印若）汪輔周（衡兵熱）李復　九兄來久談　何梅閣（為陳據如人面生之門人）（汪蘇孫亞）李復

廿日甲戌雨　接百生十四日信

二十日庚戌大雨　寫百生信（印交何梅閣）　寫慕生兄信（並寄生日節信）（印寄）

二十一日辛亥晴陰下午晴　至忠郁局晤葉徵溪久談　訪張柳蒼不值去

薛安林來久談　收至視甲與楊子勤來久談　楊蘇勝來候未晤

二十二日壬子陰雨　朱蘋卿來訪　九兄來談

接二十日家信

二十三日癸丑雨　遣接安林未至　汪覺溪來訪

二十四日甲寅陰雨　寫福寧孫信（印交何梅閣）　至視芬同安林處　寫施姊丹信（印寄）

（安林）訪楊子勤不值　走送張雨生　訪汪龍溪覺溪久談　冒雨回　九兄

來談

接二十二日家信

又六姊十二日信

又樾亭十六日信
又眉生十九日信
又尚果卿劉雲樵等公信
又福守齋　日信
二十五日乙卯晴　寫家信寄晦霞滄等（信船，即日發）　楊子春來小坐到打雪巷
市房陸硯業價撥一紙　又同鏡式田契一紙　同子卿見，昨觀街市
中正端硯二方　筆房一本　又鈔視簽　同趙[illegible]研中　夜[illegible]
二十六日丙辰晴（接眉生廿一日信）　同薛安林莊返家　話輔國來謙子下　春奴殺　夜[illegible]
覲弟大兄及外兄譚　滿玉來茶　傍晚
二十七日丁巳晴（下午雨）　寫葉炳漢信　探李子高書松年傳二篇付班忠韓（即發）
寫施建五信（即發，先還筆客）　寫福守齋信　屠承高信（即日發，交楊子春）　寫張北堂信
錢曉峰信（廿九日發，交楊子春）　楊子春來久譚，即往，是日返常　寫楊亭六姊
信（廿九日發，信局）
二十八日戊午雨　寫眉生信（即日發，信船寄去）

接眉生二十七日信

二十九日乙未雨　寄陽多信　姑娥信　查燕信　伯寅信　鞠仲信　初八發交信局　寄歙信　初八發交信局　寄陶匣銀皮衣等　楊子勤來久譚

三月壬辰朔日庚申 晴 答訪朱裕卿 王忠義兩 王園如觀偕安林

至安林坐後候楊子翁至 返寓九思來譚

接府生二月廿九日信

又吳平齋初日信

初二日辛酉 晴 同安林蕉識徐韜卿 本地人其子于君尚識之居日本某家

于書深 略知兼某前 指法 前輩之好力有絕之 東漢 田九思 其 子一見

似人味 柳雲小象一幅 自田如亟發色楼究 以句 茅錢 疑律行一之 飲肤之老子題

同非子傅齋人像因其人殊意 段宇駁疑入元改作陳考亭像 同

九思訪李生魚壽福石門人 見北碑數拓數種 有隋蜀王秀 不自叙不美

人黃氏碑 墓誌銘 精絕無比 余表姪董西園月夫頗精亦以詫

哀體碑 九思收 權全魚同治飲 紉蔭 浦氏座物 寫家信 仰日某信附

接初一日家信

又初六日八月廿四日信

又上海二月廿七日信

又摺六二月廿三行

又信本二日十三十四行

又壽寄費首起廿四行

初六日壬戌晴 寫篆信 印發 交信局 北兄來譚 歐老來譚

接兩六日篆信

初七日癸亥晴 寫雨生信 印發 交信局 飯後同惠如賤子閱門買衣料還

子和許叔頌兔逐汪安為又逢楊子紡

初八日甲子晴 寫泥帥信 初六日發 寄交文英館收 附歸信 印發 亦奠信 杜小舫信

印發 由摺兩件交寄 和 接六亭六姊信 信局 印發 寫金力甫信 印發 交筆筆

接金力甫初三信

補錄茶詩 見寶餘

七言敬次一樹詩韻 垂簾像忽後慕伏想 復被多戊風仗白討

莫嫌吹織入春醴 便詩兵清強東山望那離窺出東了謁北英

德干強仍蒼梨之望 順財算止自有成談 稅拮生運我 憐虞大夜

恩擊家來下于玄暨以擬吳山元宵節即事詩會稱忠為局極
蒙謬之騁目觀世空獨帝塵颯年來世間衆遊生無妨排歸
寵不免于歸歸一再藏拙聊循于性分萬緣寄月望破公私
昭行時間便相將赴程訴境來知至不移節中原為嚴清為極
燥北沙征塵野鮮其之前生自識謹亦惋伏思聞不相見之數月
聞年舉柳迎世及春秋歲載精忠人之出此為之長嘐寄而布
述近況祗頌勛祺安仰希崇照
二十日賀貴空保
前日得讀御札須寄著際簡帶一移節江夏明詩敬切傳羅
縣崇湘郢縣梅設均業梓教翔宴告相望柳高情寂懷譽
來寄何時見山空前遲說北上藏從箋會恆公以忠生功績懇
顧任宣隆而為來曉觀瀾堂陛稽諫忠贈之心英雄如屢贊許
極事勸于王會春秋以著之當時羅在望隔明謹頌著詩而來得
則臣子之心無已矣又聞局諸公均仰風采明王新建用師寵於本兵

王夔石一日一通函札大略總毋濟仰隨宜或斥或通初非一律且
人我之際彼此地位不同則措施全異未必利國害於家公使
處委事時事至難中外相關如設一端若堅持稍採與和好道
之至難見如此不能以去危違而不負吾識自有主裁聊備參
酌師相內之撥變執行節悟卻退能令相接要處馳示互正月
請（示）來尖去函函出據進呈 剖擬函稟入處再改省午已入不暇
閱畢出處處法集寄此處敬大書小字印一切雲影請程安講帳簿案
初十日乙丑陰微雨 寫黃冠伯住（卿患安佳乃寫一紙） 蔣安林來 內九兄殿之
去後從舟看江邊金閶外游到園，小憩徐太僕 東園遺址，
半來唐向舊庭到此買了蓼鑿之（雕） 花鏤屋燦爛遍僕陳小楷
排列植芭為四壁扶疏如城為廊房則已半頹矣 陰同至九兄自置田莊在
先兄之南有田百畝欲循王自種植利世務此刻先兄之寺下一墳塚
迴東殿山掃 墓寄民居外屋均存而內濟然（王人詳）存 小窗張設（書畫）
若放媽牡丹一二本執物思憶庚申四月六日草纍過此與相失闌

翁叔平今日始出至吾門翠岸先生出晤亂後所未修整街市室政不堪問

雜集

接初二日家信

初七丙寅雨 汪芝房來談 下午九兄來久談

初八日丁卯陰下午晴 下午同九兄答拜汪芝房 傍晚歸

初九日戊辰晴 至金閶門訪張柳齋同看久談同至浦氏酒肆午飯

又同至園林觀中秋燈 遂邀楊子勤 下午歸

初十日己巳晴 至滄集 穆宇生（同族弟林蓀）來訪 楊子勤來訪

十一日庚午雨 寫慧生兄信代實之子卿兄遞子寫姚頂祥十七元 十二發 寄穆宇生

寫楊子勤信 十二發 全上

十二日辛未陰 薛安林來 寫王少霞信因託稈回事（其詳汪芝房知但欲往武進者） 是卯日發 寄穆宇生

仁壽腸信 余之 至園林觀燈因穆宇生楊子勤 傍晚歸 全調

卿書便不明

接初九日家信

又全由南柳也白信

十三日壬申晴　安林来　李大林来　麟少翁来候　金调卿来候　钱撰初来候　杭青圃来　笪重光来候　写河南信　寄蔼侯　郑寅交撰初

下午至志新局　晤张撰初　谈刘中丞会友夫人疾，遂未谈晤主芳为疏数，以为未定之分别（余以奏提人名）　候王朴臣戴川之廷　候陆辅卿不晤　候张柳亭未晤不晤　候吴平斋不晤　答候金一斋调卿

写石生信　交郑寅金调卿　返家接此川李顺所写　返家山　写吴平斋信印发

接吴平斋四月十八日信　本日返来

十四日癸酉晴　同九兄返家　后刻川　傍晚到家

十五日甲戌晴　午间复微雨　同九兄寓安次　登草堂峰度孙仲庭言子

基同出旗亭小酌　又同至出后园　九兄第旅三柴畅暮傍晚归（接子函二月廿八日信）

十六日乙亥晴　安林自之县来　将议宅功也　長庚昭来　午饭後同九兄寓

冰晚霁　出北门游兴福寺　憶庚申在此寺宇山歸经幽寂

今惟古柏數株猶在精舍半壞僅保殘跡迴非舊觀矣重過之
峯一掛坎背後秩游泉陛荊劍門之下盤礡道人翠薇維摩華右寺
巒盡見山皐起伏草複重重雲巢山正脈兒在於此下山南小徑頗陡
徑直趨險之晚
接伯生 日信
十七日丙子晴 夜月甚皎 同九兒泛舟池中翫月
十八日丁丑陰 微雨 下午同九兒出郊訪伯揚市口同看屋 九兒亦雅居雲巢萬家楔亭
下午乍晴遇雨少刻雨霽九兒獨游西湖撐船至湖心是之落暮逕月上朦朧
遊西城鼓二下
十九日戊寅陰
接眉生 日信
二十日己卯晴 是日為午 龍舟盛會 偕九兒寓館携兒子寶泛
舟城濠先到西莊看地余去後下午過蜀莊之九兒雅一見也返泊
西門外游於此雲歸北河干半刻 龍舟九頭相聚為黑青山碧玩

與紅旗相映發舟人輕捷激水如飛觀者歡呼以為獨樂[illegible]賽不忽

故國之懷下午半過游人紛散雲解冰釋頃刻而盡到家收回九

兄安林巷十三萬幅傍晚偕九兄明早門外讀竟之紋

接陶齋十六日信

又子密兄十八日信

又張柳亭十九日信

二十一日庚辰晴　九兄回時程來赴　張雨生姚丹園來訪

二十二日辛巳晴　立夏

二十三日壬午晴　寄子卿兄信（卯發）信函　寄南生信（卯發）寄調卿子霞兄信（卯發）九兄轉寄楔亭信（卯發）交九兄

王樸臣信（卯發）信函　附大林信　寄大書一冊（卯發）信函　[illegible]

二十四日癸未晴

二十五日甲申陰大風微雨

接陳六笙　月　日信

二十六日乙酉陰大風雨　候周芝庭賀喜　又候葛可琴　又候汪韜

晴 又候沈甫氏 訪翰青李榮侯未見

接阿弟二十日信

二十七日丙戌晴 飯後同曼林下山過芝蓼 訪張雨生不遇 入見欽內少主又

同曼林到石梅山村農舍巷一眺而

二十八日丁亥晴 周滌亭來茶候

接阿弟初十日信

又六姊十五日信

又根亭十五日信

又情娥十九日信

又鰕仲十九日信

又之衛師二日初六日信

又柳香兩 日 日信

二十九日戊子晴 寫金調卿信 印發 電信紙 子實十九信 印發 交信紙 子卿兄信 印發 信紙

沈甫氏來 若候 為余相宅 傍晚趙沈甫氏拉飲 因唐滿子臣

敬仁本地人 二姓 傳為人

撥紫卿先 二十八四四行

又 自畫 四行

又 芭蕉十六四行

又 金鋼卿廿七至行

又 穗寧傳 二十四行

四月癸巳朔日己丑晴 午刻下驟雨 候趙次侯久譚 趙少琴來晤

接提庄三月廿一信

又毅剛三月廿四信

又杜小舫二月廿六信

初二日庚寅陰

接紫卿兄初一日信

初三日辛卯晴 夜雨

初四日壬辰晴（下午雨） 寫紫卿兄信（印發 交信局） 趙少琴來同往為觀不看房不

[illegible]成 候訪世藩卿少湘 諸已搬陽唐園名

初五日癸巳晴 下午同寓友安林訪石楷箸

接金調卿初四日信

初六日甲午薄陰 寫紫卿兄信（初七發 交王彥）

接紫卿兄初四日信

初七日乙未陰（雨） 同進四妹往宅旋 是日接與撥工填造 許泰宙（械同邑里 西路火人來）

訪　趙次侯來署談　寄子卿兄信卯發並來足

初八日丙申晴　寄張蔭堂信卯發由信與宇文信局

初九日丁酉晴下午雨　寄紫卿兄信卯發交吉林　張大林信申號　今立　安林木白赴

蘇親家府賀稿

初十日戊戌大風雨

接六姊初三日信已移居常州

又　楔亭四初六日信

又　紫卿兄初七日信

又　子寬兄初六日信

十一日己亥晴　寄六姊信　楔亭信　子寬兄信　楊子壽信卯發

十二日庚子晨雨后霽晴下午大雨　趙少琴來訪

接紫卿兄十一日信

又又　易次坤　月　日信

又　阮鉞三月十二日來信

又金調卿十一月來信

十三日辛丑 陰微雨 安林來自蘇州

十四日壬寅 陰雨 寫伯兮信 調卿信 殷秉光信 招駐世字卿兄信 信即發

十五日癸卯 晴 下午同安林請許太眉周芝亭同慕良久傳晚

歸

十六日甲辰 晴 接鄭瑞卿初四日來信

十七日乙巳 晴 寫六弟信 信即發 蘇西山房信 信即發

接世字卿兄十六日信

十八日丙午 晴 傍晚大風雷雨 寫世字卿兄信 信即發

十九日丁未 晴 寫蘇西山房中郵信 信即發 李住福 世字卿兄信 信即發 李住福

二十日戊申 晴 午后雨 寫吳竹莊信 信即發 永姻棣楓 柳秋楓信 信即發 交世字卿兄 世字卿兄

信即發 永信紙

接世字卿兄九月十九日信

又吳竹莊信

又胡楷楓 信

二十一日己酉晴 寫扇生信 金調卿信 印發安上海郵 紫卿兄信 印發安徽郵

題龍門翠照 七律二首

接伯生十七、十八兩日信

又紫卿兄廿日信

又金調卿 信

二十二日庚戌晴 仰蘧宅賦四姊全家于是日遷居 半年志願今

明定前 駕馬蟻雜 勤力疲薾 日而自笑亦自憐也

接紫兄本日信

二十三日辛亥晴風不羅 既鈍返自隄都 安林日有事 龍蘇

接印黃十三日十四日信

又孟錫十三日初八日信

又伯錫十二日信

又王秀生初六日信

題龍門翠照

竹林深處景清幽 禪院高吟帳雨秀 求自適 閒笑為 秘經 紫

笑舍有凡像

撰畫征郊馬上塵 隔山山下論家得無事 為卜解 仙源

遠游去 今來有再來

又胡桃楓二首廿六日作

又題以墨十六日作

二十四日壬子晴 母嫂寓安解館 嗚呼星道之池上 至堤氏家少坐 訪張雨生

二十五日癸丑晴 寫曾中堂信（即初發 袁部分信）李宮保信（即發 附片信內）慎娜信（即發 附款信）剛己賀仲信（即發 附附片信）邵季雨信（即發 附伯房丞專信）伯房丞專信（即發 附片信）阿舅信（即發 李信如轉交信局）

二十六日甲寅晴 同家藤田氏屋前小池 課工種蓮 借水車灌水 同家人出游池上觀之

二十七日乙卯晴 赴節次侯招飲 同座許古屋 李竹蘭甫 吳廷英 鶴洲笠人 徐子僑 趙申翠 周湜臣 岱鑑 領觀其家書畫碑石永帖 見秦篆隋權及元人王元章墨梅橫幅為最

二十八日雨 后晴 照風 清晨下舟 赴蘇 日斜到蘇門 見九兒 移裝上岸

二十九日丁巳 雲 寫張柳亭信（即發 送還王元章）寫崗信 寄寧丹丞兄（即發 江戶）

三十日甲午大雨　擬謂家石渠　寫家信　印若來原信如

接廿九日家信

又同蕃三月廿九日信

又開生廿四日信

又杜小舫三月　日信

又金調卿上海七日信

能靜居日記

日記二十五

五月甲午朔 日己未雨 下午將下船 謝孝和屬適子寀之傳長生揚局生第來乃止 寫劉中函託信 以有來不克往也 即發

接槐亭四月廿五廿八信

初二日庚申 晨雨 即晴 順風 晨起下子寫之舟中一華庭 楊風來登岸同觀 做鮮館碧湖 過覺乃至度橋 由東庄塘入寓路月那山橋 夜泊周墅鎮 離蘇六九

接四月二十日家信

初三日辛酉 晴 順風 早過黨塘 度三白蕩 寒廣寺 書發花山蕩 相等過葛史午刻到西塘 康申辟避難大都由此 其時同行今之姊婢娼邵子湘先生 陳甫陳杏人先生 惕安蜀生 舍安吾生 老僕潘所又憶之已七八年 人生石火 急之心悸 露以求不可辨識 市一廛盡火燒 申刻到嘉興城 池界滿 市井荒蕪 道東門泊 舒翁衙不多計即一 下自家鴨傳下三故外下舟 益經湯行庵

力甫

初四日壬戌晴 同宿生及本地人金少梅、程蕭堂過城西小園 又明張棠木 山東人子年識之

初五日癸亥晴 在伯家度節

初六日甲子晴 順風 宿生來舟相送 將上卯日已蘇 辰刻舟行 由三座出東興塘 經瑞玉江涇 六庫中年避難 由湘湖為東寧 此塘堤趁石塘 是年四月廿二也 舟過不半日為賊所陷 蘇嘉即處見之 危哉 市廛俱壞 本不為今 則僅此大橋名同居橋者存 橋中實處存太夫人起耐 日中 吹過橋下 則又至陽此矣 泊舟塘左小河以內 即湘湖來 汝

初七日乙丑陰 大逆風 晨起巳刻到平望 可見塔南長堤盡郵處樓六段 惜驚臨湖烟甚如霧為之 午過八尺 未過吳江 不過寶帶橋 原五十六洞 賊毀去其半 存二十六洞 南來塘路為江村通衢一線 染堤更覺別致 經此手實有修好 毀今則大半經把壞 雨四年此又甫

茂識（爽侯）同過然猴于菴 初鼓入蘇門翠峯閣 此豈已也

接伯年初二日信

又此翁初四日信

初六丙寅 晴 候此室長譚並候濤玉叔 候郭遠堂方伯 王曉農

壼訪濤玉叔 借石銘 候汪輔周（寶飛）方譚良 劉中函原 作席

下午伯生來 並邀此翁來飲 至三枝始散 寫家信作印書

初八日下卯 晴 訪劉生不遇 寫曉岑信（交劉生）此翁來 同下舟游

城北程公祠 並與九兒從孫伯麐（查牧）隨棹俱 祠本從氏宅改建以祀

程軍門學忠 殉於東壩克蘇之功也 有園一區 在祠東 居榭相挾

隙地然少 惟水閣廣如堂 屋中架石橋 橋下小池 泉自上滴 假然作

工此 雲林先生手筆 蓋其生平傑構 架獅林而上之矣 又鑿

東下立石 相架三層 古藤盤屈石下 窨出入谷穀中 有此穿纔石

頂[illegible]上植樹 樹枝高數三丈 點一亭亦觀 大遂俞生因而立此觀名

又同過褚氏飲 三材而歸

初十日戊辰 晨雨夜大雨 出詣 晴才北堂南生 訪木齋 舟(書)不遇 門

北舟先生至為南辭不見 遂晨舟過香門西不相 精舍之路半

譯使君川壽楊眺良久而歸 傍晚到木瀆 泊舟山塘 擬明晨上岸

是夜寓北星譚欲臥

十一日己巳 雨 雞鳴歸 雨淙淙不已 閏市上舊藏都不改 即汾乃為了

纜北岸舟雖潮去舍舟返城 晤彼所作比歸之到前門下 過南生 知不在 後

至家 明九之譚話 下午李孙恩來訪 南生來 三姪乃

去

接初九日家信

又王朴臣四日廿七日信

十二日庚午 大雨 [redacted] 寫陳弢庵信 十二日發 寄南生 下午南生來

三姪如吉 四東洋人譯論之篇一 依總稅務司赫德所述 南翁

觀論一篇 英國李提摩太所著 稿所述南新譯論異 一切主此國政

深不穩 不日將為列國之役 盡情懇談 而託為友朋勸諫之

謂非中國政治其國之法度不自立否則必隨之墮彼國矣

有雜業之來在中國（指通商傳教等）以保自己之權持不能出中國作

主又力于財利輪車電線諸事中國若不能經自行其潮

如不能倚賴人之遊城及四與如其產而與教傳教之人此案亦必

須早了不然必動干戈中國有損無益云云之詞今人猶及指窺

其意皆兼以中國接將猶獨兵力不敢辦財為此物相猶

係之則隨其計中不從則持其說總之謂隨時皆有策即

即此保全下等富商之法以治海外攬挽安寓遠論設法自保

其平自修之道端在政本而優更行設法乎榜國若此東之所

以結實大信以為必偏異域其年不遠如何之

十三日辛未 大雨 晏林來談 寫寄信（印發）信子寬 先信（附）樾亭

信（印發）杜小舫 信（印發）張坤堂 作（仝上） 下午九點 宴客住安寓 仲芸

似近機 吳以人及舍 伯生來少譚即去

十四日壬申 辰刻 陰日色改霽 露沐後日 下午伯生來譚

接慎甥四月十五日信
又炳甥四月廿四日信
又鼎甥五月四日信
又殷仲四月廿五日信
又剛之四月廿九日信并婦詩
十五日癸酉晴 午後細雨晚復晴 到忠義局晤顧厚田 到紀蘇東坪
十六日甲戌晴 馮伯森志勉述甫之子去年入詞林來 偕蕭輿逢來訪
菊生來 洽柳亭來 寫家信 即書寫信并代寄四姊京寓布等
寫稼孫信 慎甥信 炳甥信 芰甥信 殷仲信 剛之信 信自辛亥十二月寄
接十二日家信
又鼎甥初六日信
十七日乙亥晴 遣白滌山三日回 菊生要至舟中午飯 即同訪馮景亭
侍講長遂故同訪吳曉帆前輩 相同座李友琴璞 不遇 人戶部
三姪殷暖 景孚寫家信寄楊四姊京寓信十五

十八日丙子陰大風甚寒 氣象慘烈 到局 同生舟中久談 始返家
同生亦來久談乃去
接十七日家信
十九日丁丑雨 患暗疾 甚劇 殊甚
二十日戊寅雨 遣使至同生處 得知已解纜矣
二十一日己卯陰 安林來 偕廣同義 寫王樸臣信 即送
接十八日家信 知媳氏已抵蘇
二十二日庚辰晴 偕悟候勤少仲廉訪 又候府署嘉友 李友琴 又答
候張 且談立來長人同伴友坊所假 次候金嘉甫及貴同渙韵公譯
次候劉恆甚 答候湯仰森樸 均不晤 次候吳曉帆觀察 久譚
接廿一日家信
二十三日辛巳 薛人來 李友琴來看 候 寫家信 寫周生信 附
江寧信 即寄 卸新信 六子偶要 子寫兄信 即寄 寫吳曉帆信 即寄 劉英夫
已自鎮來 同宿過譚

接吳遠帆書一件
又陳人笙初七日信
安世二日家信

二十四日壬午晴。夜二鼓雷雨。石劉下午雅集順訪，王朴臣戴川
之磯之埼不遇。金稚之來訪舟中一步。甚少。下午出齊門，夜泊
陸家蕩。夜在帆畔，溽蒸大數，罷小浜內。接廿三日家信
二十五日小雪癸未晴。午後雷大雨。早發石小港，又坊至堂至午至家。之人皆念圓
中草樹叢茂，水上塘數寸，塘池藕不生。下午五楊來自家
陵。寫季卿兄信，即發家原所
二十六日甲申晴。下午雨。
二十七日乙酉晴。寫伯生信，即發，寄至蘇州作為。寫卿兄信，由電發。顧石眉
信。示啟兒。子寔忘二兄同寓安好來
接伯生 日信。家到擇年甘肅城于三月初三日招賊長城陷楊
黃翼升左處陽江沢蜀營萬帝友吳貞陵等均被賊直城女戮均

被禁，啓若隔日具奏矣。事因錯目探兵丁焚燬寡婦飯局館，限去其地
無額之，存出易小錢一百八十四兩，手為驗收。
二十八日丙戌（又昨晚戌時卅二刻微雨）晴，南風，時雨。趙少翠來訪。世卿兄遣僕來，送以致希曉岑
至蘇城也。下午下舟，欲赴蘇，寄寶之書，并寄柳泉家。是夜自川來
泊。
二十九日丁亥 晴。辰抵胥門，晤九兄，知曉岑船在閶門，摩午移舟赴
之。途出齊門，晤王朴臣舟，遂行，過舟少譚。下午抵閶門，晤曉岑
暢譚，邀余同游，劉仍偕赴其寓，留飲，看畢撫遊詳之。寫家
信，即發。（信附）六姊信，寄寶之函並所借銀五十兩，周保齋信，寄寶之去年所借
五十兩。子寶之信，均附家信同發。福全叔信，蔣侯叔甫信，（附致子實、子健函）
梅甫生廿四、廿五兩信

六月乙未朔日戊子晴 泊舟閶門 請曉園 曉岑 叢香 飛舟閣 晤少山
來 同周氏舟中少坐 暮乃去
初二日己丑晴 泊舟未動 晤芝 偕曉來 約明曉同曉岑邀飯
初三日庚寅晴 早飯後同曉岑過華玉園 晤觀叢 後到玉肆 緞肆
下午余先至紫芝家 曉岑 蘧庵來同飲 見褚氏二女亭倩 三枝如穀
舟先移泊葑門 雨下如昨 寫家信 印岩 作姚季明覺年
接初一日家信
又子寶之初三日信
又園綬甫 銘丞真相象
初四日辛卯大風雨 辰刻出葑門 移舟胥門 適遇風雨泊舟 邀曉岑來
余船飲 飲散乃移胥門
初五日壬辰陰微雨 早發 午刻到木瀆 偕曉岑賃山兜登岸 遊錢氏老園
堂宇有頹者 園佳處在對峰籠蔓之 回次至針園 未及顧觀 遂循
山塘登靈巖之麓 夾道萬松 意然盡雄 響屧廊以上 叢草塞徑

而不可步寺居行營本願駐今則不盡遷荒民理屯以餘斛居人撿御道旁石磴高入雲霄縱橫南犖下山北則無隱菴少憩亂后已壞樹入陰竭九年身捨機紀身於此世變新之格華梁於背老僧鹿花樸實實頭地人與傳世久向蘇虎來鶴舊賢諸剎則皆明矣盛衰之故能無憾然出危過鶴龍山而天平范公祠謁文正遺像面方白如堵修然盡得之天官不知何修去爲之懇下白雲飲寒水登連陽亭邊一線天出高義園林石皆無恙賢者之厥志美曉學游世之道晌過下河塘張老放居小橋流水門巷如昔執淚話揖別母少休後返寓岑舟借假乃晌別

過止友周陝甫先生寓居賞莫二首

海南先生一代豪。遺廬重過淚如潮。人才因盡思元箸。世味嘗餘痛久要。縣縣嵐雲何處雨。潺潺流水昔年橋。悲秋宋玉傷心甚。誰下巫咸賦楚招。

學識斷知一愧多。敢於漠海測金波。文章爾雅真餘事。

[illegible]

[illegible]諸[illegible]
[illegible]塵刺深心，[illegible]氣[illegible]鯁不磨。浩氣[illegible]雷[illegible]有在。[illegible]孤[illegible]海我[illegible]何。有
嚴[illegible]所[illegible]舞雩常[illegible]精為餘生蹈泗沱。
初六日癸巳　薄陰　早發木瀆　午過蘇州　抵吳江　進發　巳刻過寶帶橋
侍晚泊吳江東門垂虹橋下　燈下讀字譜至乙夜
初七日甲午　晴　逆風　早發吳江　巳刻過八斥　未刻過平望　夜[illegible]泊王江涇古頭
四相失
初八日乙未　晴　順風　早發王江涇　辰刻過嘉興　午刻到古石灣　知府老去
未刻喚侯遂通舟側行　抵郎城　行數里過堤　上岸　并母識的
寄見我來　寄身遂便同過舟　夜二鼓抵杭城　未到岸
初九日丙申　晴　早到自家　暢譚　并識陸賀若卿　杭州人　戚張蕭
鄉嘉人與自老并偕坐舟渡西湖　游岸茶菓主人　姑借湖中船
菱　坐不遂　石暢登南堤小市　稍有尼庵　袁商高　同攜煙雨
樓　北荊棵　得經石不惡　遂過夜　同生相飲同席　姚范農　寧丹卿
袁蘇生　石工樓等

楊初三日寄信
又郎亭五月廿七信
又子密兄初三日信
又仲復惕五月廿七信
又眉生初七日信
又菊生五月廿一日信
又印禪六月十二日信
又蘇侶山五月廿七日信
初十日丁酉 微雨時 閱曉岑丹邑鱼生 余再出城下 丹暢談 夕間
收楊丹邑城門自書 存飯出 收同曉岑返 寫家信 卯谷 談子卿對言 此
寄信 家書華十支 寄子卿言 此子卿兄信 卯發信局
十一日戊戌 晴熱甚 眉生邀觀荷 湖舫 坐宛曉岑及濤山等 飲諸蘇
如人淞江知府花溪生 先歸江寧人初出 於白湖 覽園一齋 作詩跋
主家時初辛酉為序 余言撥亂不纏綿 繼以裸袒 家皆住上

偕阮我宾湘帅风雨来舟花农先生送回三白依下舍之侍进申刻
返城 饭孟飞花农先生家 命酒 涛许两太守招饮不赴 许名隆光
卿人 未字也
十二日己亥 晴 偕生伯游曝书亭 距城三十里 酷暑可畏 舍舟泥之
遊 晴 热甚 偕谭意甫 顾安 偕花农先生等饮于伯霖家
十三日庚子 晴 偕许雪门 陽湖 涛芸孙 纪光樵 游柳同伯生解
缆登舟 晚与先去 下午一「外蓋西」门 畔星夜 晓 寄扼饮
接此卿兄十二日信
又张芝堂 初八日信
十四日辛丑 晴 写景卿兄信 復卿兄 写家信 又芷之 陪伯生于其家
下午 晓为心集译意之日 侍晚回 赴金力枝之招 二枝下舟 原座快敘
遂偕伯宫知明日赴宴 伯老剂去 得遲一日归也
十五日壬寅 晴 热甚 早发 过泊珠涇镇 人居上万不度
十六日癸卯 晴 早发 石出风 此係字青 居上即 字中平之 来座下 珠涇下黄

浦江口，過東渡、西渡，至鷹濱松江府河邊，距洙涇出口不及十里。
船過佳疇濱，午正開行，泊周浦，昔翔家遷。
雖甲母泊三日，歸家時行先到，尾已此甲板乃相間佳界，照懷。
惟然心領。
十七日甲戌，晴。抵滬。早發，辰過龍華，午刻抵尾步水陸庵，泊南門橋頭
門。晴。曉過岸，入居高昌廟。下午出訪孝拱，不值。
十八日乙亥，晴。宜生來，至尾家、新北門、道人素可處。寫陶孫信、開孫信。
訪錫侯，伊卿信，即答。文周生孝廉。寫子蕙兄信、山嫂信，即寄，信如。訪宜家。
知巫陳芝崇莊來，嘉興杭縣人，乙未翰林，原詳，話良久，談至下午。宜生拉飲
沈樓夜飲，二鼓歸。
十九日丙午，晴。孝拱來，宜生來，宜生先去，孝拱談話，晚赴芝崇
招飲，以病未赴。寫家信，即發，信句。
二十日丁未，晴。孝拱來，談至下午。赴陳芝崇招飲，沈氏二校場。
既乾來自京家中。孝拱偕生嘉文、嘉文，田一。吳美人、王海生嘉文。

接十八日家信
二十一日戊申 晴 宥生來言 徽墨已到 訪孝拱久坐 晚歸
畫舍新將香風送。虹裡春新經。華清新出玉肌肥。御笑指塵壁一
騎塵丸飛。渠許揚州棲仙樣。遠出雁浮香。携來籃子曉珠擷。錦衾幽
綠紗窗窗底織織。
泰同至城隍廟 園內所儲李刖遺像 頗同據廣清宗室人
指之奇石為換 蕺山何以孝拱家 傳孟深源 以傳晚
出識 寫汪炎傳作 聾先之信 出過鉅題 崇以寂所存書
雜及書遊賞桂
二十二日己酉 晴 宥生將行 取所選之漢譯傳釋經論世懶 晚
宥病君背解入選 下午同曉老題彌塘觀劉孝拱亦來會
韓籍亮虎塵四經也不可耐 此出頂上捉隱之處 孝拱激題
館氏樓 說藏之之技 城閣孝不能去 拉余偕同偕湖 談衛曉微
所行 題不暇 釋主人經題出
二十三日庚戌 晴 孝拱應約余出門不遇 以之蓮館題坐 夜方歸
家習楊碑所六等年所題 孝拱來 下午同訪侍雨之 曉歸
廿八 乾見朕行 兩之以廣來 鮮果得字若勸文之外一種放黃皮形人

艷顆葡萄味亦艷鮮而皮色黃合之通氣一名橄子形如雞蛋味

如柑狀一名香檳可抵小而色黑者三種俱不甚佳勢當為之傍晚

返寓

二十三日辛亥晴 傍午驟雨少刻復霽 孝彬來同赴寶班看戲 散後同過

洋貨店家飯極美同飲葡萄酒兩瓶而歸 傍晚略 寫家信 卿發信寄

子卿兄行 全旦 莫仰懿來訪

二十五日壬子晴 下午驟雨 飯後同嶠岑訪紫彬久坐 值雨盡興返

二十六日癸丑晴 下午驟雨後霽 午刻偕嶠岑坐小舟訪莫仰懿廣鐵廠

廠中圖畫多屬洋匠製籠殼機器于此 替工洋人合序精巧匠

聞粵民喜看官廳司稽核 莫越究心詳之不通即亦不能仍一洋人

機器為之 訪華發行寓 傍晚返寓

二十七日甲寅晴 孝彬來同赴戲園 至返可小李自江北來同往觀劇

散後過[illegible]安千家 仍到頤氏樓館 三鼓返寓 小東門遇

接十四日家信

又六姊初七日作
又学卿兄廿二日作
又子寔兄十七日作
又雯煬初九日發
又周藕生初八日作
二十八日乙卯晴 李梅來 早飯後偕起雲順於丹 余亦買棹偕過 即以甘霖退之 先至寶順取物 及雨二兩飯 並同登洋人大樓一看 亞刻 闻刻輪舟旁 候人装畢上船 返泊老閘避風潮 夜已二鼓
二十九日丙辰晴 返舟過小東門 同伯以深李處 莫赵爲主 收早飯 隨小東先至南市場 下午李梅來 因訪徐釗齋不晤 收回過覓小東不見 遂歸

七月丙申朔日丁巳晴 早飯後訪馮竹森 莫子偲 晤之 至孝拱處 以余急
日孝拱為具伊蒲之饌 食次小東來 邀游邑神廟園 遊內園 園
中為湖 居入一覽 復旋舊徑 值竹森偕坐少刻 仍旋孝家 小東復晤
辭赴橋女市 再辭未赴 陳閣門 詣顧氏樓一坐 便詣潘氏家
未與杯勺 客散已逾 手孝因榻 談徹夜
初二日戊午 晴 換世般所 得岑府與下舟引棹 門 舟已移泊閘之擱
淺 寧午 小東偕 下午孝拱來 譚良晚 余之寓不東為三日 順子
法門
初三日己未 晴 醒 曙 早移舟過閘 便潮居劉門 出界淞老江 過野雞
墩 東北趨嘉定 早到南翔鎮 舟行市一覽 于兵傳退回
嘉定 將城南門 轉出西門 泊城外 於寶塔 新生 距南翔廿里
初四日庚申 晴 醒 曙 早發嘉定 不過外岡湖 舟覓又渡 改門 午
出小河入劉河 即古婁江 少頃過太倉州城南門 經西門城南 至東
門相 行距太倉好四十里 夜泊 寓 好又且四十里

初五日辛酉 晴 酷暑 早發 [illegible] 支塘 已過白茆（蘇州常熟交界 武進縣）數十里 出

海口 名白茆口 年刈 又折北 白茆 出 莫 雖 帶 稅 五里 未

劉河家 自上海來 舟泊居此（不過二三百里）舟 俱 滌 小 短 舉 皆 蓬 桅 花 新

穩也 稻田 岸 多 高 蘆葦 即 瀏河之閘 子 是也 嘉定 寶山之界 園 果 西瓜

五柰 香瓜 甜酥 紫 已 家人 [illegible] 以進 余 味 殊 不及 頗 似 香梨

初六日壬戌 晴 酷暑 夜大風雨而不止 寫 崇 卿 兄 信 寄 河 季 帆 河 二 職（信即發）

五都 信 寄 大姪 國 忠 照 例 忠 信 （即發）工 頭 千 信 寄 紫 霓 寄 林 信 卿（即發）

接 河 東 六月廿八日信（寄小姪 廿日 信）

初七日癸亥 晴 訪 周 蘇生 董 雲 閣 笠 亭 談 老 顧 偶 石 溪 又 訪 鶴（寄 小 姪 廿 六 日 信 寄 出 帶 物）

少卿 寫 河 東 信 蜀 甥 信 慎 甥 女 信 杜 小 舫 信（即 發 由 信 局 送 信 局）四 甥 六

姊 信 寄 寶 三 信（即發信內）

接 慎 甥 六月 日 信

又 仲 甥 六月十七日信

又 五 妹 二十五日 初四日信 寄 小 象 兩

又魏剛之六月廿信
又鄧鐵仙六月廿信
又杜小舫六月卅信
又程少蘅書信
初八日甲子雨
接顧生初六日信
又岑中丞初七日信
又王朴臣初七日信
初九日乙丑晴 家人過中元節 並爲家餅祭 不當時四年矣 哀
三世矣 閱藕生集
接薛安林初八日信
初十日丙寅晴 寫顧生信 即發 岑中丞信 寄去銀十兩 子遠來謝
十一日丁卯晴 晨起令叔即至北門外訪趙經侯 久談 飯後
方歸

十二日戊辰晴熱甚　阮甥鳴自崇明來言取鳴書院樓之壞[illegible]匯其

胥匯

接汪亮侯　日信

又寄允之　信并帖

十三日己巳晴酷暑　書奴來於宅旁　遣兒子督諸奴上載而今

阮甥貸郎外氏舊債甚肯　寄汪亮侯信[illegible]（即夜交車所）

十四日庚午酷暑　接曼粗亮此先世家函　大能

十五日辛未晴午間雷雨暑氣一消　寄紫兄信（即信發）

接紫兄十四日信

又寬兄初四日信

十六日壬申晴下午大雨

十七日癸酉晴午後陰

接紫兄十六日信

又眉生廿一日信

十八日甲戌　晴　午前雷雨驟風旋收霽（下午后風天驟涼可衣袷）　寫扇三件　張柳亭信

榮光信（仰蘧　仲彬）　子塞之信（印安　仲彬）

十九日乙亥　晴　雷陣雨甚涼

接馮武之　四日信

二十日丙子　晴　時有雨意　周彝生　馮石溪來訪

笠澤叢書四本　六唐詩紀事探　文世高從東時閒將托轉之

情　讀之惻惻

廿一日丁丑　薄陰　牆北薔花盛開　陵苕出石　磴柳青　如在鄉

春　世學自六宅　如余者佳　麥累兩三

廿二日戊寅　陰雨　寫兩中堂信　易實甫　綠程會一郎　還安南子　友信

阮仲信　見上　李少堂信（安南子始廿五日發）

接子塞之十七日信

又棠溪光廿一日信

又何香十一日信

二十三日己卯 陰雨 寫河帝信 寄京中一函 廿五號 寄安金 魏卿信 右仲綬信 楊子壺信 蘇賡生信 王梅叔信 寫寫鏡鏡山均全上

二十四日庚辰 陰 寫六姊信 寫子屏兄等 廿五號 寄安金 李伯暢信 全上 紫卿兄信 印發 行數

接楊蓉生十六日信 廿四日信

二十五日辛巳 下午陰微雨 趙少琴來訪 同訪周薪生 民季少宋印返

二十六日壬午 雨 課奴子 往寫觀世丘

二十七日癸未 晴 嫂何種各色菊 與內子同觀

二十八日甲申 晴 周子平來訪 未遇 寫周生信 紫兄信 安林信 胡印發 種菱池中 成蓮回 飲之 世美豐比

二十九日乙酉 陰 寫厲伯勞信 印發 托周生轉寄 周生信 印發 托紫兄轉寄 紫兄信 印發 信數 寓廣信 印發 信數 晚又令沈常氏來候

接紫卿兄廿七日信

又寫兄廿五日信
又長生弟廿五日信
又歐陽曉岑初八、十四日信，内言湘潭縣地方五月廿八日有奸老
起事，業已知會東安，賊往放火焚燒一家，■知縣羅某不准開城門，細
搶掠火使從從容容，須是不可通，隨拿獲執旗賊目數人，於其湘鄉樓
長官機甚多，是日申刻，湘鄉大作，湘江内打沉賊船十數隻，約五日撥
獲子藥數十桶，六日，初八挑選公牘，甚高，自稱是英会江總，都護使張
縣季板皮，並有抄寫履賢、整飭貪官、佈告之類
三十日丙戌，陰，訪李竹園（芙蓉邑人，御了千只八度表中），少譚，訪韻方琴不晤
接紫卿兄廿五日信
又伯兄廿四日信

八月丁酉朔日丁亥晴　課僮種冬菜為禦冬計　趙次侯來訪
許太眉同深齋蔣生來以池芰蝕遺之也　安林來自蘇
初二日戊子晴
初三日己丑薄陰　寫紫卿兄作　卿作扇
初四日庚寅薄陰　寫李子振作　卿作扇　陳貴者作　仝上　為吉作　宋鴻壽
初五日辛卯陰　李升蘭　趙少琴來訪　寫王朴臣作　卿　安林　安林
初六日壬辰晴　往蘇　蔡侯　沈希民　汪聽青　皆不值
揖甫生初六日作
初七日癸巳晴　寫紫卿兄作　卿作扇
揖之姊初　日作
初八日甲午晴　同李眉訪　許太眉　馮石溪　周萍生　晁季　因晝于石
梅山林下午偕　寫自生作　卿　上海作扇
初九日乙未晴　挑畫帶　趙次侯之招　同唐季君梅　許太眉

李升蘭攜少琴談話甚樂　傍晚梓與徽慈
初十日丙戌晴　同梓慈應招飲未赴
接壽彬初八日信
十一日丁亥陰　集午雨晴　寫六姊信　子寒兄信　孫仲襄信　紫卿兄信
仰蘇信　宗卿來　候伯琳李善居此也　寫壽彬信　仰蘇信　傍晚買
小舟至南門外訪宗湘文　見示左劉果敏請造輪船奏稿　頗有數行
以為余必能書　為慰情勝無　謀國如此　是可嘆　余謂破巧當以拙
求球人圖　[illegible]風鐘而圖風雅　師之以藝之　是集鄭氏之[illegible]鳥平行　粉[illegible]滿江山連
月　叩城而入　適周藕生送此地蘭桃[illegible]一籃　盆池上對月直之
不甚味　余自三歲侍宦山右　盛知此味　已三十餘年矣　異熟看　來
[illegible]寫易之存也
訪友歸　泛舟看月西山下　叩城而入　盛讀此地蘭蜀　出池上合之　逐雲去月皓
南湖泛月[illegible]此月[illegible]雲掩[illegible]益[illegible]賦
水調歌頭　新月何佳。送客過前津。一舟湖上來去。身[illegible]貯玉壺冰。

珍果來從千里。似我新開三徑。佳種憐新根。敎淚掬盈手。顆顆摘

繁星。天歲。雪似錦。月如銀。瑤霄忽見無意。應選一幅新。拈取寒懷擁過。

好與寒家相恭。把儕論當晨。知世間者皆笑有閨人。

十二日戊戌 晴

十三日己亥 晴 周蘇生來 傍晚 子寒也來 仍府物亦借到 到譚

二枝

攝河夢 七月廿六日作

又 六姊 初十日作

又 悵娥惕 初九日作 已刊 夢妙不日印集

又 族姑 備氏 作

又 子可為妹 七月廿四 作

又 頁中葉 六月廿七 作

又 杜小雨 七月廿四日作

又 蘭孫 七月 作

又赴陽伊卿 七月廿六日作

十四日庚午 陰微雨 周芝題來 [illegible] 同于寓之 [illegible] 飲 [illegible]

及申 山雨頗下 [illegible] 下午晴 夜月皎潔 七八年所未有

十五日辛未 中秋 陰雨 [illegible] 作 [illegible] 因約 [illegible] 作送

共太夫人 [illegible] 二元 [illegible] 秋分 [illegible] 夜 [illegible] 周 [illegible] 題 吳 [illegible] 有

寓之 寓安 作畫二幅 [illegible] 上 二 [illegible] 刀 [illegible]

接 [illegible] 卿 [illegible] 十二日作

十六日壬申 晴 夜月 [illegible] 刻 月 [illegible] 上 如 [illegible] 燈

狀 [illegible] 見 [illegible] 同寓之 吳 [illegible] 畫幅 [illegible] 于 [illegible] 夜 寓之 寓安

畫幅 [illegible] 畫幅 [illegible] 華氏 畫幅作 寓 [illegible] 解

俞寓之 [illegible] 同 [illegible]

十七日癸酉 晴 寫 [illegible] 畫二幅作 [illegible] 安林作 [illegible]

十八日甲戌 晴 北中 [illegible] 二 [illegible] 相

[illegible] 寫 [illegible] 作 [illegible]

接紫卿兄 十七日作

又履今十三日信
十九日乙亥 陰 訪周氏民秀及許太眉 下午許太眉同周氏澤季
來訪
二十日丙子 晴 下午訪許太眉于周氏並同李冊蘭同至石樓模
仰 又佐讀于三帝廟中 集以有差遣
廿一日丁丑 晴 寄樹生信 卿岩 李俊 安林信 卿岩
接安林十六日信
廿二日戊寅 晴 李年慕夜作乃知瘧也 余夙患瘧 飲世貞所眉之
陳一劑 今夜服小柴胡加川連 仍以去瘧為主 因籍生來辭行赴
贊之以瘧來見
接阿寄十四日信
又暇仲初九日信
又李少堂 信
廿三日己卯 晴

廿三日庚戌　晴　題德寓帖　王竹溪畫並償箋福素言墨事　寫
王竹溪信卿書寄袁人　于寶之信附王信內　楊蓉浦信　又寄卿欽信卯昌坊安局稿
摩午服藥大吐寒熱心懸倦悶滑甚引飲至服蘇汁冬生姜梨療
薑病雖由濕而秋後必挾伏暑服犀藥過甚則木火失制故也　是日
寄一信稿
接柴光三十二日信
又王竹溪信
廿五日辛亥　晴　未服藥而痛止不食自此得閒則又生冷為災也　痛
難不異多家少有耗換則朝腹一室存支右捶明日擬改方深
暖胃兩
廿六日壬子　晴　葉子偲來候診甚冒頭告臣則似抱惹深虎上傷
寒至此相對稱時而不能暢而別　是日服藥後大吐病在胃極
雨甚遺不能何不今不大便時或一仇胃止此症飲本症今服橘皮剂已反胃　長生神方
廿七日癸丑　晴　病已故每日不過圖一碗粥米粥一碗病隨此則擇薑汁

和莘臣鞭鵝〻韻兩詩

廿八日甲戌晴 接芳九第十四號信 瘧無減 又接仲吉十五日信 服膽星等 瘧不果 瘧稍間

廿九日乙亥晴 瘧少間 仍服前藥 是日解 午餐始進飯半盌

三十日丙子陰雨 瘧漸止 寫張芷堂信 金伯生信 即發 劉信合 芝卿兄信

即覆 信函

接芝卿兄廿九日信

又伯生十八日信

九月戊戌朔日丁巳晴 曉發 四鼓自常州歸 慎錫偕玉岡炳錫
新頫娘姊結作卷為之大慟
接六姊閏二十六日信
又子寬之八月廿日信
又魏剛己七月廿六日信
初二日戊午晴
初三日己未晴夜雨
初四日庚申晴
初五日辛酉晴
初六日壬戌陰 畫錫生子 寫幼静信初九日發寄元師轉寄 元師信初十日發寄鄭仲轉寄 鄭仲
信初八日發托自生轉寄 伯錫信即日發附六姊信 許太眉 李升蘭 吳冠英 隽江 金人來
函 寫六姊信即發寄姊如 寬之信即發附六姊信 何生信即發寄調卿 才料信即發寄伯 金書卿信
即發信兒 華卿 光信即發信姊如 安林信即發信如
接寬之初二日信

又肩生廿六日作
又寄調卿初五日作
初七日癸亥晴 新蕤之桂又菊花甚穠
初八日甲子晴
初九日乙丑晴 寄叔平信 即日發 又肩生轉寄 寄子青信 即日發 附寄叔平信 肩生信 即日發 又調卿
調卿信 原船寄 紫卿兄信 原船寄
接調甫八月廿九日信
又紫卿兄初八日信 並詳一函
又段仲八月廿二日信
又肩生初六日信 云西吾儕叩任李暨接其子楚劉世楷陸耀因
時乞身左帥西行 又云僕為朱子西寫扁聯乞假一月往見且懷
佛東出時甲直亦甚卻為不勝任大可撤以王爵濮李暨并云李
皆至半日任嶺騰東南已非國有云云類於同向可為狂擊之極由
又調卿初八日信 云部中無事 總理衙門之命赴上海寸乘人

打詩

初十日丙寅 晴 訪許太眉 並晤李升蘭 同訪楊詠春 書諴 詠春來晤 又

訪鍾少琴 同訪吳冠英 僑江寧人 見戴醇士山水卷 真蹟淺色 又

唐正古畫花立幀（侶姬）女在霧中上 每玉魚館 惲南田諸巨公跋 畫錫

要接作內楊子壽去世 為之悼惜

十一日丁卯 晴

十二日戊辰 晴 許太眉來 同至石梅觀 良久散

十三日己巳 晴 楊小山自江北來 見候 少坐 遂解舟赴蘇 弔楊詠春封翁之

喪 晤鍾炳庚 李升蘭

十四日庚午 晴 汪息卿（宣垂）來 候久譚

十五日辛未 陰雨 答候汪息舟 並識女生 度陸好文 邑人 訪許

太眉

接兆堂初四日信 知至保因憑孔熾 密奏沈仲駐南 調度

楚豫 少仲駐徐州 並聯山東 為之至保回任 繼也

十六日壬申　陰雨　表姪弟仲言如嘉編　季籍表姪　來自山左　並借其

攝西齋（表姪時憲臣事　於寄諸作又本日）祕園傳名李帥常印出者也預經行之於已擬契券執條

如相去日遠爲之悵然

又邵伯棠五月十八日作

又時寫夫初三日作

又又陳龍明己八月二十日作　陳鵬仙二月二十日作

十七日癸酉　陰雨　寫六歸作　寫這巴鄉一卷　即舊家室作　仙揚作　合上

十八日甲戌　晴　同鄭仲定季籍時憲臣及居生再登雲巢山　又至石梅亭

次借頌陽歸日下春吻

十九日乙亥　陰微雨

二十日丙子　陰　寫李樹生作　觀鄉仲作　樹即舊家室之　子實甚之作　作即舊

孫周新甫八月二十四日作

二十一日丁丑　晴　楊願春及世兄濱石　太常寺少卿書城訪孫　來候訪久

譚寄身睨來兩信　種樹人周阿六來　初我東自平蓺梅
接山姊　信
又殿英兄十六日信
又紫卿兄十七日信
又子寬兄十五日十八日兩信
又槐亭十七日信
二十二日戊寅雨
二十三日己卯雨　寄槐亭六姊信　子寬兄信（即寄信所）　殿英兄信　紫卿
兄信（信即寄）
二十四日庚辰陰雨　趙湯崖招飲未赴　寄陶子信（廿三發　附傳信）　此書信　本上　陳朗
仙信（十月初四發　交勤少保）　致仰伯容信（附陳信兩）　六盛信（廿九發　交仲孝）
二十五日辛巳雨　寄有生信（即發　寄金岱卿）　汪軍青太令祖太夫人之喪（壯帥）　陸沱舟
又甲姚小頤之喪　侯楊郁春　讀石書　郁大人之讓　侯汪兆舟陸帥
文石賀物　侯陸少堂（銘恩　令侄韋蕤某卿之遷）　及其弟恤生　寄金六良卿信（即發　信所）

移竹只以樹之本[illegible]趁雨植後園　汪少蓬來看候
二十六日壬午　晴　赴次侯招飲　同坐　吳冠英　李丹芝閣　楊咽甫　吳炎
及次侯族姪眉人　藝菊甚鬧　鄰綉成衕　主人置禮宅向後道　園飲
至醉把菊分贈　絢襴而歸　汪亮如往柳門來候　下午又偕主人飯罷之
子來訪　醉不醒
接寓生十七日信
二十七日癸未　晴　過訪汪亮如送過往柳門　偶逢子至　周笠縣　係少生
擬明晨赴蘇　買竊人歸接少李
二十八日甲申　晴　遂風正刻　下舟泊口　仲宣同行　季磬寄讀余家　申刻泊墟
夜泊吾門外（繼梅）聞城中二炮
二十九日乙酉　晴　早移舟圓妙觀前　因伴宣叢又要安林正久謀送伴宣
投閶門衆家　訪遂翁　與友葉安濱　雅亭里久談　出和九光家　少選
舟至趾解纜之[illegible]　並晤汪亮如　夜薛英芝來譚
接泇亭五八日信　已過揚州

又有金廿六往

又楊小山贈詩

十月己亥朔日丙戌晴 寫家信 寄洋芝(即發信局) 閔左直章到 遣如子操

其蹤跡不得 又寫家信(即發信局)

接九月二十九日家信 寄到振箴等九零件

初二日丁亥晴 周鶴甫來候 黃桐軒 繼蓬趣貴付人既内典持張傳甫處寄書信 來候

楊小山來候 柳仲之時思臣來訪

接張傳甫五月十六日信

初三日戊子陰微雨頗寒 午前到園游觀 前往薛安林來閲箴改同飯 候

柳仲之從崑將不至會微雨去之 答訪楊小山會進之 訪周鶴甫久譚

晤 汪柳門來候不晤

接甫二日家信

初四日己丑晴(發四川地雲書有郵如寄) 飯後候吳曉帆方伯久譚 答候汪柳門不晤 候勒少仲

鹿語久譚 答候黃桐軒不晤 寫家信并(發)寄剛已任寄花露一

瓶 初七發(孟吾立恪本有信恪)

初五日庚寅晴 勒少仲來答訪候 黃桐軒來譚 柳仲之時思臣來會

即刻上船赴泰州 周穉門來訪
接談甚佳 答八月初九日入信
初十日辛卯 晴 買舟至閶門 訪 王竹溪 晚叠劉湘潭人（答訪） 周穉門 周不值
西行門訪諼臣不值 同行之九月十一下第 為之惋惜 晚寓 吳晉
吳曉帆年丈侯
初十一日壬辰 雪 寫曉帆信（即寄王竹溪寄） 王竹溪信 即交來人 安林來
孟慈來自雲南 疾愈（明）識其內也 寫家信 寄夷中衣一事（仰即寄） 因
安林為孟慈年伯郎中 又同長孟慈至十安林闈告見 迎換署
方鈞（新）役夫畢十一 又至文廟 瞻仰新建 西修涼亭 荒城極目
下泰縣 葛朗軒來不值
接惠農初四日家信
因昨遇譚吳曉帆方伯函致御寄四首
悲秋白日正懸車。千古揮戈此恨賒。我有三閭搔首意。殺
機何事起龍蛇。

八解未敢言也。一時無越竟之由耳。如何可以為家，日以焦悴。

總之要宗課。已唐之深外無辣，無時親家上諭以八條欽簡已許諾，且並揮選矣。其何有捷之者，事挽遂有律門之役。

貝葉金函卑本藻。言人體要有前樣。花家兵甲國中論。備

學郎正一以看務。各國和好條陳當降旨，世運國書暨比利時布小國情，英人力必須會盟。頃奴換約以其主上皇帝遣蘇巡撫郎揚蘆留進來之，本蘇行押。

和我金石煙雜碭。一葉言經獨夜彈。為少銅駝門下淚。倚來

尤比情西相宜之。蘇撫李鴻章初五頗為遠人所信，自克蘇州以後，以利遂失歡，上諭廷寄賞以。今日外務須無稱引李鴻章必過而李左右為林陸龍小傑。

過[redacted]者 六舊節院方具肆遂未藏

匈奴未滅安用家。時齋堡壁鏖寬衡。來城蒿華悲風裡。又於工師

暴背樓。

初八日晨已晴。訪黃相軒久譚，識勞子聽（潘益之遠人），於其座飯。以語

武之不過訪周銘甫久譚。銘甫能以經緯推算，年來備達

娘之上九文韓姬，其所言天然（其說）云此未是以剛而與人爭而過於不免于齋

黎君庶名清與之出其平日遠備述之，正福為限于耶議而稱其不穩。在任曾身保其語通方鈞士。進而無今日所獨立世勛營律鏡羊

粵余生平於虎年前郎，右畫野以姬為選郎中之氣，皆金石佳藩

吳氏刻獨孤僧禊帖之縮本為家叔以生日使家君亦預醵資約伴偕母
孫仲達旦 余壽齋先生作
接初七日家信 又與子寬書一本
又初八日六姊信
初九日甲午晴 汪鷗客來久談 下午去 寫家信 即發 傳諭內子九兒
長談 孫雲升 亮功濟南人 俊甫多福九兒之親家 來信
接初八日家信
初十日乙未晴 寫吳湖帆信 即發 寫何先生信 即發 周頌甫來 同出
觀翁蘐館先後安林巴比以家中木屋女材竟實下篆之
未及寫信 與遊揚樓下館顏同蓋同飯 飯後 訪吳湖帆 要久
譚儁恆函
接吳湖帆本日信
十一日丙申晴 寫曉峯信 即發 交吳湖帆 寫吳湖帆信 送地圖一部
即發 訪子卿四兄 璧之大兄 魏景三兄 四兄 飯後入城 時九

見長源　寫家信作十二書　安林信仝上　衡生子寬孫九信仝上六
時作仝上
十二日丁卯　晴　下午黃相軒來訪久譚　寫安林信作卯函　賦下層
詩十八首成
接安林十一日信
下層十八首
下層雲樹山下峯岫迎門闊方池直前禁律走物我稱東田左溪
曲廣可三畝餘地界足為其土沃宜果蔬松杉皆中材手植遲
自娛小堂納賓朋偃仰為閱雲迴索（晴日往・游騁）時與浩渺俱翻
生憂裏箋識四壁羅龕書身世僻有託遂忽井里孫山雲無窮
下情因為傳其層
池中出小阜縈紆何萋萋泉流環東南長堤禁其西披襟
還相望眺眺不可躋山鳥時往集栗彼人跡稀　題雲有定理
全生本天倪拙哉津陰人欲以息羣機四顧自中野去去與子

栖

東西傍我居雜植列蔬果青黃夾道周遭霞咸頂〻西山遠
城圍圓宰曲向我曳修竹一所樓觀〻濃淡層峯起傑偉臨眺
志而頗胡為久都世繭是畏坎坷樹〻幽上松聊支屢驅婆娑歲
寒方寸心終古如不墮
東鄰有病木枝葉半凋萎咨爾蜀憔悴鄰叟為我詳憶昔少
年日感僕養流芳此樹本鄰卉握根素金身蹀躞日之後摩
拗苦不長保獄戕摧折與來醉酒漿向晚日以萎零落今
猶僅[redacted]嗤笑恩為樹謂甘苦液所當托生貴賤谷要為康寧藉上
枝與葉鶯下根株棟果猶懼長者變不能育斧戕斨所程汲〻
心勤集慎勿忘
影〻枝上柳生意樹〻能叢年逢春番柯条暢達無阻雪念海
一物微而負造化胎植根萌無陂應義遂爾材定命人所同然〻
將身為

羣萃品果百千種禀性本同流馳騖歷險殊塗之道阻隔於胡豐
南越驅車孔道同稱玄樹條乘同彼汗漫遊李侑軒冕人枯槁
山澤儕輩生又有志營已隨物條適意即為貴詎能得失
等
讀書秉勇南廣九嶷眾讀上下數千載祇憑言以般得向邊研
別導遠無難與忽爾與古會顧素勝飲醇恒能炫奇博贅
發務多閱歷彼時錯過星隨異我身人已學良講默之說

羣萃文

聖道羣萃之諸儕學友殊經溯流既由博擇本或尊性尚今
趣向同順倒置一定是以深河料設發遠百行象足今有
作廣闊數羣萃後浯瀨既涵納灣渾亂則競時袞道尤徵
野斗百蓮栖戈市左同宗町畦每忘進不同姬孔情盤踪八表
正誤做向甚遲遲逢樓棲今不淨
松寒挂池上渥渥之風往還遙遊天暢芸掘菩需論東西丹竹月淡已

此策姓見寄欲乘興尋樹竿有酒清澗間安子親放歸禮
教學之冊適意二三友雅俗寡是非唯阿知忠計天真貴不
測
有客忽來訪騎馬蔭林鮮停轡在籬下鳴金溪水邊踏垣車
則異東常應鼓乾息攜久寂寂重動偲偏牽羣羽旋冠上
輝煌野人山蘇雕繪列溝斷礎金堆當妍自發榭閣紫荊欲
步遣顏顏飲宴世羨振歡宴罷飧盤僕宴世費奴蒼宴世馬
擬防香宴今古願究畢者懸
池中凹菜繩雜文章也清波數出一飲酒亭旁有寔若羅春花
剪擅隅游女時往過採手成林摘取之歸時從物徹俗之異業
遠聚益前鼓彼國名會錯新業選路思後偶邀是東身累遠
譴行煌煌大都邑賢傑聚相摩非之流俶情但愷對寄阿求
益証云易擇封名甚多念念棄子古我生時別耶
春秋有代謝園卉順榮枯芳華競青韶寒秀兩相氣俱未閑

要落即太息出頭隔人生多情物妻哀良猶餘理悵心已安底

之孫歡覺榜之聖名流芳之民生讀得書一身計世為斐陀邃

放舟始看下山色清照窮色原長城窮雲底眾芳歌康哭破霸

地江海爭奧泄經崇古芳年茶火向上國破盼跛越平一揆氣足一

墨國泉須與向人物遙嬗及彝常場團爲殺老節骨蹈高

皇春山三尺枕奄心叢聚精錯執能挽墨聖山之孫轍秋風

動懿想惆悵袁朝夕

成毀有運命人事乃相參精誠金石開合漢無碩堅擊之赤

寫公群琳瑯流之風有匠邪志風骨蹈秋識冥契美豐膽

指賓車從攢研上畧附臃腫瑕纇乾漆年一匠士寶窗下積

德非後無慙應信蓊葆不失銖兩向惟皇總群彙一之無

頗偏

陽春寫華實孰矜松柏林鶴之嚶鳴（要加鳴於氣）每推胡耇心滌秋倏

已民清息別曷金昏風寒鳥林表健翮摶扶翩翩遊振伏翻

豕有遺音一物未之歡万象日騷騷世事多賊蔑依舊難為任
所以桓君福爲震亡寧一襟
經秋暑氣瘦癯動最發內熱扶滋暑壯蔵耶所栖磔碧
全状貫已入女界门屯磔不下屋殿久失尊齊肯不足述
城社雞時論猴茅營衛障誼不手足们來申枕畔
黄軒
高晏寒氣迫暑雞日景微回野悲風動嫋鳥無安枝雪佛堂
门下淒然棲荊扉誰云燈燭光無乃形影非游子暮不息夕
露沾衣露沾衣何急念我若周遲
不寐有我集攬衣夜寥寥周身事微未形傳鳴雁聲清若深
耕植鋤鍾向東皋慘憺未云獲聊百務營營空妻子默
債薄之奴鷄辛苦錢刀設身謀之爲人生百案間崇植
聽爾遺心張競摩鬥氣束縛棲飄得失久自任試忘冥冥
採千載延外堅心期吾輩書

十三日戊戌 晴 閏韻南來 偵楔亭來因常州 寫家信 即發 信函

接十六日家信

又伯揚初八日信

又孟揚十六日信

又頌仲初二日信

十四日己亥 晴 答候孫雲卿來謁 而金蘭甫之表姪 余月甫荐

伊素桐君等 候王朴臣不晤 候戴禮之 而只身行之之表

不晤 晤李 朴臣來 又候 楔亭來 黄桐軒來 同飯 久談 晚

晚飯後同楔亭晤凡之談

十五日庚子 晴 寫蘭生信 才孫 即發 附伯函 張仲篁信 即發 信函 杜小舫信 即發 弟叔函

伯揚信 孟揚信 即發 信函 下午子寔之來 黄桐軒來 而偕雨君來楔

亭好義雅而不同 建甫來 候余獨返 與甫談 接讀西亞都甫信

之附從圖報 傳晚飯去太遠 開抄發甫以今晚放十點鐘 寔之同楔亭

來久談 已二鼓 書乃去

接十四日家信

又白下九月十五信

又附之九日　信

十六日辛丑　晴　天氣燥煖　夜後陽氣不藏　雷地悶皮震　殊為空虛乏　及

異伴巢雲秀來　同赴祀冢歸　過戴彥之同飯　之後剝芸謝術

古董輝又借詣劉甫久坐暢談　寫家信　即發　不寄　又一長子信　左上過飯

臥至二更之舟中一譯詞選櫻亭川——

接葉桐軒本日來信

十七日壬寅　晴　寫西安中丞信　廿四日發　不寄件　孫雲外來候　汪憲舟來候　晚飯時

又來

上西安中丞書

中秋前六日奉到六月十七日教言　並寄家函寸丹已烟記念　七月初收信

賤除賀秋節一函並寄候儀狀奉之部——　未見回覆　左右想例內

為秋處湖南焉儀保使　之出生所不許述援劍按樣已即安

流伏讀手諭江回雖馳鹿蹕患識置積蓄寧野相晤母聯牀悉
勞以從台候留任野卿中如流霖宮之家戲帥節四建倉猶
令國棟原楚林一筆掃蕩剔民瘼集留鶴引領五拜伏下邑就
悄如舊敘函不遠垂詢攝之閒樹解佛賦材特鄭後詔自媚鳳為鮮民
尤云擇機之事去歲保將前可全寶保指以恩收為計相又周
之則委宗附人開為一枝識不以之座託拖困之義其黑性素抑心
之意遇情國不新疏諸學恆自積與題錯自盈如此世德宗之祥局中侍
記手冊解訪侯太守在宰孫侯兩學博為之已後五廉廉精手兩年
之游之先生令名盛再世門第一足之命蔭翁先生則知名未識耶
宗為山之仰想稽執經之向每思物牧失學山林宗屬頗與懷想
為門經燕靈通遠專且野博辭羣之德儀衛又則日篤通志游嶽
（批注：捷足先振）
莫深野學研大義則向壁不為也 樓修為斷續復兩岐 廉所宮廟
加之斗升之計日寸心塵力弱精神益甚志事 伏書無幾餘不為佩
雖所意之四禮學叢 知其荏苒十年 高云安得之命之所為學山林深

讀韋庵詩意之悽惋，君子曰求其放心，釋氏亦云置心一處，寶惠不雜推
廣推藹為心宰而離風情隔內如有飯素從山南來之搖舍擾之防干行
物無滅之餘飲足氣頃在雲峰山有卜居計十餘首山中情事頗皆從
實發且追觀仰求形參一于字則諧無聽向于志則雜役從逆不
勝去年一來章送教通其宗向匯風下泉媚詞不磨霜露時沒去
為之看即始備一格而已專屬云云

十八日癸卯 晴 寫曉峰信（卯發 交黃鶴樓）寄黃冠妙信（十九日發 仍信局） 朱菱舟卿來訪 回覓其處

十九日甲辰 晴 寫子由生信（卯發 信局） 薩安林自雲峰來 答訪 回見渠少談 寫家信（卯發 信局） 長生信 今發

接十八日家信

又長生弟同日信

二十日乙巳 記 晴 初寫照扇 同安林叢于祖祭 歸來 寫家信 寄嫡侄參等

到是齋為明徵李田癸翁壽 並知人 答訪李榮卿不晤

接有生 日信

又曾沅浦中丞復九日郵函所作

二十一日丙午晴　劉芝田先生來自常州　傍晚入門九弟久譚　朱藻卿同叙

叙了　鐵坡人來訪　櫻亭同渊禾迴來過

接二十日家信

二十二日丁未晴　同櫻亭若筠過寶相軒來一譚　師宗伯臣汪世安丙來

黃柳軒從來　晚向圃錫甫來久譚　二枝香梯山下舟

二十三日戊申寅陰　戴麟祥了來　寫芸徵信　鄭小寄了　寫櫻亭少卿信

即發信函　畫物信全發　寫家信　即發信函　寫季子雨信　時同十二日二書時同子作函

接二十二日家信

又畫物　又信

又前寄二十一日信

二十四日己酉晴　寄省徵卷　鄧金鶴來候久譚　问英人在日本內日

本人率綫與和來議戰議不决而日內聞英舊已屬埋擇兵艦東　又云

英人攻朝鮮有所收復和議可　寫前寄信　即發交來函送　寫吳孝拱信　寫睿

撥次子懷蕙信附蔡東洋 皆即發 交空郵 又寫眉信 即發 寄郵局 下午訪九芝家

譚

二十五日庚戌晴（接眉生報）寫家信 即發 錄所刊詩序大姊處 信向 晚窗入雲九

之讀眼吳清卿

接二十四日家信

二十六日辛亥晴 偕汲公去 安林來回訪 閶門 購布 路 寄中小姿 購筆

途經柳亭回家 初校付印返家

接眉生二十三日信

讀李安溪語錄第二卷讀

卷上 孟子曰性善擴之則思端隱之則思激 惟引而伸之于徐發。

向來諸家說四字皆空求之至。則動成活潑。黃勝道從隨踵。不知

驗因積德。有一己實衛之要。而日實自滅。所謂不遷于地者是也。亦

重九擇從陂之乃提也。惟此求而提因而提之。是洞徐之知名矣。然三百年

來不得不講此因之方者。須明得透也。子孝僧逐之法。本色之轎。拜家信于

折色。則其畢集之民。上運之白。文武採買。實費六千九。則其畢集之資。亦攤于丁上
廩官。運丁之稱糧。以及漕艘之大修小修。閘夫淺夫之千百其名焉。其累於
不止此數
中于國。總而計之。每運米一石。其費為銀八九兩。更有至以倍之費。蓋
行之不可久矣。兼視歲修之所謂有泉源爲閘、與窪下之衝、廠壞堤
淤者、徵於淮河之利、採買修之說、擇幹吏以與稽查、親爲之教於河
水患又不無便民粮、下擇吏僚、多於領運米。則莫若歲爲下。就近省採買親
糧以給之。如此則東南漕額儲減。治之者。每歲省之漕以給天庾白
可酌用小艇直達津沽。不必藉水于河、于是度其之勢何處之。一以接漕
道歲撥之費。一以充河防歲修之費。然後海運之大利。南漕減省衛之、世共計
莫便此者也。　據此論經國碩謀。以朝及今。所云改實漕之疏、附先所舉
其實則以其自息於運米之費。爲不下五六千金。領甲以之爲新糧
直此之舍而言國計之失。要此者大而于上供本不藉南米之歸。則採
而世數固不必三百因小艇之議。故開簡辯語開科之歲輸取米因其事一未可成。從
今歲鹺輸水利四案。評說中——

卷下　與何幼莪書云經學有日漸知慎然後慎又因此而失精進賢人君子居

乎窮年焦慮之途。要之是學。正而既等，如其日積之，自然而已。此以好古之

材則可。入世之法，可與千金之業。六經之繁，絕無遺憾。猶存真性，然而自度之人量

之不顧。此其我者本之盡矣。在人者本之全損，即令全非，亦不足校。　注

之的當，是有學問，甚有可啟人。注

又　覆陳丹叔公侍讀書，論曰府兵制壞無之，籍兵盡千年矣。夫一夫不

耕，必受之饑。況以數十百萬之眾坐而食之乎。古制既難平治，且以為退故

兵制之兵，固不可改，擬以勝標營為宜參用民兵。然以半費，民兵既有

田園廬舍，又諳土風，情形熟，有事則守，無事為勤，且習技事，亦易為休息

以力農。此則勝之者勞，以百萬計矣。最近海疆制之兵亦宜仿古法，因之制

之要，擇其可給地，資以耕種，安插之，一切量減其兵糧，將所省者乃千金

給之。此勝之者亦百萬計矣。

二十七日壬子。陰。寫字、寄信、伊卿發，宛琢餘，參二函。錢寶琛來，謁。黃桐軒來，同

潘玉泉遣人

訪方子箴，不晤。入晤九兄，久談。嚴思來談。

接二十六日家信

二十八日癸丑晴　寄李宮保信　和六叔 寄黔仲　寄胡晉泉信金　飯後入直如

兄長健　方子聽來訪

上李宮保書

九秋前聞　六韜秋風　拔八萬師　大張撻伐　忠勇不變　仰維　雄武勁出

奇謀茂為　敵如甲臣霖之半　抑操縱之機　以制和氣　賊彼情形揭

深悉為瑞(?)遂　騎從旋以彈(?)斷枝　風旗影泰　雲霞布寄　將翁宿命

國告功一舉　賊氏怖栗　甘服低心　畫節為　艷風存庇　群賊黃(?)叛

國日殖　藝好今請　宮保　探猶能　方今內要未竭　外寇將伺　肅清回疆

奉宮　皇威我武　既揚　彼驕則折　改志伐謀　威張吐蕃　堅甲利兵　翰林

可撻聞知　安內攘外　能者人傑　將驕轉移　揮手揚鞭　撫時拂之　朋好新

解倒懸　而撫綏　兩之之神　加以保衛　要初寫　視佛之　問郡縣　惠不鐘還

旋即耗得翁駿　霆搖之　氣白下且思　得宮之府　翔公功高無遠　國不支

黑山寺寓宮　獨理　府田業　李盛之　匯一新　得翻凍俊與陽生不忘

自慨無聊，此課高序桐君懷悵，屢寄葉夫于文字，而有小品，持擬稿

植之處箋，功課俱積，惜切用之學，推是可厭，殊心未有云云

二十九日甲寅，晴。安林來，黃相軒來，同安林到龍翁處早飯。下午遣柳

亭同盛。下午陶。寫家信，寄陶汪等 唐西岩信 寫寓乞信，吉生信，根余信，寄陶洋

又發及卅日申等 卅日發 寄柳亭免信

又接莊生廿八日家信 廿八日信

三十日乙卯，陰。訪黃相軒，留其家飯。飯後出至來同訪好牙外，及迴因買靴

因過黃家小坐，慢其之深，寺自閒處出，乃下好界後少許。晚閒翻書

來，寫家信

接二十四日寓信

又淮安十四日信

又鄭仲十九日信

十一月丙辰朔日 雨雪 寫阿彌陀經（初二日同前經畢）（另部少件） 寫願生偈（初二畢）（永來） 夜大

見來譚 周稿甫來 寫願作偈 同歸另作發

初二日丁巳 晴 寫願生偈 回向偈作畢 飯後 候釣甫 復偕鄒少伴處訪益謙 謝加馬介

秋司業來 次候王曉蓮 趙伯 瀛 晤 乾益 聽 朱某卿

接 之信 另信

又寄撫中自廿八日信

初三日戊午 晴 回安林觀 萬壽寺 益飯 下午遂來 鄭卿來 花 不可 悟家

接初二日家信

又本家 陸太史之孫 又五月初三信

又撫寄十月廿五日信

初四日己未 晴 雨 歸是一帳 償 寶 備安來 遠安押 李 楊 子 府門 黃 相

軒來 入明也 鮮 川 沙 雷 也 紀 篇 同 安林 發 飲 用 黑 跋 來 郭 家

只我 紀 文 書 道 同 安林 下 舟 之 發 三 般 沙 伴 擾

初五日庚申 晴 讀 吳 舟行 也 劉 野 前 轉 過 西湖 水 光 浮 山 清 氣 滿 之 線

我佛誕 家中先忌 惜曾卿考來會

初六日辛酉陰

初七日壬戌晴 寫畫與作 小姚作 長生第作 卯日發 信姚

初八日癸亥晴

初九日甲子陰 張雨生來訪

初十日乙丑陰 寫九兄作 寶媛 宋叔 聖材 彥 啟 楨 翁 博 中峯 數種 對十二

姚承作 閒畫暢稜集 前 桂峯 寫畫暢作 仰媛

梅殿兄 初九日作

又子卿兄 初九日作

又楞亭 初六日作

又肩生 初五日作

十一日丙寅 寫肩生作 卯日發 卿子兄 寂兄作 全上

梅子寬兄 初七八日作

十二日丁卯晴 黃相耕來自蘇州見訪 留飯同出茗飲 下午歸為我

書房叢稿

十三日戊辰陰晴 柳軒來早飯 即乃别去

十四日己巳晴 小院外植紫薇一本

接惠甥初十日信

十五日庚午晴 飯後訪陸丹叟 少譚 訪楊福壽 久譚 同訪李升

蘭 話山琴 甚 但不明 少瞻偕來 譚至晚乃别

接六姊十二日信

又想亭十一日信

又仲屏大姪十二日信

十六日辛未晴 自七月不雨 至今天色燥甚 今日長孫子御赴秋試去

答書豈妾 寫想亭六姊信 惠甥信 寄之信 長孫弟信 十七日發

接長孫弟十三日信

十七日壬申晴 天色甚燥 寫子御兒信 仲屏大姪信 周鈞甫信 信即日發

接子御兒十五日信

又同領者四十五名行

十六日癸酉晴　陸抃文送天竹四株植之墻隈

校讀錢晦之大昭嘉定人竹汀先生弟詩古訓十二卷終

卷十二　泮水篇下　江氏永鄉黨圖考魯僭郊禘。自僖公始。為泮宮亦由僭郊而作。故魯人將有事于上帝。必先有事于泮宮。然亦僭天子而為之。王將郊。立于澤以擇士。命之泮宮亦擇宮。於此擇士。命之即以為宮。猶隱公將卜祭區為宮而于社圃也。泮者魯之所名。作宮其上。故曰其泮宮。而成為僖公頌德。魯人遂夫為鋪張揚厲之辭。至淮夷獻馘獻囚淮夷獻琛。皆其虛辭耳。李光地甚矣。令詩無與立學禮之意。所謂小學大學在于郊。者從無所囚耳。以泮宮為學者。以類宮為周學。已不免依傍文帝使博士作王制。謂天子之學曰辟雍。諸侯之學曰泮宮。釋者謂辟雍之制。水旋丘如璧。諸侯半之。又因有獻馘獻囚之虛辭。謂天子出征受成于學。於有罪反釋奠于學。以訊馘告。夫立學祀先聖先師。非訊馘獻囚之地。出征受成于廟。歸而飲至于廟。以告祖宗也。周禮左傳皆然。學中甙捷之捷。其為附會詩翻譯尤辭矣。作律宜生動之本。
說者謂泛學射民為得體。故春秋不書。如此也。儒然僭卿為大惡。否之甚。
故于三十一年一卜郊不從免牲之。則因郊而作律宜。上諦不書矣。
十九日甲戌 陰 霽丹訪楊翰春同至城門外訪次侯 傍晚始送翰春至寓
家中留飯
接肩生十二日作
又漢武之十四夕作
二十日乙亥 晴 植紅梅 芳梅 玉蘭 海棠 碧桃 山茶 紫荊 壽桃 [illegible] 桂各
一本於院南 樟一本于西首 桂一本于樓後
二十一日丙子 晴 寫肩生作 仰蘧作賦 漢武之作 仰蘧作賦
二十二日丁丑 晴 寫紫卿見作 仰蘧作賦 寫王一齋桂生作 甲廿四日孔沆禪春 [illegible]之作
廿六日孔沆錄 甡伴作 附陽秀作內 廿四日 [illegible] 擬詩去訓 極記一卷成
接紫卿之廿二夕作
又肩生十七日作

二十三日戊寅晴　同安林若虛訪張雨生不遇　遇姚叔周文鐔

寄陽多信（廿六日發　託勤少仲）　出鄉兄信（廿三日發　寄安林）　寄煙二囊　鏡一座　勤少仲

作（廿四日發　寄臨邑）王穉臣信（廿四日發　寄安林）　又寄子實兄信　長生弟信（廿四日發　寄臨邑）　吳竹莊信

寄楊古刑一部　藍澤叢書一部（廿四日發　寄臨邑）　與胡稚楓信（廿四日發　寄臨邑）

二十四日己卯晴　安林暴得癃疾　樓上裝小閣未成　寫九兄信（同前信發　寄安林）

接九兄廿三日信　寄宋京指一本　答侯汝京　回任勢長陸兄李帥接援

錄邊大臣閣世祥鐵牌遠劃總

二十五日庚辰晴　婁世楨云欲依劉　種樹人王姓載樹一船來售

二十六日辛巳陰大風寒　種龍爪槐、白皮松各一株于客座前　種直楔二株

于宅南東邊甬　種梨一株于南墻下

接安林二十五日信

二十七日壬午晴寒　滿地皆冰　種梧桐一株于客座前　近觀種棗梅各一株

于樓前　種黃二株于樓北窗下　直小閣　種松二株　杉一株　核桃一株于北墻之

南　種梅二株　野劉一株于後園之東　偕同室　至叢眺日晨陵

接周鈞甫廿二日信

又薛亥秋廿六日信

二十八日癸未晴　移南墻下梨于樓西　種繡球花　移碧桃海棠各一株于南墻下　種山茶一株于後園　種西河柳一株于池中阜　寫拙也信　附交阮鈺齋　寫與林信　令發　寫子寔光信　令發　寫槐亭信　令發　奴子阮鈺辭返皖

接子寔光二十四日信

又槐亭廿二日信

二十九日甲申陰　繼石壘池中小阜

三十日乙酉陰　至次侯家送殮　其內人之喪　侯為叢氏太令

接阿弟十六日信

又鰕仲十六日信

又蓉樵廿八日信

又眉生廿六日信

日記二十六　　　　能靜居記

十二月六年丑朔日丙戌晝大風夜微雨飄雪花數點雄為風所勒早飯後訪楊詠春未遇晤其弟書城日詠春見示宋徐昇臣隸秦碣石頌全文墨搨本此篇史記所載不全石亦久毀乃千數百年後忽覩完帙可寶貴者出自騎省手筆舊與嶧山碑相類又世不疑也詠春約付石收來蘇之同詠春訪其友張振卿　又同訪陸丈不晤

接安林十一月廿三日十日信

初二日丁亥曉風狂吼雨雪寒沈箴民大令來晉候　寫伯生信 信內 細西卷

初三日戊子晴南風收煖　葉蓉雲 海山守備 金楷 吟其齋以信寄謝之 見訪人來候　黃楊進學今日辭賀

寫伯房仍信 即日發 又寄與下蘇村穿　寫鄧鐵仙信 又作房　周韜甫信 即發 又寄與 薛

安林信 信內 即寄

接子密兄十一月 接伯房十一月廿二日信 已寫初二郵 林

又鄧鐵仙　日 日信

初四日己丑晴　寫紫卿兄信 信內 即發　子密兄信 信內 即發　安林信 同上　左孟辛信

卯日發 寄九兄 譚叔稚信 嵐甫香 自生信 卯日發 行航
接學卿九月初二日信
又曾生初二日信
又孟韋初四日信 云其先需過宣蘇將返湘
又安林初六日信
又張芝巖初四日信
初五日庚寅晴
初六日辛卯陰 答侯葉鶴雲 夜葉鶴雲邀飲未赴
初七日壬辰雨
初八日癸巳晴 寄卿仲六信 卯日發 託沈氏
接卿仲十一月廿六日信
初九日甲午陰夜雨
初十日乙未大雲風寒 寫安林信 十二日發 行航
十一日丙申晴嚴寒

十二日丁酉晴 寓安妮解館告不復來 觴以送之

接周銘甫初十日信

十三日戊戌晴 寒少減 寫銘甫信 此子光信 即發信局 攜臣穆蕙一樹 歸

穆搓一樹 傍晚訪楊福春 李丹生 閑適 即返

十四日己亥晴 天氣溫和 寫雪中堂信 十五發交張星堂 雪中照信 十五日發交張星堂 李節帥信 十五日發

交門張星堂信 十五日發交信局 阿芳信 十五日發交張此堂

十五日庚子晴 寫魏卿仲信 即日發交阿芳 寫紫卿光信 寓示紫二墳 即發信局

長生男信 即發信局 自生信 即發信局 訪福春父子 並見少琴

十六日辛丑晴 寫自生信 寓云留蕙 交李 紫卿光信 即發信局 [illegible] 安林信 即發

郵信

接紫卿光十日信 寄到坑几一張 即指之

又 魏卿仲十月[illegible]日信

又 自生初八 十一兩信 寄到大理石桌屏二幅 所寄[illegible]總一到

又 安林十五日信

又鄭少伴　信

十七日壬寅　陰　微雨

十八日癸卯　陰雨　寫子寒兄信（即發　信船）　長生信（附寒之信內）　楓亭六姊信（附長生信內）

左孟辛信（附魏則之信內）　魏則之信（即發　信局）　王朴臣信　寫蘇地南一郎（即發　信船）　薛

玉林信（即發　信船）

接子寒兄十四日信

又長生十二日　信

又王朴臣十四日信

十九日甲辰　雨

二十日乙巳　雨　寫子寒兄信（即發　信船）

接鄭少伴十一日卅一信

又鄭少伴十一月廿四　十二月初九日信

又叶之十九日信

廿一日丙午　陰　接龔撫侯夫人家譜一本　寫玉林信（即發　信船）

孫森林 二十日往

皇誥封宜人趙室浦宜人哀詩

宜人姓浦氏，常熟人，家世士族，歸同里郡丞趙君宗建，為人淑懿

勤儉，事祖姑以孝，秉心精細，閨內井井。趙君好客，日與名門，宜人竭其

力，夙夜里中皆稱之。趙君同仇慷慨，宜人善其家，先事後事，使其內

顧無憂，趙君既歿，暨俾依依，而尤知以廉，題其門。以三載以同學寡年——余于

一月甲申，卒于拥盛里舍，嗚呼哀哉，乃作誄曰：

粤稽令族，令淑令德，實惟詩禮，順和雅彰，芳華鳳譽在雨閨聞。

百世其儀，嫫保量渾，心有塞素，則孔揚，姬体姆模，方美其善，歆

來皇姑，推承孝義，宛若先意，愉豫雍雍，潔藻閨門，歡腆饗堂，壺政用

雍。姻紀修張，持身寡儉，操業以德，主饋好齊，言高席常，一子好教

佩賓，慕舉觴，克遜門闈，姊息婦皇，恩御稱勸，乎無斁，方世飭不肯，蕭

蕭稍作，萬室溢勝，千夫鉞悍，臨流載舟，截野為廬，煩云去子，攸賴

鄉國，勿郵隕元，遲憂殄族，不我異能，家神焉記，夢貌興喜，此小歌

其游塞、鄭橫驚就、豐策遠茂、似新之載、●帝倚作、軫彼戎車、
其獻武鄉下、亨士脫籌、瞻軍辭章、古昔徽美、丹青邈焉、嵩県
至今令聞、百年流々、士夫感慨、事傳、司命不淅、生鑒莫及、古竃淪集、
霞槐悲生、方娥種龍、故稱妻收門、内備云遠、嬪則伯程、嗚呼哀哉、林々々
凡庭訓々德、幃嫩々孤、韶懷々倚閭、月雨寒風、雨相雁鳴、然閨長掩、室
閨永曠、奈何一舉、終天莫追、嗚呼哀哉、生年幾苦、為德深、白日隱
兮、幽永沉、聊竅悲于壤窆、旌靈于天闕、神隨化兮不可稽、徒有遺
兮遺徽音、素京殊狀、積累、刊負祇兮詞、來今、嗚呼哀哉、

二十二日丁未晴
接周鈞甫四月信
二十三日戊申晴　寫柴之信 即日發信局　寫何焉信 即日發交郵件　寫鮑伊信 即發交宋少峯
寫宋少峯信 即發信局　寫安林信 即日發信局
接王朴臣二十日信
又安林廿六日信

二十四日己酉陰雨 訪張雨生久譚 訪周□□羅□石

二十五日庚戌晴 長女來自吳門 寫□林臣信 即日發 作抵 紫之信 金 廣□信 金

接六姊二十二日信

又子寬之二十六日信

又攖寧二十六日信

二十六日辛亥晴 長女等仍返常

二十七日壬子晴 寫景卿之信 即日發 作抵 趙少谷來訪

接紫之二十六日信

二十八日癸丑晴 雖西三間並庋甲閣 戚僅見不提 先人藏籍

接阿蓮二十四日信

二十九日甲寅雨 楊祚春來訪久譚

接紫卿兄二十八日信

又孫春初八日信

三十日乙卯晴 立春 寫顧千里信 即日發 □事係待先 是歲愁 □秋□山故事

擬有生二十一頁作
又索林二十五頁作

同治六年丁卯余年三十有六

正月壬寅朔旦丙辰晴東風天氣甚和率家人拜

天拜 先師孔子 先祖爺既湯 黨華 占流年課得

夬之需其爻曰臀无膚其行次且牽羊悔亡聞言不信

易林夬卦曰載堯扶禹且為稷祖西遇王母道路夷易無敢難者

之卦曰薄為亂度動風吹却顏上不得收悔其宅

子孫爻臨驛馬歲沖而身孫及財爻安靜石爻爻受應爻空亡官兒秋旺氣目臨

兹福得吉無災疾病亦不為害也妻財旺動田子孫四頭生相原氣之秋今

最佳

未 酉 戌申 辰 寅 子

八 亟 ○ 一 二应 一

鬼 子 子妻 兄 官 妻

佛爺 靈應神爺 先祖爺供香行禮如往年一家人相賀請神如意

行禮 諸物及兒子等喫蠹飲于天放樓以為之

初二日丁巳陰微雨下午晴 佛爺及靈應爺供果品先祖爺供香如往年

兒子輩與余祀家人行禮 匡大宗來賀 馮式之來賀

初三日戊午晴 供香 行禮畢 同孟興安(蒲翁 往年書社)案乃兒子等至市中祝(禮)買

花鐸物復于池中早及南岸柳樹下放之詩四聯未覩甚佳

初四日己未晴　[redacted]候鄭佐平姓常姓物姓及嚴召甫周深亭茅鬆函

聲卿龔白保安貝三人楊濱石鶴峯（周海詠春族弟）詠春（書城）韓少琴

李丹蘭吳魁吳葉菊雲姚朴園馮武ㄧ張夢生雨生汪翠青沈

希川趙次豪[redacted]諸人帖詠春[redacted]相贈而領于次侯處並晚飯

藍甫韓少湘等同飯畢又候韓少湘留伯帥等　寫香林信（即發）

初五日庚申陰雨　寅刻南易君峯一子六小時生（下卯 壬寅 庚申 戊寅）

初六日辛酉陰風寒　寫九兄信（即發）　王樸臣信（即發）

初七日壬戌陰下午晴雨雪　晨龍玉次侯家陰雨晴　楊詠春濱石書城李丹蘭

韓少琴等同早飯　為許生子陸三倍詩初五為致頭生日因名之曰阿祖

初八日癸亥晴

楊邢公氣五年十月廿六日作

又邢仲言五年十月二十日作

初九日甲子晴　王階庭（餘慶　金陵人　木東姻字）來候　寫白才信（即發）　槐亭

六姊信　寔之信　辰生信　周鈞甫信 附卯寄　李楙信 附卯寄
接安林初八日信
初十日乙丑雨　寫偉生信 附卯寄
接偉生初五日信
十一日丙寅陰
十二日丁卯陰甚寒
接辰生初六日信
十三日戊辰陰　汪孚青輯欽來談　楊謝春來晉侯久談蕭曼
十四日己巳晴　接余棧卿[illegible]五年十月廿四日信
十五日庚午陰
接毓仲[illegible]初六日信
又王樸臣十三日信
十六日辛未陰　寫王樸臣信 附卯寄　九思信　安林信 附全

梅九兄十四日信

又石似梅五年　日　日信

又王鏡清初五日信

十七日壬申晴　謝葉亭來　候朱晴　趙次侯來談　六舟晴

十八日癸酉晴　四弟伯年信　卿叔學書　張子青信　卿叔同寄

十九日甲戌晴　接石似梅十六日信　訪周子亭　因訪錢綬卿　孫泰　也遠

接九兄十八日信　又四弟廿七日信

二十日乙亥晴　訪詠春同趙次侯　又招同諸　楊慶石　李升蘭

先生看楊幸誠觀四琴　並識寶蓮白　福和來　御何村人　秀才次

侯峰以為見卑師　館山下午　君彼　自過來門　同詠春外蘭

訪張保之　並張涵老

接六舟十七日信

又桃庵十七日信

又伯符五年十二月廿四日信

又眉生年九月作

又杜小舫王年十二日半九月作

二十一日丙子陰雨　傍晚下船赴蘇

二十二日丁丑雨　巳刻到胥門　候譚臣及金靜之　遇查翊同　左作午

飯後以楊舟對門至九之丞拜年華堂　俞生少選　俞生來家

至二故下舟

二十三日戊寅陰　到俞舟少坐　又到九之丞飯後　候本家孟拙

雲科　謹堂龍　王曉廬　勤少仲　錢楞仙　汪柳門　潘竹泉

吳曉帆　本家四兄大兄　亦兄葉芬　到九之丞處作陪　客俞生

汪佛笙孫海　李笙魚　孫雪林　葉芬二故　發作舟

讀圭峰禪師華嚴原人論二卷竟　蘇論傳之釋氏原人之本

俞陸目詞　讀蘇華者不可不先

二十四日己卯雨　安耕來譚　楊舟傳俞舟久坐解纜　雖有俞堅

蜀晚廿頃　過巳丸之丞　世候之　俞乾至　雪亭時入常之夜

如穀偕及九兄諸村 下月初相訪
二十五日庚辰 雲逆風濤晨解維 傍晚抵家
二十六日辛巳晴 甘酉張次侯楊邀盧峯自明日來家設帳並
招錫泰姪蘭次侯子羿來同飲 寫玉階信 薛安林
仰作叔書
二十七日壬午晴 下午雲微雨 下午盧先生來館 陪宴惟次侯
入夜飲至二鼓去
二十八日癸未晴
二十九日甲申晴 眉生九兄來 自蘇垣 遂至天放樓觴之暢談
至二鼓乃去

二月癸卯朔日乙酉晴　早飯後至九九老舟同訪伯生舟中少坐旋偕

輿同二君游西西山洞天福地牌坊上山山徑出人翼一輿乃得升

過山腰靈官殿有假山石三形過似再上數折至大劍門小

劍門登擲珠橋有白鳳棲橋下不過滴流而逆源人亦細雨不覺

高數丈入猴國路少坐見山門外古柏無蒼翠黝然一可异也

前廟觀鶴館峯下視隆名而伯生惜登陟倦已返

世廟一題尋諸二峯逢淡處士翠涼泊將君樣君麟

等不得無祝而飲仍飲于天竺殿樓

初二日丙戌晴　早飯後同伯生舟游西湖泊湖濱飲至日下舟登福舟宿

西泠地傍晚同過天竺樓宿二娃別離送至登舟

初三日丁亥晚至雨　寫捉寄錦作　寄蕙先作　一長生作　鄒研香孟嘉

初四日戊子雨　寫九人作　御史　安梅作　同上

初五日己丑晴　小子阿瑞滿月辛洲道祖　吳坊卿　鳳岡書畫人　新任學官來候

初六日晉齋來訪因游丁氏園亭　吳氏叢桂名上園余所居則下園也

貴州也。上園亭樹山板~~[illegible]~~，有樹石，其園北三層樓俯見居湖子蒲(?)

高敞。余病此地濕，不宜園居，實僅作眺玩耳，一日最安之所陪(?)

此乃已之第。余所造樓，則可以朝夕於斯，其用心實良矣。

初六日庚寅　晴。錫水口近宅，屏內池開掘已竟，余方盡此中小山為堤

口未啟而水洑洑奔流，內突喧豗，澎湃發如之，嘩嘩而流池滿矣。

瀆溝未定，甚哉均平之德，不以徼漏小世而阻其節如是夫。寫

~~初七日辛卯~~　九兒信，御暖發

接子御初五日信

初七日辛卯　晴

初八日壬辰　晴

初九日癸巳　晴。曹林來，飯後同至讀書橋宅址一觀，又同詣園亭，

偕看年劇數齣。　寄九兒信，御如發

接子御初八日信

初十日甲午　晴

接子寒九初六日信

又長生弟初一日信

十一日乙未晴　周復卿、爐松與人來候，素完淨學純柔，為同志，故下顧

十二日丙申晴　吳隊卿來候　寫河南信　鮑仲信（即發）　杜小舫信（託米事等）　作府信　石似梅信（即發）　和畢署　俞壬信　孝拱信（即發）　上海信昭　九之信（即發　信昭發）

接陽哥正月廿一信

又六弟初八日信

又孟甥四日信

十三日丁酉晴　答候吳孫卿　候楊謝不遇　答候周復卿，並候其壻王君樣君麟（二人皆濤華業弟子）　虞蕙侄與人略文典史　又候濤子拓（歙仁邑茂才，以道學著名）

接陽哥正月日信

又鮑仲一正月廿八日信

又少荃堂信

十四日戊戌晴　同安甫林荔雅石樓遊到北門外看花村　因訪沈
姪不謹並眼花伯陽傳晚歸　濤子招秀君梅金詒〔徐日往訂〕書僕來

十五日己亥晴
接翔翁初一日手信
又紫卿九兄十四日信
又眉生初十日信

十六日庚子晴　春分令祀

十七日辛丑晴　傍雨還霽　接陳香畬函　借歸沈興甫陽君
芽館賞強日　楊詠春來候

十八日壬寅晴

十九日癸卯晴　寄弟少峯〔壽益〕信　〔即撥信般〕
接九兄　日信
又眉生十二日信

又曉峯五年十一月二十四日信
二十日甲辰晴 周維卿來信辭行——曾君楷 李侯
寫宣生信即日發交紫元 寫曉峯信即日發交泉處 寫丸之信即發交明
接紫卿足十九日信
二十一日乙巳陰雨 雷吟白辭館去 薛安林返蘇
二十二日丙午晴 早侯次侯詢以吟白辭館意 彼亦茫然 召侯李
君楷共同楊錦城久談 又偕祁壽華暨李丹蘭久談 云雷
君畢家業世家本於事業耕者去米多錢之而次侯以為
寓近此就館 諸事皆不費先生向丹蘭言之云云 又君侯係
目謹不曉物 夜子寫趣二之 同樣二學來自鄉中 劉謙亦二十
下叔
二十三日丁未晴 槿之壽濤來 早飯後同樊山直下宰平亭
謁文子秀壁 盧于石榛 遂同訪次侯不晤 歸與二君至天放樓
眺望以公為樓為來苑首 次侯來訪未晤

接六姊十八日信
又蘭生　日信
二十四日戊申 晴 濤子振來談久譚 楞憲二君來譚 寫六姊
信 子楞印發 閩海信 令直九兄信 信印發 夜楞兄世弟生日 梵蘇
接楞仲九兄廿三日信
二十五日己酉 晴 李君楷來候 寫九兄信 信印發
接楞仲九兄二十四日信
又蘭生十七日信
二十六日庚戌 晴 趙次侯來 留飯不撓乃去 訪蘇春久譚
益明日 寫九兄信 寄對一付 信印發 又楞兄子寬信 今發
接杜仲昉二十日信
二十七日辛亥 晴 寫九兄信 寬之信 楞亭信 信印發
接楞亭二十六日信
又寬之二十五日信

又覆解仲十八日作

二十八日壬子 晴 大風

接蔚蓮民二十七日作 蓮室開於壇 第一紙

二十九日癸丑 雨 寫蔚蓮民函作 即發 與翰仙作 信即發 九兄作在上

接松翰二十七日作

又九兄二十八日作

又吾甥二十六日作

三十日甲寅 陰雨 秦溪如鄉精 湘業 無錫人 來候

三月甲辰朔日乙卯 陰雨風甚寒 清明節 李氏甥世芬郎自昨早腹痛 遂今未劇 昨晚得一男 寫九兄信 倩真侯一函 附寄李汪福去
接梅舅二十八日信
初二日丙辰 午後大風甚寒 上飯 答候秦淡如並晤張雨生輩
寫阿壽信 郵寄鄧仲 寫鄧仲信 郵寄朱女婿 寫杜小舫信 郵寄歐子和 伯房甥信 郵寄附杜信內 魏剛之信 郵寄孫伯芳 早晨又候羅覓氏不晤 又答候鶴仲 全家 及其子君答 立談 訪趙柏雪 沁雪石 高曲六七尺已中數為二 其色黑而精緻 不類湘石
接六姊二月二十九日信
又九兄初二日信
初三日丁巳 晴 羅覓氏來 答候趙湘侯 獲飲其座 秦淡如 李升閣 觀其所藏張雨生等墨蹟 過雨生半野新莊遺址一觀 君池買正本硯石為鷗 堂前寫中為李得兩生見貺三 寫九兄信 郵寄 信 附
接鄧仲二月二十四日信
初四日戊午 晴 撥寄筵 鶴仲幾六備 秦君候未晤 楊鏡泉

清華萬卿人來候未晤
張文村諸
初五日己未晴 邑人賽神龍船三艘 甚盛 余樓上觀之 了之樓窗
紅白碧桃盛開嬌媚欲滴 偕南潘君等觀賞 稿付 寫兒信 即寄
接百五叁弟二月二十四日信
又九兒初三日信
初六日庚申晴 訪謝春少賢升蘭 少賢不值 晤升蘭 久之而回
之等又同謝春訪吳伯卿一談 又訪楊鏡秋 暢遙訪周
滌亭少 下午同滌亭來譚
初七日辛酉晴 吾生德生來訪 汪林因吳姊赴田 屬卿等來訪
德生兩楊翁 訪西谷 北泰素候 寫東萊卿信 寄吉共妻
汪氏詢親侍之函 即發 寫九兒信 即發 寫自生信 即寄
接九兒初五日信
又東萊卿二月廿五日信
初八日壬戌晴 世暎 楊謙春 錢仲謙來 因赴暢西谷之招 座中有

首李紀庚是人 鐵保卿二客 傳報曉 詠春復來訪 妳孫令
兒子葦查經 吳伯卿華甸到 華業
初九日癸亥晴風霾 下午訪周漾章、熙孝同叔石樸葊飲蒜廊
坡雨生來譚 又同飲市樓 初放晴 寫書齋作 卯時 初十發
初十日甲子晴 午後雨 寫篋廊作 卯後 同秀齋及周錫章過 往拜吳
孫卿門墻 兼答侯楊鏡藏 詠
書齋 畢作
又石似梅 首三十以作
十一日乙丑晴 下午周漾章來 贈米 篠柴白炭一束
十二日丙寅晴 寫陽山館作 雲叢 鋼仲作 卯後 朱秀峰作 卯時
試讀之始矣
子塘先生見示 研讀大著 體點 進修之功 經緯之制 世
若觀省 詳不注設 誠哉 習者之用心 專深遠 以答 繼武前修 自要
其蹟定之 與鄭以為 乾天道也 君道也 廣博以大 協其位以 定序 以

仁為用坤也臣道也直方以應始其性以為體以義為用
至其則如方合經無法而不通[illegible]聯系而成異故王經明之
之中[illegible]入旁通[illegible]不讀[illegible]用即無[illegible]不異相著者宗之一
功直[illegible]因[illegible]一手至于主宰主數[illegible]因其材性以政事者
[illegible]科之[illegible]聖人述道諸所嗜之教修進而同歸之時而有悉入道之
門者也一端之端又宗傳獨指教幹以應智則交以剖易用心見
宗承學者傳緒之見于外者而教者轉相懸隱而不論居于中
者亦為教所克勤思證者于本而可徵本之大之宗于中為之
其經之以通則一日[illegible]逮聯之心則按身而為質且有傳之
之教即釋氏之言戒有戒而後悲心說有性而後仁之道成就之
向仁體不著者以爲理與視聽言動由此觀之則因本之
教然後以釋[illegible]植郛之教[illegible]不暗顯也性之與生二說趨之之
篇聖人氣質生之[illegible]而不以語人佛氏則必推原究本其用心猶同之
教則異宗傳進道為力于宗門而未嘗質言也豈一見而未敢耶抑

氏不儒家不可使知也瞻晚釋氏之書豈更儒樞（似翁無為）豈禁常之

霜林三千年不仍変之依（書）舊求四千年於國一屆贊和陰陽般若執用

心不可移於財不可許於情猶而上非之伊尹字七十之功豈不墨氏

四千不動心亦儒徹（相）觀之儒釋出不同時郡墨子之道者楊子[illegible]

[illegible]寶性住心不以獨異那默是（釋）氏之異端以歸已年

蜀時憚以儒墨為補而子墨氏大和疾乎不存焉獸使子墨氏不至

（合曰）惜才之氏雖是那柳若辭之不少異是非才之世士鶩浮華

而家之言世高和寡王摛時不學猿不自掩隆者賢者隆陵

以家藏校慨摘採之業世

補錄（遺）田節婦之家傳

同治甲子王師克復安慶兩宮轉急及訪遺臣（章）廣搜採以聞

幽微其三年又文宗幽撫合肥李公之指錄吾江蘇局中主講錢

唐朱君宗飭以其配汪孺人節孝未得請旌於部傳東照徹

行乃撫以為篇里

孺人汪姓，采石朱君同郡人，廣東大洲場大使諱某之女也。生而溫惠婉
嘉淑。幼入塾，能通一傳，授即通大義。稍長，嘗學為詩文，乃曰：婦
人者但勤女紅、潔甘旨，風雅非其事，務固不為也。及嫁，朝姑戴太宜人，年
七十矣，為朱君冢婦，持家性尤嚴。孺人善候顏色，得其歡心。總甘戴
宜人者孺人相與謀。戴宜人卒，家婦之也，而家婦女也。然婦若是且
不多見，可以知矣。族黨稱太宜人能不可及。歲壬寅，朱君學延治江寧。孺
人率遷，從不相能，弟姒虞治寧處也，羣僕向諸，避寧。孺人曰：
非也，海寧衙設不實，姒一女子，太守館偕行，事之以久之。祖姑于為
健訟家，替朱君幸掌生涯。孺人本李僕子識，縫紉在家，回鄉學
勤過爾時。庚申六月，賊自寧國向道，記不戒夜，犯杭州城，余率男
朱君謀葬母，厝遠鄉，祀李子恨其不急。孺人指陳下井曰：
君勿旦計，吾不死，事也。即死，罪自求吾之首乎！此去二十里有城隔
出於之在居鄉。賊奔時，其外侍來，孺人速與夫攜母去，避鄉
余破屋，自攜子敢以藏，祖壁中。朱之伸兄某率鄉女奔

丞趙匡之人為請塞女踊而歸　眾笑　然其能解惑如此　犢人喬立
四秋君仰氏乃得密趙其欽井之日隨天寶不好存不得入歸掖
冤不急解不奇探下時二十九日吾付女歸　追趙美平白其尸于井中
共其禮人生于道光戊子年二十一嫁之十一年而卯死生男子二
設段設諭女子二祥徵依徵　難作一男二女　惟死其一　設段者為歸勇
勇生不逾人書悟之趙至又曰禍福之論罪矣哉以親氏子我聖
而■早年卻依業世子諸其孝子而不祀忽論救指施之道所以詳
中下不可以語上智也或曰死于豕死于烟草也死而不存福乃有烟
優者居者實之實也且其實執食故計而居者能獨生決
矣犢人免川篇而已侍之弟免侍犢人之家以詳盛人免用官兒
所遂而已　府免他哉府免他哉
十三日丁卯陰　寫眉生信寄佛像一幅　李蒓不了　卯君　蓋九兄信　卯君
接眉生初三日信
又鄂仲正月廿四日信

又鄧鐵仙二月廿六日信

十三日戊辰晴下午大風雷 接汪少崖書 明日東裝赴秣陵 下午出辭諸友 岸僕物 長生專伺舟約

丙谷 次 濤子昭 夏君泰 君麟 次 趙浔侯 次 沈義民 次 汪伯青 次 李

君梅 次 張雨生 次 姚朴園 次 葉韜香 次 陽庭 次 吳卿 楊鏡秋 次

李丹蘭 次 楊詠春 趙少翠 次 楊漢石 次 周深亭 次 汪少崖

接王朴臣十一日信

又楊小舫初九日信

十四日己巳晴 夜同世兄 濤子昭 上茶條 譚 汪伯青來告別 周深亭來久

譚 夏君泰 趙少翠來 趙浔侯來 張雨生來 下午挂帆數下

舟 成詠一則 時春壽未月中題 祝兩枝花柳映綠 向紫迎案

晌 係陰南蔚甚矣 長竹布微帆 赴蘇 夜泊鄉村 眠甚穩

接楊詠春初五日信

又汪少崖十四日信

十五日庚午晴 夜雨 早到陵墓 不刻到胥門 長生上岸去放舟尋

门未刻翌岸弟九兄来辞行 写家信 即发 交原艇

接自生十五日信

十七日辛未晴 复时士寓兄来自沪淞 据云未上岸 因住舟中谭至下午始去 余宗和故次去

十八日壬申晴 下午雲 早官役访根兄寓 九兄在舟中一宿 午回翌岸 少选去 即解维雅常 写家信 即发 交信船 写鳞仲信 即发 交朱蚕 候钱探知不晤 至忠蕃局晤程容田 候冯敬亭 不晤 候王晓帆谈

忠蕃局探英辞行 不晤 候王朴臣久谭 候朱少峰寿臣 江宁人

晤之 候郭少仲久谭 阅沅浦宫保缘自[刘慰郑意]芸肤于法安大败阮领郎

松林蒙[去]伤 在[营]月中旬 改大败于黄[新山]神以 拔营东折颜桥死之

势甚不支 汝以弹宥相争中外交论 度不自安 为之腹痛不已

接十七日家信 云情乳肿 特成疮 家中无人主裁 懊闷不已

又定子寅十六日来书

十九日癸酉晴 黄相君来访 至本家兴尉更大先生处 贺其夫人娶媳之喜

寫家信（印菱信附） 飯後 候惲次山（世臨） 惲敬第三子 候俞蔭甫編修（樾 湖州德清人 庚戌進士） 久譚 候丁雨生方伯（日昌 潮州人 以吳汶主考爲石第） 不晤 候袁桐君 不值 候湯式之 久譚 候黄相軒 不晤 夜九兄長譚 見示一物（二丸） 乃琢成石質 摩之火光出 電作硫黃氣甚濃 俗名火龍眼 出雲南省 李便以爲 全未知何物 王曉庵蒼候來晤

接十八日家信

二十日甲戌 晴 至觀音寺 朴臣來 若餞收鑴之於市樓 亭午散歸 袁桐君 湯式之 鄭菩陶來訪 皆不值 汪鳴鑾來訪

接十九日家信

又六姊五月信

又眉生十三日信 又十八日信

二十一日乙亥 晴 惲次山中丞來答候 久譚 俞蔭甫編修來答候 久譚 寫家信 兒玉賓信 長生初信（印菱信附） 荀令信（印菱信附） 黄相軒來訪 久譚

接二十日家信，又解仲十一月初八信附鴨。

二十二日丙子　晴　午寒。下午同九芝、玉藏、寄漚、李笙魚同飲。

二十三日丁丑　晴　赴輝次山中丞招飲，對話甚別，實暢論軍興以來事變，慨愁相對，扼腕嘆歎，次論國之消想，天今乃先在下堂深望初志而輕出山，言之論說，鑿可聽。便談及僕、勤少仲、孫敬亭（觀走九芝之友）。下雨。生孫香丹，聲色頗聊，菊閒者相君、荔相軒、僅昭鄰一人。下晡收印在舟，擬明日解纜，既久接之，家室候自生疾，法危無事矣。諫二枝，下舟臥。寫家信（俟明發）。

接二十二日家信。

二十四日戊寅　晴　逆風。早發蘇門，午過吳江，申過八尺，暮泊平望鎮。岸見民居稠密，市有瓊樓者，觸故園之思。

閱壇經第三函。

二十五日己卯　雨　大逆風。早發平望，七刻過王江涇，午泊嘉興，守風泊。

讀法華經　禪關策進

二十六日庚辰　晴　早發東興　午到嘉善城內　訪眉生　見其面容清瘦　而精神尚好　為之慰懌　與譚至夜二鼓乃返舟

二十七日辛巳　晴　巳刻登岸　偕眉生暢譚一日　眉以此次病後百念皆灰　頗有入道之機　痛悔平生所為　自加刻責　余因翔自十一年學安居讀楞嚴時忽悟　凡筆動攀緣以為我實有　新陳而集不之悟　皆如設筵館為作江蘇負擔地步　遇載以此歷為作江蘇紳士此等　以返因作四年閑隸學事及自任家庭病過楊姻等凡數十事　一一提起置之斬斷　集多事無肯快放懷諫之　於余收悉甚　心有解脫　性本空　因心故有　心除一徹　障礙皆空之隱　集欲求陽躍以來　更有如此　別以一意入道　決不退矣　用心頗堅　余亦助之說義　入夜始別去　寫家信　致之信

二十八日壬午　雲　下午雨　夜大雨　大順風　早發嘉善　巳刻到嘉興　午過王江涇　夜泊平望

二十九日癸未晴 大逆風 舟甚平穩 居然

下午過吳江 申抵蘇門

上巳舟中九兄諱日 初度

接二十三 辛丑日都信

四月乙巳朔日甲申 晴 訪芳柏軒 袁相君冬少譚 寫家信寄吵老山參之等 下午候吳曉帆

不值 候王朴臣又不值

初二日乙酉 晴 袁相君來訪 寫伯生信 即發信局 寫家信 即發信郵 王朴臣

接初一日家信 來少久譚 黃柳軒來

初三日丙戌 晴 三更 薛季懷來 初四五兩日給發東西一紙 朱叢卿來 九思來 邀赴衛程吧膺余

往拜季多十餘門 感情頗為所兩 芳余是日不解 揮霍動惱

時節漸進 櫻桃之麥及諸冰鮮 景物清嫵 孰與吳會 不能有

接初二日家信

初四日丁亥 晴 晨赴圓妙觀游眺 立正殿南擎下良久 時朝暾東高

林煙樹霭 平攄周覽 傑閣軒豁 氣象萬千 令人有講足躊躇

旋之想 心王世兩翁 境為與則 宗言專業 寺家精靡 據勞自

為瞿曇營相而已 唯於王人心 覺而不為物移 還自成理 返圓成穩

外此 我不甘寧有我 豈些之 凡手經日計分段者 所去之發式游

神清瀨石 覺遽然此境 造人安其樂 因念又同游 程公祠而歸

寫家信（卯發）　下午九兒往拔卦親翁處亦未歸　視叔石處為又過史
所識諸此飲　主人投轄矣　清言娓娓　不覺令人市脯　初發動物即
下舟
接初六家信之情惋亂痛甚　棟姪勉常熟懸　余以常加慰安之
親切挽人　姪但之為政若寶山縣　妻悉議許　此向來了結物之一樁
此五點鐘即付借川
初五日　政子君微雨午間行　早訪黃和軒　丟年遂逢　雨不過　寫薛芸莊
收信（寶信之未求本也）　石似接信（卯發）（寄聊仲之）　寫聊仲之信（卯發）（信內）　寫景楞信（卯發）（寄仲之）　下午
同九兒及拔萃亭趙訪陳業墉　老墳蘇人（九兒之友）　生遠行頗瘦　見所識識悵
南田陳白陽畫二幀均佳　初晴陶　寫聊仲信（寄朱）初七暮
接退之寶和四日信
初六日晴　遣至安貴相軒來　君飲良久而別　下午同九兒往游
程公祠及子園好觀　寄上耀州石　汪虎母來送　晚飯陪寸九兒別
下舟　明早仍赴吳寓視桂物　病亦由吳取錫山送赴常

初七日庚寅陰 晨微雨 大順風 早發蘇門 申刻甫過滸墅 傍晚到
二源橋 二鼓抵家 情懷殊惡 小阿乳瘍已潰而未斂 越常而無之見
姑媳仍日謔之 南翁君無他 亦以無搬抱慰
初八日辛卯晴 出宅園見諸木皆抽芽 生意盎然 頗有之之意 情悵
亦因離常世 要及之可不改好 僧乞集句之一方 而乞之 下午
寫九之作 御寇 初發 例下舟 開行出西門外山塘泊
初九日壬辰 下午微雨 大順風 早發 巳刻過王莊 下午到東湖塘 二鼓
抵無錫 茄林門泊 此經惠山到錫之大路 往來則廟橋苑山
蕩者 向之路 景象迥異 不可辨識
初十日癸巳晴 風微逆 早發 午過橫林 申抵戚墅 酉到常州府東門 沿
途頗有新設民舍 田疇亦多種麥 前年不備 泊天寧寺前
上岸 經候子寓 見不值 偕椒亭亦暢談 別 偕遣至子稱 自其好
園 並在 摘櫻桃 歸宿
十一日甲午晴 遣要德星弟來 身亦壁上 繁品 下午同椒亭 訪天寧

齋方丈善和尚 真篤 歷言平生躍入之迹初看念佛是誰話至
京都參一老宿問如何是未舉話頭日以爲參不能答遂棄本參
專提此一語至十餘日隨眾入堂方揭簾次忽有省悟雖見吾師參巴
未舉以前請和尚道一句來即道得亦是第二頭事 師契之自此疑
盡公案一串串都透修觀門 旋打疊一切唱歸念佛 覺生死
關頭惟此事最有依靠故一生勸人念佛 惟切不傳又嘗謂孟
之親文孫師利觀身第見背然云 傳晚鶴逢予寓見因至舍寓
少譚 余仍借觀至其家 初枝下舟昨
接右兄初九日作
又有生初十日作
又春相君初十日作
十二日乙未晴 早起至寓處未譚 到上海變異目見諸 祠堂林謂之
祠宇樹新亦由摺董值文廟與工四方之者依余家祠居爲
駐足地因代補篆以抵結果嘆使者撫不作許漸生予寓 雨兄

力也（明衛廿之界墩）祖出大南門至三徙墳塋祭掃名塋時頼缺且因竹篠
董姬新曆庄毋王氏塚旁稜角樹霞王外坟丁王塋法食為不
職他日難易之　董亨公塋前塋兆之外有横田一區計一畝四
一分係余家之談墳田即係文王榮注承種此田築之餘新草
並註集户名於案查出附四方立碑更安字號其老坟　董
亨公以下塋　守田公所葬之一區周圍約計一畝餘又雲浦公坟
一區約兩之分　伯淵先生歸青坟一區約一之分均有草園修坟丁
同地係明甲寺域領取字號注單

又至茶山頭塋地掃ㄧ 塋六世慈坟丁陳寓保 並上海生意 世新
要ㄧ妻安在家 金不足以為事 太原公塋地最廣
潤將計四五畝 原田假字歸子孫 雪浦公及 苦平公之力量
撰公健叔公三人出錢主之身分錢亦糧 此第之屬吾生領其家以曉其詞
科分房所傳為各房目下有人各之項 雪浦公一房 捨手為 雪浦公以
下又以余系稍自立 擬立三余季安户名一并 辦理 侯 之族

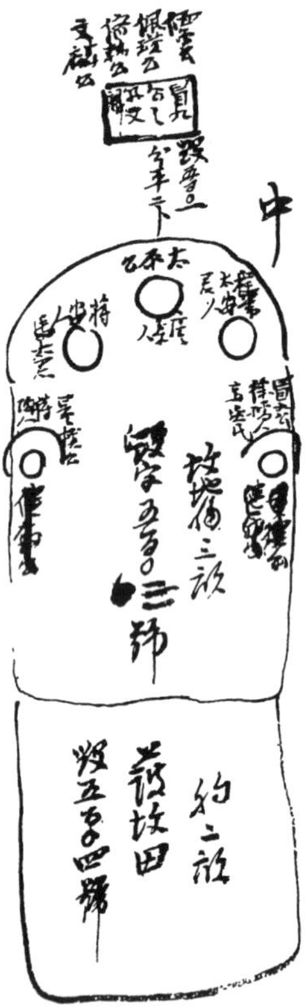

祭掃訖 留于坟户小亭 進城 侯金坤石閶 侯渴果御 寓家姬呾
之侯嫩生免留雪樵 翊宸 石閶 返至小南門外 更少坐 又到 寅六二姊
母家人談 雨來 涇家 歸余互抵 夜過舟 子寰之 同映春 姪來訪
屬查 雪浦公户名下 堂字 歸余二抵 坐落

十二日雨半晴　吳昂仲來訪書經　子寬先來　梃亭來　雨生先來
同赴石蓮若鑄陵石全丈　楊同叔　吳伯平　陸彥甫　少峰　梃
家候劉子驂先生聞好之葬人　並經劉雲樵及聞好之抄英人
季久談　李愡之歸　華氏及許娥來見　下午同梃亭子寬先食
逸亭陸子懷華君　並見金外又要湯星卿來談　侍晚歸舟
子寬先及逸亭陸子康來訪久談乃去　劉雲樵君候不值
十四日丁酉晴（在常）逆風　早發常州已刻過竹河午過十五洞橋之鄰塞
未刻過萬塔申刻過寨橋　酉過五洞橋　戌抵和橋泊　奔牛衛
寄生意　巧民（土）甚窘　勿係指東江北人在此耕墾　河中亦皆江
北船　風土一變　為之悵然
十五日戊戌　雲微雨下午晴　早發辰刻到宜河城　由此入見一無識了不
可得　途中見此姓名心感者　往時爲余奔走效勞　今歿名仲賢
業醫　聞其家道已失　其家少壯屬代購紫宗等　又訪何伯久之
子興經之　又訪范坤之　侍爲茶長　石經　下午開舟到東山

幸經營甚熟，直抵村墟，亦皆江北人流徙所佔，覓新屋用之
坟丁王姓大方者，鄭佑周、朱大周、朱三華陪之，自如家場三姓家
聚居一村，即令同至山阡，石瞻孫君已一年餘見，定岁些岩
此墓在家集，錄莫從世視山，海見可植阻二三年，亦孫共審定
擬明日來審之，並由加築孫家等。酉刻下舟
十六日己亥　陰，天雨乍晴，亭午放晴，日轉炎熱。卯刻登山場，工以墳
展墳二洞，又把土築高移灣外口尺許，巳未刻工畢，拜辭下山，到
周家川　朱大之交　家居之墟一層，山尾餘氣一脈，隱然面背，青烏家
言墳也，自舍親了然，姻兄為余擬購，經陳妻兆此山之　先人
遺蹟，臨行一所，亦世往來園舍之場也，下山即解纜，移泊中　訪族
伯叔父先生家，借二[illegible]，叔言一孫子一，又至其家，十餘年前宅舍
田園華屋，亦只存耕讀此，悲夫。遂留沈仲明不話，傍午乘輿過
之，托以坟地，請糧餉單之事，據云田已大過，山為未承大損，須今秋
矣。同石鄉日邀小酌，力辭不可，初付時外場舟

十七日庚子 陰 雨後 順風 早發 辰刻到和橋 午過塞橋 申到竹河 酉到城渡橋 夜泊

到常州正北關內 寫與卿兄信 十八日發信

十八日辛丑 早陰 旋放日出 甚熱 下午陳雲歸 云仍不雨 謝苦乾 秧不能蒔

往洋孔迎 程岸至六姊家 早飯 到寅二嬸家 又到丁大姊家 又

到六庭工程局 訪南先 並晤 荷吳爵仲 又同南先到寓 回家

並晤金牧 下午發 又訪寓兄于其舟 又訪安卿男帝 均不遇 回

至六姊家 晤寓兄 寫家信 印發信如 一書交信同寄 一書付下船

寓兄陳 久譚

椿嚴 初十日行

十九日壬寅 晴 薄陰 吾世兄 下午微雨 順風 早發 巳刻到奔牛 午至

呂城 雨 酉刻陵口 夜泊丹陽南郊

二十日癸卯 陰 微雨 早發 巳刻到新豐 小泊 買呂疏 未刻到京江 寓

風不能出口 望見陵入新豐 ... 向雖 覽形勢

茶山從此地考訂 過入七年日記

檀族慨宜公葬蕭山府小南門外之茶山路芒三塋五塚 正中大塋內

三塚 中為慨宜公處蕭人 左為[illegible]孺人常安人 右為[illegible]孺人馬孺人 左

首小塋內一塚為高伯祖[illegible]公及配徐孺人 右首小塋內一塚為高

妣祖 公及配 孺人 其故地原契[illegible]趙健叙[illegible]戶內[illegible]

五百〇一號[illegible]田二分[illegible]又同戶五百〇三號[illegible]田一畝[illegible]一毫[illegible]七忽[illegible]

趙克佳 雲甫[illegible]戶內同號[illegible]田一畝[illegible]九厘[illegible]趙景撰 係高祖[illegible]

戶內五百[illegible]號[illegible]田一畝七[illegible]八厘五[illegible]七忽[illegible]趙克佳戶內同號

[illegible]田[illegible]六厘[illegible]聯[illegible]因[illegible]人[illegible]雲甫公

乳墳公西首[illegible]至[illegible]生任[illegible]年[illegible]乳墳公分下

[illegible]二妣祖[illegible]比[illegible]克求年[illegible]二妣祖[illegible]三

十年[illegible]定[illegible]錢[illegible]來[illegible]

方向[illegible]慨宜公[illegible]清[illegible]

[illegible]長生[illegible]新[illegible]依[illegible]詳[illegible]

[illegible]看見五百〇二號西[illegible]田三畝[illegible]即係本[illegible]正地 五百〇四號[illegible]西

草地田二段零係屋又該故田即左右壁之旁西區相陝形勢既合大
小亦符詢之鄉間遺老異口一詞皆言老世錢翁並又謂故田向來坟丁
陳佳二姓種（[illegible]年間）佳二姓故世子孫與其姪孫寫佛娃管[illegible]
立承攬寫係付出外拋荒生家止[illegible]一妻其田[illegible]係其人家自種
東原坳[illegible]在全[illegible]立承[illegible]以為[illegible]女[illegible]於西區坊屋光方
並其掛搭則五百一錦弟之二分顯非一家遺廢在墓後隔一[illegible]首
一塋內計五塚中間一墩碑題宣佳郎文麟翁口之墓地其樣小亦符
二分老墨其旁别户之田區屋五百錦則此地五百口一錦亦在其錢
[illegible]文麟公係寬九公之孫從[illegible]是寬九公別置之屋故係寬九公
然右立戶而寬九公之附葬[illegible]宜公塋之左於其地本用亦其孫好用之
也立房於田塚想均係文麟公之祀屋年遠失其考訂[illegible]亦五百口三
五百口四錦東田紙分立二戶之故[illegible]宜公四子一子出嗣老三房故
地止三房分管[illegible]分去多少不同則因原單條管之安掲界分之
也此[illegible]錢清[illegible]宜[illegible]計[illegible]十[illegible]清[illegible]

年清年欵 目下茂齋公同輩子孫均之世人 雲浦公同輩三房長
房分在閩東 乳娘公一名亦無外者為其可分任 在鄰由亞 管陽取
完鞭情 將來子孫屆時應再為之 在分管武輔官之處再議可也
再查原 [redacted] 內 有官墳字九百零七號 [redacted] 田五分五毛 又同號 [redacted]
田五分四毛 亦係 茂齋使下名 向無指為 慎齊公塋產 今查白墳字號
[redacted] 世干坊 抽惡 雲浦公分內別 [redacted] 親房分葬
供祭 其為 男九公 墓櫝公 兩房 故墓 修時各人正會 故將 [redacted] 公共存
主之戶 將價斷供 [redacted] 族中詳查 清楚 錄案 明確 亦可
[redacted] 為世其 稿署應從後前 亦
[redacted]
三墳楊墳地本訂 道光七年 日記
讀接 [redacted] 下葬中考 安府大南門東門之間之六墳楊世三塋
大塋內四塚中為 茂齋公 許安人 左為 男佑 祖豫齊公 余孺人 右為 男姊
祖乳娘公 楊安人 右耕讀公 為字四公 悍孺人 [redacted] 蘇孺人 一匠世二塋三塚
大塋內中冢為 雲浦公 楊孺人 [redacted] 冢內 楊孺人 及 左上 次首 緣

[illegible]此地甫乞合葬破土則祭不能倘復不敢移動 又限于

地坟查雲浦公祖妣[illegible]右[illegible]塋外設住皆在[illegible]右塚另處[illegible]祖母

移標人左右另一塋内一塚為此[illegible]刻字人[illegible]兩碑之向另一碑而

為[illegible]鄉人[illegible]所以[illegible]附[illegible]東山新阡[illegible]此地[illegible]三塚一伯

岡之一[illegible]一座[illegible]碑記[illegible]塚[illegible]始不[illegible]其[illegible]塋

地[illegible]契[illegible]之末年[illegible]花戶[illegible]先住[illegible]

字一千六百四十八號[illegible]計田一[illegible]一分

九厘八毛此二號[illegible]又[illegible]戶內[illegible]字一千七百○一

號田一分五厘[illegible]一紙上業[illegible]契又[illegible]一千七百○三號

田一下[illegible]契[illegible]字一千七百[illegible]號[illegible]

田一分三厘[illegible]契[illegible]

細看見[illegible]地一[illegible]故田一區計一[illegible]下

即係[illegible]字一千六百九十九號之田[illegible]

[illegible]

[illegible]

一、[illegible]業主[illegible]社[illegible]及[illegible]此地[illegible]

[illegible]查[illegible]一千七百[illegible]

[illegible]

守田[illegible]

[illegible]一千七百[illegible]

[illegible]三年[illegible]一千七百[illegible]

[illegible]守田[illegible]

[illegible]五十[illegible]一千七百[illegible]王公[illegible]

[illegible]守田[illegible]地[illegible]老[illegible]

[illegible]不止一[illegible]守田[illegible]

計[illegible]

地租[illegible]入[illegible]

度之故[illegible]于本年完之[illegible]四斗[illegible]收[illegible]

中间小壁一区地 [illegible] 查土字一千七百四十一号 [illegible] 同页详楼

惟插地係曾某如存新册仍照嘉庆二十五年底本 以上系归地

高明人下 [illegible]

[illegible]

[illegible]

[illegible]

[illegible]

[illegible]

[illegible]

二十一日甲辰 晴 北风 早至江岸 [illegible] 闻及吏人所作地段一 [illegible]

房价三数 [illegible] 大 [illegible] 归 [illegible]

二十二日乙巳 晴 顺风 早发 [illegible] 新 [illegible] 不 [illegible]

岸 [illegible] 盐渎 [illegible] 帽 [illegible] 夜泊东海 [illegible]

二十三日丙午 晴 顺风 早发 [illegible] 午 [illegible] 江 [illegible]

[illegible] 门 [illegible] 晚泊 早至 [illegible] 门 [illegible]

二十四日丁未 [illegible] 雨甚 [illegible] 早 [illegible] 云 [illegible] 院试 [illegible]

移舟北西门下午理常解装宽敞甚微还皮植五物来
谈，孙便减神色，不胜情，回访韩州之，并遣安问，孙不至，盘州之
谈之初，故物小
二十五日戊申晴。早移家杨巷之假屏楼。晏同孙来，久谭，寶之
快意。午后以向去。谒游生师，久谭。搢论盐务利弊实征
宋莫如征商，宋一代之利最精，故南渡以后犹以本朝供征榷
而国用多，郡卷士兼不稽，如其风起于南国之初，宿兵宗师
太多故，请求供亿以转运为使天下郡国，各官官制第一，友康
都时东南坑冶利钱至数千万，榷茶利榷至数百万，榷以改通
自利入以后，可为盛矣，然川蜀嗟怨至有讹言，推之至首倡
墙者其时吴论亦可想见，而南世之变乱，明末无税案款刘
饷，练饷，不过数百万，且下意痛之，语云赭累民一年为王下
游为之，纷纷利害相形，长短可见。今之厘金视宋之取民赠缴赋
罢谅烦无不足为动，筹兵情亦不量其事，为尽其烦，似办理未

徐老昌烟坟所有所急者此耳 若從文正國之官請寬免等
稅上謀以為徐博定大〻名而不顧嚴要方戡亂之時得錢策
說閩浙浦它係廣坡且煩宰騷師眼金山謝之師雜撫康于
其神氣已被備詢余家居諸事顯差 候鄉于宦家仰陳小國
任桂香服上書 便杜小姐祀字不得至南陽君母家附之四
承房之咨 餘居城南法久謹 劉李兩來久譚至之於言極勞
甚急其行軍以桀悍為馬兵色盛隊者所當者行之詞之遂馬
四至之東稍徒民居遷馬畫書夜遷也不息圍閩君之百里
之廣者其職李甫衝蹶帝至二丈四五人之音遇我軍失其素
其叛桂伏馬上亦從嬉陵過印挨從不及營武第二強已至前我軍
手足不及措固當為所收戮或從官軍輒以遣馬斷
收官軍且賊必為隊扎其戰攏區之向賊梯度之道怨撤
馬撤閩西道而去比刻其路官軍又追到又四步隊所為殿步隊追
去四例飄忽不定 軍榮矛子刀之外其刻物亦其糧運 兩至接

以充合族民之富者[redacted]持正出家所需團子穿遞勤查馬匹其
糧食物品以為儲不足則窃剝之故其民不憂乏絕其係
耕種旋主所轄社其所為多寡其足額再上則為堂主
所轄社繳主之多寡亦其足額再上則擬等皆備王號
附于三大股一賴文光原髮賊之遺逆自稱遵王一任[柱]自稱
王一張總愚自稱魯王二人皆捻子賴任二股合為一在鄆城
徒黨之向眾少而勁屢敗於九帥者即是張入陝眾多為害
勢轉弱之三股皆蕩決附者通境皆民團自守賊至則
倚鎗三發各團以次接應頃刻數百里知之鄉民閉壘擊却
賊入保閉門堅壁設守賊不至墻下即不向賊亦不能攻
惟寡無食則必破圍以取糧攻法直隨而立不過為據團
或不守土圍及稍庫薄者無不立破民皆畏之共奉民團之
法回鄉皆入民團互為聲援其事急方許入團又必遵民衆令
南北老團皆無存賊下方可離避否則賊來即為團適生來迎

之以下世不遣弋廢民耕種使之失時而入又分擒各圍覓生
計尤甚聊從義務日多中並初此上將兩番出壯民心亦頗之
仰望於諸軍日來我勝也然賊竄官軍掃蕩益藉之此
去流將各等家勝仕者雖新用而其下鋒于內中老樣所
至輒先四分之遊軍專恃火器尤第重之大專以飄疾見長
且莫測其蹤跡並能設算中空團無事持戰徐觀其變除
破後以專之而不外時責勤急不及應布將已時知搖向必不
能去圍出示諭令各圍協力自守有二十五日以內圍被賊破各
圍之簽二十五日以外圍破本部堂亦一體之理各圍恐後來
追及不能各自保其下然後圍而官軍作壁上觀者民心甚是解
散頗勝誘却去余陷從口一等土情自張秋至濟江凡千餘名
署路懸北旅隆省道其奔衛守還況合再附近扎沙河要奇何以
收過之向示南山各已寨限其馬足先奪其兩言而亦一被滅之
用心世澤而務世道惟兵法能保是為男軍易難挽收

劾張兆蕃之李帥共右為唐大局為李案 不知別有勝解否也

之 寫方伯信 卯廿六發交張芝生 張芝生信 廿六發交杜小舫 容摯甫李壬叔來談石門

接周孝三月卅日信

又解仲三月廿八日信

二十六日乙酉晴 李雨亭 錢仙來 同李雨亭合肥侯周仲田飲

又回周子訪李壬叔張小山容摯甫張經甫 惜其畸 又回訪

孫蓮石久直家 杜小舫來 程不值 時笠夫來 鄧季雨樹人 上嘉續行六

熙 嘉樟行十三 來君訪 魏溯已來 寫杜小舫信 卯發

接滇生初八日信

又小舫本日信

二十七日庚戌晴 李雨亭 張小山來 鄧熙之來 寫吳竹莊信 卯日發交沈和卿 沈晉臣

卯日發交杜小舫 李滇生信 卯日發交小舫 解仲信 廿二發交滇生 寫家信 卯日發交沈晉臣

民信 卯日發交杜小舫 伯房來 閱卷東同飲市中 陳小園 任棣香 伊

答候不值 候湯伊卿不晤 候黃子春曠 答候時笠夫

又至南陽君世家旺季雨 又候朱星鑑式雲 又候蘇晴
山 又候潘琴臣及向老葆可生 又候杜小舫久譚 言沅公參官
節相奸欺未甚悉並示疏及欽差查奏之語 蕃嶺唐蔭雲與黃南坡素亦惡固沅公素
并亦交惡 沅來鄂不利于己 遂代擬一摺請沅公不援此
印經去境任軍事實不可居計 絕退印寫指陳官
嗡湘中倚之于漲安 云官已密奏黃矣 危沅則沅必大與此
禍 牟也 既蓬鄂不出援印者 白日威為官力辯沅意積憾
集辯 遂丁心爲守旅 候補道張雨雲將不得志于官 憲沅
之不備收還悍疆之以官素與沅指名薦 既抑低為厚收纔
還官素厭沅為幫辦 官不之容 且時復之發其之 獨你徒
所指 況出親筆而劾副酬司道 黃為指寫以貪庸驕蹇
寰之欺罔 徇私就任家丁 鄙誤軍政 猪你料余甚沒收不及款
說為不半皆文向如冤以抵長所屆不相顧欽差識奏列字之
閑既示探而司道文武禁皮供詞以駁原參幾廿一事 稍有

邵伯言連日留心指点見我素食人噴飯沈子培心知
爲我所談衛丁年以晉宮則乞我寸[涇浦]家世事皆廣薩香
前年偕入都過揚州相遇南下過于揚州先以曹疏惜送
始得彼此不攫運司程尚翁丁雨生等屢問說合卷先候賓
見愛此禮宜當候蒼來見旋於日近設席安兩相爲乞不質不
至遂別去尚不知安衆準相瞅人云沈雅宮未之窗並任把幾
林拳動不止不知何以爲見若云知之又何以勘友相和見世
辭又措能寶情云　寫小舫信亦去兩兄寶相託楊照　仲發亦來人
胡竹亭　陳甘叔孫令沙人來候
接小舫東日來信
二十八日辛亥晴　下午御雨　錢子密來蒼侯世兄恩季來蒼侯約來見　延甥來
寫小舫信　伯發亦至　因查甥云方中達閣老，楊璽譚話　寫般仲信
伯發文卿來　與彭敬同　同閣老西賜話刪之晚飯後與楊益明家恩書
六楚生年甚崽楚秋房中凡四十餘葉　沈秋斜檢三十餘葉

去臘郭六郎松林之敗所黃出軍九萬男僅排寄馬軍五萬皆新來不能戰十一月二十三在法城外保小勝二十六日敗殺不甚燃旌皆去遁（官軍）之至迫之市為姊巴馬錫原擄遂大潰僅存四五萬之郎被擄用洋錢擄之兩皆青黑之乃從之物其徒常道潰軍六七萬去今年二月十八八折疑擄之敗所常計十七萬六路新軍九（萬）萬戰亦好集之衡集江以下斬（其大砲器）械輸至六神速為此所累之至軍于震後敗者甚多故新募之多不能率矣七年勳官相之來者林郎之大略皆因招添八月廿六左高將軍郎松林軍畫報其時是一本負帖錄附通至畫數紙向易之招係其僚從撰寫云云

接二十二日兄子寶來京之函壽君方寓

二十九日壬子晴　譚師道安楊楠節略　寫阿弟信（郁發　王杜小舫）　李節帥信　全發　鄧青人匯之來訪　戴藻之來訪　胡竹亭汝來候　芳候胡竹亭　容純甫來候　候莫子偲久談　候向孝不

値　候姻晤南　又候陸免臣協承値　又候翁惠君協石佳　又

候杜小舫少澤　到節廨　探文巡撫張陽生　老姻人張靖禾

晤引玉一宿　下榻少荃相君處　久譚去　晡後往候葉誠公

子不晤　候王逸亭　顧墉相君之甥　少譚　候孫桑王子雲袁

子根　薛紳雲福成　無錫人又訪錢子密　久譚　湯伊卿　袁子根　王逸亭

答候協不晤　二廿四日王逸亭又來譚

致李少荃節帥

令旨雨雪銷夏　往回發毫下逢　仰駐軍周口　指揮若定　欣當

捷義師莫展　天津一帶狀　我機斷照　並世捷師負　全勝不到　音正

發發安寧　石化馬生天人　令名友寵　而淮淝池邊蘇　荊江陶

古引領　猶想壯懷以手姓名　書風披堂堂稱　銘鑄　久播枝

軍趣啟五臣　扶方擬后臨　持五賜仰軍容之盛　仗義　侯相國

旅次　拜讀陳令尚南侯見　亟固櫃揚一切　達吾今日內　吸受黑掌

於廿五日到　由下海名麻　翔大良尚慎　少留再聽　出止　忠寄局務用

前函適已千郵蘇州對讀論集四冊一并寄奉自此行之大佳
婦媽久在病榻療餓中一俟之總健後年時好轉然精甚微弱
衰老無望適于此公之爰士要之寄思培翼尋常刊許之間
請夜撰所指摩為將之報　餘者不遠一日千里李易安先生均詢悃云云

五月丙午朔八日癸丑晴（夜雨） 寫家信（寄師壽 寄弟鬯） 眉生信 仝上 濼師來少譚 薛
卅雲來 晉侯 寫紫卿兄信（仲卿壽 信寫） 陳霓臣 又 晉侯 胡照甫 恩爽 晉
侯 寫寄沅浦宮保信 滌相節前新歿了也（初三日 濼師壽） 訪袁子朴鐵
子家久譚 仲房賜來
致沅浦宮保
瞿鴻久矣言客徒營無見神在存者其跨馬牛保俗夢人逐懸
長憶當沈病不了之春事閑 師相旅陵求諮事諸峰自擇於
到府朝西岳 庚申蔡及鄭氣來殺速請師勞神思退又謗之累
盤錦君之言莊鄭時已着顏醫近積之若內君子弟作字之以
左手代作軍法傳旨退兵麾下也（十）臣兩中郵 柳氣若攔斷不通
也近想動旅四集龍翁縱踏九破壁之兩任用自空指顧眼合
何若意無任若矣諸危事當以無意奔之鄭卿之向雲夢
之藪兩出乎九疑其山下雲陂池下屬乎江河吾所於游觀之樂
周廣以志吾邪 浮雲若飛物之行不可以喻世事 元素穀樊東西

尚方當閱師言之矣身在軍旅生死利害不嬰于胸目可耳
日言所當言成敗付之於命毀譽聽之于人自劉以來恒念之不
忘以為當代名論不可以一二觀詩所見屹然不易境所回易迺進錄
得于不順軍中離亂事師之功在巴生千古於于舞中常理師一戰
勝一敗取前以為名賢業者比一二故意隨身表之惕矣而又竟
而志丹青懸炳乞為完人亦於尋常傳寫不許奪忽隔下者比
然是置之辰丙又豈習以為之身世之一舟境則足敘也江湖浩瀚
悟隨鷲濺明曙之所歷今夕不可得而知正當拖以行之鄭陽勿悔
其謂也古之閱人多用之以成然後聖賢見矣是以自成則自謂自
攀則自痺禍福相資利害相隱勿悔鄭陽後自鄭陽之見存有
主宰焉聖人謂之天命老莊謂之大道宗傳謂之無極釋典
謂之真性斷斷乎無隙于安危之分生死之流大漢穆天而不隔
大旱金石流土山焦而不熱是非境所得而囿也而自容心焉故夫
安分達命之說美矣而未盡善也探本之論也山中恒以之自

程延路跋看足正之韋師之對之也 來徐蘇龕節署 友人
有將登衡山讀峋嶁碑者 則記著行為可說謂似寫其曰江流
頗洞天神趣情諸帖為之 於千万
初二日甲寅晴 李雨于出調錢 滿伊卿來 答候久譚 葉子偶來
久譚 滌師來譚 鄧彝人叟來生晤 下午訪閒孫並過李雨田
玉叢縣過節署後 滌師又來久譚
初三日乙卯 陰雨竟日 時若早久 滌師出禱于甘露寺 今日迎八功德
水于露谷寺 前月廿三日求廿四日應 昨又求 今日皆應 雨漏漏不夜始二
三寸 師以雨未足 不許降何菴 來生勸不許謝矣 下午玉樓來
因檢舊日記一之四 擬選擇錄稿 類抄為隨筆一二卷
初四日丙辰晴 候倪韵岑 並過錫子寓 又候殘山庵 不晤 又候屐
看三觀察 又候周價雲侍御 又候王曉臺觀察 返署何而翁來
久譚 卿有之二來看候 滌師來久譚 二之吉均之記 亭林先生崇劍
為字之言讀一之 即話後人 辦加 十三 十七 十九 二十一 部 不為也見 並返不

能出其彩國壁廣度已成後就其中分隔間架不言以言條植收
矣論至此允又言著書須成片段否則一知半解終不能為大成錢
說經又只能就已見之言剖者存之若章解句說無謂前人早慧是擬
言耳 又言朱子大儒然其必能做事余言朱子係立言之人 立言之
功未見二者之能並著鮮能其身能不用而致 順行其說而大行 以是
本朝典章制度莫不本朱子者王者起必來取法斯即王佐之才也
余又言士生二三千年以古今未遠事問作者不可勝數法之得一新從為
因古人文集翰已足定時 謝亭林先生自言宋朝手山為不能十成把穩之缺
人乎 師從惡從與宋公羊及王阮亭姚惜抱選古今詩選本
初五日丁巳 晴 放寒 謝師詢客回遲賀節而已 答僕王逸亭王子雲孫宗蓋
陳果人 任標香薛淑雲 出謝張陰生筆 南方君母節少云解楼君
二叔寄斗 候湯伊卿不值 候向羽時不值 候朱秦好楊子木將不值 到朝天宮
祀魚焚蘭並頂 張小山秀才一拜 言近年近來內出林暮居自秦
華立夫佳 謝佛來以劍蘇浦 四君 翁暑年 緣平翁見示 下午赴剛之

亟與開導譚也 初鼓時歸 訪自田歲 傳定端錫夫
初六日戊午 蔣會濟師（王曉蓮君侯少譚）同任梅村來訪 辛午濟師後來譚 余論儒禮
務士禮為說，繁之儒，新生何故師之，此說不能解。又言欽照課詩書
在徽時不甚（畫）義，其著作有推聖武記文，集而發下云云。寫自序信，郵寄家
王恩齋來
接胃二十五日家信 南弟君差步差
又張荃老初六日信
初七日己未 晴 從翰亭來久譚 晉英國使臣來候相晤于翰學
視之，所言二事：一洋銀相侵，出告示禁止（上海）洋銀搭之餅，查原約不准
洋銀粟（斗莊）餅，以保全洋民生計，同治二年總理衙門許之，今則
[redacted]
屈賠撥中國（洋船）與閩一體（由總理）小船撥入內河，以此俾無和議所要，為總理衙門
所允者，蓋欲（吾言下）往鄧洞負（全行）關脆黃浦江漲灘築，以求保泥思擴
此河空桃不允。今後更語之，船入鄂湘，其實天下山河皆同一至，其
則亟亟子入也，其四川之從此隘師為之，以船不敢逕餅，生計者世我

奏現在設立章程，凡海運用何船，每年一石加銀一兩餘，以滴其
窮小民另有生計，應否禁之，使向戴內呈請籌保，否則告示
亦無益。小輪船入湖，其理亦同。中國小民太苦，輪船入內河，則中國船業
皆入其中，中國小民便當餓死，此事萬萬不行。查二三船同船商船之不害
力劾。修師青問所答不失體面，又言中國體面盡，以德昔為兩
門放炮迎驛之，帆慎謹，誠大辱也。余云師答理為小民請命，深得
體要，然禮節之間不無失，據國本如臣屬則奉使者與大國理
臣原無見君上下之分，實在往還何辱。人君民向有識者決不以此
為議，第中國大臣與鄰國接周，有識之不然，為東洋洋務其開示
地方小民窮愚之言，不告以君父所處之難，動以上下一體之義，直截
作勢自足以疏動民情，然處屈抑而不忍恨，閱者視為洋人指
費押送之，聊表為破壞者外向假設，致辭之不至不安。師憤甚，向其
事之原委，季詳悉之。師深以余言為是之。寄陽芭蕉作 印書 高杜小舫 字杜
小舫作印延。下午訪子密觀小園，詩務劇。

題嘉禾錢先生篆名冷雨勘書圖子密屬作

錢聞老屋數椽存萬卷丹黃手評注乾嘉年間多老宿妍境妍

人每能過奈何無降風會遷任以帖括涉之籠時賢文章政做相

上下三四五十年載錄卷卷此加聲韻匹茶毒百族衣冠隨濟顯標爨玉

軸由車易一飽免死讀金陵城中臣陸推薦府山下就門角

中興直醉務風氣騷士紛紛東西來茫茫思踏黃瓶入尋系遮潯

相與唯逐相高史賢兩推崇擬大筆文章雄二我一冊十六幅丹丹

青紅妙就或者官寵刻棟材或氣蒸澤忻嘗或神淡逸野看

或杭乙倚寒梅刻劃山居到松竹兩寫滕業傳千載往跡

風雅人衰敢目睹屏替心許追乃言先陸屢文日窺冷身閑宜扶

選叢相不為王陽金囊樞牒餘杜林漬況醉班范再三改鋪綴羣

流異諧畢研摟一字不苟放法律尤于秦細密名流爭言伏真逸

卷天牛腰藏篋遜自從袁亂百不存秘抱區區守殘闕我聞諸

神上佳更能娓娓言平生爽壇昔奇幽邃曼標大雅蒸書邃藏蒋

獨惜家寶兩巨題，終陷虐死悵宗靈。杭州太學生項澄朝剡趙子昂千字文真跡舊藏康申之紀念

近北王廷方所書墓誌神道碑拓本題詠皆當代名人蔵詠旅事某藏

三藏連城族人某之為某所不可不惜日跡而城諸實器園藉均燬

本朝御旗二百載，文獻世徽傳郵卿籍。舳生三十年丹丹一憶先塋，

為懷惘家家，閱盡兩冊高亭風采，似羣賢傑二試繼起振露旅。

其主在先生年偶見衍不先天鑄之左　宜皇翎手扶穀輪砥柱收殿

昔侍學一時推為二石

先哲拜從洞庭珍殊卷代家集，戢以攻陽陰陽行看禾江收

五色旌旗之氣沖神霄

補錄題金扇面手書詞　因雨夢鷗齋即用卷中原調原韻

〔木蘭花慢〕隔年雞黍約，負暖紫五湖秋。向鎖錦笠中，四波曲

裡漫比荒洲前游。幻塵如煙，但柳邊莫向從此棲。誰與共此心伴

侶有水上寒鷗　悠悠懶窗不類須憑納聚更向籬只坐壓難

是名山勝友未許匆匆還休。維殺邀了也罷過空覺一漚浮且為尋

芳草日休捲殘逐東流

初八日庚申晴　孟慎來　漆師來持鮮荔為餉，啖之如色味之遠矣　下午

詩說韻學久違

初九日辛亥 陰雨不徹 居易卿筆妙香來 王逸亭來

閱俞蔭甫羣經平議卷一至卷十 說經多精訓確鑿未易輕議

其穿鑿則不免焉 尚二十餘卷未閱

閱隨老詩四卷 其二卷多少作 尤可議者 自三卷後已遠風之

初十日壬戌 陰雨天肅肅 此清秋雨景象之變 秋雨兼自春徂今世番郁

氣象異世界 潘師來久譚 見案（題子密扇冊）讀極賞歎 因言今人作詩空洞

韓蘇以才氣易展 蓋擺落不受束縛 則易氣鮮也 又言本朝

古文當是推姚惜抱先生 余因言望溪學文既平衍而理尤詳佛孫

不令人喜看 其令人作詩 如劣取保狀 尤可笑 師亦云然 又論主

試先生甚是 道光間掄才好尚樸 擯做本其體 收則易趨庸率矣

近年試法由于輕之嫉 擯踰濟尚 不能世風為一變 至以塞責 師云

此論自允 但寫名之開起 須三十年留心四（書經）業 最巨則更要墨之宗

知矣 蓋之後之有志者 科舉專意于本為公（是所如）不可不持師之要言材

平如此。訪閑存久談，至申刻歸。寫家信十一號（寄穆庭信文），詠春、次侯信

合發。同沇亭信合發。

十一日癸亥（檢才料和三月作）晴。滌師來談，云今日有四川塵事來，少其之談，舉

止不數士夫。前日自同仰之塵事送詩，擬不成擬，有不成有，國家同

日人物如此，能無慮。一代不如一代，文章亦國運相關，天下事可知

矣。又云堂上係筆之溫，可憐時治可以善政其攻，此如此如佳兆之決操（台翁）

處。余之此句久無換也。公其臣膺隆寄進，以天下為己任，退知止寰

默之。在在（西）位宜子遺心是蒼大功德，似不宜以是語為之之言年

來兩之頭也，師笑謝不能及。莫子偲來久談。那身人香雨

來久談。（年）仰以滌師後來以構兩不告于歸世，呻吟不安，少坐即去

僧既訪下室，滌師相逢，不見六弟（下）。寄家久談（子）。家兄示其五世祖

畫冊（陸氏）（舊）逸，不下百夫人，人物花卉山水無種，其長先據每頁有五七

祖題詩二句。文端公其長子也，以之進呈高皇，賞之，御題云：卿父母子

筆此而今仍那之在學以永世寶，勝思不一瞬藏仰母又種畫

頗為不忍見西版因又題一絕仍以贈卿俾傳家伊讀之為傷感也
寶并書清芬世守四字并跋（跋之）中宋（御）諱（書了然）公及夫人之好付其公諱以誠
又和御詩原韻續題於後一夫一子一孫夫敬書達為（抱孫法）試卷傳老子宮
為書西君臣孫毛侍郎其福無窮詒一時無詢勤者為從時君臣之
際不啻家人骨肉之隆詩語但其令人慨慕不已
十二日甲子晴　楊鼎蓮來候　濟師來少談　蓮府君家　蓉儀楊度
蘆不暇明其子來久談　畹芳亦至　蔡亦抵府芳卿孝子雲鐘十
蜜蜂道　爰家識新龍出　天花金觀不改舊窗不識之　聞已種牛痘為
佳其牛痘強不足傳耶　宇曉來信（二十日自己亥付）書
十三日乙丑陰旋即晴果　濟師來談　赴南孫得同訪衣莊岑（?）遂
法華寺兩僧泰淮寮之敗槁破檻也　對東閣頭晤衣莊額
民為療為神氣似精明劉譚至手以其所事則其嗜者黔以飲酒者
其所學則銓錄煉氣之術其所游則邪正釋其所資則賢者也
其志在乎牛不可撓余宋集五三家要不貴好仁不好學者也何哉

下午邀請淩曲城杜師相蔡少生丞劉明楊小亭于廣寨月牙池子
二公分手粉湖叢讀十六年之齋云
十四日丙寅 早陰雞卯大霧 杜小舫來候 周務雲來暮候
龔定盦文集二卷詩七八卷 近年朝士故有才氣豪劉為當
負說於世寄為文字詭譎諧不求通為人所解獨依言不附
劉三世館祠畫平日奚豐投老不用氣憤無所吐其文為放恣
矣才士之不保此世其亦可以閱矣
接初十日家信
又四弟初九日信
十五日丁卯 晴 潘師來一坐即去 閱操 進拿衛種由你大學士為簽衛掌文侍郎
文來到大姊處日即來矣 寫子寬恩光信 六姊信 鄧書揚 請閩撫不
石塘遇 請子偲久談 蝸居之邇開所因而市中書遂邀 同之來
談 申下 晡散歸
接六姊初八日信

又方元徵師初七作

又魏鶴仲初七作

又杜小舫來日作

又沈蓉氏（早晌雲午刻）日作

十六日戊辰晴 張小山李香帥桑見相君少荃滌笙柬約左季高

世譚張李曾左爲開粤事見之也之滌生書來向我爲會見其年會

並賀之來同看 寫長康贈作（附即賞元得作） 方元得作（附即翊仲作） 魏鶴仲

作和杜小舫（兩首） 魏鶴仲作 仝上

十七日己巳晴 亭午雨少頃收止 下午滌師來久譚見余讀內典因向其

義余云大異似是論人爲善而不許自着相推究窮極而一

真未免不免矣爲此一真未了耶 至書須遣數尼立一義諦

開一法門皆隨說隨訂隨去隨遣 師云此莊子手（未）而無謂有此境地

余云正讀莊子未能熟但循看似是佛家二乘地位未致斷也 師笑謂

解佛語甚詳名數以便讀誦 余因從向師學問閱歷數十年所

歷歷境何啻天國乃無處不經歷驗之心極進極順當為時
能有把握否師撫髭良久云把握未能云但目下想來不怕死反
慮事懷疑風死不免是接得否當云一切不大之境不過生死生死既
不怕則成敗毀譽之皆可從此身上推開乃有何嬰心然此不怕死尚
夢境界未到耳蒙無指之謂孫未必即有實落受用也師謂甚當
說　訪子密以見示令伯衍石先生儀吉手札集錄一本寄之衍石先生
通雅積學由小篆經訓入手而不屑屑字之箋疏以性理之學
植躬為不病漢人之瑣碎調停兩家議論平和得當兼美六極風
致其之為學之法讀經當專一經讀史當先求典章制度為政議與
論之論蓋無論之論可深究謂為典章制度據以今事識透皆有
用之學又云讀書須分數將凡一事到手將其中條目一一分開無令
渾淪則分類既定而後紀其會通但無糾纏之病云云皆極精當
可法
接吳竹莊初七日信
一

又胡桃楓 信一

十八日庚午晴 楊泉蕃來候辭行 閱孫同戴子高 被佳傳人 吳木庵

來訪 閱孫取余閣與閩王蓟布去所贈古鏡一 錄四千一 字曰湅 隸

洽 治 鉊 銘 華 華 清而明 以 以 出爲 為 鏡 鏡 閏 文章延年爲壽

祥而 不 羊 祥 畀 天長 長 毋 琞 如日之光而千秋萬歲長樂未

央 央字湅字向作一畫 疑以向隔而成字也 銅質甚有朱綠如錦

日晡時家方僱顺為游師武立帳於此檀醫急熟陰 雲 譚談甚久 遮及

時賢云 劉而深極長厚謹 下柳微真智數年甚穩 其心地亦端

正 性 能下人而知為信信之計 宦秀籌 城府也 深 當湖文忠在時 便子極

推讓 然者后其地勢要必力爭 彼此不過叙術而之成誠忠也 其心 亦止 憊

容身保住 事此陸被外間傳言却死於官材 捏其罪惡 妬又言之 過

甚 左右高之生機蔡懼兄人合權在 戮己甚者多黨 不洩之責 此中巨測而 素

又姜王某人欲如此 李小荃亦甚不如弟而得穩 躁之 吳仲宣 祿攬之

日 沈幼丹自三年以前爭餉為毛今來函 推其人大度公忠 樸 誠而前

光明俊偉爲本草不及楊序蒼顏皓髯詳洽山野樣而不獨當

一面之才實之一好蒲日心地光明實　老九五年計官　極悔遲留遲矣

畢事了請教老之余云須悔亦須硬仍須被録無恥乃可做事　余性

年來江右光景視老九所處何啻霄壤　其臣蒙此所附年

又云官場筆墨從此不相同　同內中與不以為詢者　其贊賞　然本

後才官相見至從此不相提　可謂

姜初年家賢相保官清林澤究亦又好之余勸老九其實肯來知余心

此事非不可爲以文清余者原本不仁宗之而已之　乃了

十九日辛未雨　旋止　夜有雷電　條師來談　下午保稿　早蒼邊日不明之矣

子壽午來　朱君鑑　候善衡不明之士　候小舫　兹諾意際座觀家

文譚同江北水路已開　計至惠稿

二十日壬申大雨　自前日稼雨不令水向雨以雨而不清流　今始洗出

相君長局省稼善之世矣　初黄奧麼不居我之窮那各事八功俗妙

水雨福請吾勿以無降謝　廿三日修埜邊清　廿四日雨　初二日蒲月清

初二日雨　十八日相君自清　今日邊大雨　清公余神不令不來之此　條

師來謁　下午至子密處　祀其高祖文端公 諱陳群 孫秀才 直隸高
因偕至侍御送賀禧詩至　偕師見示　錢作一首　寫寄信歸信 加載呈筆封
春雨困倦睡
紀事田間集　丁卯春夏旱　甘澤少　夷江千里至黃屋　秩馬馳施
深宵稽首呼號不來　雲氣蒸千神萬靈咸祈禱　長跪冀公夜起步
躬迎擔宮一輪鼓　清泉出府涵雨飛　還相一共民詠之　長齋已罷
遂卅日生禱　告祭後雨微潦　君羣日凜凜　西公以面目樸稜稜飢闕
黨頗聞物家仰危嘆　天如不稔困我為　通昨夜有封奏　披
覽未卒天已晴　成湯七載未云酷　以責朕躬身犧牲　聖君　聖相
會為一不爾烟雲氏所以便驅忽雷聲笑電中命風伯召雲師
說文宵竄下屋傳一夕滂沛雨穢危大如塵實經細縷纖直者
破地橫飛浪池池至角甚至渠壓壓屋宇流分支悅然澤山伏
蛟龍又似廣厭凝旋舞氏舞于衢衢賣與笑客子亦歌相伙嬉
御家衣巴蚯正山年烟為歡無因羞事或各天下知之腹肉食旦

欲詩騰肥　吳興先生有篇詠以爲作稱和君窮抄公贊有體
如勝雅達開款清日新行君盛唯哀哀來長篇結什揚石開來
方侍讀達白不學保僂身世哉

端午日湘鄉相公使宅作　補錄

上公日日開東閣野客年年匝巨杯小院蒲榴煊節物桃城氏
氣度英華文章再起衰宗匠吳楚休生託老才慚愧千金
市駿骨重來猶許傍燕臺

能靜窩記

日記二十七

五月丙午二十一日癸酉夏至晴　滌師來譚　若候隻峻山軍門雲慶
不晤　候朱春舫楞又赴木久譚　候洪琴西賀其子入學一壽安甫
孫家穀譚良下午吳竹莊之來譚又士力嬀　李眉生錢來夜候
二十二日甲戌晴　滌師來譚　同卿師登舟老舍說申旅甲一又閱搖
子尚葉於境已出豫境豪寇過運河　少帥加理不能得手且以時事
頗棘因言少帥性急軍務成敗恆有若內牛一責致太薄或未諫
掉臂必不能忍余自乙丑年發凡七次褚帥條以不處不動為之
少荃素以自負耐性年一運河以東賊必竄擾氣至及西從時之擾矣
今大吳頗日及運河是請為一大風外不知如何停一場過下擾去
寇撥張不知閑擾去路但甚矣　下南昌京家眼伴虎言已自能免
居亭不致响相對能感之至計　赴朱星鑑招飲同坐濤伯卿賢
子春孫眉伯參　飲散　又訪侯仁楨村不晤
接十一日家信

又李少荃宮保十三日信
又薛尊頤十二日信
又石似梅十三日信
二十三日乙亥雨　游師來譚　下午翁蘭甫來候同到子密處久坐
接　日又十七日家信
又丙翁十六日信　言梁石史葉大臨經歷死筆通許中年石所齋奇及安卿西蓋去
又蘇州七夕日信
二十四日丙子陰　游師見余方飯同出　答候翁蘭甫少宮回　游師仍來
寫吳竹莊信　薛尊頤信　王霞生信　中嶽官材　訪閩撫久坐至傍晚歸
並照吳木巖
二十五日丁丑雨　過翁蘭甫譚　是日游侯館諸名下士會者十餘人
余及向伯常與飯後閩撫等課毛來余宅候其題字　劉伯山劉叔俛
閻　蔡晃寅名人　來候少談去　向鶴高丈傍晚
二十六日戊寅大雨　游師來少譚　同至賓康下午訪之初念寧神

靜攝 喝畧卧 夜有奏 少譚乃別 彭展松（中甫長公人 師之姊人）來候

二十七日乙卯 陰 蓮師來久譚 師將讀內典 因以圓覺疏鈔並爲

釋瀉擇名義集一冊以便查 師詢宗教之分 余言大要如儒之陳

宋二學 教似之向學而未如所以專修注訓 宗則頓悟尊德性

一門 故宗儒門而闢佛 爲說心說性 煩雜出其範圍 以甚未是（來）一机

二者容易分別以也 蓮師補擇（拔授翰林 文知候 舉人之選）大學士之首 已遷制法 費候打

翼驛嫩不暇 闕孫因戴子高 鄭秀雨（重陽清人）來訪久譚 飯（回）後而下哺 鄭方訪

翁蔭甫 適僧師來久談 李伯孟之郎 來候 韓自都門南返

二十八日庚辰 蔭甫 盃惜 因張小山來 蓮師來譚 闕孫因戴子高

來 蔭候 打張松 因闕孫子高客于烟 張仲卿（溪常熟人）來候

潘辛芝（中書）觀保（蘇州人）來候未晤

接蔭生十四日信

二十九日辛巳 陰 時有小雨 翁蔭甫來久譚 候陳作梅觀察 原名譚

當人久譚 言目下淮軍正佰雜支及中堂辦公經費 均賴其所費之

防營糧台支放每月約需三十七八萬兩所指進款以滬關為大宗
每月十六萬兩滬關（之中國）四萬兩蘇藩省牙釐二萬兩（因甘肅協撥太湖兩水師及撫標白糧等協共數甚鉅）
淮丁二萬兩共止二十四萬兩不足之數係滬之洋關稅包補所缺甚鉅
而另中堂現提滬洋票頭款應（每五六十萬年每月預撥之二兩）十萬兩又奏定洋稅撥
解部款之四成（西國償債軍費原係於海關扣批四成支案已批另撥保陽鄉門奏將此項解充部庫）兩淮之成計可得四十
萬兩藉此可以陸補其撥存及另撥之湘軍餉金陵糧台支放款項甚多
所指進款則以運庫課釐之半及皖省牙釐為主出入相當其
金陵上海兩鐵廠及大小輪船六艘每月經費約二萬金有大無作為
不在內 此則在外餉之外者（由官人之名士之款）至電局至張地出見李壬叔張小山侯
曾謝甫不值 答候李伯孟新（于吳年）晤不值 又答候張仁卿
不值 拜海門（亦）晤不值 物器 下午折裹信來譚 寫自生信（示小蘭 與同日發）
家信 官封 三十日發
三十日壬午 陰（下午大雨） 作梅來答候 漸帥來 同譚少頃 寫那伯棠
信（六月初六發 用中堂官封） 亭午訪開孫並晤季濂 吳竹莊亦來同到相國處談

便雨過乃晴　李伯畫來未值

梅同年十七日信

六月丁未朔日癸未值雨 亭午晴 午後作雨 至翁蓬甫處久談 聞如子爲
來訪 濟師來見 客去而去 下午王朴臣自都中來見 候久談 將晚
始歸去
初二日甲申 食午後晴 午刻至聞如子處 借芭篩 朴臣戴蔭之 子爲語
君 飲甚又同飲 傍晚歸
接眉生書二十三日信
初三日乙酉晴 ~~李~~張仁卿來候 ~~[illegible]~~ 李伯盂來候 濤辛苦來
候 下午濟師來久談 詢及黑諾先生家世甚悉 因言常郡士夫皆節厲
風節 品教程然 有晉人風味 放翁恒受而世業數百年不衰 然今
移挽擄之交 維持之者 惟其家世与閱如諸人而已 余至方陳之盛衰
皆由於他宦至卿 自京足以得衡見論 降至道咸 文學氣類漸衰 老
成凋喪而仕宦亦以不振 未幾有余儕而爲貪者矣 又未幾而亦見有稱宦
族者矣 其始不過淺見 於後遂橫決而不可止 今學問既無 向人而已
宦成者 叛他從不及物 人材如此 世風從此 此世道所耶 懷哉 案下注

異山欲向人指示賞欺遂其卿亦寶愛此姻為之然得世乞兒而發耶

五言余惟[redacted]寶之諸石均不能從讀之一人向隅隔居不寧況內府皆向隅[redacted]

貽(余無世間)不敢以示者何事[redacted]此心欲祝錄于有同然以爾師之耶許得無

[redacted]余又言陳甫生命顧眉壽人不倦探賢正學之志而不幸中材

家往歷之(至九卿年老)真實為病使如師之保祐俾益久矣然其家(中)人為累

吏輒之師異日保[redacted]華一極宜使得仰事俯育以率師法令策攜

陳蓬妻一蘇如是事便於試蒼則尤[redacted]恩造矣須師皆許之余

急陳甫生平不作生計師之生佳之次不覺清淚[redacted](簌之)師亦為之

閱然余於陳甫如家也之耶世意殊為其帝申孫乞李小芝劉府袞

蜀其以墓銘及以贈家師之余意擬使陳甫作官似勝于申孫余

之申孫與五別久未知他如若陳甫則(又云必須令置)為臣二千石可決但其衣懷澹定不

樂仕進此別未識耳　寫家信字呼吉鏡一圓寄南陽君舊　黃　小米叔拜　外孫耒拜

偶晚之不寐燈下灯久談

接五月二十五日家信

又族兄國境三月初二日信
又呂先生三月廿五日信
又阮鈞五月初二日函
初四日丙戌晴 張德卿來候 下午游師來久譚 孟暢來久譚
初五日丁亥晴 張德卿來訪 訪邢長松少譚 閻孫來久譚 至下午
偕段去 游師同邢長松來譚 到翁蘭甫處久譚
初六日戊子晴雨相間 張德卿來候 閻孫戴子高來久譚 游師來久
譚 命爲診脈 以有不寐 神氣不寧 尋瘧來服胸脾偏 余以
爲多痰啗心陽 勞擾之故 此方似嫌太溫 又白仲只令 脈今則脈甚大
而陰虛 以食鬱心脾之失不靖之故 因爲[illegible]用補劑 加以歛攝之二
初七日己丑小暑雨 右雷孫師壽 命蔭甫來久譚 彭長松來譚 游師來譚
朱小山作霖來候久譚 張芑堂來候少譚 即去
接五月三十日家信
又子卿兄五月十九日信

初八日庚寅。晴。（午大雨）豫師來久譚，余請補授中書先生十六朝地輿刻之，
以廣士林。師所集本及開雅著之。候邵齋人，其母夫人南昌君之妹
也。今日壽地，並晤李雨及齋人，諸公此季。候劉洽卿（佐壽，江西廬陵人，三江衛安徽知府）。並
答候戴子高，譚之久譚，記其家遭兵燹，孫銅帽爲樹營雲樓其處。爲
局中雅集五兩人，劉蒼其事，煩彼身歷，聊列工匠諳浙人四六
能自動手，所僱傭指揮者似較去年所見滬上鐵廠爲優。（君若）
來好客，意勝執。今天雨，逕出譚至下午方行。答候劉仙
舫，並開雅著，少坐。答候張筱帆不晤。答候朱小山，少坐。逢過江寬
舟，聞已旋。和家叟不值，因到其家，答候少譚晤着。彭丞香和來。
朱小山來訪久譚，（和卿樹）豫師亦見，有客乃去。少迎段來久譚，言昨日
嶺首因捻賊竄至臨東，全無堵禦，爲帥均被斥責。沅帥插出
段戴子臨，攜李鶴年（將）至鄂，譚及少帥戴罪立功之中並言爲處
吏于捻賊入境，州不能堵禦，今則全無擱置，殊堪痛恨。李筆劉莊之
使事年，所以任事尋請辭氣森，原爲道來所無。少帥及沅浦胸次

未能著書萬一，近讀別者意外，則國家事不可問，且大局如此耶

雖百瘁之迭，何不免者一[illegible]能精力獻盡，以了此一局了

人怵於連死，為人之手了，言及神氣懷抱，余皆以為然，但屬安心

養病，寄日[illegible]白以遣惡心，俾使不獲只務[illegible]臥，以得之，靜養民氣

豬豚尋常，皆拔十倍，一旦無公，則大江以南亂可翻矣，而待皇為國

為民，自度思身，盡生死，有定亦已視之，非所可挽[illegible]矣

特與偉生者，流回，為不知命，豈有大賢為此，設此舉文章，前述釋

無我雖援儒入墨，實以此本已師其說，大滅知皆心境所累相欺

以之為師，並說心之滅，心法一空，諸境盡滅，諸大聖賢豪傑地獄如

圓說則此等種種是為之一笑耶，師言若日讀誦一遍，超撒而未已過

不知其經[illegible]雖於味，又公讀此積實之無所，潛心實意，始印其通

豪舍此議，殊不可如何矣，太息而入，余退而寢，不成寐，五丁夜，如今酣

少頃

接茗于卯五月九日作

又沈錕亭 住

初九日辛卯天色晴朗 景毅自為游師占 發為運 得 離至晉

上六 突勝成有論見谷

鶯翼柳春鳩奪貝受

仗力使落人命不依

離 巳	未空	酉	巳	伏子 未空
父	、	、	、	世
妻	官	子	兄 子	妻 文

用神原神金水休囚仇忌動爻扶王氣來克世應落空官鬼失时哭梯降凶

吉卦

又自占此生局運目 晉之旅

雅允悔亡

東北西維南北善迷

逐旅失筆亡我積化

巳	未空	酉沖	卯	巳	未空
、	、	世	父	、	應
官	文	兄	兄 財	官	文

若日辰動爻皆沖化靜局卯木財爻扶王氣歲君為動斷兒日帶結化物財

西頭見有財為不能聚 文書得令為落空如真空求官難 不切

占未竟為游師占 應爻許賑 余見賑象微 安錢首外求 原信發方

芾臧二言次命蘐甫来同至师内宅一视后有空地广二三亩方定
一露未竟 出偕蘐甫至子密家少谈 ◎ 刘汉卿来居候久
谭 下午张邑堂来久谭 傍晚彭襄杞来 二鼓蘐甫子密来谭
初十日壬辰晴 雅师约明日游后湖视荷入神策门会饮于妙相庵蒋府
诸君皆集此论盖余同庵也 少选雅师来 蘐甫及孟物後日来 师
亦命孟物同往 写紫卿九兄信交修师嘱寄（留致彭君） 又蔡樵信回上
同孟物访阎如戴子高先生 饭后雇舟回访张甚于东关于舟中
泊文德桥下久之始散 步访孙海岑少坐 又访汪柳门寓舟久谭两
署 写寄信 致彭襄杞
十一日癸巳 晨微雨 下午大雨 晨起蘐甫子密至 偕至太平门候雅师
未同游 余时来饭 因往步发 彭襄杞来 孟物来时加戚 正好六人偕行
至太平门登襄谈 江宁太守涂朗轩两令君张姓者一张接甫先列
识也 我主蘐的 彭襄杞命蘐甫钱子密等到龙广山视收城时缺
以所主返 既师亦至 同步下城到元武湖渡之 小舟十余艘 一舟二人 余推

余與夏松為僧師獨坐一舟張青萬蒲門湖中蓮葉覆波一望彌
滿對西湖一徑無世可知（不著花如山張屏水上快然忘境）雨岸數里之一切自民居十餘
家因（王李琳翁野）下舟行又數里至神峯門舍舟而登沿岩石皆持湘蓮綠葉紅
裳歌聲載道與夏松及諸子握手攀枝樓而更形曉峯煙道地明相
與公遊中正嚴詢順指香雨少坐雨大紅直邀滌師收束携鮮蕉
湘酒樣曉茶各兩合　作奉滌師湘好相憶詩五首

十二日甲午大雨　寫家信即日發　致平卿公信告生有信並要林
信附發　吳蕙生唐林自郡門來見候蔡府陳小園因來少譚道
相國收領鮮荔支因以餉之　下午滌師來久譚揭示學術之誨
其閔之所如（金以為）其各悖也人性本然聖賢亦第推求其便流濯之理學
則取一切絕之履其如濟沂行潦雖然清冷之狀如（映）姪其趣下之性如
稱懷川之地則如嬰兒之悲若金城夭然（倒）而為之防絕以為絕甚則潰土決
樵泛為橫流則藏垢納汙（蓋）雜生其勢然也　今之理學目不窺
古今之書身不出閭巷之經忽尔為譚性命自謂聖賢又不勝其

嗜慾攻取之情甚之不能反為積於隱微之地將為血虎一旦不制
不盡反其生平所為色厲內荏寡廉鮮恥此皆學術不明之
故予思之因為近日東風之熱攜家皮相依附影響不動於衷
聊為身家細微之計蘇薄下下奉之非某民向晨鄉每憤不自已
吾人之類於之甚之大抵之以雪田其力任事者奉民向來常若
前有侍從趣迎歸依何以自治大吏不務法民為競而此不近人
情之學試問于地方風俗利弊有何關係此等僱徒傳之日
志流毒匪未有已時[redacted]聞余言如世俗徒為振作大臣思深
昨奉　聖諭廣訓之細詠並之中須擇其身後不偏又對通孔字
余以余素服膺於公[redacted]年下度以為此中其無識可哭稱
此余且李少帥用人但求近功師因荒並為大局不可醒異然亦宜其
意中徵宋風宋學使若輩迷途忘反恐其大熾實為是法不激余又推宋不
江湖游士時氏爭之求利法紀蕩盡即如漕務減成浮費改為近年
子孫收清工日乃可敢將全漕債全其包解者乎即為即可直不過

間世界亦不入家代微細之路一火焚之入我穿窟豈禁界極
數年中已經[illegible]不振者皆先苦事吾包讀設者照禁令則官自
為之且上路通國言議為此之懼事此類甚薄日照前向然
可惜筆便之難矣師問吾之恢達[illegible]知我惟利是實
不忍恨金生發于上路之不容彼微官原以自甄天下識志之人亦役
識人利之所在合于成風固不能以持擇者之也師欲之遂當
接[illegible]初[illegible]

十三日乙未晴濂師來余方食遂不入食畢至濂師內室談見示初印本
五種通考董畫見寫甚妙又示進呈之御批通鑑刊本大字半葉
以向所未見又以余作之玉天[illegible]可笑坊本[illegible]紅樓[illegible]余大笑
云皆略知而私談耶余與讀樹制至遂出閱好來謁相濂師已余
要也之師遂以吾意奉廣陶而為詩[illegible]四說上同余言下午同閱好出
門訪生剛之氣相見余先談芝堂值有客遂談來春[illegible]芝堂
也至此少談而別回剛[illegible]久[illegible]

淮師見示李少帥初六日信云，據賊陷至登州屬之黃縣城，主星二路寧
海一帶之地，東據平度州萬舊濟，鼎新並丁寶楨等向李少帥自出濟寧
而調戰船挖守運堤，使賊畏縮致賊堅守，稍出棲霞萊陽牟陽之
城虞之于海而直指，劉長佑擬撤英翰臣林等兵，以暴賊合直隸境
蘇帥無一力倒守運河東岸，淮軍總飭劉銘傳及潘鼎
新堅主此議，劉已以書致李少帥，自云向自以為能料當此大利害
之際，不免獨衆云云。又云武援會師商法，當年賓客如川，近日戴
廬云，提出此條運河云云。圍剿摧堅，兵以增賊，此次之議，既不以守運河為
然，亦不以挖濠守，為此時守禦之策，為海筆如城濠，鼎新城圍太
遠，此賊功之地為就下手之方，其與賊中本有宮地二百餘千里，既此收陸
阿其居之路難控制云云。昨日師為李少帥述此微得兆金
以為今年賓之堅核見，意不相謀，此次大舉以來，奏之必不能制賊
秋後，大之除賊為堪操，于事無不即出和殺，無則前途收後時之援，水
陸不不定，各能制其奔逸，且賊東奔之時，官軍追風披靡，事有一

日々守他日安保無難玄圃寔（師）猶再度運歩而万一度貴則因哉
輔震驚事無不例　進香諸詢予有余爰所願立正對則少差身
寫大局立而者不能劉無解始從羅議則又既言著世抱握以此得
抱隠憂余云少啣踊懐遊正曆鄭雑徴此一家從存意見
弟更不美天下成雖有之人力所未及後代天工可有待々事
帷有往無自然大将者師一任後可傷々而更目下雖任等許者々
為一欺守即才身立日向者有[redacted]（野城之足不為有為判定之際接衡輕者）
則[redacted]（又不能盡也）師世無了
十四日丙申　余　游師来云有患頭皆痛而徴寒故診見脈甚数
因受桂枝湯方（並煎）云々（蘇葉醤）然者余見加日蹄余家語為入見相国
寺僧慎然安神坊直阪而哭師無銅之　下午游師邀入内有談
云々寔揮更動徴為此千眠業然後何日復如余云不堪年腎上
過午瀬舟記無可談者久坐
十五日丁酉　余而甚寒無春余目入六月来有暑気　游師邀之究

座久，譚之。昨夜以汗，皆痛稍減，未出風。前令下午入內（設）陪師母

論兵事之勝負，不在形而在氣。有屢敗而[redacted]無傷，亦有一蹶而

不振，氣為之也。余生平屢敗，然於未戰之先，蓋一反其招，而不敢覆

第設卿[redacted]（將誤）設謀宜審，攻則必敗，不然，且令攻守則必固，不然無

守攻之而為問人，攻守之為人所破，雖全軍不受進一鏃，其內

傷實為多。余云言兵事勝之于氣，已矣，而氣又在之于心，故保其（一）感

故於蓋世衛為謀之之哉，一失猶斯將餒，下上士餓于下，何則其心已

奪，而氣亦不得不餒也。兵志所云詐心伐謀，又曰於術乎擇避者哉之斬

也，若夫將帥之第二（此條所未知），第三等人不求而能之，第一等人則不過而不可

求，若其將雖小之而法亦必在選而生，故人次以無人矣，性情又有不

同，頗以不有遠近（有欲構矣）以謫之以禍釋，[redacted]才而至未（等）則世好其窮之為

而要變少，論未稍無形跡，況以浦之攻金陵，事而有成，皆難功乎已，金

常言此秋才雅亦（況）次讓一半于天，故恒不敢（酷）其今謝悔矣，余云此堂

人情大不同，歷（況）多艱經懾執，則知運命之有之[redacted]少，況兩帥所求

皆順境，起徒步卒伍之中，忽建大功，英而不偏，然自負命故也
師亦無勳，覽書峯不勝，余以為此說師聞之，樣不當師為高貴
少帥則異，雖未學其人，專心任事，遇者有性，無事解，急起頑持
盈守泰（之注）則如讓，若頗有之憂，到于軍帝之說，退大世業，為藏而來
極國凡人，則于軍帝（之事）圖然為無圖然為墮，從豐功偉業，香婦人容
亦為隨運之流耳，秋冬春花同其遷變，惟曾為人遣世獨立，附之左
運氣耳，此為不為運氣，凡遷所謂天為天棄，還於天為事天，因自古質
替之流，英不世出，一逢之遙，聖域主能勉之耳。師又云：人生無論讀
書作事，總使胸襟會自闊于古詩人中，如淵明、香山、東坡，皆為豁人也
不為識為辛之世，略不能以筆墨隨寫出之，惟此一本心中未免不足
是以胸襟大過于人，真善擇其性形，故為二塵土所潰及，余曰誠然，觀人
之事，不若觀人之言，故古史記言多于記動，降及宋清，極知其竊於
傳中多描寫之，於言笑究遍，使千載之下，讀其遺劄，所以足稱良史
師曰：不以年生四探年人傑，其平生事業早為纂集，否則千載以形諸相

以吳公之神氣。師邀至其所看。

十四日戊戌 晴。早上帥信（寄書楚[illegible]），年伯滌師邀入內室談良久，逼論藏丁未年中隨閣軍務諸故之由，及和張諸帥之衝，滌師云：憶昔與劉余在軍中，即自去成事，皆用何人謀，迥溯下游其一人知此，必不潰敗，隨之如公將兵微待其[illegible]成事若此公也。余時深佩其用心一語，但謂世難生[illegible]若世有不可謂非異才云云。退至萬頃坐。李宮保師後來久談。申后出至君訪張苞生於小舫及閻孫，皆不晤。訪莫子偲處，小楠亦久談。晚略看。夜衣少荃來談。見李少帥初八日來信，已調湖北譚、劉二軍萬二千人協守保定，直隸之軍守新營河及東邊藏店等處，並派軍赴張之營軍守清江，另調歐陽鎮王鎮進札河南阜寧一帶防其由皆沂南竄云云。

十五日己亥 晴。寫李少帥信（二千四百字，附問寄信），又寄信（二千七百，馬封）。叔子郡少談。滌師邀至密室久談，言及沅師收城時事。師云：本地人多知，前撤若我之營官遂欲攜取其獄宦於官，全其事。余言：沅師已實無所詐，但

若得左右無一人能得佳沈師年師云沈卿雅量恢佳
用居門口用圓十餘里內之人第十體也得不轉見而安得不陋又云李
少荃近性固有為氣性亦復世大手沈卿不相上下李少小荃亦有
脾氣揚厲蒼勁尤世許畜外觀樸精為世家則好說話
過蔓李黃少荃沈卿之氣象云做本人然有脾氣不甚亦做不
成師云甚是又言黃島岐雖無才能爲拔尖慶憬因此蘇爲世
所取入此等得可能云之　沈錢帆來候　下午黃侯沈錢帆不得
黃侯黃秀才發迷聞好遊劉之家相候　而黃秀才年少言即
到劉之家候晚飯　同濤師下午往李年翁中不往啞子世內家之律居劉
而出見本沈師李信同翁沈發肯而不十分懊喪
廿八日庚子　食晚年大雨少頃夜雨　下午濤師來譚先是師急誠氏
生計蕭條飭官撥用剩四板炮艦之身費借名氏撐駕段為秦淮
濱捆之劃以便孝季時詳擣生理來為使氏彭見為諭甫然為言
者孫之以為服役煙妓之豪闊文云雅擡集河房安娛昨嘗見李室

義來力諫不得請而去帥以相合益而自南宋以來天下苟安士夫猶誇

此一事與作不論輕貪不攜未先認力爭庶暗之君志無所奪

而之無忌豈真宋明之比皆以此更甚佩是下同治二年上奏蠢夷

第一條之言寫密陳言之道彼時華國君相皆以開言之路為急而是

下已經燼見付日覽竟不能出路國余遂論因之　　　聖祖朝痛

道本諫之得篡一掃自明積習彼時　　主德明之國雅隆盛始能

醫諸臣與一朝之家法令四方世務事異民輕其上篡流陵遲於

勢所必以然朝之趨而之之爭又必集其庸篡之定帳習所雜

是必不肯務東之高閣不論不議四使蠢下徹知上之所窮則安

之自息政事國猶若安得有幾人哉國家身危黯由此之事平而

太息流漏今黄人事之務實為中國來之為要論著

諸者以中華為不忍是事之實是禾輕但之兩罪所趨於不得不爾

士下俚踐得名已以於習聊報高而為未從所再異同納于豈忘

之中徹示風來四得來嘉之士不特全此法後則得人全其大是敦

知目睹之見可能勉也。師尤然，重書愧顏而入。朱星槎來候，黃子春

來候，張北臺來談。夜蓉舫來談。

十九日辛丑晴。至蕭小園、錢子密處少談。余詢郎

芸仙、毛季雲隙末之事。師云：毛昔年在郎中見郎之文采，極推納

交。因任湘撫，又屢函邀之入幕。比任粵督，述以向黃芸辛索能

嶠粵撫之任于郎，毛即疏薦。黃及蔣司文極力保郎，遂任粵撫。李

筱荃翰章地任蔣，自願入幕，以謝請毛，固薦人。郎之于毛不能無德色。又

彼此爭權，迭以不平，于切當左右甚星王壬秋、管才能三名士之互相標榜郭意王

佐才之稱，郎[illegible]女士三人而相郎者。左亞西為之證毛甚不當于人數

年作論之自是，郎與毛而毛望郎因是保毛，遂因之保某保人甚

多，悔錯一毛季雲臺之方毛季雲保人亦不少，而悔錯保之一郎，雲仙閒者

甚為大噱。余因之亦以謂不知人情，郎亦即不之應仕知己之感，獨

又忘乎。且高觀也此豈必問世者。師曰：然。余家因寓出少甚。師復來

定我性，斷合有大情理，而不大情理。劉瑩如之言朱石勢，趙賢江人，佐湘帥

不意子謙弟之雅興見為辛大高正利詩相證厚並仰之于毛奎雪
又少次說紉丹寸窗心大為然余太西（偕）胡敬為不貴李明青一篇之
收正充收金陵家書蹤屯芸功彼近（辛）時遞申向在家收令已在則緣不
再問達矣　吳竹莊來候兒相國方談送去
接初五日家信
寄椒定十五日信
又占鰲十五日信
廿日壬寅　蔣雲　吳竹莊來座談李傑如談　訪李雨鐵仙不晤　玉如相
蓮趙張佳卿之招　乃遇鐵仙　少還金人如借之客　劉伯山升陶來
未刻飲啜蔣叔侯　張佑卿大令　陶部工之孫先存微之　又芸侯　吳竹莊來座使
楊譯金陳陶寶仍部郎　又侯張芝蓋久談　閣開孫李雨生對門
楊君送迷住處之少坐略看　閣濟師之孫不住送入內高送安即乃
出部故段濟師來楊譯言曰京中（來）人所記云部門風氣甚惡所此執
仗之來時出為市押包寺成為年甚小婦女之裸身與詳見家財盡之

吉異變奪位李云天下治安已久矣勢必分割異某然並其李季風
氣未開若非拙心一燭則當西鮮之局不難以西度之異日之禍
必先於朝（結仆）而後方始世主人自為政將不出數十年矣師屢歎
久日然則聞南遷乎余云若遷隆況未必僞續勤秀宗然師曰未
朝君陸正式不及此余曰君陸正無西國勢之隆言極不而不守國
初創業太祖誅戮太多所以有天下者太短矣然難免基石根
據段者之陸軍等之情如曉以至日夜研究憂也宗孫之隱君
業所然以為戰論余曰如師身分職責論即以此為戰然生死常
宣而不樂求學而之才佛家和尚世家且師亦有出道之計君師
一日氏的另近一日阿南有大而君想然乎師又曰蘇有要余之釋然隨
解與入頭日少民財日費而事能日擾（一日嗜好事有正理）不能度將不為國德
中權之威又時少產之所謂能損氣尤甚不得不色甚而大其下者
但策惟以奏是從余云可甚不忽（微）而忽煩（雖）難解不在時勢而在乎絕大
然今日之事宜減少牌（繁）之爲以省餘意爲輕煩擾則民亂其患實必豐

摸　原采奏辞之才以拯世事措設何人 嘉之以謝 附于此為人所忘
不可肯耽 余又言蘇錦都諸之事 及閩因收令之照擇營數語
師當托照看云久　皇曰同所荐否　今上聽慧而不奏讀一日寺
師傅批納　師傅皆可似源下以諫時　御書遍讀而君子不容
上以手摸著下二以指之曰師傅看此句何解 蓋以為君子不哭也 其敏
如此又讀曰若稽古帝堯 曰若稽古帝舜 帝字皆讀作帝 觀此則
聖[redacted]宗 天祚國家 俾蒼生于臣民共有[redacted]賴乎
（旁注：為人君為臣難集氣）
二十一日癸卯 晴 入內 書齋 師少譚 召見 起 都報 五日芃 上諭
（旁注：合國天時亢旱 諭求直言 原據于國計民生有所 據實敷陳）
讀選直諭 知此 楊進呈 奏請撤消同文館 以弭天變　時以亢旱求直言　一摺 略云千
（旁注：翁家前退代產）
言世俗召氣 謂同文館之設 歷有年所 未聞有天文算學 修齊治平之學 以科甲 御史等
（旁注：前據倭仁奏陳 蒙國自始 原不可以不論 惟有因于風俗人心者甚大 不得不有所以示）
咸豐大學士倭仁先經諫阻 蒙識 因其力識迂拘 無怪取白之擇也
與因同文館之設 並議及各部院大臣 識思揚其延以知好微員 痛詆其奏
王大臣 皆自居心且謂天文算學 臣自之則不可勝矣
之下故托朝也 歸今所及 宣召重臣不可為朝也 不可謂之隱 又謂未去

必行，惟請將翰林進士科甲有職事官員擬鑿，尤屬謬妄。國家設
立科目，原以登進人才，以備任使，若國家隆盛切係翰林出身者
言，豈用中外交涉事件？且無非每生翰林，將之職專在詞賦，其國家所關
繫乎置之不問乎？至所稱原設古今行於中國而援照衙門請 皇上遵
之條例，及尊權扶持，俾 皇上以推謹備此之衡，著詳查並擇以論証
情形，乃忽推原其故，總由倭仁自派總理衙門行走，稱病推託，故敢 先是同文館事
初起，倭仁即奏言中國未嘗無通曉天文算學之人，不必借資外國之士，奏言今其可保儲其
以應命，後奏云臣實無可保之人，然求之四方必有其人，此等言實為心詐，果欲其保舉在
總理衙門行走之倭仁辭不許，乞病告假，謂陛自是言者奏之，皆云某部
因倭仁其指為舊說之屍，於是不平者眾，辨之甚矣 楊廷熙此摺以係倭
仁授意，謂其大臣之體，其心固不可問，即未與聞而遠攝之風，從此可開，于世道
人心大有關係。該大學士乃國家依賴相關之臣，其既已見著乎？頑固以即
難總理衙門之任，今因該員大臣和衷商酌，共濟時艱，因藉
士奏稱有負朝廷恩遇，楊廷熙草蔽此名，當從未罪之際，郝廷惠大
姓名，謂其人等誠之實據，請將楊廷熙所奏十條，派大臣核議，並請
將該王大臣及現任各大臣均擬開總理衙門差使，所有一切事務自係為楊

廷與樞臣會摺，擬將等語，當此時事多艱，該王大臣當不避嫌怨，力
任其難，寔不能惟以主稿推諉，所請著毋庸議。欽此。按今朝政以洋務
為至急，恭邸身任宰輔，尤宜自承，清流置身事外，豈宜專畀二臣，以為限制
門為界限，不暑一事。朝命即當不避艱難，嫌怨力為擔承，方為大臣視國家
主憂臣辱之道。乃在人則議之甚（甚矣），在己則甘之若飴（君子所以不逮），同官問難，推不可，而況兼圖
邸是以不同，洪寶目遮，臘上議，蕭勿以為勞焉，己取事者，從此推卸者也
諸為仇，而海國之強，王答于是之，先呼于出如亡。年勝淮師，專久讒言，陳
叢言其讒，奏言過，即馬之余兵寶諭防守，應淮師依來久，讒兜
奈若失如直先，遇于日後，而南角師，哭風寶貴死敵，那一如敵，日內可以
比附，矣為說，然此節又乃微矣，以寔其中為求於不得耳，相對大哦
又言，樁職為安宗角官軍首抱守牌等語之讒，余云當見無師信本疑何（防何能的北上，有某等出讒言，究首兵氏之明且）
以不寔際兼此目，事則海運，局鄰裁，詹事將其深廣，此不下于運，同
今思則此乎，然又論，時覺參奏，事為望答
于王寔成，盟兆錢等，辭雖一摺，難詳，而實事傳，且似此，且奏摺群就師

日昨余又問斷雲仙自陳白如呼之文氣甚好為捲蘇上不甚怡未陳述對之指摘又言郭芸似自負不凡其實袁指世有清州詩何爲著沆浦書年窓處薩甫重摺尾部之俗皆住日用之人惡缺和衣之世語皇上作爲詩問之粗劾日足得未尝此體裁已屬更笑譯爲不及兩月即劾智信所謂和衣者山此尤りろ今之人大家

讀陸比江叢説圖更生爲詩文集極 叁至意之二十篇極整語衛之制無出新霜駢儷則得以六朝風味也手均煉 其地志多重寫山新古地理者不可聞

二十二日甲辰晴 楊仁山文會石埭人工雅而有才來 停 亭午濂師邀入内久譚錢子密來御六喫言京師水泉皆週衛以斷流朝野君子人事僨亂惡亂維名之望余之向也論審說黃以北張遊京即不可建都以藏輔王勢盛形家所謂擁智也並國家數無向過之理從本殊不可想子密云我鄭流澤甚厚使石磯止云云 下午濟師來少坐即歸去 朱星翹來譚 傍晚濂師復來承初鼓去

接十六日家信

奉陪相國游元武湖觀荷，旋赴盼相甚公讌，即席賦三首 補錄

朝暮晴陰澤林雨過蒼蒼曉，低雲寒草色潤，吞公澤薄山容

笑比客情歡，南朝名士真諸葛，江左風流有謝安，無數丹青無數

手，棲花忘歸去作松完

匹西湖波一經斜，荷香十里接桑麻，滿乘水滑千娥浴，鏡殿光多芳

歸途到此猶須有幾情，從家時耕釣，定是家陂塘我亦餘之故

急官旁言是謀種花

食之孫野在延歸路入園闌插翠微，小市環視疑白衲平岡驅

唱詩來前，當這夢陪尋常芳此代風雪近在耕，誰作春耕館

甲似送回農園義蒸社

二十二日乙巳 晴 吳竹莊來久譚 朱星鍇來久譚 同孫吉謂相 游師至余

雨中見之少譚而去 張比經來久譚 伯舟物來 同孫飯余茶飯於此

室華步去 傍晚游師來久談 言北宋時人物風推韓范其實

無大過人處。余言有宋一代，自藝祖杯酒之際，收天下諸將之才，能傳
之子孫，蕭然積弱之國。寇準澶淵之役，實城下之盟，為一時（平）傳為
美譚，功過之罪不足言。陳康一切。师曰否，寇準實宋第一等人，
未可厚非。余云第一等人作為不過如此，第二三等人可知矣。彼時風
氣寡然，雖有能者無可表見。如王佳因狄青皆武人，福靈鱗介道
應處處不用（曠絕千古）。凡一代之事功人物，其風（氣）皆開創之主開之，範圍一就，要為
年賢杰之士，豈不優異，就射問，而常苦拘牽於不當隨風氣流轉，
自欲出一頭地，然前之不以衡者，往往改從，宋之王介甫以之，張太
岳皆其之也。师曰甚是。南宋諸將兵柄為秦檜所制也，故百年中奄奄待
盡，不能振拔。又言韓岳等軍制自成軍，自求餉，從御才會同大□
因兵而利權不至於朝廷，人主者極蠶（?）食，師以秦檜自強之道，頗能
有成。余笑言，师本成矣，為風氣所大開。隨經師歷年來甚才識（戢）者，
不過十之三四，可世經生活（戢）者不過十之五六，今师一勝為天下雁（?）進退之
總，如無可奉不能改此局面一統既久，讀书之家其為之涉論，隨人未識天

意見而已。師曰：余既言此成敗皆運氣也，余見成敗之失運氣乎？
人事相等，甚及殊前之事，而視其勢均，第無所謂見解，專為心志
低劣以為然，然戳亂至于貴而無虞，操卜筮之術[illegible]得之耶？且如
小家庭婦勤勞持家，女孩小康之福，天足誠實，未可盡委之自然，彼
運命二字[illegible]不日志者，以之自諉可矣。若相信命理者，實以鼓
人才出而發之于心，以為命之窮，若為竟之，則人皆自恃其努力耶？師
曰：此言甚是。然天下大半運氣，二其六人事，至世四至富貴利達，則運氣所
主。然為余曰然。師言更是，大為甲見，天馬天時而，不知天爲事天，付天命人事之相
為用之說也。二者缺一則偏。師曰：財運亦令篡偽類，有宋時而人心之往華日甚，
至惰必且為甚更之風氣所染，此時新求二千年耶已漸循為今，則人皆若
之矣。曰：最[illegible]權[illegible]前傳曰：經月長不盡廢，亦謂不止[illegible]經驗百發民
窮財盡，世不亂之其已去，令名贖君書，第[illegible]以後民至余日舉發大
未改安樂，從許兵年此數千年耳，將之其欲將之盼富于老世錢財
者而不用，而至今則決不能久。異日也千萬萬人之家，被挾歷盡千萬

彭使士車樓勝議定以等較晚郡師回來回尖但眼下豐主之四日夕奈

似合日此必日下車至帶至及豐主之四日恒不至萬世也師又早近道入

家學師也至庭幽蒼寓作內家庭住幽蒼官街朱小山來訪

接俞蔭甫二十九日信

二十四日丙午晨下午微雨即晴子密來劉葆生來候久談譚朱小山來久譚訪吳

竹莊並偕朱春舫楊子木陶容汸

接吳竹莊本日信

二十五日丁未晴至鄭叟旺李雨亭李本訪入亭李煩鐵仙畫樓藏

述汸高藏豐楊至日早畢即何鄭叟候李小湖萬作陝陵江西人閱其

有唐刻唐書碑為天下獨本始事論前之事人論究又候楊仁山

不佳又候張閣軒太守不晤又訪黃子春久譚又候黃[illegible]江寧孫

張桂甫不佳又候吳微久譚時新以江寧也又候杜小舫陶

容汸均不見略看[illegible]師遊入內久譚[illegible]論庭務情形余一一

答之因[illegible]師路減厘以節民困[illegible]別群之計大有所不安小啟

大意之譬小孩子家也 嚴禁賣扶中館擅劃 一二大謠立煙土
並禁華難而患殺小民權負之征 將不便相拒是以信從之
而言保捍時之策莫善于此 師極是背 謹求其釋 余白是不難
知觀土指而立共率五寸洋甫二人之風炙劍 律討無箱指十金 上無日解
而去年金由王雪軒發加以每箱二千餘金卸損二千餘斤不等等
損至二兩四千金而解藥釐止三四分餘一月中此頗損不以知矣師是
看直書長興實以相告余諾之而出 朱小山來
二十六日戊申晴 訪閑生及其弟並喧生譚 而傍晚喝 朱小山來久
譚
接悍澳山十八日信
二十七日己酉晴 濰師賜留金百入諭出譚少時 訪袁子根少陶
發行來候 字林 命蔭甫信（丙日發交子密）與少卿見信 雪舫五年二函（卯日發交子密全印）
下午濰師來久譚 傍晚張直生來 渴衣谷來 濰師來譚言亲師
五月中旬忽風霾 天色黃赤（窩）畫而晦 殊為異變

接二十日家信
又晁子寶四日來禀
又四姊四日信
又紫垣十八、二十兩次信
又華卿生五月廿四信
又曾馬拉初九日信
二十八日康民、崔星鍔來久談 滌園軒來 韓侯 寄前信 門發 寄封 紫芝
修左上 閣孫來久談 滌師來 字眉生信 寄還悔新記一本 即日發 交蔡小舫
下午訪吳竹莊蓮伯、張子丞、楊子木久談 均晚歸略 滌師邀入內宅
承陳地樂滌華、伯昭、甘日卿、蔡子君談宴
二十九日辛亥晴 程雨亭離任來候 滌師來談 下午赴竹莊之招
同食者蔡小舫、楊子木、錢子密、陳小園、張呂堂、傅二樹齡

六月戊申朔 星子 晴 酬暑已盡 向日几案皆熱 作紀卿所惠用
韓詩鄭箋韻一二 對於御書詩人呈 竹莊來 游仰
晝少倦 下午竹莊復來 集已移榻署內 談至乙夜乃去
展讀暑苦 相國遺(敬)從榻起 高柳庭白 紀惠 與為鄭君筆疑(?)蓁
領
我公好士四海知 猶假士者如饑渴 千年老張斷不得 南派水玉
先陂陽公之頤居 太和氣氏鮮矣 扎物不疵 恩施先自近者
遠安 神市時來何為 竹床六尺渭于五郎 呈其首 子冥宴 悅
連雲台岸落口 不到為許清淵時或宜 我家當有姦 問居直
那業種為人 資早知作家 窮匠亦悔 翔 樓存閒煙游 一安或廣
廈深而托已 道援安迎書兒 況況清畫於窗下 勤氣不用張為
吹 置身既在雁摩上 但有天宇無蠔蟻 礙公千年 亦身計
酒今無事 銘跳襄 宜任公良集 無事浮熟錄
劉治卿太守 佳寫 雲夜渡淮為

劉君健卿我知謝君乃在今年時書汴水南地千出亭辰春
韜而工隸 君習洋人算術寓于秣陵城南 我來贈君見寄絕句雲烟之
垂而欲與生平一事不忍校理我往昔荊揚楊其時淮西阻兵平
盜 帝遣偉從來京師賊勿得地救不得下令藏首匿圖說君
時捧檄度瀏水直探兔穴忘陸賊賊謀所恃有三輩算大
往往潛叢祠手揮八卒縛流于餘兇真者咸披靡須臾梟徒
騎雲集以大國何在吳宮賦 五驛軍門賊但屍填此賊焉貴
康寇與酬每憶少年事莫外習之風格吹噓嗟劉君慎弗謂
于今世非世事棋弈之翻覆變俄頃英子欲向悲無期側向虛堂
口說許筆書國是爭偏私論之天驕乃年以平當年秉燭雷打
唯此 京師自春至今不雨 小兒皆謠 五月十五日晝晦天色黃赤黑相糾秉燭移時乃始開朗又今
年春夏不聞雷震雷雨於時日 和政府相國仁和等鄉尹同文館事山東大言統附和
彼此之閣議否之 當胃潰決手足紀天人合發說施機書生匡時
勞有說但頗清流不敢揮君才千奚利時用古手揮間見快哉

設安風靂可畏候過合事會一速往驛工師鑄器若徽州
中有大用傳不貲頗游心思亟搜討並議浮沸為軍資方法
樓蘭州大宛直與傳陳相追隨御者注東付一笑 羽言流溪渤觀
臨湖 多君不秘藏有奇氣不敢旅進陳奇詞篤遜陳威施遍天下
劇所為賀布脂叢才我難嗬外年撫摸要有人扶持請指
之注移馬為道努力斯使時貸嘆
初二日癸丑晴 竹莊來少譚 蒼侯陸為瑞莊儀李雨亭布政 宗義四川人 乙丑年識之
久譚晦暑 聞知因戴子高來 喜道有春正過之年令竹莊亦見回
參 下午雨君去 竹莊留手書 晚飯後修師邀拈余至修園納涼二鼓
方返
初三日甲寅晴 竹莊來辭行赴安慶 張芑堂來辭行 壽札無晚南牙
厘局赴蔗湖 傳晚修師來少譚又招赴竹園納涼至乙夜
接六月二十五日家信
初四日乙卯晴 下午有雲陣起異雨旋止 暑氣頗愧 訪張星鑒于聚寶

門城頭其軍駐守是門也並識湘鄉王輔臣閻炳侯袖府許佛除薩
阿直郡所主人盛設讌相款盖命軍中語以以俯下午極雨丹游秦淮
挾諸姬以従觀者如堵自此城以來未有也傍晚借蔡子泰少謙獨
訪子密任棣青少堂

賀翁兩房時　午後游船來久譚　重蘆仙壺興郭君之秀羅榭孫卯
吉駱歐門中丞協卿大來皆止翻尧氏同又首人內晚定惟右堯鄒
犬羊之廓地皮剝盡但餘澗溪沿延之毛　毛李雲也　之味似猶難
一至于此昕云其自明耳　初揚助飾原為不得已之學原世可勸
其勢若必其人有尚不在向青方謗者郭筠仙興東一概施之詩
書之藪横納畧網而又高自位置不可也人情所作所為皆不經意
印此一業謗一事嫉妒入門其樊妻命服相見者歸家下而之妾居
其工此生知發者卿者爭比郭奧官方夫人以夫人用縣稱之秉入
[其言印下勒指之今時所以此為尚也般]
若弟二日夫人大惱氏同妾同不照佛　郭擇其不願方方同宮
斷之爭細故不為其業諸臣此之極　師又日蠹仙亡孔紈作本若夏

過之甚，自爲天下人才智心思相去不遠，任意爲之則挫其寬但
昔見爲隨要，要忍詳察，未免入人圈繢，此時已落人新室踏實
手。陳又言及時事，係相傳除請開缺。皇太后特降恩旨，俟降除
附件部川告
於宰士何處外此共何詞，開去一切差使，是總理衙門一差亦于
學部中館甚解釋，然意尤石著膺處，傳見臣以保全爲翔議不
至以慕勢容易堅，明之也。又言李少帥也宜計措聘兼同軍事
機局經聯手。又言左季帥用兵需實，實係出所四大營并設
二十餘里，左軍用爲邁在洪二十里中。軍壘失，洋鑑炮等落並取沒
千餘人，左亦入水，並救得免。蓋與其事者同阿和甘，然沈兆霖事甚歎
亦無處也，奈國問外間傳聞，此事實爲山中教回，實乞戕害
佛言水哭者共事寬爲師云奏折各偽此撰擬之辭
邢仲言來少譚。傍晚將帥公改來，又邀之內新等夜未成，習晚
巳刻又在殿圍少坐而出
初六日丁巳。食，下午御齋。朱子鶴來譚。下午滕帥來摺詞

常郡瑞桃水蜜桃柳陌甘蔗等物　傍晚過[翁]于家小園少坐
初十日戊午晴　辰午赴子春之招同游小蓬看核歌漂之同行游暢
譚到晚始散　傍晚孫師來久譚先晚師以甫里先生陸龜蒙
本邑祠典一事見核師自撰記自述客時其年已有三賢祠記范蠡
張翰及陸先生為人皆自高流風自遠近士子入祠典請神鄉有
不同若御史某某[私]飭修祠事但是否可言先為理發則須子
奏似不可師之策下諭云陸公世勳之子功德可擇實御史患若此不
冒昧奏請撤明先之位惟本祠既有春秋官祭時與舉廢墜
似亦時變也事創議照呈者鄉有不同可否飭查成案有創例也
應予祠典不廢不煩濱議入師云回照案說又云本邸部指每部
可二十文今兩限一限六千五百文上限屋欠無多何處借徵下限概免此
因此事蓋由師陳請之初適值天旱有免徵之說民間合詞呈明仁政
時兩月之[以反汗之效頒發勝請]緣令收徵師不知也前月下旬頒予聊氏知之遞呈
師告日後值旬者袁回錄予家照祖免徵之說至是地方云

初七日己未晴　下午濬師來談
初八日庚申晴　至袁子根陳小園處少坐　寄宗那仁即日寶聲發　並寄仰之信
字發　下午濬師來談　晚又要至陸園納涼　談至二鼓　余言在上海
見革郎小象　蓋一種俊少年耳　非尊攘專黨　不足以鎮壓百
僚　師曰然　究非席重　聰明則過人　余言聰明信有之　然不知年
見時局之不得不仰仗于外　即世為強鄰所脅倭相爭持
無藉身之地　况不解釋皆此種所以之微也　然隨事稍覺輕
重擒度形勢之才則有之　至已為何人　所居何地　應如何立志
似乎全未理會　凡人有所成就　皆在氣作立身處娶且之地　量守然
自至之處　任尊勢極高　恩不出庭戶　然不能變饑饉之寒　如何智
慧聰偉耳目之殺　所能偉免也　師曰　本朝君臣其庸　即此動搖一
議事世大小當日要辯　即此可以時越前賢　又如大亂之後　而議成征伯諸
之自命為指鹿　若諸皆知此國掌錫　至下以為自立　累四天之宗遠矣
知來孫　安財三代以後論　經不論仁　寒論形勢不論德澤　即無

諸葛輔蜀官府世代而卒不能改之德之處對奎宸垂法求得
能如為後不能抗乎此之悠薩人之所見不能甚遠（於中之也）既來了一之而伏其必省
亦未曾以一事為許其不責謗譏征創自外臣勉摸縮則以此為餡
須情之者自當其子總其實則為此寬大亦即見其勤政誠常
世所罕但此事以德而見長大事亦法之以韓辛而時誤以（夫）居位下國
稱之為其見矣而中興（氣節）一時路地為人處之不改故以措設一之
之保有盛運天心未必無其然也師友之交朝乾夕惕攬亦為世所
無凡遇指事其大小從違御旨之意必奏蔭即如九舍節奏宜相
指之遊衍於皇太后侍御家之無間偶指指中一節寸看不合親室
之改放線綿二人直如而罕城第卿以下為不知婚嫁一女主姚御為
我對並此亦罕見矣余曰然確成熟在胸頃為紫薇（一安）垂日後究
竟此事模糊了局不成事體處疏全世分曉未見中言挑（何也）大家
規矩素嚴藏蘊此畢肖前日謹慮其法為一出外則沒為嫩薇毫
無忌憚一部紅樓夢即其樣子又是為乎所謂藏斂巧不無形跡

夕至寓草一疏之數日清澤立辯 則君臣下無不惕然至哭 西因
轉不勝和婦近人 羞頤卑無修爲無此也
初十日辛亥 晴 春雨亭乃邀壽香侯久談 詢問孫季雨芊舟偃蹇同
游來非遠才二君同小飯于樓下 遂到 徐華農 親家 河清 山東君 邑人 貴州道台
家久談並謝君光臨 宰人 俊臣 向月舟亦久而别 均略時間
僧師前此不能遊入內國 國學 新橋處處成於僧師及蔡貞齋 華清人
讀月卿 往拜人事 諸志上 推讀況師仍撫時年 把臆之久
二鼓退出
十一日壬戌 晴 同兩來久坐 絕無炮 相候 廣年劉卿憂賀之
于京先生之事 畢姻也 少堂到炮 同 對 上劉 卿藏之
高蕊之久談 見新向 國之事 椒 布 下午回話劉之
陳 傳晚 蕭 來不
接 三陸布 信
又張 初七 信

廿二日癸亥晴　李雨蒼寄[?]翁之僑甫信，附寄[?]安慶[?]信。坐上[?]　下午謁

師，東[?]久譚。言胡文忠辦事有氣魄，往時頗規模[?]。軍中保官不復

用財不吝，不足以[illegible]異人才。曾[公?][illegible]嫌其責，故除去一切，較寬于

前。余言師未嘗節用，但耳于人來乞而不免肯[?]憶，惡之初得同

如手左右，僅以諸甫之一言即[illegible]賞二百金下諭。此等處當加一嚴[?] 氣魄。師

言此在楚[?]乘[?]六偉甫之事。諸甫猶嫌下且開羣下諉口之議端[?]

故耳，不必過也。余云文忠作事動以有生氣，自是英雄。師目則[?]

規矩準繩，不盡亡毫末，彌正大儒氣象，二者固不可相提並論。

節軍事，未嘗稍懈。三代以下，思勢[?]競起，責效旦夕，豈古征誅之事

爲之哉！無收功之事，若不因故而彌不亦尚[?]存。論以求所施之士原

前[?]之召[?]其所以不同耳之。今世亂甫極，尚[?]無賊德，以撫救失。師曰：然。茍豈

用其之士自文忠與江忠[?]得爲同事者，鮮能一心，每各諸不共兩

設施，僅此目睹，爲之嘆惜敷[?]。

廿三日甲子晴　到閣[?]拜[?]客，英[?]匯[?]至楊及其姪孫[?]譚，至晚甫[?]歸[?]

接初三日節信
又兒子寅初七來字
又六妹旨廿九日信
又岷子偕兄初六日信
又樾亭六月廿四信
又楊綠壽生初五信
又吳竹莊初九日信
丁酉乙丑晴 寫吳竹莊信即發 到修師上房少譚 修師下鑿小園也
遂下午修師來少譚 但韻琴亦來譚 郭仲云李壽蓉來 同日十七
未 健翁方生譚 修師復來見 而家乃去 傍晚要入內略來譚
論自久 師言佛法大指須在境界不動 參因境界莫大于生死
莫煩于日用 于日用細處作得主 積小成大 漸漸心力能制 自可
一旦遇境 現如饒無窮 香順 而世俗惡於大願動也 師曰
吾常不信稱因之說 今日聽師言 讀書人豈能判然於有宿因

然則如稻田而信師嘿步頃田畝之於有之罪業累深耳今風采
招覆者皇九余曰人生天地如一葉生死只在俄頃若不於己躬下
事用心措點徒生妄想卒墮於鍊術幻爲生却安有竹如開而唱
然師領會不語故之時事吉少師初會作知將軍集總有好術
矣之意宇名未集日攜來成冊就擬響應之余遂出
十五日丙寅晴（下午陰雨）下午濟師來譚良久偶之及扶鸞師曰事亦有之
民國八年予居夏在家閱報九宅中有亂仙降出題記之
諸人前國問功名乩不對而只題識得縱武修文得開字九字
諸人均不解予自此推燈謎隱敗字仙何以爲反此亂即判只爲
九江之之地不可識也暑涼然神棟時九江九月初八日攻陷城兮
識所畫軍勢張然山中久也日後是日則爲四月二十九日相距二十
日而來進軍無路隔困故仙爲天下大局之之耶抑爲不能代之
之耶仙判曰爲天下大局之之即爲我宅之之又問仙何人何職位
令頭何佳仙 自稱名爲彭某人（其名諱師忘之）河南固始人生時官

都日死于靜坐　年因得之號現為雲南大理府城隍神赴任
路過云云真聊之寅並（不動）星年十月逝有三四之之說　李建齋西郊
平江縣之師皆死之其弟溫甫亦與其兹點昭昭之應且先生戴公
之劍世俗所云皆（冥中諸神）是冥死四一類等說記為其原委之說矣
接筠仙六月十六信
十六日丁卯　晴　朱星鑑來談　劉仙卿來候　其局內三日前自來火
炸延燒火藥十餘磅死者四人
接兄子寅初三日來書
十七日戊辰　晴　張德卿來候　早飯後候王曉蓮視寰不晤　又候徐
華野視家亦不晤　候吳保卿廣文　（蒼侯）鄭子高廣文　親穆清邠氏之
陶晴伯卿送考來此地　言及學中三徒從東塾中平支之說為
論說雜作頗有意理而制藝不逮　李碧于詩稍遜云　午後滌
師來少譚　閱直隸民有填塞深事遍保定直督劉長佑奏
言事餘　石似梅來訪　滌師來見兩家問安

接吾庚姪五月廿六來家
又酈仲初二日信並寄木千越山畫扇等
又李伯生六月十八日信
十八日己巳晴 今歲炎暑自前月廿九日起至今月初四五稍減 初七八
後甚 三日前微雨有秋意而今昨後甚雖入夜從涼爽陂雨氣一日
無晦晴起而涼風輒飲談亦畫熱夜寒且痛晦乾要更晚自
鄭館以下皆讀畫 聞將來同下考場左近視其坪應岸發寒
逢百坪郵少至近皆氣色荒頹無承平時千萬人之一矣 同訪黃
子春至偉晚明順否請不假榜 初談除師來久談之居時事
部中尚得皆無人才會云人才來必當無真上者提倡之則有法
置之則無此又盛見戶部青棄賊贖一招而你有才識者所為而後皆
此下係年師已甚是此損余亦為之其人為謝則不知也余已聞其
托人王文韶作呼日且則其人已放係閩獲矣其餘尚有所聞知
至余論不敘 師已求才而尤為事其中巨奧 太息拜別余亦還城耳

上以誠求，下必以誠應，苟視國事如家事，人才不患不興，區奧角不

過爲上高耳。自古名君賢相用人孰不上負，痛仰傳師之肯再

又請別，話良久。

十九日庚午　晴（下午大雨，俄頃即止）寅正阿哥往（邵發，林小助）綽伯往合上　根亭往合上　寅往

二十日辛未封發　六姊往（辛日發，豆豆物）　下午澹師來久談，自言記蔡之初（君年）

驗疑服藥，左季高以重疏論陶少雲（文毅之子）家挪貲屢欺未允以飢陳

觀門爲和之頒丹郭於驗於家子都丹爲情匪易不必過

藏日陶（與曾任郭撫台難）慶培皋日待有無以予香請證之批遞詳驗批語甚

爲羞曼畢及予郭下之人出入城門恆被譏訶，甚或擭逐者四

年以內，左公正當戴人之以爲請病出都，郴時並下目觀於後退

守者恆令而叢轎而附，八年就收僱名入川，俱爲播聞，是石能

自出己，九年予郭命等相詠之來之相貽，俗此一家（奸弄巨）今日誠

令人悉之不悉，余之此次事務中英傑不可以一二成已論定者自

以胡文忠公稱賢江楊楷先其餘似殺騰相爲晚年名望

蓋為杯免矜持法度書籍之中而則性靈世外日進其德操
根本豪英氣舉動斷入道域之不可限量祖國東西
身手祖天下為己家公余息私識一人為之至于師則又規矩準繩尺
寸不失日在師旅之間集其歸播遺為政不忘俊傑為家
使求世風氣不專注于武悍世功固如日暮之士兩往擇賢為觀
振發為計也云竊私議在師左右久矣仰見軍謀措置統御
節束收與廣雅愛乎不可及然揣思盡之所往到惟橫逆之來
淡然不動與俯仰居皆有時為數十年不變此亦者至畢生
不足仰企措置不動世機知之矣使有居之有為人皆以為賢
微不忘微若為恩聖賢之務存誠之萬莫不日用之
間為釋家外有事聊了遐此行德
非四中勤求公節畢則思公則思眠心一
與刻不容河制不可日[illegible]識
其雅如談語也師下肖心微此之又

亦及時事。歸筆寫句，改定之。
二十日辛未　晴　王曉蓮來，未見。王翰臣來候。孟錫因柳孫來，乞代求相國詩文送券。下午謁師，壽
余以師所贈海錯蠔身煮火腐羹，實方合師所嗜之，而世少諳而嘗之。
傍晚師以詩紙見示，令抄錄楚辭第詳文來，便攜詩卷入內覽之。
寒士遠道而來，不留入賺閣，程手翻不得入，緣是還。嬌來免向隅，
且士子應乎，緣是自有程可衡文。師素以素履寒士，破除寵倖。
甚名奉何循一世閑以安之，且何老尼低之自敗風氣耶。師笑曰：誤。
此等中操觚者如是耳。但凡得有諸者，概微聊篇已駁數人矣。
但余曰：有每謁來，敢求者補與之。然而未師又曰：誤。余亦然，不得聞。
君子也，而頓少遲。師點頭削讀，聞沈師叔城附奉，余曰：沈師生存在之人，
是之耳。且實子女玉帛，世所豔也，爾貪寧自文墨所亦差諸人，則
人置一匱，吾以輒閒匱藏納。以左則便身障之。醜態百掬，師狂
笑，且又曰：可笑而獲世議，而老醫之名遍天下，亦太寬矣。余曰：但
寬之而自古成大功者，誠不嘗許法之財，殺身之禍者皆之。下接

其詳略資條目，盧氏之書甚有之，並無謬者，二書相附而行，但無

運所且沅師為撰傳送暢，刻將日自為書（之談沅師）為撰傳送暢之，不能成

沅師之功，嘗見沅師本并入京，以八百金購蒙（依）本書中，為之據正，畢秋帆

親沅師為撰墓誌銘，則以為沅師過人耳矣，不受，今沅師大行之成，畢

讀之自識千秋論定之究，乃陋不掩陰，自成一家，自儒之有義，此時段

易（帶）[illegible]，心順從，是于沅師此等事之為，不以鄉失其[illegible]

[illegible]真性不讓，安能進退無據，沅師處此之世有甚至之意，正而已之

故余本欲就官相從，君乃起，如之耳轉不一，字相黃讓，亦是矣也

詳說進退，沅師家學能以全書一部，并沅師文集一部，各部二本，須

十餘冊寄來也。

十一日壬申晴。不閑務要，剌謀對下晡閑和腳讀鏡一文字（此字疑此東鏡拓本曰字大）義為者（此字全釋之為方）

篤古殘碑其辭曰：萬氏作竟四夷服（反文），多賀（反文）君（反文）家（反文）人民息，胡虜（反文）殄（此字某釋之誤）滅（此字缺）天下（反文）得（反文）風（反文）雨時（反文）（此字某氏釋為多，某氏釋為乂，按某氏反文）

節（反文）五穀（反文）孰（反文），家（反文）常大富（反文），長保二親（反文）子孫（反文）力（反文），傳告後世（反文）之（反文）

十九字內文為二說一拼相隨一人說而奏劃作精好世皆中刻兩
署溥師來久談
接十四日家信
又王祝臣初四信
二十二日晴下午陰雨甜子寔來談少頃並識吳興徵有相攸人
梅舒來劉作山來候 下午溥師來久談言和如氣如游 有
以讀集見民國之生祠其其中亦有做作余自古循吏為惆悵
世之軍然三代以下惜其不朽氣其實以刻紙爭極程倡不及
又及宋史閒過乎因之蘇者來訊之遂與共四刻不甚無空口足一之
賢者以為志乎 師自滬來試之生平余以平正二字答之師曰近
有人勸之余不知其詳余向伊報被勸師笑曰去一松江府候人耶
接十一日家信
又六姊初十信
又長生弟十三日信

又幼樵四月十二日信
又眉生五月二日信
又季仲縵六月初四日信
王船山識小録一卷 録順時掌故多不著于官書者
又噩夢一卷 論時弊利病以己意爲通之 僻處一王之制 尤精審者
因不必而試辨其源流之實
二十三日甲戌晴 下午寒而風不暢
劉伯山來候
胡時甫來 下午入內晤潘師爲七姊節孝
草久簽而出
接十一日家信
又叔俛兄十二日信
王船山黄書一卷七篇 黄書者中也 其言尊中國攘夷狄 保其國之痛激
于中而然 其首篇原極言自古中國必先自固其類 次篇言僻解夷狄之
禍始于秦孤秦之私封建而滅于趙宋之釋 其擅法過當 三篇言
制今天下當中要使 又宜邊境爲七使 各設帥臣主兵而自司千五百郡司

主氏共數斛 滅翠純華家氣 四篇精選王篇任官謂之本

他

二十四日乙亥 晴（下晡大雨傍直徹夜不止） 謝贊夕卿（丙寅同年人） 來候 吳偶石來 鏡如七姊來坐

試牲入公署再拜到家一談 遂候濤伊卿疾少談 答候王輔

臣不晤 ○朱星樵少譚 和甫南陽君丹家晤仲言 照之載之等

少坐到菱樹頒家晤之並見劉作山 寓安妣亭午始暑 謝

師來久譚 馮伯升來候 鄭載年候皆不值

二十五日丙子 陰雨（大）甚涼 陳鳴越來候 寫九之信（即日發 遞蘇泉） 六姊信（即日發 遞陽湖籍） 擬亭信（附合肥信 即日發）

鏡如七姊來 閑話來久譚 滌卿送來洋雞一 以洋鐵函之 其細如若

其味香美 凝膀肉寸中土無鹽此之肥也 下午滌卿來譚

二十六日丁丑 食 朱子典（守讀經籍人 以左氏師蒙指來請題名） 來候 濤伊卿來候（耀叔來 候殆） 鄭來候

李雨來 春恃蘇滬查盤會來久譚 下午蔡子高來久譚

二十七日戊寅 晨雨 亭午止 夜晴和間 早飯後答候馮伯升 次候陳

完臣 又答候朱子典 又不問 皆不遇 晚暑 華若汀來 長

來訪　張西帆　錫鬯　來候　朱墨鑑來候　彭基松醰自蘇杭來訪　下午潘師來久談　適後微恙　神氣殊乏　余爲將來請主考入闈、差宴衛節岑岑不已　余云道之事則自揆此等何頗親定之　辦壯力之年不畏煩冗　或者猶可衛　不揆寒之譏　遂爲體不能出聲（卿）强爲奔走　遂（郡）以爲絮矣　不勝歎羨　師曰是以身爲而持久已成風氣　但大不猶如世可託之人耳　今日江南華郡　師務陸是安坐數載　頗師所謂實事求益　更求名之教郁　師師勞自愛非民實被其福　勤于細務知君以爲其度　所失者不少　今若大出入之道　不可不深長思也　師曰是以深取而爲宜　君宜欲知其以爲是者矣　不似梅來談久談　字家信寫畢若干種（共八日發　交李寄）與卿兄信　交上仲輝信（廿八日交鴻俗升）

二十八日己卯　陰微雨　季雨來　周郊來　訪鏡如也兒　訪章問漁　趙甫　移日到市中中倉　又訪楊子木　朱春舫　姜鄉　孫寄甫（未見人）　寅去同問漁周孫到南門　買姜鄉賭碌婦撥二个　即交李甫寄

晴天放樓又若言久晴　戴孝侯　宗寶岩如人　來候　滙伯刈

附言抵書信

來候　曜熙來　子典來候　協不值　鏘師來久談　今日見客之遲，精神大疲

接羽言六月廿四日信　肆言夏後　游師言汪師有信寄於各家

又定子寅二十日來　余定對太史籌並寄依十餘枚　書局程碩

又紫卿元十五日信

又錢阮侯十五日信

又楞師春二十五日信　寄閱楞石依見嫌左下

又陽邑史二十三日信

又同堂六十五日信

二十九日　庚辰　陰雨　到解師處一談　對真應及寄貞兩讀中月

卿　寫楞師春信　附四日發　附寄信　汪四年來信　即發馬遞　英子偕來　閒話來

曾君標題來候　因同至入內　游師談卿處少遲回

出閱報即去　丁張來候　賀鼎松季大傳　寫宗信　即發馬遞

九之信　全上

八月己酉朔日辛巳晴 到子密處少坐 又到唐春卿處少坐 返寓閱濡
師來不值 遂詣内 少譚而出 候蓉子偶返 同往候 英徵 均不晤
往候華若汀不晤 往候趙少野 吳君樵 並晤 濤子晤少譚
候吳陟卿不晤 往候惲丹來不晤 出遊好書物至同 [往候] 丁祉
蘭處少坐 既而鄒令如子持物去書畫物求售 看畢 書畫物去
又偕訪南如不值 到鏡如七姪寓少坐 訪彦八少譚 又訪倪
[畫] 豹岑 見已石谷文徵仲畫幅 嗣濡師來譚 良久去 鏡如七姪
錄科未取 [余] 隨送名單入内交濡師 並懇莘學院學之帥許
議

初二日壬午晴 朱星鉞來 到濡師由寓少譚 濤如晤來候 鄧小鐵
劉寄生向陽來候 劉經卿 [來] 招壚誰安人 吳寧人 小山向所熟識 來候 彭
夏蔚松來譚 錢子密 陸小圃同赴楊子木招飲 座客彼此周錫愛
陶雀汀 謝蓮宇兩三人 飲罷到蓮宇家處見惲南田畫一幅 華
甲于所寄

初三日癸未晴　黃鄧堂總鎮泰　來候　到游師內寓一談　李壬坤來
候　余候雨恩始來候　寄沅浦宮保信　又致和九函　又游師　少荃宮保信　附卿日函　附文通
初四日甲申晴　到游師內寓一談　張小山來　到鏡如七姬處久譚　又
晤安陸卿　蒲子晴　張拙仰　趙少琴　曾君表　晤（于市中）張拙仰
來　飲粥又出七姬處　留晏飯　作細日記　致恭邸函　旬前作　今上　游師
來久譚　閱曙峯之所于前月二十日為援賊潰決而無我軍糧無大
援而安者今謀敗于一旦不免奪氣　感歎不已
初五日乙酉晴　下午游師來久譚　訪剛已　英殿　閒溪　溥甫　周寶生　就
韓之姬等　傍晚　又到七姬處一坐
接姪壬寅七月廿日來書
初六日丙戌晴　考試官入闈　俗如宴設于節署　與于襄松溪人
觀之　道至貢院（等）逢周棧雲　陶友竹　東山等　華觀中流　送余下
飯于船中　飲粥　訪樹卿至鄧　等晌居　游師來久譚之　接樽
猶微已至所　妙境　李坤以調度秦為　奉旨　諭東事撫丁寶

植華職務任擔之頂戴　李帥為鎮守運　恐益其把握　將來事
仍無剋之身上負擔難為如此維持債誤事何　余曰至來此仍例
謹時來寫知所運兩防之法不能集久矣古人窮題而置國帥必
關此以應年前為陳之題為蝦陣之死地一換為年其事何乎天
時人事必問何屬于帥之事切為高其目前之計勞神于不
急之務　天下事甚其民事甚籌計劃德以為開為先必特出以標
買驅押數千里然後對防又不候其力能彼商遠勤以限致津
是以有事駕之勞其馳騁之用為之數恐不得請于江南北擇曠土為
牧地選口北善種勤儲飼之全與草生以供軍用廣元宗豎
騎的人募息而數十萬而得誠樸勤耕之人以日為防其致不難
域世又夫四之說為用軍政久西推運不得時之良計將來為務必
至于此早為之所應其迴避之憂請擇向陽以有廣德以北開田
最為之屯邑募徒於無業之民為開屯墾寓兵于耕種積糧儲用
一年二年推廣其勞三年之後其效必大著　此兩者皆長久之

計更無以作事 請厚之局 開正本館之源 如是則南中根本之
密之戰守 雖發端內江 而患在西南 狂寇逐圖 希于一擲 不然
則矣 讀此時勢 危亡人能而自 更老且死矣 曠計久遠 是天下
休矣 余余然一笑而罷

讀陶文諸寸心知室集 諱金封字敬甫號芾山人 先君丙戌會試座師 文氣殊平平 議論為謹 錄氣 詩亦無雅音

接賢仲七月廿七日信

初七日丁亥 晴 閬孫來 午後豫師來久譚 旋偕閬孫到市中 得銅爐
硯墨等 又同詣倪豹岑 不遇 又同詣童問溪 不遇 又同至鏡山七姊
處 又同農遊戲場

接陶齋七月十二日信

初八日戊子 食朝食以晴 頗炎熱 寫紫卿兄信 附印譜 附寄信 寄信 印譜 通信文
沈義民信 印譜 馬通 梨園山館飲 因座對吾畫程 童問溪 張博為同
寫生 閬孫及余 傍晚歸

初九日己丑 晴 王子雲來 寫朴臣信 十三叔 寫又子 寫經 與山房送書一部 彭

嘉耕同周寶生來訪　下午滌師來少譚

王鄒山來　唐寶錄　卷

初十日唐寶時　彭嘉楷來譚　候陳俾人 又淳陽人 丁未庶常　不晤　候陳作梅

久譚言歐寨之守淮軍凡三萬餘　孔龍五三百餘里稍空二十里有

山東兵汎地　賊由此可出　叢防河一議　劉銘傳滿鼎新將野戰為

默攔守之為　故眾持以鉅李帥　劉亦以其說爭之　乾日請改

計東省之兵賊殿演賊之必竄出沿海使曾衛要害千里為之

請卻李帥嘆嗟陰矣　李帥帥肯奏嚴旨乃責有摩伯張氏 曾翁甫議

李以為駮說　綸王寓意成為粗疏　恐西事機不順　撤調嚴旨切責

李季雨一生尊府印之大功　未遇逆境　殆不信其為過也　頗為太息　到

七娘處　而李竹嶠順齋候對　蔡生又前往余處　而不往到朱果經

處　又久譚為棋罕飯了　復到鄧處　公武俾之季垂　觀其功未出　閣又

到袁譚　宿對　王選竹山已出　暢及柳姬　為赤壁之賦　良久乃至　不歸而

僅已以對之　信已以告其胜情　已以為不然　吃茶為有湘鄉之言　狀同　如釋也曰

曲學之權衡也 三題為省刑罰薄稅斂深耕易耨 詩題為
江西山樓日照時 余少坐見帆鳥歸如蒼遠

十一日辛卯晴 陳保人 汪梅村來候 陳作梅來答候 滌師來久
譚 傍晚到倪豹岑處
接初三日家信

十二日壬辰晴（夜大雨） 看王梅村來 傍晚倪豹岑來
接招亭廿日 先生信

十三日癸巳（早移） 出天長 淨潤 族南齋 改出文字 閱邸閱 戴子高來 同飯
改因到市中 晨下午物

十四日甲午晴 閱邸 來步 [illegible] 陸小園 王子雲 [illegible] 字 [illegible] 一支之
寫家信（[illegible]） 九兄信（黃相村信 [illegible]） 薛林信 余上 滌師來久譚 偶論及滿文
某思補齋筆記四 [illegible] 諸科第師生之 [illegible] 閱看 [illegible] 此 [illegible]
非 [illegible] 二十年 [illegible] 及國是 其生平概可見矣 師曰 止此
初不足矣 嘗見新文錄 自撰年譜于 [illegible] 先生 [illegible] 下

不敷一字一字感傷，奴隸之世人心焉可恃也。擬託左卿附呈之三十

年　宣宗實錄、滿皇上諭奏之疏，首林少穆、次姚（朝鮮兩命不呈以）夫林、姚

以實務觸聖怒，遠戍緬獄，猶時不測，其時滿臣主撫，常得其之隙

不得抗事，大小官內來陰遣趙君失以自文其用心（無法）

使可言，聊以此錄得盛譽，是耶？不明也久矣。余甚惡凡人之成仁為成就

者無慮心，若其責心，何必不顧？張此生事，陸秉樞陸君周沈甫論時

來謀之幾千言，陸甫詭以相示，且已陸於將死矣，陳甫持其向抗且言

力甫先生死於江蘇，且又甚詩是此一尼土（貪）陸氏子孫捨地呼天

之謝絕指指江蘇，實已如李子用心之無勝，故抗論不能之先志

不可未或陸秉誠于途，猶可恭且不及其拳拳一心，臣子一份視

滿奴兩先達之言行哉，宜得不盛之擂孫耶，嗚呼！撫膺稱快而已

然足下更孰志論此　謝國楨和未久讀

接　何堂七月二十四日作

大劉　聞卿　弟少作

十五日乙未 晴陰晚月上忽為雲掩復晴後 早赴滌師西安節署石君
道之行處被令及各條請安將遺刺貨 華中同車及外國之
到閘訪覆不理 赴朱星鑑之招 軍中至弟往東渡劇談寄詩激
越路孫孫 至下午散 訪雲門 因錢來復不值 夜滌師名飲
于露香園同幕與余盛季同 飲賞月頗歡霞
接初十日家信
又紫卿之初六日信
十六日丙申 晴 午後驟雨少頃止 黃侯打宮保久譚 勤忠與施及氣
至為頗委頓大似積日之憊 因坐之夜戰後夷帳 罪每日中醉
易辭與余論之將息勸以天下方多故恒起一切與四順流之勢不
可忽視 余與眷卿十五年未嘗 令離廢要置之夷年人所可置
鄰國年不能免勉強力爭 庶免禍與無損之志 余只可區為書
故社之業自養詩 至老于今相知已十年 此久別之 從椒
以耽毒相守 那言之寂 保身高德 期以適世 若僅從人 是空

出都稿之去華不木合之乃體國大臣當爲國事出都事機
碰之未郎邪且聖人情疾大賢不立崩情之下以若能世才所爲
暴之要中末若之崩情句戲向若之言以勵係迷我君不可
如自盛之是世悠遊議言川向一年不足之輕重君何過慮余不敢有
之親共害情之狀不覺慌近閣臣自之羅遲孫不悟順議李文璘張佚卿
同謀覽鐃如姬君各史堂惟張不懼旅署到子寶小圃王之雲丞也一支不復
梅來之人謀間楊生到蘇作歸途訪余不遇 下午訪鄧相來
寶鋆信 十八日函十七號 帶呈銅器二件 硯一件 書一箱 幫卿兌信
令弟七郎 應借附修師來之人謀 寫寄安姬書解行
接卿函學七月十三日信
十七日丁巳陰 寫致李撫信 寄去姬山東運一部 即日發七號常 交幫卿又稿寄 閱報
包伯夢來謁相國解行 李寄兮人堂將師來同舟后久乃去
鏡如姬來辭行 華若汀來候 閱卿吾下到霞樵饒莊吾載子高
來向俠傳報 又同黎庶南門市逢楊仁山係送帖 黎叔昌 丁陵公熙來候

石值 寫阿哥信 見寄書無多具遲不暇筆 十八日發 交郵 蔡照元鏡

接芝堂十二月信

十八日戊戌 陰雨 鄰涂女洋秋 彭慶松來辭行候 晤 候彭慶松送行 寫吳氏

眼信 即發 交鄧蔡照 候鄧見蔡照元鏡 無錫人 元鏡 號莒賓 託帶阿哥信 又到十八街榭

晚買至楊家至楊之出 晤樹如少譚 昔候丁孫來辭行 候鄧公

武少譚 候石似梅未晤 到閣 孫家 並晤劉作山子 姚彥深 樹孫

至雲壽亦皆不譚 下德陶 寫才林 唁信 問其夫人仙逝也 廿一日暮 交劉作山

十九日己亥 陰 早飯後到子密 詢人來一去 孟實來辭行 實山久

譚 沙堂 寫家信 寄陵陽鎮等 即發 交郵 大六姊信 寄知米郵等 全上

下午 滌師來久 到吳摯甫 任棣香處久坐 復吾來少譚

二十日庚子 陰雨 壬叔來候 張德卿來訪 傍晚 滌師來 少有寬即

去 劉肄生來訪 到滌師由宗到書見不返寓 言接姊南寬讓橋回

撲對閣 李鳴章似懇國守運河郵也不知何防不見得情 李鴻

章 由日齊為寒喪 下又云鄭家院喪寄年不栈 絕暴 陝氏多兵

勇不能擧，姊為事事實氏扶持，悵痛悵悵之，聞頗嚴厲。董耕娛
未濰師來，見書究竟，少刻彼來，少談，有寬心謂見彼者
接庶生　回信
二十一日辛丑雨　午間濰師來久譚，甚言及丁雨生布政來此，余因言蘇屬
漕務有便民實政一事，舉行乎？師問何事，余曰下忙連年豐稔，米價
賤，每一千五六百文一石，而州縣收折價至四千七八百文，是三石有
餘一石，民何以堪。目下各縣倉廒俱已修建，若倣舊例並收本色，庶稍紓
有限之脂膏。余不書既更素。師曰吾亦計及此，收本色恐未免
不齊，且運米內雜于斛數，易于延擱，故稍於價外加許
錢一千作為耗務，然已增費，此不准再加小民分厘，累矣。又言減
賦以安戶，如漕糧陋規積弊等項亦抗欠不完，疑州縣於正項不累
諸閒以資彌補職耳。子高來，少談乃去。申刻濰師始來久譚，自言初服官事師與諸名
士游接，時梅伯言以古文、何子貞以學問書法甚名，吾實甘其學，自愧時
附試肄業其間，苦心獨不肯下人，既自視世所高，積學讀書以為異日其不畢

之相仍仰，無復學術風尚可言，遂此等洋書為婦孺盡植，不講此書
豈以為古今討賊驅我馬首不顧，今日治蕭猶仍之之文及
覽有過人聰慧者之見，客氣多耳，並使我有眼讀書，以視夫子或不
為讒。余持論粗笑西人之性處不可測，則識世有薦天子為明為臣
下之將歸者，陳之當年使臣之錢國公是也，公本掌院館，千古唐
宋以下歲世共倫能體之，傳其下競吃筆之業，執名類那[illegible]今時
師語可見，嗚呼[illegible]翻之姿不可一世，遂欲為之犯賊筆
隊負好為從所敬戲矣，師已然兵山有徽為盛，初[illegible]以言為圍，據太后
信反撥蕃難，誅教全甚年，全軍披甲入蕃營，力敵戰，固是基據夢
男万人，遂以成軍，其時忠勇勝之不遠，遂及今日，[illegible]撥一笑，徒[illegible]唱
已如提賊以藏，郭之年興猶多不如此，罪不甚，何至是邪！余曰
師鎮雲深居為寶，如指國成敗[illegible]之於人，咸不以此少[illegible]師[illegible]師弟勉謂忠
蓋世厭初者也。又論文字之派，已非郭人多薦八家，如韓歐亦何可
薦，余曰並。今人薦八家，薦得八家之精彩者耳，却言以天見必求

甚自千篇一律，不審修飾性情，宜其取厭。此八股寫乃工規諫乎
排形模擬，尚其為窺竊一也。夫文以載道，詞簡而意賅，所以文雖不
其惟其意于中者充積其間，故發之自然，而不假修飾，亦合于抑節合度
之向令人不務修飾，苟且為文，甚勝於此。純乎宋儒是八家，亦不獲學語
子無能即工為憲章訓詁經一形其人偶而已。吾已知言是矣
吾恆論文要雅馴，而有真氣，今人死當葬滅，裏淺陋雖記即[illegible]
歷是矣。土飯如出蛙，畢生俯仰于地。韓歐大家之文，皆自然直立絕上
惡文作為醇和，故不覺也。韓昌黎生平所推，惟莊騷史遷相如揚子
雲五人，初讀馬揚諸賦，亦不覺其奧，細審之，見其雄渾磅礴，動有生氣
日其向內上甚數試諸，取一句接一句，不意氣相續，而其中實脈絡
也。是下試細讀之，必能辨其味也。余曰：諾。
二十二日壬寅，大雨，下午晴。閔滌師有差入內，僕之則以[illegible]人之說以黽
勉際，糞鶴之為業年，坐臥人頗為余計家事，知余多累，而勸
然且曰：君不自食而[illegible]頗為多親相從程[illegible]矣，如力不足者，何因矣

曰鼠不容穴銜寠數可以相譏余曰古人要惠雖中大氐如此許注王郎
三國之屆流弊尚能由鄉舉甄錄世有恩紀見之安無以風氣責任
者郡且不為家族操紀宜稱其久矣中間得過師倫息以至今日殆無免
于聖人語息之隱耶師意殊許之曰善余因請赴沅師要一游
師曰可轉赴法國此半日耳余曰從此氏如並為船過恐亦難為人所嫉
山之游師笑曰家家輞川為好須山水子真陶冶之流也余又為王興
請下榻事師曰奉照辦又問余古來忠義可一席為五等余曰已辭之
師曰直以此席寄百以養良策也既出丁雨生布政來候日昌潮州人旅汕
答倭事課赴劉以卿之經設第于洋人馬格里之宅馬係英吉利人
在英率國為醫官李帥招為礮局製造委員保舉至三品銜道員
中國人又煙以字謂曰清臣人世劉亮以華謾清晰為辭席間談
英國事擬言院有水陸兵三十餘萬每步兵口糧約中國錢計之每日
二百餘文官俸其領餉加四八十文其所借不啻倍之是一日費三百文
每月九千文上下每年換衣一次周身上下皆其新二次英國其等每年

忽反每千斤大洋一元之費分二百緍馬先徽多于出兵初入籍與安南

二十萬或三十萬一年之內野蠻而不能用材比此我放許替儀而從

十有獻債久者甘棄盡於換一人官家不負信其乃錯故戒示我而軍中死刑尤重

籍則須撥還一年之食及安家之費于官軍則十六人給一帳篷送實

共容八人每一帳半許休息半執械眺望何對之以為常軍中牲領一枝槍

一閑或半程排或日一閑皆無其意閑樹伐桂衣服在以械而收官目趣

表懷君之為加其食俾之銷放兵不致毀損官物國中每人戶有得者官司

官之于局其出力對之薪不至而好違勞捷之野無不毛之土有

則官為照艱有煤鐵等礦十六石當之無別薪之救火民以萬萬為常官

比中國之米每年每一擔值洋三元至候者乃如中國二十文一人一日

飽又之印度排居之稅約一千八百方一年一二六處所送會之首其實是如齊者候

以湯每人一盤次以魚次以雞脯次以牛羊肉重炙類雞皆有次每進一二

必主人親割送客皆以蒸羊一具進及醺好果揀末等送客自取每

進皆盈之三次粥及傳諸園須領三道米飯以後之方請食餅餌則除之

凡雅客自食時換送米飯一盤沃以肉汁此蓋中國之法會說送加非湯畢

[redacted]（西王母、宓、宓研）為粉和以牛乳及糖者啜者撤別進果核數只飲茶或
陀而臥敘坐上客東向次客西向主人南向左捉叉右捉刀劃以食甚之饒
古意既此顯微鏡也示陝陽中燧人之肺（燧人之長者存鈞矩工匠）大如盤亦異觀矣　候朱署
鏗不遇　濼師青帆常為賜餘寧勿安天千古江山一閣戈盡道動歲
中華年向不多人書扇此序意乃盛年中欲中沒有傳那（輯）時古人作家之精笑
尤為恨者　寫張芝堂作（帥春）馬遜
接十三日家信
又此十九十二日作
又前者本日作及詞一首
二十三日癸卯　晴　丁雨生布政來久談　請向下游交往余曰公應輕之在途
稱論並江蘇官場習氣之固結而不可解　取律陽史苦毋經新斷以垂政體
田聞官幕為百合以若輩之意而與之一旦擇切近（要）不材之諒　宜摒去良（頗）
以為之勸　且更告則父子祖孫一窩　不可化誨　移之以清　不可為也　丁楷手稍
又頗少人才余謝不敏　莫養徵張經之二令君來候　黃子春來

侯朱星樞來候 吳禾叢來訪 寫與之信（即發 附家信） 寫家信（即發 匯臨文） 楊阜

蓀信（即發 寫與惕吾） 又寫楊信（即發 又與張佐卿） 又寫家信寄物摒匣一只帶二臺（即發 又與張佐卿）

鄧仲元來久譚 偕師來 晚有宴乃去 中劉又來 宴方飯 止于宴 飯後含

畢而返 久譚（師既婚） 因及吾居日用之物 師笑指壁上曰 吾來已半載矣 壁上（布）

無一首題之字 無凡事皆落 此人以世笑其爲簡乎 余曰 自有姬習衛

門以來未有空閒寫英一頁于此者 方將盛張之不暇 寫所以笑 師曰 天下他日銘

吾至此亦一年也 余曰 師供事編年譜若干卷 總之不盡 于萬葉

數恨之作 想世此大千事 能勤數之年 師曰 此日見聞文字集 足副爲不

虛且爲代筆 吾身後亦不免此一段 天下相策以善其後 余曰 請及師身

論定之 正取任編纂之役 師曰 吾甚願 吾不是編纂 惟請足下他日搞正譜年

余以讀書甚敢 告訪丁布政 不值

二十四日 早布雲 張溥泉來候 寫與物足信 寫與去林件信（即發 信局） 偕師來同

譚 寫與蘭好信 又寫惕吾信（即發 寫村邊陽湖） 寫卞信（即發 寫小湖） 滌師收來譚良

楊況浦 寄係 日信

廿五日乙巳食罷微雨到王子雲孫宇農陪小圖鄉士宗吳抱甫孝子
相談入至之 朱星鏗來 修師來 久譚 吾及李肩生為宣傳及日
幕僚人所忽以其布責一節之語為陳于華情也幕中所今公平情之不
能了吾今諸人之惡之情不為代謝而耳求重任翻更閉塞放罷斥
自不能陸見非至奏當至以奏出最後謹並故此以為之處 又言本于少堂
主東北當年度時之下常于此事不意其年間一涸至此今日五元年到爸
少帥又北平來擬即去蘇攜避名垂坑園向桀師示有人議鳴章者至意甚類
之不一月實接從此際之真上發至師 崑峰對峙矣 師只湘將兩軍之照來
區輿之下彌望不洞者親此等之大笑而去 侍晚課某 微久